高等教育现代化建设

——2019 年宁波高等教育研究年度论坛论文集

主　编　胡赤弟

副主编　孙　珂　刘膺博　任宛宜

浙江工商大学出版社
ZHEJIANG GONGSHANG UNIVERSITY PRESS

·杭州·

图书在版编目(CIP)数据

高等教育现代化建设:2019 年宁波高等教育研究年
度论坛论文集 / 胡赤弟主编. —杭州:浙江工商大学
出版社,2021.1

　ISBN 978-7-5178-4187-6

Ⅰ. ①高… Ⅱ. ①胡… Ⅲ. ①高等教育－教学研究－
宁波－文集 Ⅳ. ①G642.0-53

中国版本图书馆 CIP 数据核字(2020)第 235808 号

高等教育现代化建设——2019 年宁波高等教育研究年度论坛论文集
GAODENG JIAOYU XIANDAIHUA JIANSHE
——2019NIAN NINGBO GAODENG JIAOYU YANJIU NIANDU LUNTAN LUNWEN JI

主　　编:胡赤弟

副主编:孙　珂　刘膺博　任宛宜

责任编辑	张晶晶
封面设计	林朦朦
责任印制	包建辉
出版发行	浙江工商大学出版社
	(杭州市教工路 198 号　邮政编码 310012)
	(E-mail:zjgsupress@163.com)
	(网址:http://www.zjgsupress.com)
	电话:0571—88904980,88831806(传真)
排　　版	杭州朝曦图文设计有限公司
印　　刷	广东虎彩云印刷有限公司绍兴分公司
开　　本	710mm×1000mm　1/16
印　　张	34.25
字　　数	559 千
版印次	2021 年 1 月第 1 版　2021 年 1 月第 1 次印刷
书　　号	ISBN 978-7-5178-4187-6
定　　价	99.80 元

前　言

习近平总书记在党的十九大报告中指出："建设教育强国是中华民族伟大复兴的基础工程，必须把教育事业放在优先位置，深化教育改革，加快教育现代化，办好人民满意的教育。"可见，加快教育的现代化建设是实现中华民族伟大复兴的重要前提。因此，包括高等教育在内的各级各类教育都应该把实现教育的现代化作为重要任务，并积极探索解决教育现代化建设过程中的各种理论和实践问题。

"宁波高等教育研究论坛"是一个贯彻国家高等教育战略精神，助推宁波高等教育建设发展，促进在甬高教研究工作者学术交流的重要平台。为深入学习贯彻党的十九大、全国教育大会等相关精神，贯彻落实浙江省高教强省战略，推动在甬高校高水平大学建设，探索高等教育发展过程中的重大理论和现实问题，"2019年宁波高等教育研究年度论坛"在宁波诺丁汉大学举行，以"高等教育现代化建设"为主题，围绕"高水平大学建设路径""高校教育教学改革""高校人才培养模式""产教融合助推高水平大学建设"等议题进行了交流和探讨。会议有来自宁波16所高校的近200名代表参加，共投会议论文79篇。

本论文集的作者为宁波市各高校的高等教育研究所（室）、发展规划处、教务处的负责人、相关工作人员以及从事高等教育研究的专职人员、对高等教育研究有兴趣的教师等，分别从不同角度阐述了推动高等教育现代化建设的路径和策略,对于促进高等教育研究领域的思想碰撞,提高高等教育研究队伍的学术水平,将具有非常重大的意义。

本论文集的编撰受到了宁波市教育局、宁波诺丁汉大学以及宁波市各高校相关领导的大力支持,在此对相关人员表示衷心的感谢! 由于时间仓促,编者水平有限,工作中难免有所疏漏,欢迎各位专家、同仁批评指正。谢谢!

编者

2020 年 4 月于宁波

目　　录

第一篇　高水平大学建设路径研究

第二篇　高校教育教学改革研究

第三篇　高校人才培养模式研究

第四篇 产教融合助推高水平大学建设研究

第一篇

高水平大学建设路径研究

◎利益相关者视角下大学课堂教学质量提升的多方治理[①]

疏礼兵[②]

摘　要:不断扩张的高等教育引发公众对其质量被"稀释"的担忧,加快教育由量的增长向质的提升是中国当前教育改革的价值遵循。课堂教学是人才培养的主阵地,基于利益相关者理论,将与课堂教学质量密切相关的主体划分为确定型利益相关者、预期型利益相关者和潜在的利益相关者三类,构建影响课堂教学质量的利益相关者模型。对213份毕业生调查数据进行分析后发现,授课情况、聘用要求、政府支持和学习态度对课堂教学质量的影响显著。最后提出构建"教师主导,社会牵引,政府调节"为主要关系框架的课堂教学质量治理建议。

关键词:大学课堂;教学质量;利益相关者;多方治理

一、引　言

我国高等教育毛入学率从2012年的30.0%快速提升到2018年的48.1%,超过中高收入国家平均水平,已成为名副其实的高等教育大国。不断扩张的高等教育是否会导致其质量的"稀释",政府与公众对此予以高度关注,提升和保

---

①　本文原发表于《高教论坛》2019年第10期。

②　疏礼兵,浙江大学宁波理工学院,副教授,博士。

障高等教育质量已成为社会各界的共识。专家多次呼吁,要加快教育由量的增长向质的提升转变,把质量作为教育的生命线,掀起"课堂革命",努力培养学生的创新精神和实践能力。提升高等教育质量,首先要提高人才培养质量,而课堂教学是人才培养最核心、最基础的环节。但现实情况不免让人担忧,在资讯高度发达和"慕课"快速来临的背景下,大学课堂的吸引力在不断下降。《光明日报》用整版篇幅发出《大学生活,能这样度过吗?》的惊呼。尽管"雷达点名、拍照签到、电脑摇号、扫码上课"等点名手段不断升级,但在部分同学眼中,师生关系正在慢慢变成"兵"与"贼"的关系,课堂上不断上演着"拴"与"逃"的现象。当然,个中成因十分复杂,与政府资源配置、学校教学班额、教师教学投入、学生自律和认知等方面可能都有密切关系。

有学者指出,核心素养落地的主战场在课堂,课堂教学改革将从单一课堂流程、模式改革进入课堂综合改革,构建课堂新生态。如,浙江大学设立教学促进津贴,用于额外奖励用心上课的教师。但在国内高校普遍"重研轻教"的背景下,青年教师着力课堂教学缺乏制度性的保障。一些大学和教授未在课堂教学上下功夫的一个重要原因是,大学课堂教学质量不如科研成果好量化和评估,且与高校教师的职称评定和各类考核挂钩较少。

改造大学课堂是提高人才培养质量的突破口和关键点。课堂教学是一个复杂的过程性系统,是教师、学生、教材、环境等各种因子交互作用的场域。提升大学课堂教学质量是众望所归,跨越理想与现实的鸿沟必然需要政府、学校、教师和学生、用人单位等多元主体和能动者的共同努力。本研究将基于利益相关者视角,探索课堂教学质量影响的多方力量,进而为教学质量的提升提供多方治理策略。

二、文献回顾

(一)大学课堂教学质量

课堂教学在整个人才培养体系中居于中心位置,课堂教学质量是人才培养质量的主要依据和标志。大学课堂教学活动是教师围绕教学的目标和内容,恰当运用教学方法与手段并组织教学活动的过程。但大学课堂教学在对象的特殊性、目标的多元性、内容的综合性和过程的探究性等方面都有别于传统课堂教学。如何衡量课堂教学质量,学界有投入论、标准论和发展论三种典型观点:

1. 投入论:学校、教师和学生是否充分投入

教是为了学,课堂教学质量体现为学生的学习质量。好的学习质量需学校和师生充分投入。大学对学生的影响是由其学习的努力程度和参与程度决定,大学的政策、资源配置等应围绕提高学生努力程度和参与程度展开。阿斯汀(Astin)在研究大学生就学经历质量时将学生的"努力质量"作为测评其就学经历质量高低的重要指标,并在此基础上提出"参与理论"。王中奎认为阿斯汀忽视了师生互动、教学环境对教学效果的影响。他认为,课堂教学效果应该包含学生学习参与、教师教学投入和学校教学环境等方面的内容。

2. 标准论:教师在教学过程中是否达到特定标准

高等教育认证(accreditation)起源于美国,是对达到或超过既定教育质量标准的高校或专业给予认可。专业认证是保证人才培养质量的重要手段,国际专业教育认证已成为各个国家争夺优质生源的重要手段。在美国,与行业相关性高或职业显示度高的专业都很认同专业教育认证。我国于 2016 年正式加入《华盛顿协议》,标志着我国教育国际化迈出重要步伐。基于质量为王、标准先行的理念,2017 年教育部颁布了《普通高等学校本科专业类教学质量国家标准》,既对各专业教学提出基本要求,又对提升教学质量提出前瞻性要求。广义而言,教学质量的高低是指教学基础设施、授课教师、课程内容、教学管理等教学要素是否达到一定的标准和要求。

3. 发展论:学生是否从课堂中有所发展

课堂教学的本质是人的培养,教学质量是指学生在接受一定的课堂教学后,其身心发展变化程度以及社会公众对学生身心发展变化的满意程度。大学课堂教学除了向学生传授知识,还应注重培养学生能力,使得学生的思想道德、身心健康、文化水平和业务素质等方面得到全面发展。

(二)课堂教学质量的利益相关者

作为挑战传统股东至上主义理念的一种公司治理理论,潘罗斯、安索夫、弗里曼、布莱尔、唐纳森、米切尔等学者对利益相关者理论进行了开创性研究,认

为企业必须综合考虑诸多利益相关者之间相互冲突的索取权。Mitchell 和 Wood 详细研究了利益相关者理论产生和发展的历史，提出了一种基于评分法的利益相关者界定方法。这一方法从合法性、权力性和紧急性三方面将利益相关者分为确定型利益相关者、预期型利益相关者和潜在的利益相关者三类。起源于企业研究的利益相关者理论同样可以迁移到教育研究中，胡赤弟认为，"利益相关者"能够为大学制度研究提供一个有效的分析框架。利益相关者理论在大学制度、高校治理、高等教育质量与责任等方面都生发了不少研究成果。

大学课堂教学涉及高校、教师、学生和用人单位等多元相关主体，教学质量是各利益主体的共同诉求，教学质量的提升也需要各利益主体的共同努力。借用 Mitchell 和 Wood 的利益相关者分类方法，对大学课堂教学质量的相关主体进行分类（图 1）。将高校教师和高校学生归为确定型利益相关者，政府部门和学校院系归为潜在的利益相关者，用人单位归为预期型利益相关者。

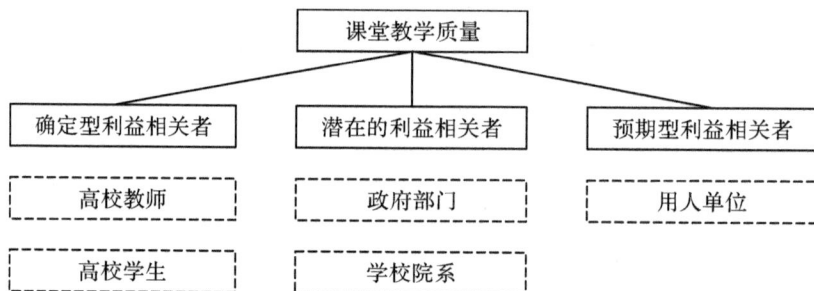

图 1 课堂教学质量的利益相关者分类

（三）课堂教学质量治理

治理首先用于研究当公司所有权与经营权分离时利益相关者的利益均衡与权利分配。大学作为提供公共服务与公共利益的非营利性部门，其治理有别于公司治理。大学内部治理是学校和师生等内部利益相关者权益诉求实现过程中的权力配置、制度安排等，关键在于协调内部权利；大学外部治理是建立和优化大学与外部利益相关者的关系，通过建立相关机制和合作来保障外部利益相关者参与治理。教学质量治理就是由教学利益相关者所组建的教学共同体，通过一整套管理规制而进行的对教学质量相关事务的系统性、持续性管理活动。实现以质量为中心的权责关系治理是高等教育质量治理的核心，以此达成各利益相关者权责关系的重新组合，则需要厘清各主体在质量治理中的权利与义务。

三、概念模型构建

大学生学习满意度是全面提高高等教育质量的切入点,是各方利益相关者关注的焦点。其中,美国大学生满意度量表(SSI)、我国国家大学生学习情况问卷调查系统(NCSS)的量表具有代表性。由 Schreiner 和 Juillerat(1994)设计的《大学生满意度量表》,包括归属感、教师素质、学习服务、校园生活、人际关系、对个体的关心、校园安全等 12 大指标 70 多个问题,用来衡量学生对在校各方面的期望与满意程度。国家大学生学习情况问卷调查系统(NCSS)从 15 个方面对我国大学生的学习情况和状态进行全面调查和跟踪研究。对 SSI 和 NCSS 进行比较后发现,学习环境、教学服务、教师教学、学习效果、人际关系等是评价学习满意度的 5 个重要维度。

从影响课堂教学质量的五类主体出发,对利益相关者影响课堂教学质量的使能因素进行文献总结后可以发现,高校学生的学习态度、高校教师的授课情况、学校院系的教学设施和教学管理、政府部门的教育经费投入,以及用人单位的聘用要求等是重要能动变量。与课堂教学密切相关的内外部能动者是课堂教学变革和质量提升的核心动力,基于此构建了大学课堂教学质量提升的利益相关者概念模型(图 2)。

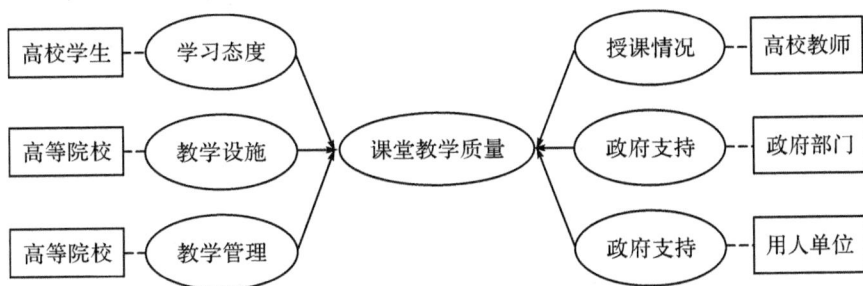

图 2　概念模型

变量的测量参考相关学者的研究成果,采用 5 点量表,并根据研究对象和情境进行了适当修正和调整。课堂教学质量参考借用 SSI 和 NSCC 量表,用学生学习满意度进行表征,重点从知识获取、素质提升、价值观形成、社会有用性和总体满意度等方面进行衡量。参考前述学者的研究,分别对学习态度、教学设施、教学管理、授课情况、政府支持和聘用要求等测量项目进行了细化和完善,形成了具体的调查问题。

四、数据统计与分析

调查对象是某市三所本科院校毕业三年内的学生,通过高校的校友会系统推送和校友返校日活动现场发放两种方式开展调查。问卷采用回溯式表述方式,要求调查对象对在校期间的学习情况和状态感知进行主观评价。删除无效问卷后,共收集有效问卷213份,其中:男女比例接近2∶1;在校期间所学专业理工科类的占59.2%,文科类的占40.8%。

(一)因子分析与信度检验

为检验问卷设计和测量的结构效度,采用SPSS探索性因子分析方法,对学习态度、教学设施、教学管理、授课情况、政府支持、聘用要求和课堂教学质量的测量题项分别进行分析,采用主成分分析法提取共同因子,并运用方差最大法进行正交旋转,根据Comrey和Lee(1992)提供的因子载荷指标标准进行问题删减,最终提取特征值大于1的公共因子。从表1可以看出,各变量均只提取了一个公共因子,因子测量题项数介于3—6个之间,样本充足度的KMO值均大于0.7,且Bartlett球形检验结果均达显著(p=0.000<0.01),表明样本数据适合进行因子分析。同时,各变量的公共因子方差解释率均超过70%,所抽取的主轴因子能够较好地解释变量的方差,具有较好的结构效度。

表1　各变量因子分析的主要指标

变　量	因子题项数	因子负荷范围	KMO值及显著性	特征值	方差解释率
学习态度	5	0.827—0.865	0.865***	3.531	70.61%
授课情况	5	0.879—0.935	0.890***	4.032	80.65%
教学设施	4	0.887—0.924	0.851***	3.280	82.00%
教学管理	3	0.841—0.912	0.711***	2.344	78.14%
政府支持	3	0.946—0.965	0.762***	2.725	90.85%
聘用要求	3	0.919—0.952	0.752***	2.657	88.57%
课堂教学质量	6	0.831—0.929	0.904***	4.703	78.38%

通过克朗巴哈 α 系数、组合信度系数(CR)和平均方差提取量(AVE)对变量测量信度进行检验。学习态度、授课情况、教学设施、教学管理、政府支持、聘用要求和课堂教学质量等 7 个变量的克朗巴哈 α 系数分别为 0.896、0.940、0.926、0.859、0.950、0.935 和 0.944,均在 0.85 以上,表明变量的测量信度良好,测量结果具有较高的可靠性。另外,前述因子分析提取公共因子中的标准化因子载荷均大于 0.8,基于此分别计算各变量的 CR 与 AVE 值,从表 2 可以看出,各变量的平均提取方差均大于 0.7,组合信度系数均大于 0.9,说明问卷测量具有较好的收敛效度。

表 2　变量的信度检验系数

变　量	题项数	克朗巴哈 α 系数	组合信度系数	平均提取方差
学习态度	5	0.896	0.923	0.706
授课情况	5	0.940	0.954	0.806
教学设施	4	0.926	0.948	0.820
教学管理	3	0.859	0.915	0.781
政府支持	3	0.950	0.967	0.908
聘用要求	3	0.935	0.959	0.886
课堂教学质量	6	0.944	0.956	0.784

(二)变量的描述性统计

对各变量的均值和标准差进行描述性统计,从表 3 可以看出,各个变量的总体均值介于 3—4 之间,其中学校的教学设施和用人单位的聘用要求得分最高,超过了 3.5 分;而学校院系的教学管理得分最低,仅为 3.1 左右。课堂教学质量得分偏低,仅为 3.275,略高于"一般"等级,距离学生预期还有较大差距,表明从受众视角看,大学课堂教学质量有较大的改进和提升空间。

表 3　变量的描述性统计

变　量	有效样本 (N)	最小值 (Min.)	最大值 (Max.)	均值 (Mean)	标准差 (Std Dev.)
学习态度	213	1	5	3.416	0.819
授课情况	213	1	5	3.381	0.889
教学设施	213	1	5	3.545	0.936

续　表

变　量	有效样本 （N）	最小值 （Min.）	最大值 （Max.）	均值 （Mean）	标准差 （Std Dev.）
教学管理	213	1	5	3.125	0.894
政府支持	213	1	5	3.368	0.915
聘用要求	213	1	5	3.529	0.909
课堂教学质量	213	1	5	3.275	0.855

（三）回归分析

对各个变量的公共因子得分进行皮尔逊相关分析。课堂教学质量与学习态度、授课情况、教学设施、教学管理、政府支持、聘用要求等6个变量之间均存在显著正向相关。以课堂教学质量为因变量，利益相关者使能因素为自变量，进行逐步回归分析。最终模型的拟合优度 R^2 为0.642，调整后的 R^2 为0.635；模型方差分析的 F 检验值为93.159，对应的 sig. 值为0.000，表明模型总体拟合效果较好。从残差分析和方差膨胀因子可以看出，自变量之间并不存在较强的共线性问题。

从表4的逐步回归分析结果看，在0.05显著性水平下，授课情况、聘用要求、政府支持和学习态度4个变量的回归系数显著；而院系的教学设施、教学管理的系数不显著，未能进入回归方程。从标准化回归系数的相对大小看，在影响课堂教学质量的众多利益相关者使能因素中，高校教师的授课情况影响最大，其次是用人单位的聘用要求，政府部门的教育投入和学生的自主学习态度也有显著影响。在众多利益相关者中，高校教师的课堂授课"推力"和用人单位的聘用要求"拉力"形成了重要的推拉组合，助推课堂教学质量的提升。高校的人才培养促动、社会的人才评价和需求牵引，二者协同作用有望加速人才培养质量的提升。

表4　回归分析结果摘要

因变量	非标准化系数		标准化系数	t	Sig.	VIF
	B	标准误	Beta			
（常量）	4.061E-18	0.041		0.000	1.000	4.061E-18
授课情况	0.380	0.072	0.380	5.264	0.000	0.380

续　表

因变量	非标准化系数		标准化系数	t	Sig.	VIF
	B	标准误	Beta			
聘用要求	0.244	0.066	0.244	3.702	0.000	0.244
政府支持	0.171	0.074	0.171	2.327	0.021	0.171
学习态度	0.124	0.061	0.124	2.050	0.042	0.124

五、研究结论与建议

(一)主要研究结论

第一,"利益相关者"能够为课堂教学研究提供一个有效的分析框架。高等教育的利益相关者包括了学校管理人员、教师、学生、政府、企业和学生家长、社会各界等。课堂教学在高校人才培养体系中居于中心位置,大学课堂教学质量的主要利益相关者有高校院系、教师、学生、政府和用人单位等,不同的利益相关者对大学课堂教学质量的影响各不相同。借用米切尔的利益相关者分类方法,可以将影响课堂教学质量的相关主体进行分类,其中高校教师和学生归为确定型利益相关者,政府部门和学校院系归为潜在的利益相关者,用人单位归为预期型利益相关者。

第二,基于利益相关者使能因素构建了课堂教学质量提升的概念模型。参考 SSI 和 NCSS 大学生学习满意度调查,从影响课堂教学质量的五类利益相关主体出发,萃取高校学生的学习态度、高校教师的授课情况、学校院系的教学设和教学管理、政府部门的教育经费投入,以及用人单位的聘用要求等使能变量,构建了大学课堂教学质量提升的利益相关者概念模型。

第三,多方协同治理是有效提升大学课堂教学质量的重要路径。213 名毕业生的问卷调查数据显示,课堂教学质量得分仅为 3.275(最高为 5 分),距离学生预期还有较大差距和提升空间。从回归结果看,授课情况、聘用要求、政府支持和学习态度等 4 个变量对课堂教学质量的影响显著。确定型利益相关者和潜在的利益相关者影响较大,即教师是核心,用人单位是牵引,学生是主体,高校教师的课堂授课和用人单位的聘用要求共同形成的推拉合力是课堂教学质量的重要保证。

(二)思考与建议

1.回归"以本为本",从制度上强化大学课堂教学的核心地位

近年来,多所高校在强化课堂教学方面积极尝试,如:南京大学为优秀教师颁发"教学终身成就奖";浙江大学设立教学促进津贴,用于额外奖励用心上课的教师。但愿更多实质性评价改革能够矫正大学的教育目标,让高校教师重新关注教学与学生,激励大学回归以本科教育为根本的大学之道。在专业技术职务评聘、绩效考核和津贴分配中把教学质量和科研水平作为同等重要的依据,从制度上保障和引导大学课堂教学质量的提升。

2.构建以"教师主导,社会牵引,政府调节"为主要关系框架的课堂教学质量治理结构

首先,推动"课堂革命",把课堂教学治理权交给教师。重构大学学术权力和行政权力关系,通过正向激励和考核引导相结合的方式,充分调动教师改进课堂教学的主动性和积极性,实行教师教育教学能力提升的常态化培训机制,促动教师充实授课内容,创新教学方法。其次,积极吸纳用人单位参与高校外部治理。大力鼓励大学与用人单位之间的联系和合作,用人单位作为大学课堂教学质量的利益相关者,是人才培养质量的检验器和试金石,通过双方的有效合作才能实现双赢。最后,发挥政府部门引导教育高质量发展的调节作用。进一步转变政府部门职能,把办学和教学的自主权交给学校和教师,集中精力整合社会资源做好教学设施条件建设,引导学术组织、行业部门和社会机构共同参与教学质量质量评价,努力营造以人才培养水平为核心的课堂教学质量文化。

参考文献

[1] 陈宝生.努力办好人民满意的教育[N].人民日报,2017-09-08(07).

[2] 邓晖.大学生活,能这样度过吗?[N].光明日报,2013-11-06(05).

[3] 胡波.大班额不变,大学课堂吸引力难提升[N].中国青年报,2015-12-08.

［4］王红顺.2018核心素养时代的"课堂革命"［N］.中国教师报,2018-01-03.

［5］朱德全,李鹏.课堂教学有效性论纲［J］.教育研究,2015,36(10):90-97.

［6］卫建国.以改造课堂为突破口提高人才培养质量［J］.教育研究,2017,38(6):125-131.

［7］Astin A. Student Involvement:A Development Theory for Higher Education［J］. Journal of College Student Personnel,1984(25):297-308.

［8］王中奎.本科教学质量测评指标体系研究——基于参与的质量观［J］.江苏高教,2013(6):77-80.

［9］宋彩萍,林江涌,江彪.国际专业教育认证与高校战略抉择［J］.上海教育评估研究,2014,3(4):8-11.

［10］吴岩.《普通高等学校本科专业类教学质量国家标准》有关情况介绍［J］.重庆与世界,2018(4):48-49.

［11］周远清.我的教学改革情结［J］.中国高教研究,2015(9):1-3.

［12］Mitchell A. & Wood D. Toward a Theory of Stakeholder Identification and Salience:Defining the Principle of Who and What Really Counts［J］. *Academy of Management Review*,1997,22(4):853-886.

［13］胡赤弟.高等教育中的利益相关者分析［J］.教育研究,2005(3):38-46.

［14］李福华.利益相关者理论与大学管理体制创新［J］.教育研究,2007(7):36-39.

［15］孟凡.利益相关者视角下的大学学生评教制度研究［D］.华中科技大学,2010.

［16］龚怡祖.大学治理结构:现代大学制度的基石［J］.教育研究,2009,30(6):22-26.

［17］李洪修.大学治理的制度逻辑及其选择［J］.大学教育科学,2012(6):18-22.

［18］马廷奇.大学利益相关者与高等教育评估制度创新［J］.华中师范大学学报,2009,48(2):116-121.

［19］赵梦瑶.基于利益相关者理论的大学治理机构研究［D］.电子科技大学,2016.

［20］徐小容.以"共治"求"善治"职业教育教学质量治理的公共理性逻辑［D］.西南大学,2016.

［21］Schreiner L A. & Juillerat S L. *Student Satisfaction Inventory*［M］. Iowa City,IA:Noel-Levitz Centers,1994.

［22］张蓓.大学教学满意度影响因素实证分析——基于学生期望与学生感知质量的视角［J］.复旦教育论坛,2014(4):59-65.

［23］胡弼成,孙燕.打破传统班级授课制:大学教学治理的重点和突破口［J］.高等教育研究,2015,36(7):81-86.

［24］房保俊.本科教学质量学生满意度调查研究［D］.华中科技大学,2008.

［25］滕曼曼.荷兰高等教育质量保障中大学自治与政府问责之间的张力关系及其实现路径［J］.外国教育研究,2017,44(9):26-35.

［26］韩玉志.学生满意度调查在美国大学管理中的作用［J］.教育发展研究,2006(5):62-65.

［27］蔡红梅,许晓东.高校课堂教学质量评价指标体系的构建［J］.高等工程教育研究,2014(3):177-180.

［28］裴娣娜.论我国课堂教学质量评价观的重要转换［J］.教育研究,2008(1):17-22,29.

［29］Comrey A L. & Lee H B. *A first Course in Factor Analysis*(2nd ed.)［M］. *Psychology Press*, 1992.

［30］Fornell C. & Larcker D F. Structural Equation Models with Unobservable Variables and Measurement Error:Algebra and Statistics［J］. *Journal of Marketing Research*, 1981(18):382-388.

◎"健康中国"战略下高校学生体质健康提升路径研究

毛建盛[①]

摘　要:"健康中国"战略把人民健康作为民族昌盛和国家富强的重要标志,放在优先发展的战略地位,高校体育应主动承担在"健康中国"建设中的职责,扭转现阶段学生体质健康状况不佳的局面。本文主要通过文献研究,提出涵盖思想路径、制度路径、组织与实施路径、技术路径、保障路径五个方面的高校学生体质健康提升路径体系,对提高高校学生体质健康水平进行理论探索。

关键词:健康中国;高校;体质健康;路径

一、引　言

2015 年 10 月 29 日,党的十八届五中全会上首次提出建设"健康中国"的理念。2016 年 8 月,习近平总书记在全国卫生与健康大会上首次提出了"健康中国"的基本概念。2016 年 10 月,《"健康中国 2030"规划纲要》(以下简称《纲要》)正式发布,"健康中国"上升为国家战略。党的十九大报告中提出实施健康中国战略的路径,再次明确"健康中国"的国家战略地位。2019 年 6 月,国务院颁布《国务院关于实施健康中国行动的意见》(以下简称《意见》)。"健康中国"战略明确了环保、体育、食品安全、公共安全、民政养老等部门须"守土有责",工

---

① 毛建盛,浙江万里学院讲师。

作重心从"把以治病为中心"转变为"以人民健康为中心",坚持预防为主,倡导健康文明生活方式,预防控制重大疾病。

高校体育是"健康中国"战略实施的重要阵地。现实情况却是,高校学生的体质健康状况堪忧,30多年以来的体质测试数据表明,青少年体质健康的主要指标均有不同程度的下降,大学生缺乏体育锻炼意识和习惯且体育锻炼时间严重不足。作为国家发展的后备人才,大学生肩负着国家富强、民族复兴的历史责任,其体质健康状况将直接关系到我国未来发展和民族兴衰。因此,《纲要》明确提出,实施青少年体育活动促进计划,基本实现青少年熟练掌握1项以上体育运动技能,确保学生校内每天体育活动时间不少于1小时。到2030年,青少年学生每周参与体育活动达到中等强度3次以上,国家学生体质健康标准达标优秀率25%以上。《意见》之主要任务中提出,把高校学生体质健康状况纳入对高校的考核评价。

"健康中国"战略明确了高校体育的责任和义务。高校体育如何在"健康中国"建设中履行自身使命,以及如何提出使命实现路径的理论蓝图就成为极具理论与实践意义的现实命题,切实提高学生的体质健康水平,以应对党和国家的考核评价。本文主要通过文献资料法,贯彻"健康中国"战略要求,立足高校体育的独特价值,围绕"学生体质健康",提出从思想路径、制度路径、组织与实施路径、技术路径、保障路径五个方面展开学生体质健康提升路径的理论框架,尝试对"健康中国"战略下高校体育如何促进学生体质健康发展做出应答。

二、高校学生体质健康提升路径分析

《意见》提出全民参与、共建共享的基本原则。强化跨部门协作,形成政府积极主导、社会广泛动员、人人尽责尽力的良好局面,实现健康中国行动齐参与。因而,高校体育应厘清学生体质健康干预的主体和客体、责任和义务的关系,理顺思想层面和实施层面、体育部门和其他部门的关系、统筹工具和手段。提升高校学生体质健康水平的路径,应包含思想路径、制度路径、组织与实施路径、技术路径、保障路径五个方面,视角应涵盖体育教学层面、组织层面、制度层面、技术工具层面,要求实施主体多元化、实施职责明确化、实施客体主动化、实施工具科学化,力求全员动员,思想统一,保障到位,致力于国家政策贯穿于高校体育工作始终并落地生根。

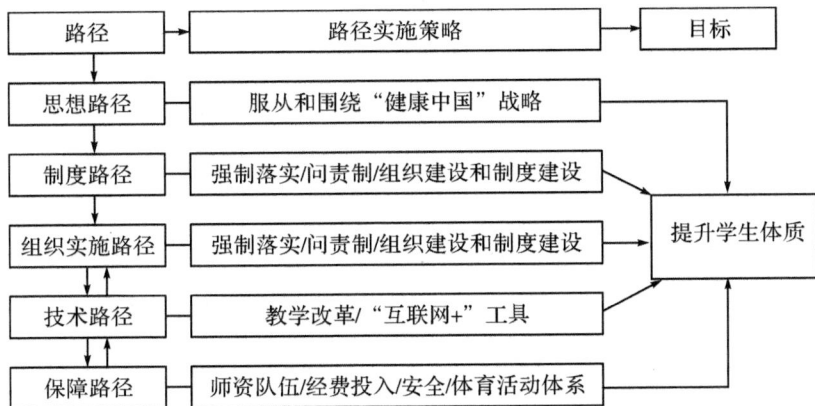

图1　高校学生体质健康提升路径结构图

(一)思想路径

健康是人类生存的基本条件,是建成全面小康社会最重要的民生问题。2016 年,习近平总书记在全国卫生与健康大会中强调:没有全民健康,就没有全面小康,把健康放在优先发展的战略位置。"健康中国"战略是推进健康中国建设、全面提升中华民族健康素质、实现人民健康与经济社会协调发展的国家战略。在推进"健康中国"的建设中,学校体育建设又是重中之重。高校体育工作要紧紧围绕落实国家战略的高度展开,高校体育要纳入建设"健康中国"的大战略、大教育、大健康的格局中进行定位、思考和改革。

(二)制度路径

制度即共同遵守的办事规程或行动准则。国家颁布了一系列指向学生体质健康的政策和规章制度,据统计,1979—2017 年期间,我国共发布青少年体质健康政策 286 件,平均每年发布 7.3 件。然而,学生体质健康状况仍然没有起色。究其原因,政策执行力差,基层没有有效落实,没有从根本上重视学生的体质健康。

2014 年,教育部《高等学校体育工作基本标准》(教体艺〔2014〕4 号)提出建立健全《国家学生体质健康标准》管理制度,毕业时,学生测试成绩达不到 50 分按结业处理。2019 年 6 月,《中共中央　国务院关于深化教育教学改革全面提高义务教育质量的意见》规定,未达体质健康合格标准的,不得发放毕业证书。

2019年10月,教育部《关于深化本科教育教学改革全面提高人才培养质量的意见》(教高〔2019〕6号)指出:坚决取消毕业前补考等"清考"行为,加强学生体育课程考核,不能达到《国家学生体质健康标准》合格要求者不能毕业。从上面几个文件可以看出,学生体质健康水平将直接影响毕业。可见,高校体育的责任之大,高校体育实施主体也不应是体育教学部门一家。

为了保障政策的落实,笔者认为:第一,政策指令的下达要有强制性。应成立专门的小组,逐级部署,层层监督,考核反馈,确保指令的贯彻实施。第二,问责制。对于执行不力的各级政府部门、学校校长等实行问责制,落实领导责任,将学生体质健康纳入其工作考核。第三,完善学校体育工作组织建设和制度化建设。学校应在国家政策的指导下,根据本校实际情况,校领导亲自挂帅,成立体育工作组织机构,制定和细化各类规章制度。明确校领导、各行政部门、院系、班主任、体育教学部门的职责,实行考核和问责制度。对于违反制度的现象,设立举报、投诉通道。

(三)组织与实施路径

学生体质健康提升是一项系统工程,在推进学生体质健康提升的组织与实施路径中,第一,强化政策法规在学校体育中的指导作用,落实组织建设和制度建设,落实工作考核和问责制度,依法遵章开展学校体育工作。第二,各级部门齐抓共管。学生体质健康工作不仅仅是体育教学部门的事,校领导、各行政部门、院系、班主任、体育教学部门等组成横向纵向的工作网,贯彻落实学生体质健康的具体工作。第三,走向社会,服务社会。走向社会是大学的必然,服务社会是高校的社会职责。将体育工作和学生体育活动融入社会,贯彻"走出去,迎进来"策略,实现高校和社会优质体育资源的共享,达到提高学生体质水平和体育综合素养的目的。

(四)技术路径

高校体育工作是个庞大的体系,涉及课内体育教学、课外体育竞赛、课外锻炼乃至校外的诸多体育活动等。为了更好地落实教学管理和体育活动组织,营造校园体育氛围,激发学生体育锻炼意识,切实提升体质健康水平,则需要具体的技术方法来解决。具体的实现路径有:

第一,教学改革路径。(1)在教学内容上,注重体能训练,增加体能课课时,技能课教学也必须贯穿"体能优先"思维,把课外锻炼纳入视野,推行强制体育措施,体测不合格者增加体能课课时。(2)在教学形式和教学手段上,鼓励多角色参与(比如运动员、教练员、裁判员、组织方)课堂学习,为掌握1项技能作铺垫;从教学对象和教学要求上采用分层教学(按技能程度和体测成绩),因材施教,关注弱势群体;从课堂组织和学务管理上,要善于"无中生有"、假势借力,创设师生共建课堂,善于运用运动特长学生、体育委员、班干部做教学小助手。(3)改革评价体系。提高体测成绩的比重;量化评价学生课外体育锻炼行为,引导学生形成锻炼意识和习惯。(4)教学管理改革。对学生日常学习行为进行量化管理;优化网上教学管理系统,加快数据更新,减少错误数据,及时反馈。(5)加强体质测试工作。推行测试的硬件建设和落实测试规范,提高测试数据的客观性;加强测试数据管理和分析工作,引入大数据管理思维;成立测试工作站,长期开放,便于学生随时自测和自我监督。

第二,"互联网+"工具路径。依托移动互联网平台和技术,将教学管理和学习工具互联网化,提高管理和学生学习效率,方便学生,体现人文关怀。(1)建设和继续优化网上教学管理系统,加快信息流运转速度,及时反馈给学生,并将系统从PC端转移到移动端。(2)优化原有的网上理论考试系统。(3)依托微信公众号、微信群、QQ群建立顺畅的信息发布和教师—学生沟通通道,提高信息流动效率。(4)购买和引入,并尝试自主开发体育长跑类APP产品,管理学生课外锻炼数据,规范学生课外锻炼行为。

(五)保障路径

高校学生体质健康的提升是一项庞大的工程,需要得到学校各部门乃至社会的支持与保障才能胜利开展。体育教师和专业体育指导员的数量和质量与学校场地、设施、校园体育文化氛围形成的体育环境对学生体育课程的学习和锻炼行为的发生固化高度相关。针对以上问题的实施路径,第一,提高体育教师的待遇和地位,打造一支目标明确、素质过硬的体育师资队伍。第二,加大对学校体育的经费投入,保证学校场地和体育设备的齐全,以及软件建设的需要。第三,加强教师和学生的安全意识,消除安全隐患,杜绝安全事故的发生。第四,策划和实施形式多样的学生竞赛、课余活动体系和培训体系,构建包括校运会、体育文化节、主题长跑、社区结对、技能培训、体育社会实践等体育活动体系,打造出诸如"一校一品"之类的学校特色,营造特色校园体育文化。

三、小　结

"健康中国"战略是党和国家基于客观实际、社会整体发展和以人民为中心的发展思想而提出的伟大战略,高校体育在此战略实施中应发挥重要作用,服务于"健康中国"建设并融入建设的宏大格局,在思想层面围绕"健康中国"的大战略、大教育、大健康的格局中进行定位、思考和改革;在制度执行层面不折不扣地落实;在组织实施具体层面建立多元主体工作制度,凝心聚力,发挥学校、其他各部门的力量;在技术层面善于"假势借力",发挥互联网的优势,推进体育教学改革;在保障层面推进相关软硬件建设。

参考文献

[1] 中共中央　国务院."健康中国2030"规划纲要[Z].2016-10.

[2] 国务院.关于实施健康中国行动的意见[Z].2019-6.

[3] 教育部.关于深化本科教育教学改革全面提高人才培养质量的意见[Z].教高〔2019〕6号.2019-10.

[4] 张樵苏.习近平:把人民健康放在优先发展战略地位[EB/OL].新华社.(2016-08-20).[2017-07-20].http://news.Xinhuanet.com/politics /2016-08/20 /c_1119425802.htm.

[5] 中共中央 国务院.关于深化教育教学改革全面提高义务教育质量的意见[Z].2019-6.

[6] 教育部.高等学校体育工作基本标准[Z].教体艺〔2014〕4号.2014-6.

[7] 李鸿江.建设健康中国,学校体育不是"旁观者"[N].中国教育报,2016-9-30(008).

[8] 姜霞.健康中国——体育义不容辞的责任[N].中国体育报,2016-12-23(006).

[9] 季浏.中国健康体育课程模式的思考与构建[J].北京体育大学学报,2015,38(9):72-80.

[10] 任敏,尹章豹."健康中国"背景下我国学校体育发展前景分析[J].湖北科技学院学报,2018,38(2):91-94.

[11] 朱玉芳.学生体质健康的影响因素与学校体育的应对[J].体育学刊,2006,13(3):141-144.

[12] 高劲腾.《国家学生体质健康标准》下大学体育与健康课程教学改革的实证研究[D].云南师范大学,2015.

◎中外合作大学学生学业成绩的影响因素研究

——基于 N 大学数据的实证分析[①]

孙　珂　刘朣博[②]

摘　要:为探究促使中外合作大学的学生获得不同学位等级的影响因素,通过对某中外合作大学 N 大学三届共 3697 名本科生的相关学业信息的实证分析发现,中外合作大学不同学院学生的高考总成绩对学生学位等级的影响不同,高考英语成绩过低会对学生学位等级产生负面影响,女生的学业成绩显著高于男生,西部省份学生学业成绩显著低于中东部省份。在此基础上,为进一步提升中外合作大学的教学质量,建议这类大学根据学生的高考成绩对其专业选择进行引导,在招生和教育过程中加强对学生英语能力的关注,对来自西部省份的学生提供更多的学习方法指导等。

关键词:中外合作大学;学业成绩;影响因素

一、问题提出

中外合作大学是我国在高等教育国际化进程中出现的一种新型高等教育机构,它由中外两所大学合作举办,具有独立校园和独立法人地位,独立开展教

---

　　① 本文系 2019 年度教育部人文社会科学研究青年基金项目"质量文化视角下中外合作大学学生发展研究"(19YJC880104)的部分成果。
　　② 孙珂,宁波诺丁汉大学中外合作大学研究中心副研究员;刘朣博,宁波诺丁汉大学规划处主任。

育教学活动,是我国中外合作办学的高级形式。这类大学的一个重要特点就是全面引入外方合作大学的优质教育资源,这些资源中不仅包括外方大学的课程和教材,还包括外方大学先进的教学评价和管理制度。如这类大学普遍引入了国外大学的学位分级制,将最终授予学生的学位划分为从上到下的不同等级,学生能够获得哪个级别的学位取决于其全部课程的总成绩根据一定的公式进行换算所取得的分数。一方面,这种做法可以为鉴别学生学习质量提供方便,如学生在毕业后找工作时,用人单位可以根据学生获得的学位等级来判断学生学业的优劣;另一方面,由于学位划分为不同等级,可以激励学生通过努力学习获得更高的学位等级,而不是仅仅满足于"60分万岁"。

在不同的学位等级揭示了中外合作大学学生学习质量的差异后,人们不禁思考是哪些因素在影响这类大学学生的学习质量。为此,笔者以 N 大学为例,对该所中外合作大学三届共3697名本科生的相关数据进行了分析,并据此提出进一步提升这类大学教学质量的建议。

二、研究设计

N 大学是我国第一所中外合作大学,在各所中外合作大学中成立时间最早,在校学生数量较多,办学经验较为丰富且各方面的制度建设较为成熟,在所有的中外合作大学中较有代表性。本研究的数据涵盖该校 2012 年入学、2013 年入学和 2014 年入学的三届共 3697 名本科生,这些学生的毕业年份分别为2016 年、2017 年和 2018 年,因此业已掌握了他们在毕业时的学位等级信息,可以作为衡量其最终学习质量的指标。

本研究以这些学生的学位等级作为因变量,在自变量方面受可获得的数据情况的限制,仅选择学生的高考总成绩、高考英语成绩、性别、学院、生源地等因素作为自变量。由于该校是全国招生,学生来源的省份较多,因此笔者将所有的省份划分为西部省份、中部省份和东部省份三类,以判断来自我国不同地区的学生的学业成绩是否会有差异。在高考总成绩和高考英语成绩方面,由于不同的省份所用的高考试卷可能会有所不同,高考总分和各科分数的分值也有可能不同,无法简单地将来自不同省份的学生高考成绩放在一起进行比较,为此笔者以入学年份和省份为单位,将每届每省学生的高考总成绩和高考英语成绩全部转化为了标准分,以此来判断学生的高考成绩是否会对学生毕业时最终的学业成绩产生影响。

三、结果分析

N大学在学生毕业时所授予的学位可以划分为5个等级,根据从低到高的顺序分别为"及格""三级荣誉学位""二级乙等荣誉学位""二级甲等荣誉学位""一级荣誉学位",也即获得"及格"的学生学业成绩最低,获得"一级荣誉学位"的学生学业成绩最高。本研究运用SPSS统计软件分析学生在该因变量上的得分与其他相关自变量的关系,得到的结果如下:

(一)不同学院学生的高考总成绩对学生学位等级的影响不同

为了了解中外合作大学学生的高考成绩是否会对其最终学业成绩产生影响,本研究用皮尔逊r相关系数法检测了这两个变量之间的关系(见表1),得到P值(sig.)为0.15,大于0.05,说明这两个变量之间没有显著相关性。

表1　高考成绩与学位等级的相关分析统计表

		学位等级	高考标准分
学位等级	皮尔逊相关系数	1	0.024
	Sig.(2-tailed)		0.150
	N	3697	3588
高考标准分	皮尔逊相关系数	0.024	1
	Sig.(2-tailed)	0.150	
	N	3588	3588

为了了解学生高考成绩与学位等级之间的相关性是否会受学科专业的影响,本研究根据学科专业对所有学生进行了分组。由于N大学共有3个学院,即理工学院、人文社科学院、商学院,因此本研究按照学院将全部学生相应地分成了3个组,并分别分析不同学院学生的高考总成绩与学位等级之间的相关性。由表2可知,在理工学院和人文社科学院的学生中,高考成绩与学位等级

这两个变量之间的 P 值(sig.)都小于 0.05,两个变量之间有显著的正相关关系;在商学院的学生中,高考成绩与学位等级这两个变量之间的 P 值(sig.)大于 0.05,说明这两个变量之间没有显著相关性。

表 2   不同学院学生高考成绩与学位等级的相关分析统计表

学院名称			学位等级	高考标准分
理工学院	学位等级	皮尔逊相关系数	1	0.101**
		Sig. (2-tailed)		0.000
		N	1341	1301
	高考标准分	皮尔逊相关系数	0.101**	1
		Sig. (2-tailed)	0.000	
		N	1301	1301
人文社科学院	学位等级	皮尔逊相关系数	1	0.091**
		Sig. (2-tailed)		0.004
		N	1043	1013
	高考标准分	皮尔逊相关系数	0.091**	1
		Sig. (2-tailed)	0.004	
		N	1013	1013
商学院	学位等级	皮尔逊相关系数	1	0.001
		Sig. (2-tailed)		0.962
		N	1313	1274
	高考标准分	皮尔逊相关系数	0.001	1
		Sig. (2-tailed)	0.962	
		N	1274	1274

注:**.相关系数的显著性水平为 0.01(2-tailed).

(二)高考英语成绩过低会对学生学位等级产生负面影响

中外合作大学由于实行全英文教学,为了防止学生在学习期间难以适应,各校在招生时一般都会对高考英语的单科成绩有所要求。为了了解学生的高考英语成绩是否会对其最终所取得的学位等级产生影响,本研究用皮尔逊 r 相关系数法检测了这两个变量之间的关系(见表3),得到 P 值(sig.)小于 0.05,说明两个变量之间有显著的正相关关系。这一研究结果与相关领域已有的研究结论相吻合,如国际数学与科学学习趋势研究(TIMSS)2015年的大数据调查显示,学生的家庭语言与教学考试语言的一致性是学生学业成绩的重要影响因素之一。本研究中的所有学生皆为中国学生,其家庭语言与作为其教学语言的英语有很大差异,因此学生英语能力的高低必然会对其学业成绩产生影响,而上述研究结论也印证了这一假设。

表3　高考英语成绩与学生学位等级的相关分析统计表

		学位等级	英语标准分
学位等级	皮尔逊相关系数	1	0.059**
	Sig. (2-tailed)		0.000
	N	3697	3589
英语标准分	皮尔逊相关系数	0.059**	1
	Sig. (2-tailed)	0.000	
	N	3589	3589

注:**.相关系数的显著性水平为0.01(2-tailed).

为了了解学生的高考英语成绩是否会对各个学位等级的学生都产生同等程度的影响,本研究运用一维组间方差分析的方法分析了不同学位等级学生群体的高考英语成绩,发现获得"及格"学位等级的学生,其高考英语成绩显著低于其他组学生的高考英语成绩,而其他组学生的高考英语成绩之间的差异则并不显著(见图1)。可见,在中外合作大学取得理想学习成绩的前提是其英语能力要达到一定的标准,如达不到特定标准则会对其整个学业造成不利影响,而只要达到了这个标准,其英语能力便对其最终学业成绩不会产生太大影响。

(三)女生的学业成绩显著高于男生

图1表明,中外合作大学中的女生虽然在获得一级荣誉学位的人数比例上略低于男生,但在获得"及格""三级荣誉学位""二级乙等荣誉学位"等较低级学位的人数比例上也低于男生,以至于女生获得的学位大量集中在"二级甲等荣誉学位"上,从而使女生在学业成绩的平均分上高于男生。为了了解男女生在学业成绩上是否具有显著差异,本研究运用独立样本T检验对不同性别组学生的学业成绩进行检验,发现P值小于0.05,说明男女两组学业成绩有显著差异,女生的学业成绩显著高于男生。

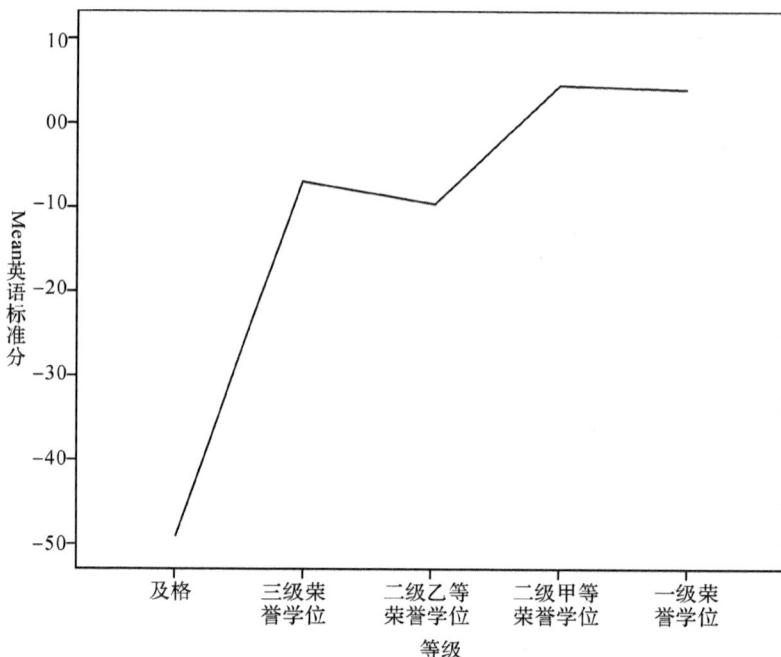

图 1　中外合作大学不同学位等级学生的高考英语成绩差异统计图

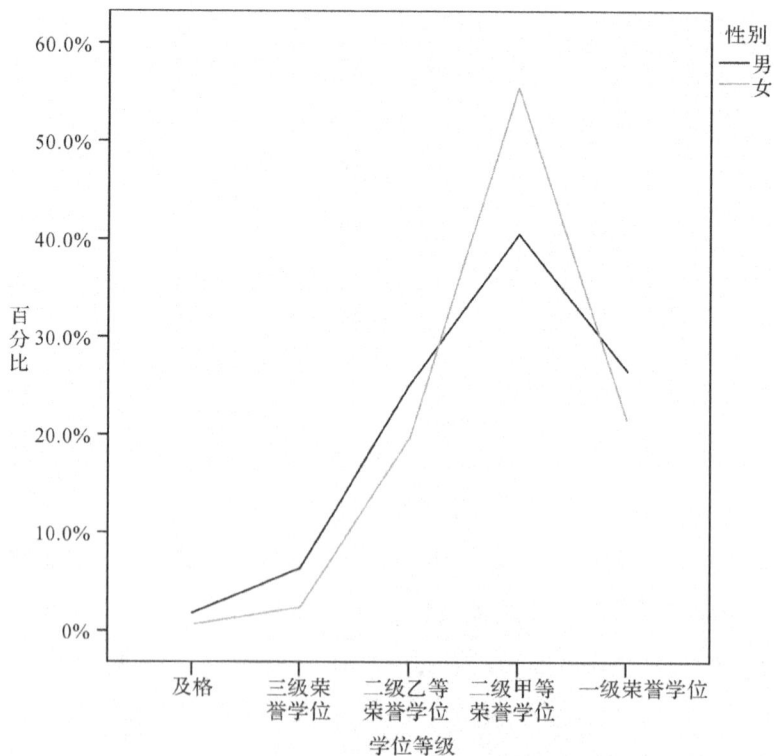

图 2　中外合作大学学生学业成绩的性别差异统计图

为了了解女生学业成绩高于男生的原因是否与其高考总成绩和高考英语成绩有关,本研究又运用独立样本 T 检验分析了两个群体的高考成绩差异,发现二者在高考总成绩上没有显著差异,但在高考英语成绩上有显著差异(见表4),女生的英语成绩显著高于男生。关于英语成绩的性别差异问题,已有的很多研究都得到了相似的结论,如学者答会明通过研究发现,女生在英语学习的自我效能、学习策略和学业成绩等各相关因子上都显著优于男生。这一研究结果也与上文中的研究结果相吻合,即学生的高考英语成绩与最终取得的学位等级呈显著正相关,说明由于女生在英语能力上显著高于男性,从而对其在大学期间的学业产生了较大的促进作用。

表 4　男女生高考英语标准分统计表

	性　别	人　数	均　值	标准差	标准误
英语标准分	女	2295	0.1536	0.95042	0.01984
	男	1294	−0.2593	1.00986	0.02807

(四)西部省份学生学业成绩显著低于中东部省份

本研究运用一维组间方差分析的方法分析了西部省份、中部省份和东部省份学生的学业成绩,并用多重比较的方法对三组学生的成绩进行配对比较(见表5)。在将西部省份与中部省份、东部省份进行比较时,得到的 P 值(sig.)皆小于0.05,说明西部省份无论是与中部省份比,还是与东部省份比,其学生的学业成绩都显著偏低。而将中部省份与东部省份进行比较时,得到的 P 值(sig.)为0.413,大于0.05,说明中部省份和东部省份学生的学业成绩是没有显著差异的。我国采取地方分权的教育管理体制,不同地区社会经济发展水平的不同会影响该地区的教育事业发展水平,并会进一步影响学生的学业成绩。有关社会经济发展水平影响学生学业成绩的论断已为众多研究成果所证明,如国际学生评估项目(PISA)在每一轮研究中都设置了"PISA 经济社会文化地位指数"(PISA Index of Economic Social and Cultural Status,简称 ESCS 指数),用来测量学生所处的社会经济地位,结果发现这一社会经济地位对学生的学业成绩有显著影响,且在东亚国家和地区由社会经济背景造成的教育质量差异非常大。就我国的情况而言,西部省份与其他省份相比,在经济和文化发展上相对落后,教育质量相对偏低,从而导致来自西部省份的学生在大学毕业时的学业成绩显著低于来自其他省份的学生。

表5 生源地区对中外合作大学学业成绩影响的多重比较统计表

(I)生源地区	(J)生源地区	学业成绩平均差(I-J)	Std. Error	Sig.	95%置信区间	
					下　限	上　限
西部省份	中部省份	−0.12763*	0.05164	0.040	−0.2512	−0.0041
	东部省份	−0.18932*	0.03530	0.000	−0.2737	−0.1049
中部省份	西部省份	0.12763*	0.05164	0.040	0.0041	0.2512
	东部省份	−0.06169	0.04417	0.413	−0.1675	0.0441
东部省份	西部省份	0.18932*	0.03530	0.000	0.1049	0.2737
	中部省份	0.06169	0.04417	0.413	−0.0441	0.1675

注:*.平均差的显著性水平为0.05.

四、对中外合作大学促进教学质量提升的建议

中外合作大学学生的学业成绩受到学生的高考总成绩、高考英语成绩、学院、生源地等多种因素的影响,但不同因素的影响方式皆有所不同,因此可以结合每一种因素的不同影响情况提出促进这类大学教学质量提升的建议。

(一)根据学生的高考成绩对其专业选择进行引导

根据上文中的数据分析可知,在学校的3个学院中,只有商学院学生的高考总成绩与其毕业时的学位等级没有显著相关性,这可能是因为商学院相关专业的教学内容受学生原有知识基础的影响不大,只要学生在入学后认真学习,便都有可能拿到较高等级的学位。鉴于此,学校在进行招生宣传时可以对学生进行适当的引导,如可建议一些高考分在录取分数线边缘的考生考虑选择商学院的相关专业,以使他们在日后的学习过程中不会过多受学习基础相对薄弱问题的掣肘。另外,大多数中外合作大学的学生在入学后都有转专业的机会,这时也可以建议在其他学院学习较为吃力的学生转到商学院的相关专业,以促使他们更加顺利地完成学业。

（二）在招生和教育过程中加强对学生英语能力的关注

根据上文中的数据分析可知,中外合作大学的学生想要顺利完成学业必须具有一定的英语水平,说明英语能力是在这类大学中进行学习活动的重要凭证。虽然各中外合作大学在高考招生环节有对英语单科成绩的要求,但语言的障碍依然会影响部分学生在大学中的学业成绩,因此建议各中外合作大学适当提高对高考英语单科成绩的要求,以保证入学后的教学质量。

除了可以在招生环节加强对英语的关注,也可以在教育教学过程中加强对学生的英语培训。事实上,当前的各所中外合作大学几乎都会在大一时为学生提供大量英语培训,以使学生在未来的专业课学习时能够适应全英文教学的教学模式。笔者了解到,这类大学中的大多数学生在大一结束时英语水平都有显著提高,说明这种培训确实发挥了重要的作用,但还是会有部分学生难以达到要求,其最终学业成绩还是会受到英语能力的影响。为此,笔者建议学校为英语成绩相对较低的学生提供更多语言方面的支持,如可以开设更多英语方面的选修课,通过社团活动或第二课堂等形式为学生提供更多英语训练活动,从而使英语能力相对较低的学生可以通过额外的学习弥补不足。另外,由于男生的英语能力普遍低于女生,因此在提供额外英语培训时可适当向男生倾斜,如以男生更容易接受或感兴趣的方式来组织相关活动,从而以提高其语言能力为中介,进一步提高其整体的学业成绩。

（三）对来自西部省份的学生提供更多的学习方法指导

就 N 大学的情况看,由于这类大学学费高昂,能够进入这类大学的学生大多出自较为富裕的家庭,即使是来自西部地区的学生其家庭条件也不会太差,但依然没能免除地区经济文化发展水平的差异对学生学业成绩造成的影响。然而,学者卢伟、褚宏启通过研究发现,学生的家庭社会经济地位并不能直接影响学生的学业成绩,而是要通过学生的学习方式这种中介变量来影响,毕竟无论是学生的家庭经济状况还是所享受的教育资源情况都属于外因,都需要通过学生的学习方式这个内因起作用,这便意味着中外合作大学在提高西部地区学生学业成绩方面是可以有所作为的。鉴于此,学校应该为来自西部地区的学生提供更多的学习方法指导,改善学生的学习习惯,帮助其了解如何运用学习策略、如何获取更多学习资源等问题,从而在一定程度上弥补其由于生源地教育质量较低而导致的在学习基础方面薄弱的问题。

参考文献

[1] 马洁.东亚四年级学生数学学业成绩测试结果与影响因素分析——基于对 TIMSS2015 国际性大数据调查的分析[J].外国中小学教育,2018(10):29.

[2] 答会明.初中生英语学业成绩影响因素的因果模型[J].心理科学,2005(4):985.

[3] 刘燕丽,姚继军,周世科.义务教育学校标准化建设改善了学业成绩吗?——基于 A 省域内监测数据的实证分析[J].教育学术月刊,2019(5):90-91.

[4] 占盛丽.从个人和学校视角看家庭社会经济地位对学生学业成绩的影响——国际学生评估项目(PISA)的启示[J].上海教育科研,2009(12):10-13.

[5] 卢伟,褚宏启.基于结构方程模型的随迁子女学业成绩影响因素研究:起点、条件、过程、结果的全纳视角[J].教育研究与实验,2019(2):61-64.

◎省域专业学位研究生教育 供给侧改革思考

——基于浙江省的分析[①]

王　媛　陈山漫　汪　辉[②]

摘　要:教育供给侧改革对专业学位研究生教育发展提出了新的挑战。文章在教育供给侧改革视角下通过分析浙江省专业学位研究生教育发展的现实困境、研究产业结构升级背景下专业学位教育结构与区域产业结构的适切性发现,浙江省专业学位研究生教育省内区域间发展失衡、专业学位教育科类结构与产业结构适切性偏低、教育质量与经济发展水平不相适应。针对以上问题提出实现浙江省专业学位研究生教育有效供给的对策建议。

关键词:供给侧改革;专业学位研究生教育;适切性

教育供给侧改革的核心是优质教育资源的有效供给与优化配置。在研究生教育供给侧改革背景下,当前"研究生教育还不能完全适应经济社会发展的多样化需求",研究生教育应"更加突出服务经济社会发展,逐步建立研究生教育规模、结构、布局与经济社会发展相适应的动态调整机制"。专业学位是定位于高层次应用型专门人才的学位类型,其"实践性、职业性和综合性"的基本属性对经济社会发展的互动要求更高,专业学位研究生教育应主动适应并适度引领经济社会的发展。本文在分析浙江省专业学位教育发展困境的基础上,研究

---

①　本文部分内容已发表于《煤炭高等教育》2018年第1期。

②　王媛,宁波财经学院教务处讲师;陈山漫,宁波财经学院教务处讲师;汪辉,浙江大学高等教育研究所副研究员、硕士生导师。

产业结构升级背景下专业学位教育结构与区域产业结构的适切性,指出影响专业学位研究生教育有效供给的因素,并提出相应的对策建议。

一、浙江省专业学位教育发展的现实困境

(一)规模供给上,相对规模明显落后、学位层次规模增长差距扩大

2010—2014 年,浙江省专业学位研究生招生总数从 6146 人上升到 11952 人,增长了 1.9 倍;在校研究生由 4741 人增长到 20756 人,增长了 4.4 倍,专业学位研究生教育实现了规模的跨越式增长。对比研究生教育绝对规模,从规模维度衡量研究生教育对应区域经济增长关系时,千人注册研究生数更具典型性。千人注册研究生数,即在校注册研究生数除以当年国家或区域人口数(每千人口)。2010—2014 年,浙江省千人注册专业学位研究生数上升趋势明显,增幅达到了 3.3 倍。对比长三角①经济圈内的上海市和江苏省,虽然浙江省与两地区的差距有所减少,但仍落后于江苏省,与上海市的差距明显。浙江省专业学位研究生教育相对规模仍有较大的发展空间。

表 1　长三角地区千人注册专业学位研究生数(2010—2014 年)　　单位:人

省　市	2010 年	2011 年	2012 年	2013 年	2014 年
浙江省	0.10	0.19	0.28	0.37	0.43
江苏省	0.19	0.32	0.42	0.51	0.59
上海市	0.96	1.27	1.58	1.81	1.90

资料来源:本文相关人口、经济数据来源于上海市、江苏省、浙江省统计年鉴和国民经济社会发展公报,专业学位研究生教育数据来源于《中国学位与研究生教育发展年度报告(2011—2015)》和中国学位与研究生教育信息网。

《学位与研究生教育发展"十三五"规划》中指出,"十三五"时期,将保持研究生培养规模适度增长,专业学位硕士招生占比达到 60% 左右。浙江省专业学位研究生招生数占全省研究生招生数比例逐年上升,2014 年占比达到 49.51%,已基本接近半数。其中,博士专业学位招生数占全省博士研究生招生数稳步增

---

① 根据国务院 2010 年批准的《长江三角洲地区区域规划》,长江三角洲包括上海市、江苏省和浙江省。

长,但总体占比偏低,2014 年仅占 6.02%;硕士专业学位占比增幅明显,2014 年达到 54.18%,已超过全省硕士研究生招生数的半数。浙江省专业学位招生数硕博比由 2010 年的 160.7∶1 下降到 2014 年的 83.8∶1;在校生数硕博比则由 2010 年的 120.6∶1 下降到 42.6∶1。浙江省博士专业学位研究生教育虽有一定数量的增长,但发展相对缓慢,浙江省专业学位研究生教育仍以大力发展硕士层次研究生为主体。2010—2014 年间,博士专业学位增长 4 个百分点,而硕士则增长了 21 个百分点,硕博专业学位层次增长规模差距进一步拉大。表 2 为浙江省 2010—2014 年专业学位研究生招生数占比情况。

表 2　浙江省专业学位研究生招生数占比(2010—2014 年)　　　单位:%

类　别	2010 年	2011 年	2012 年	2013 年	2014 年
专业学位占全省招生数比例	18.44	23.61	28.22	48.39	49.51
博士专业学位占博士研究生招生数比例	2.07	2.71	5.38	5.58	6.02
硕士专业学位占硕士研究生招生数比例	33.96	42.14	49.33	53.11	54.18

(二)结构供给上,学科招生规模过于集中、省内布局不平衡

从专业学位授权点数量来看,2010 年浙江省博士专业学位授权点为 4 个,2011 后增加到 5 个,之后则保持稳定;浙江省硕士专业学位授权点数从 2010 年的 89 个增长到 2014 年的 124 个,增长了 1.4 倍。就专业学位类别而言,浙江省现有的硕士专业学位授权点已覆盖全部 40 种专业学位中的 35 种专业学位类别(除军事、林业、警务、出版和图书情报外),覆盖率达到 87.5%。博士专业学位授权点全面覆盖了教育、临床医学、兽医、口腔医学和工程 5 种博士专业学位类别。

就专业学位学科门类而言,近年来工学、管理学和教育学科硕士招生规模一直位居前三,2014 年三者的招生占比达到 36.32%、19.6% 和 12.94%。工学门类招生规模逐年下降但占比最高,其招生比例已超过总数的 1/3,而工学与管理学门类合计招生比例也已达到 55.92%。博士专业学位研究生涵盖医学、教育学和工学三大学科门类,其中医学占绝对主体。2014 年,医学类招生数达到 121 人,占博士专业学位研究生招生总数的 85% 以上。

就城市分布而言,根据《浙江省城镇体系规划(2011—2020)》,杭州、宁波、温州、金华将成为长三角区域中心城市,形成四大都市区。目前,杭甬温金四个

城市拥有专业学位授予权单位 19 个,占全省 22 个学位授予单位总数的 86.4%;拥有博硕士授权点 121 个,占全省博硕士授权点的 96.8%。而仅剩的舟山、绍兴和湖州 3 个城市拥有硕士专业学位授权单位 3 个、专业学位授权点 4 个,其专业学位类别仅限于工程硕士、农业硕士和护理硕士。省会杭州拥有专业授权单位 14 个,占比 63.6%;博硕士授权点 89 个,占比达到 71.2%。显然,浙江省专业学位研究生教育资源区域分布过于集中,四大都市区几乎独揽了学位授权点数,且以省会杭州最为聚集。

就培养主体分布而言,从 20 世纪 50 年代开始,国内高校由中央部门和地方分别管理。按隶属关系,通常分为中央部属高校、地方所属高校两种类型。目前浙江省专业学位授权单位中,浙江大学为中央部属高校,其他高校为地方本科高校。浙江大学拥有专业学位博硕士授权专业 30 个,占全省总授权专业数的 24%,其中博士授权专业占全省的 80%,硕士授权专业占全省的 21.7%;专业学位类别覆盖面广,已达到 65.2%。而紧随其后的浙江工商大学、浙江师范大学、宁波大学,其学位授权专业则下降到 12、12、11 个。不难看出,浙江省专业学位授权点主要集中在部属高校浙江大学,其学位授权点数量最多、覆盖专业类别最广,可以说浙江大学是浙江省专业学位教育的领头羊和主力军。

(三)质量供给上,学科专业评价偏低、与东部地区其他省市差距明显

根据《中国研究生教育及学科专业评价报告(2013—2014、2015—2016)》研究生教育分一级学科竞争力排行榜(专业学位)数据统计,2013—2014、2015—2016 年浙江省拥有 4 星及以上学科的院校数均为 17 所,而上海市和江苏省则分别为 58、50 所和 33、42 所。同处于长三角经济圈的浙江省整体院校数仅为上海市的 1/3、江苏省的 1/2。浙江省专业学位学科竞争力在长三角地区处于后位,与上海市和江苏省的差距明显。而在教育部最新公布的世界一流大学和一流学科建设高校及建设学科名单中,浙江省一流大学高校数为 1 所、一流学科高校数为 2 所,明显落后于东部地区其他省份,与长三角地区的上海市(4,10)和江苏省(2,13)的差距进一步拉大,这将进一步导致研究生教育的后发动力不足。

二、浙江省专业学位教育结构与区域产业结构的适切性分析

2016年1月召开的国务院学位委员会第三十二次会议要求,学位与研究生教育必须主动适应经济社会发展新常态,动态调整优化学位授权和学科专业布局,加快发展新兴交叉学科,加强研究生教育结构与区域经济社会发展水平的紧密对接,加强人才培养与社会需求的紧密衔接。

浙江省经济发展的首要动力由"十二五"初期的第二产业逐渐转变为第三产业,第三产业在产业增长率、劳动力结构和产业贡献率方面发展势头强劲。三次产业比例由2010年的4.9:51.1:44.0调整为2015年的4.3:45.9:49.8,2014年三产比重首次超过二产,首次形成"三二一"产业结构。

本文根据《国民经济行业分类》(GB/T4754—2002)规定的产业分类和各类专业学位设置方案规定,将专业学位涉及的科类进行对应产业分类,浙江省2010—2014年第一、二、三产业的对应招生数及占比如表3所示。

表3 浙江省专业学位科类结构与对应产业情况 单位:%

年 份	对应第一产业招生数 (人)/占比	对应第二产业招生数 (人)/占比	对应第三产业招生数 (人)/占比
2010	487/7.92	2491/40.53	3168/51.55
2011	697/8.58	3227/39.71	4202/51.71
2012	847/8.3	3727/36.54	5625/55.15
2013	925/8.09	4329/37.86	6180/54.05
2014	832/6.96	4297/35.95	6823/57.09

与浙江省产业结构由"二三一"向"三二一"的转变不同,浙江省专业学位教育科类结构始终保持"三二一"的格局,对应第三产业专业数及招生数占比明显偏高且增速明显,对应第一二产业专业数及招生数呈逐年下降趋势。"十二五"期间,浙江省专业学位科类结构在一定程度上适度超前于产业结构调整的发展,由最初的部分失衡已逐步调整为与产业结构的基本均衡。但在浙江省"工业经济"向"服务经济"转型的大趋势下,尤其是信息传输、计算机服务和软件业

等"十二五"以来第三产业中增加值增幅最快的行业,专业学位的学科门类还未能满足整体行业发展的需求,距有效供给全球宽带、大数据、云计算等现代信息技术与管理行业的信息服务业人才仍有一定差距。

三、影响浙江省专业学位研究生教育有效供给的因素

(一)专业学位教育相对规模增长趋缓,省内区域间发展失衡

数据显示,"十二五"期间浙江省专业学位教育绝对规模实现了递增式发展,但在衡量研究生教育对应区域经济增长关系的相对规模指标上,与长三角其他省市的差距很大,专业学位研究生教育存在较大的发展空间。

因历史发展、地理分布、经济发展水平、产业结构发展等原因,浙江省专业学位教育发展极为不平衡。四大都市区专业学位授予权单位数占全省的86.4%,尤以省会杭州最为集中。专业学位教育培养主体区域分布过于集中且类型单一,虽然目前浙江省专业学位培养单位数以地方高校居多,但无论是在专业学位规模还是学科评价方面,专业学位研究生培养任务主要集中在部属院校浙江大学,地方高校的参与力度无法与之抗衡。过于集中的分布格局将加大城市间的差异,进一步扩大区域间高素质劳动力资源贮备差距,阻碍经济欠发达地区的智力补给,直接影响弱势地区的经济发展。

(二)专业学位教育科类结构与产业结构适切性偏低

"十二五"期间,浙江省专业学位教育学科结构发展以工学、管理学和教育学为主体,工学发展比例逐年下降;对应产业结构方面,浙江省产业结构由"二三一"逐渐转变为"三二一",而专业学位则始终保持"三二一"结构类型。可以说在第二产业作为拉动经济发展的主要动力期间,专业学位教育科类结构与产业结构的适切性仍偏低,尤其是在有效衔接经济发展的现代服务业方面的专业学位结构发展上仍存在结构性的偏差。

(三)专业学位教育培养质量与经济发展水平不相适应

浙江省规模经济长期位列全国第四位,但有研究显示,其专业学位教育与经济发展并不协调,主要表现为硕士专业学位研究生教育低于其经济水平。对

比处于长三角区域内经济发展水平同样较高的上海市和江苏省,浙江省专业学位教育培养质量仍明显落后,专业学位培养单位数量、学科专业知名度、学科评价、人才培养规模等与经济发展水平不相匹配。这些都在一定程度上降低了产业结构调整的人才储备,从而对区域产业结构产生影响,牵制浙江省产业转移速率和效果,制约了浙江省区域经济发展。

四、浙江省专业学位研究生教育发展的对策与建议

(一)适度扩大专业学位研究生教育规模,实现教育资源数量的有效供给

区域经济的非均衡发展与区域内高等教育系统形成双向互动,区域经济的发展需要有相应的高等教育系统为其提供智力支持。从研究生教育对应区域经济增长关系的规模指标千人注册研究生数上判断,浙江省专业学位教育规模还未能满足经济发展的需求。因此在"十三五"期间,浙江省专业学位研究生教育应充分做好区域专业学位教育发展的规模预测,合理规划与布局专业学位授权单位、适度增加授权专业,稳步扩张专业学位招生人数。

(二)调整优化专业学位教育结构,有效对接浙江产业结构升级要求

区域产业结构调整影响教育结构的变动,教育结构的合理配置又反作用于经济结构,提高其优化升级的速率。浙江省"十二五"期间已实现产业结构由"二三一"向"三二一"的转型,而产业结构背后则是浙江省"工业经济"向"服务经济"转型的大趋势。浙江省将目光和资源高度聚焦于现代服务业,尤其是基于全球宽带、大数据、云计算等现代信息技术和管理支撑的信息服务业的快速发展之上。以此为契机,浙江省专业学位发展应重点做好面向现代服务业的互联网金融、国际商务、保险、法律、税务、新闻与传媒等专业的人才贮备与学科发展。同时,应重点支持地方本科院校立足区域经济发展,利用其专业门类较新、应用性技术及交叉学科发展态势好的特点,积极培育体现产业特色、衔接行业发展的专业学位授权专业,为浙江经济发展提供充足的人力资本储备。

（三）提升专业学位研究生教育质量，培养具有创新精神的高层次应用型人才

加强省级政府在研究生教育中的管理作用，切实调动培养单位在研究生培养中的主动性和积极性，以产学研用协同培养为途径，培养具有创新精神与应用能力的高层次专门人才。同时，充分利用浙江信息经济大省的优势，在区域内建立优质教育资源共享的制度与机制，融合"互联网＋"等信息技术手段，加快推进课程、师资等优质教育资源共享，提升地方院校研究生导师队伍水平，推动专业学位教育整体水平不断提高。还应充分利用长三角区域内的行业带动效应，打破现有行政区划的限制和束缚，切实加强与上海市、江苏省教育部门之间的合作，不断推进区域内高等教育的联动发展，实现长三角城市群高等教育资源共享共赢。

参考文献

[1] 教育部国家发展改革委财政部. 关于深化研究生教育改革的意见[EB/OL]. (2013-03-29). http://www. moe. edu. cn/publicfiles/business/htmlfiles/moe/A22＿zcwj/201307/154118. html.

[2] 方超,罗英姿. 从高规模陷阱向结构性增长转变的研究生教育发展路径选择[J]. 教育科学,2015(31):79-86.

[3] 教育部. 刘延东副总理在国务院学位委员会第三十二次会议上的讲话[EB/OL]. (2016-01-08). http://www. moe. gov. cn/jyb_xwfb/moe_176/201603/t20160308_232316. html.

[4] 浙江统计局. 砥砺奋进 转型发展——"十二五"时期浙江经济社会发展报告[EB/OL]. (2016-03-24). http://www. zj. gov. cn/art/2016/3/24/art_5499_2075480. html.

[5] 吴开俊,王一博. 专业学位研究生教育结构与产业结构适切性分析——以广东省为例[J]. 教育研究,2013(2):99-104.

[6] 张振刚,许颖,张茂龙. 硕士专业学位研究生教育发展的区域分布研究[J]. 中国高教研究,2011(6):48-51.

◎茶学视角下高校教育管理的创新路径研究

董　超①

摘　要:结合我国茶学体系的发展状况及其价值内涵,我们不难看到将茶学理念内涵与整个高校教育活动相结合,其所能实现的作用,不只是教学内容上的丰富,更重要的是能够对学生学习习惯和思维理念的培养起到重要的推动作用。本文拟从当前高校教育管理活动中的缺陷与不足入手,结合茶学体系的价值内涵,通过具体分析高校教育管理活动创新发展的客观背景,进而分析融入茶学理念背景下的高校教育管理机制的具体创新路径。

关键词:茶学视角;高校教育管理;创新路径;教学内涵;理念思维

高校教育管理活动是现阶段高校管理活动中的重要内容,通过对整个高校教育活动的具体实施状况进行分析,我们看到融入客观而完善的文化理念思维,其所能具体实现的,不仅仅是具体教学机制的优化,同时也是整个教学内涵的全面丰富与实质化提升。而如何才能更好满足高校教育管理活动的实施要求,这不仅是我们更好利用教学资源服务教学活动的诉求,更是基于学生培养需要的关键所在。

---

① 董超,宁波财经学院助理研究员、硕士。

一、当前高校教育管理活动中的缺陷不足认知

高校教育管理活动是一项基于学生综合培养诉求前提下的活动机制，无论是具体的教学内涵，还是具体的教学细节，其内涵独特且极具创造意识和驱动价值，如果我们忽略了学生的基础特点，以及整个教学活动的价值内涵和思维理念，那么我们不仅很难有效满足教学要求，甚至很难去体会教学活动的价值所在。因此，做好教学活动，要从学生实际出发，将让学生培养与具体的教学体系之间形成全面而具体的融入。当然，我们不能忽略文化的影响力和传播效应，特别是就整个文化体系的应用状况看，如果我们不能将必要的文化要素应用到整个文化体系之中，则无法实现文化与学生思维提升之间的深度结合。

从传统高校教育管理活动的实施状况看，我们应该清楚其中存在诸多问题和不足，无论是教学理念的欠缺和不足，还是高校教育管理机制的顺畅性等问题，都与人才培养活动的全面完善实施和应用之间存在相应的脱节现象，尤其是在传统高校教育管理活动中，其所关注的更多是学生自身的知识学习状况，忽略了学生自身思维理念的全面发展和完善塑造。客观地看，文化理念和价值思维是影响学生学习成长进步状况的重要内容，因此，如何才能有效打破传统教学机制中的欠缺与不足至关重要。当然，这也需要我们探究适合学生思维理念培养的具体方法。

其次，对于当前我们所具体实施的高校教育管理活动而言，其中缺乏对学生人文思维理念具体合理的有效培养，不仅影响了学生健康学习习惯的培养与塑造，同时也使得很多学生无法具备满足社会具体竞争所需要的各种素养和综合技能，这大大限制了学生的全面成长。对于学生培养与教育活动的具体实施与推进来说，其中所包含的元素内容是多元且全面的。而人文理念的缺失和相对不足，加上对学生培养过程中的具体因素把握不足，使得很多学生无法形成与时代发展相适应的理念素质。

最后，对于传统高校教育管理活动的推进与实施而言，其中缺乏成熟文化体系的全面有效融入，尤其是忽略了教学元素的必要渗透，加上对学生成长体

系中的各项要求认知不足,从而使得很多学生在参与具体的学习活动时,未能形成全面的文化认知思维。文化观是一种成熟而稳定的观念,对于学生来说,其所需要的不仅仅是一种学生思维的融入与诠释,同时也是具体内涵上的表述。

二、文化融入、理念表达:茶学体系的价值内涵

在整个茶文化体系中,我们看到正是其中所具有的深厚属性和价值理念。要实现最佳的教学效果,就必须充分注重选择合理、完善的文化元素内容,具体而全面地应用到当前所具体实施的教学活动之中。尤其是对当前正在推进的高校教育管理活动来说,从学生自身的兴趣出发,选择内涵丰富且价值独特的元素内容,才能实现整个教学活动中最为理想的教育诉求。学生是教学活动的关键,也是新型教学关系理念中的主体。对整个高校教育管理机制的实施进行分析,我们应该选择与学生成长和学生学习兴趣相匹配的元素内容,其将为整个高校教育管理活动的有效推进提供重要保障。

结合茶学内涵和茶文化机制,在长期的社会发展过程中,我国的茶文化体系之所以能够被社会大众所理解和认可,其关键在于在饮茶活动日益成熟的背景下,传统文化元素和社会大众的价值观不断融合,从而产生了适应我国基本情况的文化机制。结合目前我们所具体实施和应用的高校教育管理活动,文化与思维内涵对教学活动的有效开展同样重要,尤其是在目前高等教育机制日益完善的大背景下,如何才能更好引导和激发学生自身的创造意识,就极为关键。结合茶学专业的客观特点以及高校教育管理活动的实施状况,我们看到,如果能够探索到两者具体融合的途径和方法,那么其将帮助我们全面有效地提升整个高校教育管理活动的创新效率,同时,结合时代发展的特点和要求来看,当前很多学生在成长与培养过程中,存在诸多问题和不足,尤其是未能注重在学生学习理念和意识的培养与时代发展的具体特点之间形成重要关联和结合点,从而大大影响了高校教育管理活动的创新发展机制。

三、要求提升、学生导向:高校教育管理活动创新发展的客观背景

结合目前高校学生的成长与培养状况,由于我们缺乏完善系统化的教学理念,很多学生在具体看待多元文化时并未能形成正确而客观的学习观念,尤其是不能以良好的文化理念来认识传统文化与现代文化,乃至西方文化与我国文化之间的具体关联。因此,想要实现高校教育管理活动的最佳效果,需要注重让学生形成正确的文化理念和价值思维。只有发挥文化的内涵驱动力和思维理念的引导力,才能让学生实现真正意义上的成长。

所以,从当前高校学生培养的要求以及学生管理活动的具体推进状况看,如果我们能够将学生成长的各项影响因素融入整个教育管理活动之中,那么其所能具体展现的效果,将是无可估量的重要内容,特别是结合学生培养的具体特点来看,整个教学活动中,我们所能利用的资源内容,将是具体且多样化的,而其所能具体实现的效果,也让人们看到只有注重选择合适的文化内涵并融入具体的学生培养活动之中,才有可能让学生在该过程中,实现全面提升。当然,如何通过教学元素的合理选择,实现人才培养机制的全面创新至关重要。

四、茶学理念融入背景下的高校教育管理机制的具体创新路径

当然,想要更好地应用茶学内涵,推进整个高校教育管理活动的创新发展,需要做到:首先,必须对整个茶学体系内涵形成真正的理解与认知,通过深层次挖掘,从而寻找到适合高校教育管理活动具体开展的思维。比如在整个教育管理活动中,成熟而稳定的教学状态,合理的教学理念应用,等等,实际上都是传统教育管理活动欠缺的表现。不仅如此,完善的教学管理思维,尤其是从学生本身出发的教学思维更是关系和影响整个教育管理活动的重要诉求。不仅如此,传统的教学管理活动,从教学方法上看,其整体较为机械,长期如一,沿用传

统落户的教学机制,大大限制了整个教学管理活动的实施效果。

其次,在整个高校教育管理活动的创新发展背景下,如何更好地优化具体而客观的管理机制,其不仅是理念上的调整和革新,同时更是一种具体而全面的教学思维。因此,分析合适的理念内容并且通过适当改造,必然能够满足整个教学管理活动创新发展的具体诉求。茶学是什么,其不仅是文化体系,更是在茶学体系中,我们能够从中品味到的成熟的茶思维,以及文化的价值观和理念导向,这些都是目前我们在具体实施教学创新发展理念的关键诉求。因此,从整个茶学思维体系中,我们感知到的是成熟的思维观念,其对学生自身成长与进步的影响将是无可估量的。当然,融入和利用茶学思维理念的过程,实际上也是一种稳定的思维体系与学生成长活动相结合的重要过程。

最后,对于高校教育管理活动的具体实施来说,创新是时代诉求,而创新理念内涵不仅仅是教学理念的丰富与全面完善,更是满足整个教育管理活动创新发展的全面特点和价值需要,其不仅让我们探究合适的教学理念,同时也要注重通过渗透融入成熟的文化机制,从而谱写客观而全面的思维机制。要满足高校教育管理活动创新发展的具体诉求,需要我们切实从学生自身的思维和视角点来认知和理解问题。比如,学生是教学的主导,是课堂的核心和关键,这是我们必须注重切入的重点和方向。因此,如何才能更好地引导学生参与到整个教学活动之中,并且发挥学生成长的最大价值,这是目前我们在进行学生培养时无法忽略的关键。

五、结　语

在当前整个教学活动创新发展的大背景下,如果想要更好地利用茶学体系的各项要素和具体内涵,则需要成熟而具体地分析茶学理念中所具有的思维内容,通过对整个高校教育管理机制进行适当改造,从而实现整个茶学理念与高校教育管理机制之间的成熟融入。当然,在整个茶学内涵中,其中所包含的成熟思维和文化内涵都将为我们更好、更精准地理解整个高校教育管理活动提供重要支撑。

参考文献

［1］张俊杰.高职院校思想政治教育与文化素质教育相结合的教学改革探索与实践[J].长沙民政职业技术学院学报,2013(19):126-128.

［2］郑秋贤.空间教育教学对高职院校管理改革的影响——以长沙民政职业技术学院一封学生教学空间公开信为例［J］.兰州教育学院学报，2014(11):82-86.

［3］张克峰.舞龙快乐合作式教学模式在上海市部分中学课外体育活动中开展的实验研究［J］.南京体育学院学报(社会科学版),2015(1):219-223.

［4］何春晓.阳光体育运动对民办高校校园体育文化影响之研究[J].桂林师范高等专科学校学报,2015(5):103-106.

［5］董学文.传统文化传承在高校素质教育中的实践研究——以《中国茶文化》课程为例[J].湖北科技学院学报,2016(7):111-113.

◎基于应用型人才培养的民办高校实践教学资源协同管理研究

常　奕　程　越[①]

摘　要：该文主要阐述了实践教学资源协同的必要性，通过论述协同管理的实践机理、路径、实施措施，提出了实践教学资源协同的具体方法，并对宁波大红鹰学院的实践教学资源管理进行了分析与实践，进一步说明了实践教学资源协同管理对民办高校办法的重要性。

关键词：实践教学；协同管理；信息共享

2017 年，国务院办公厅下发了《关于深化产教融合的若干意见》，明确提出了深化产教融合，促进教育链、人才链与产业链、创新链有机衔接；民办高校的应用型人才培养符合国家要求、市场导向、学生需要和社会需求，来解决人才供给侧与需求侧之间的问题，促进教育链、人才链、产业链、创新链之间的有机衔接，优化学科与专业规划与布局，提升教育教学水平，推动高校内涵式发展，加强产教融合的实践条件建设与育人队伍建设，对新形势下全面提升应用型人才培养质量、帮助地方产业经济转型升级、拓展产教融合育人功能具有重要意义。

民办高校推进人才培养模式改革中实践教学尽管存在很多缺陷和不足，但这是改革过程中难以避免的。应用型人才培养目标需要符合国家要求、市场导向、学生需要和社会需求，因此高校应该推进实践教学条件建设、师资队伍建

---

① 常奕，宁波财经学院讲师、硕士；程越，宁波财经学院副教授、硕士。

设,整合校内相对封闭的分散的实践教学资源,形成产教融合、良性互动、供需对接、流程再造、协同发展、贯穿应用型人才全过程的实践教学平台。

一、实践教学资源协同的必要性

(一)应用型人才培养对实践教学资源要求提出新的挑战

随着高等教育的发展,以教师和课堂为中心教学模式正向"以学生为中心"的现代教学模式转变,打破了教学场所的界限,以体验式、沉浸式、情景式、交互式、自主式等多样化教学方法体现学生的主体性,突显个性化培养,重视对学生实践能力的培养,引导学生知识成果化。因此,应用型人才培养对实践教学资源的需求进一步提升,地方高校必须依托区域经济产业,加强与地方政府、科研院所、行业、企业的合作,建设实践教学师资队伍,优化实践教学的内容、方法和平台,寻求更充足的实践教学资源来保证人才培养的质量。

(二)不同专业之间的资源孤岛造成实践教学资源结构性短缺

从部分高校调研情况来看,实践教学资源基本依靠实验教学或设备资产管理软件进行管理,实验中心及基地的实践教学资源未进行统一规划,管理理念中习惯设置资源的使用权限及等级,被各类教学及竞争利益所驱动,潜意识中封闭教学资源,人为制造使用屏障。因此,各种教育资源的获得都与其已有资源密切相关,导致管理者产生排他性竞争思想,容易形成实践教学资源孤岛,从思想上就缺少了资源共享的积极性,在客观上形成了资源共享决策层面的障碍。所以,必须通过资源共享来缓解实践教学资源短缺的现状,重要的是要创新专业之间、专业与企业之间实践教学资源的协同共享机制。

(三)管理体制障碍导致校外实践教学资源协同管理途径单一

校外教学资源存在专业对口、阶段性使用、融合较浅等情况,并且受到校外教学资源专业性原则、对等原则、互补原则、邻近原则的限制,导致资源协同共享的难度系数较高,同时企业的利益最大化也阻碍了不同专业的阶段性共享,进一步加剧了各专业进行点对点资源共享,形成单一的校外实践教学资源利用的状况。因此,高校的实践教学资源协同管理可以形成专业之间、专业与企业之间的教学资源协同共享。

二、实践教学资源协同管理的实践与探索

(一)实践教学资源协同管理的实践机理

以应用型人才培养为主线,根据各专业的专业定位与人才培养目标,从专业的实践教学体系入手,面向所服务的专业及课程、实践教学及工程实训需求,以实践教学资源的共享、规范化建设、管理机制为落脚点,引企入校共建实践中心,信息化统筹实践教学资源,探索实践教学资源协同管理,完善学校实践教学管理体系,使专业人才培养规格符合社会需求,促进各专业实践教学体系的建设,支撑学校办学目标。

(二)实践教学资源协同管理的实践路径

首先,根据学校的办法定位以及不同专业的应用型人才培养目标,借鉴其他民办院校实践教学资源的管理模式,顶层设计实践教学资源协同管理制度及激励机制,组织职能部门与教学部门进行联动调研,汇集协同管理的相关问题,梳理造成教学资源空置及集中性使用的现象,建立职能部门与教学部门之间的日常协调规范,引入绩效考核等管理办法激发管理效能,制定各专业之间的实践教学资源协同管理的相关制度及工作方案,从管理源头来解决教学资源协同问题。

其次,建立校级大数据信息化平台,将人事、教务、科研、实践、设备、成果、学生管理、科技竞赛等子平台信息进行汇集,采用信息技术和大数据分析方法来评判分析实践教学资源的协同率,厘清实践教学资源利用率与管理协调效能之间的关系,帮助学生进一步了解专业实践教学的培养目标、培养途径、培养要求、培养预期成果,从而建立一个有机、整体、协同的实践教学生态系统。

再次,引入师生满意度回馈工作机制,通过教学管理、学生信息员、校内外督导等多种途径进行师生的问题调研反馈,对反馈信息进行分类分级,建立职能部门和教学单位的反馈机制,说明、解释和处理反应上来的问题,并且进行二

次回访,了解师生对问题处理的满意度,对综合性的问题提交学校各级会议进行讨论和处理。

最后,根据循环改进提升的理念,汇总分析反馈问题、处理信息、时间长短,以及满意情况等各方面的信息,将其作为提升改进的依据,建立职能部门和教学单位循环改进的长效机制,注重实践教学资源的数据源建设,将管理效能、执行效率、问题解决、情况反馈、统计分析等功能集聚为一体,建设实践教学资源的大数据平台。

(三)实践教学资源协同管理的实施措施

实践教学是培养学生实践应用能力、创新能力及综合素质不可缺少的重要环节,实践条件建设是学校的常规工作,如何避免重复性的实践条件建设,应该从梳理各专业实践教学体系中专业基础能力、专业核心能力、专业综合应用能力三个层次所对应的课程模块入手,统计不同专业间相同课程的实践资源需求量,寻求验证性、设计性、综合性实验之间的最大供应量和最佳分流系数,结合能力培养方式进一步挖掘实践资源的可利用率和开放率,从而拓展实践资源的创新、创业能力培养功能。同时,仍需加强各专业的实践教学保障机制建设,建立各专业的教学条件保障、师资保障、校外实践教学基地保障等制度措施,建设一支专兼结合、多学科交叉、产教融合的实践指导教师队伍,积极引入企业教学资源,出台示范性校外实践教学基地等制度引导多专业共享企业资源,建立实践能力导向的校内外实践培养体系,引入企业实际项目,优化课程体系,提供多专业多岗位的企业课程,实现校内教育和校外实践的共享式无缝对接。

另外,大数据在教育中的应用有助于学校对教育教学活动的成效进行分析和判断,帮助各专业统计专业建设成果,统计整理并分析试点专业的相关数据,帮助各个专业进行数据及信息共享,达到实践教学资源协同管理和资源共享,从而拓展共享实践教学资源为专业群服务的功能,提升应用型人才培养成效。

三、宁波大红鹰学院的实践教学资源协同管理实践

宁波大红鹰学院作为一所新建本科院校,高度重视应用型人才培养工作。学校遵循应用型本科人才培养规律,按照基础性、应用性原则构建课程体系;突

出能力培养主线,构建了包括基础实践能力、专业核心能力、综合应用能力的三层次能力培养体系;并已在应用型教师、课程及教学团队建设以及基于产学研合作的应用型人才培养模式改革方面取得了明显成效。但在应用型专业建设过程中仍然发现部分专业存在着培养目标定位不清晰,专业知识、专业核心能力、素质要求等人才培养方向与中小企业真实需求还存在较大差距的现象。因此,宁波大红鹰学院开展了实践教学资源协同管理的工作梳理,从顶层设计、制度实施、资源整合、信息平台建设、效能考核等方面入手,以适应经济社会发展对专业人才的需求,加强学生实践能力和创新能力等重要环节的共享与协同。

首先,学校将实践教学资源建设列入"十三五"建设规划,并制定了专业建设"十三五"规划、专业建设行动计划、日常教学考核、示范性校外实践教学基地建设、校企合作建设成效评价等系列文件,有效调动了各专业学院对专业建设中实践教学建设的关注度,加强了职能部门对资源统筹建设和有效利用的管理力度,为全校性的实践教学资源协同管理打下基础。

其次,学校通过数字化校园信息化平台建设,将人事系统、教务系统、课程平台、实验平台、校外实习实训、学科竞赛、毕业设计、专业建设等平台信息进行汇集,按不同需求对数据进行分类汇总,为管理者、专业负责人、任课教师提供数据分析和图表展示服务,简化过程管理流程,加强数据信息服务功能拓展,做到信息实时共享。

最后,学校通过信息平台信息汇总,采用多部门参与,校内外专家论证、教学科研需求、预算编制、答辩等环节控制,有效解决了实验室建设经常遇到的教学设施投入、教学软件购买、场地需求与改造、场地使用等问题。

通过两年的教学资源协同管理实践,各专业学院已经可以有效利用已有资源开展科研教学活动,进一步拓展和开放专业实验室、校外实践教学基地等实践教学资源,注重专业年度建设数据对人才培养的信息,在教师引进与考核、校企合作项目深化、实践教学项目开发、学生科研成果提升等方面都已取得明显效果。

总而言之,民办高校必须有效利用已有的实践教学资源,将各专业实践教学的软硬件进行共享,通过制度建设、平台建设、考核激励等手段,适应经济社会发展对专业人才的需求,进一步培养具有高校自我特色的专业人才。

参考文献

[1] 彭红军,俞小平,赵娟.行业特色型大学实践教学的多维协同创新模式研究[J].黑龙江教育(高教研究与评估),2018(4):66.

[2] 李永霞,张建光,韩伏彬,等.京津冀协同发展背景下地方本科院校实践教学资源共享体系研究[J].开封教育学院学报,2018,38(4):119-120.

[3] 张向超,丰云.基于"利益均衡"的实践教学资源校企共享机制构建[J].中国职业技术教育,2017(2):53-57.

[4] 陈晨,孙友宏,陈宝义,等.优质教学资源协同创新——构建地质工程专业实践教学培养体系[J].中国大学教学,2016(9):77-80.

[5] 李俊辉,丛丛,郑锂,等.政校行企协同育人的实践教学资源共享机制研究——以轨道交通专业群为例[J].交通职业教育,2016(1):55-57.

[6] 杨松,佟维妍,卢奭瑄,等.协同育人模式下自动化专业实践教学资源建设[J].中国市场,2013(29):192-193.

[7] 郝红军,綦良群,孙凯.基于资源协同的质量管理课实践教学体系构建[J].中国现代教育装备,2013(5):32-34.

◎高校教育信息化教学资源建设改革思路与对策

唐　燕[①]

摘　要:随着高校教育进入全面信息化时代,改革教学资源使之适应时代发展就显得尤为必要。在当今高校教育信息化教学资源建设过程中,普遍存在教学资源利用率低、教学配套设施重复建设及教学仪器设备更新维护困难等诸多问题。基于此,通过分析信息化教学资源与高校教育的关系,重点探讨高校实施信息化教学资源建设改革的具体思路及对策,为推动高校教育信息化教学资源质量提升提供有益参考。

关键词:高校教育;信息化教学资源;建设思路;改革对策

一、引　言

高校教育信息化教学资源建设是新时期高校教育系统项目的重要组成成分。2010 年,《国家中长期教育改革和发展规划纲要(2010—2020 年)》明确提出:将"加强优质教育资源开发与应用""构建国家教育管理系统"纳入教育信息化建设工程重点规划。基于此,本文首先从改革教育观念、提升教学质量、推进公平受教等方面切入,系统分析信息化教学资源对于高校教育的重大影响;其次从人本主义、资源互通、资产私有等角度深入探讨信息化教学资源建设改革

---

①　唐燕,宁波财经学院讲师,信息系统项目管理师(高级)、硕士。

的具体思路；最后从资源长远规划、丰富及维护等视角集中论述信息化教学资源建设改革的具体对策，从中总结经验，为高校教育信息化教学资源建设改革提供智力支持。

二、信息化教学资源建设改革路径

教师、图书馆、配套教育设备是高等教育的重要载体，在高校教育教学资源中占据关键地位。随着当今各种信息化教育资源的普及与应用，信息化教育资源对高校教育的积极性作用正在逐年增加。基于此，探索信息化资源建设的路径就显得尤为必要。首先，改革教育观念。科学技术的发展，促使信息流动、传播的速率加快，信息交流的方式趋于多样化，任课教师传授知识的手段更加灵活多变，学生学习、吸收知识的途径更加多样，一度突破了时空局限。这些都是信息化时代给高校教育带来的诸多好处之一。其中，教育教学理念的构建与革新是最具吸引力的部分。高等院校教育通过信息化教学资源及信息技术的改革，更新了高校人才培养模式。在信息化教育观念的指导下，高等院校在教学过程中以课程为基础推进课堂教学模式改革，各个年级、各个专业的学生根据所学大方向课程名称、课程内容及基本要求，随意选择导师、自由创建人数差异不等的班集体，并且凭借信息化资源的优势，实现跨地区、跨行业、跨兴趣自由搭配组合的班级教学活动，彼此之间通过网络，最大限度地整合教学资源，尤其是整合最优教师、最优课程等以往可遇不可求的、涉及不到的教育教学资源，提升与拓展课堂教学、课本知识的外延。其次，提升教学质量。高等学校教育信息化并非是传统课堂与网络课堂的简单移植。信息化的突出特点在于很好地吸收与改造了传统课堂教学模式的优势，并合理地依托信息技术优点弥合了传统课堂教育中的诸多不足之处。信息化教育资源与技术能够传递出生动形象、直观逼真的教育教学情景，从而训练学生的直观形象思维能力、拓宽学生模仿能力及自我效能感，使学生学习与吸收知识的效率提高。学校教师凭借信息化教育平台，可以有效监督学生的课前预习情况、课程中间的听课与理解程度、课后作业完成效果及考核情况等各个环节。高校教育是一个完整的人才培养过程，有了信息化资源之后，就可以实现跨空间教育与监管、碎片化整合时间的学习模式,这种模式是符合高校学生思维跨越、层次参差不齐、时间相对零散等特点的。这种信息技术改革,充分解决了师生之间、学生群体之间、学校与学生之间、社会与学校之间的矛盾纠葛,促进学生自主学习、高效学习。第三,推动全体学生公平受教育的权利。根据 2012 年全国教育普查公报统计结果(见表 1),国家高等教育学生入学比率是百分之三十,虽然比率相对不低,但是从中也可看出是有相当一部分适龄青少年由于家庭经济状况、当地教育教学资源匮乏等原因无法和同龄人一样进入大学读书的。众所周知,教育不公平现象已经不是一个新鲜的、热门的话题,这种不公平现象古已有之。但是在信息化发达如斯的当代,因为地域、经济状况等原因无法享受同等教育机会是不合理的。党在十八大中就明确指出,要全力推进教育公平,受教育机会均等。通过构建信息化教育覆盖体系,逐渐缩小区域差异、城乡差异、校际差异,使信息化真正成为跨越时空的重要手段,使不平等的、稀缺的资源可以实现新的、合理的分配。通过信息化教学资源将同等的知识输送到教育资源落后的偏远地区,为全部青少年提供平等接受优质资源教育的机会。综上,信息化教学资源对高校教育的提升是具有全面推动的巨大意义的。

表 1　2012 年教育发展统计　　　　　　　　　单位:万

年　级	学校数	学生数	入学率
小学	22.86	1714.6	99.8%
初中	5.32	1570.7	88.4%
高中	2.68	1598.7	85.0%
高校	0.28	3325.0	30.0%

三、信息化教学资源建设改革思路

信息技术是信息化教学资源的前提和重要组成部分。信息技术的主要特点是信息处理数字化、信息传递网络化、信息检索迅速化、信息展示媒介化、信息组织链条化、信息共享多元化等。首先,创建人本主义的观念,坚持以学生为本,以教学为本。教师在教授知识的过程中,在维持原有教育资源内容丰富多样的基础上,务必从学生视角出发,针对不同学生各自的特点及学习能力差异,完整设定教学内容、调整教学方法与讲授思路，从而全面激发学生的学习兴趣及其主观能动性，达到满足不同层次学生知识需求的目的。另外，要从学生的认知特性出发，设置合理、有益、温和的学习氛围，使学生能够随时得到教师及周围学生的帮助，从而实现师生之间、学生群体之间的良性互动。信息化资源的优势在于可以完整地、智能化地记录、分析学生的学习程度与学习状况，透过科学的分析反馈，教师可以充分了解和掌握所教学生的持续表现，根据学生的需要，及时更改教学思路与对策。其次，创建资源互通平台，植根开放共赢的理念意识，加强国际、省级、校际之间的交流与合作。迄今为止，受地域、专业领域、本位主义等因素的限制，国内高校之间的沟通与交流并不十分顺畅，甚至是存在资源壁垒的。在信息资源建设进程中，大陆诸多高校十分自信，企图追求高大上的、系统完善的资源存储平台，但是受自身人才梯队、人才专业结构的局限，根本无法实现预期的目标，最终不但失去了自身发展的特色或优势学科，而且拖慢了整个学术行业的发展。2002年，联合国教科文组织在巴黎论坛上公开倡议，提倡学术成果的沟通与共享以及先进教育资源的互通。这次倡议在一定程度上给我国高校资源互通问题敲响了警钟。在一定程度上，开放的理念、互通有无的意识是资源整合的重中之重，也是全世界教育水平迈向新台阶的重要原动力。国外高校互通有无、共建良性学术平台的成功经验表明，只有资源互通、信息共享才能更加有效地优化教育资源，从而推动人类共同发展与进步。开放与互通有无虽然会在短时期内造成竞争，甚至优胜劣汰，但是从更加长远的视角来看，优胜劣汰才是人类自古以来发展进步的自然法则。在个人利益与全人类利益面前，大我意识远比小我意识更能体现人性的终极价值。有学者提出，合作才是资源互通、互利的最重要特征和外在表现。在信息化教育资源发达如斯的今天，只有合作、互通有无才能刺激资源快速进化，甚至再生。世界上任何一所高校，无论名声如何，都无法、也根本不可能保证其所开设的每一门课程，都配备了全世界这一领域最优秀的教师。尺有所短、寸有所长、术业有专攻，这些古话还是有一定道理可循的。高校之间可以采取相应的灵活措施互通有无，如由当地省市政府部门出面协调，以国家力量共建合作、沟通、互补平台，共同进行数字化、信息化资源建设工程项目，彼此之间分工细作，各自发挥优势与特长，扬长避短，共谋长远发展。又如可以通过结成专业联盟或者项目联盟，或是强强联合，或是南南合作，总之，要达到优势资源互补互惠的目的，最终经过统一协调推进资源信息化建设目标。最后,推进资产私有或知识产权私有化建设。产权私有意味着要通过合理、有效的途径保护知识产权。信息化时代或数字化时代的主要特点之一就是,信息或资源流通于无形,信息资源泄露的容易程度远远超出学者的想象。但是智力产品作为劳动成果,同样值得所有人尊重。维护劳动成果的私有权能够提升劳动者的研究积极性和对学术群体组织的信赖。2001 年,国家出台了知识共享协议,很好地保证了知识版权掌握在创造者手中,如果其他学者需要使用这一资源,可以申请所有的授权,这样既解决了知识的私有权,又解决了资源互通壁垒问题,找到二者理想的结合点。作为国内高校,要积极引进这一协议,用协议保障各方利益,维护良性发展的平台。

四、信息化教学资源建设改革对策

随着信息化教学资源从观念到实践、从量变到质变的发展,高校需要自主吸收信息化经营与发展过程中的成功经验。从学生根本利益出发、以实用性为导向,加强信息化资源优化与配置程序。首先,以全国高校为根据地,长远规划资源外延。信息化或数字化教学资源具有涉及领域宽广、逻辑性紧密的主要特点。高校需要派出专门人员,对自身信息化教育的诸多参与者进行实时评估。诸如对所设立的学科、教授学科的教师资源、财政拨付等资源的信息化建设与评估。通过上述评估,合理调配资源去向,从而制定出符合信息化时代发展理念的改革对策。与此同时,可以以高校学院为分支基地,以院领导为信息化建设的排头兵,院内多学科共同参与,合力进行高端设计或规划,进一步强化资源整合力度以及资源评价指标体系建设。通过上层领导自我约束及约束其他下属人员的机制,积极把握发展方向与准绳,引导教职员工积极投身信息化资源建设,调动主观能动性,积极参与、主动加入,随时提供意见或建议,及时更正或改进信息化资源建设过程中的诸多弊端与遗漏,最终达到最优程度。另外,以高校为平台积极申请财政资金支持的同时,自主向社会企事业单位融资,寻求建设校企合作共赢的多样资金来源渠道,为信息化建设提供充足的财政支持。其次,增加设计与维护程序。截至目前,高校教育资源良莠不齐、参差错乱,一方面以纸质版形式存在,一方面缺乏教学知识的主次强调,重难点与基础点鱼龙混杂,教学过程中缺乏应有的师生互动。从高校历年的情况分析来看,对知识性、概念性的传播远远大于实践性、技术性应用的教授,忽略了教育应用于实践、指导实践生活的目的。信息化时代的资源建设改革一方面要依托数字化媒介,一方面也要吸收现代先进的、前卫的教育实践理论及教育思想,将数字化、信息化介质与当代信息化技术、学术完美融合,最终实现知识性存储以及机制性应用。高质量的信息化建设资源与科学化、合理化的组织设计是水乳交融的,高校需要应用市场化的运作模式,基于市场需要进行设计、开拓、使用及最终评估、反馈、有效统筹,依托项目指标,组建知识结构合理、年龄梯队完善、人员性情协调的学术队伍,使之从顶级理论专家到顶级实践技术专家等都应有尽有,并且适当培养年富力强的梯队接班人。信息化资源建设是一个长期的过程,不可一蹴而就,因此需要对信息化资源的良性维护。信息化资源建设既包括前期的设计、开拓、整合,也包括后期的更新、维护,这样有利于资源的合理利用,维持资源的新鲜度与活性,并且有利于高校信息化资源的品牌效应及声望的培养。第三,寻求符合学生特点,体现信息化教学特色的改革方略。高校学生群体,从地域、受教育背景、家庭等方面来看,来源极其广泛,一般进入大学前,都已经形成了各自的人格、世界观及社会经验等,因此,学习动机、学习时间及学习自主性等方面存在诸多差异,所以需要凭借信息化资源的灵活性、立体性、便利性等特点,结合学生自身特点及需要,深入分层,各取所需,以期从学生视角,将优质资源最大化应用到学生中间。与此同时,信息化教育资源具有很强大的兼容性,支持在诸多移动终端导入或获取,从而最大限度地满足学生的各项要求。

五、结束语

合理配置信息化教育资源是信息化时代对高校教育的基本要求,也是以学生为本教育理念在新时期高校教育中的很好体现。面对信息化教学资源建设并不完善的事实,作为信息化教育的参与者,要积极合作、互通有无,共同建设适合学生、适合学校、适合社会发展的、最优的信息化教学资源,为全面推进高校教育教学水平贡献力量。

参考文献

［1］金凌芳.职业教育信息化背景下专业课程教学资源建设的实践研究［J］.中国职业技术教育，2017(8):50-53.

［2］杨林,王琦,张璇.高校继续教育网络课程资源建设的问题及对策［J］.中国成人教育，2017(20):85-88.

［3］钱晓芳.高校教学管理信息化建设与发展研究——评《高校教学管理信息化建设》［J］.教育发展研究,2017(23):15-21.

［4］齐海晶,刘翔."互联网＋"背景下高校信息检索课程信息化教学平台建设研究［J］.情报科学,2017(8):108-112.

［5］蒋锦健.信息化平台下高校教育信息化建设与教学管理的创新发展［J］.中国成人教育，2017(5):41-43.

［6］康佳琼.新媒体环境下高校语文教学改革的形势与对策［J］.语文建设,2017(3):71-73.

［7］孙子文,纪志成.开放教育资源运动与高等教育信息化资源建设模式透视——开放教育资源运动:从 OCW 到 MOOCs［J］.学术论坛，2017(1):155-161.

［8］项丹.云计算与大数据时代下的高校教育教学管理信息化策略［J］.中国成人教育,2017(6):40-43.

［9］丛亮.大数据背景下高校信息化教学模式的构建研究［J］.中国电化教育,2017(12):98-102.

◎信息技术开放实验室建设与大学生创新能力培养研究

陈梦姣[①]

摘　要:本文通过了解西藏大学对学生开放实验室建设的基本情况、软件建设及其对大学生的培养成效进行分析,加强开放实验室的学习与交流,提升大学生的创新能力。

关键词:创新能力;管理模式;开放实验室;组织改革;梯队培养

一、引　言

随着时代的发展,人们逐渐意识到教育事业的发展对社会的意义。为此,我国将视角转移到了大学生的身上,大学生具有一定的专业知识和创新能力,对新鲜事物能够保持好奇度。所以,国家颁布了一系列政策为大学生们建立了许多开放性实验室。这些实验室不仅仅具有地方特色,并且能够提升学生的创作能力。国际教育部门的教学理念是以学生为主体,加强"拿来主义"的观点,而不只是对学生进行教育和帮助。

---

① 陈梦姣,宁波财经学院助理实验师。

二、大学生开放实验室建设的基本情况

(一)开放实验室建设现状

1951 年西藏大学建立,2008 年西藏大学被教育部门和相关单位批准建立电子信息类大学生创新开放实验室。随着科学技术的发展,西藏大学在 2013 年就拥有 11 个重点实验室,并且自此以后取得了许多科研成果,使其被国家列为"211 工程"三期建设项目。在开放实验室的建设过程中,我国政府和学校一直致力于使其变得更加完善,所以投入大量的资金。为使其具备基本的实验设施和仪器设备,同时还增加了一些大型设备的投入,为学生创造了一个良好的实验平台,从而帮助在校学生创造出优秀的实验成果。

(二)开放实验室的人员配置

实验的人员配置大部分以年纪较小、专业知识较强、高学历的人才为主,是一支具有高素质的研究团队。西藏大学的所有老师都可以通过考试进入实验室带领学生们研究相关技术。根据学历、职称的不同,进行实验室的人员的数量也不相同,其中硕士和副教授的人数相对较多。另外,开放实验的类型也各不相同,分为教学实验室、全开放实验室、半开放实验室,其中全开放实验室较多,半开放实验室最少。

(三)当前开放实验室承担科研情况

自从 2008 年开放实验室在西藏大学建立,该校就展开了一系列研究,先后获得了 20 多笔能够支撑项目进行的资金,而且在进行大学生创新创业培训时获得了 100 多类奖项,提升了学校的影响力。国家对实验室的支持,使学校的团队荣获"创新团队"的称号。

(四)开放实验室发展中的问题

虽然开放实验室能够获得国家的支持,但不代表它不会出现任何问题。在实验过程中会出现实验室的管理制度不完善、难以留住人才等问题。在实验室刚建立时,许多学生不将理论与实际联系起来,造成了不能以创新的思维展开实验的问题,增加了老师讲课的难度,同时一些同学因为个人原因选择退出实验室,增加了实验室的成本控制,降低了实验成果的研究效率。因此,该校提出了师生二级管理制度。它是指老师领导学生进行实验,通过相应规则进行分组,让学生管理实验室,老师将重心放到研究对学生的教学方式和实验的指导方针上。

对于难以留住人才的问题,学校采用了一专多能的理念,使一个学生能够掌握多种技能,解决了人才不稳的问题,建立了奖惩机制,使实验室人员能够逐渐提升自身的专业素质。

三、开放实验室的软件建设

开放实验室的软件建设包括导师选拔制度、设备管理、成员的挑选与管理员选拔、学生成员项目申报与执行等。其中最重要的是导师选拔制度和设备管理。实验室的导师选拔制度是十分严格的,这是因为导师是整个开放实验室的负责人,起到管理实验室、教导学生的作用,同时对实验成果的研究也有积极影响。所以应该选择硕士及以上学历、讲师及以上职称的老师担任。指导老师对学生进行实验教学时,应该配备相应的设备,并且按照师生二级管理制度,让学生对实验室的设备进行管理。

四、开放实验室培养学生成效分析

(一)二级管理模式培养学生综合能力

教师可以运用二级管理模式增强学生的综合能力,主要措施是首先对学生进行理论知识的教学,让学生参加创新创业项目的培训活动,帮助学生将理论知识与实际联系起来,提升学生知识的运用能力。学校建立的师生二级管理制度,能够增强学生的综合素质。为了满足学校实验室的可持续发展,开放实验室的人员配备必须是高学历、高素质、创新思维较强的优秀团队。

(二)学研结合培养学生创新能力

为了使实验室在后期也能够不断发展,需要教师投入较长时间和较大精力帮助学生提升理论知识,并且能够张弛有度地培养学生的创新能力。可以通过教师前期对实验的指导,让学生依据教师传授的知识自主进行实验,这种方式不仅可以培养学生的创新能力,还可以培养学生从多个角度看待问题的能力,让学生在实验过程中掌握自身能力的不足之处,并学会通过对自身的认识采取相应的方法提升自身的综合素质。

五、加强开放实验室的学习与交流

为了使学校的开放实验室能够在短时间内获得优质的研究成果,应该加强开放实验室的学习与交流。让学生与老师定期对研究中存在的问题和相应的解决方法进行讨论,这种方法能够使学生加深对实验的理解,增强学生的综合能力。同时,学校可以邀请一些这方面专业造诣较深的教授,来学校开设一些公开课程,有利于培养学生的创新意识,也能对实验的方向进行指导。许多学校还会采用交换留学生的方式,加强国内外关于实验的学习与沟通。

六、结　语

创新意识对我们生活水平的提高有积极的影响,所以西藏大学为了提高学生的创新能力,建立了开放实验室。它的建立提高了学生的综合能力,同时也增强了学生的创新意识。

参考文献

[1] 戴克林.高校实验室建设与创新人才培养研究[J].实验技术与管理,2014,31(7):32-35.

[2] 聂奎营,王传坤,张星.开放型实验室对学生创新能力的培养研究[J].大学物理实验,2015,28(3):120-121.

[3] 闫瑞琴,朱迎玲,钟晓春.大学生创新创业教育视角下的实验室开放管理研究[J].产业与科技论坛,2017,16(5):208-209.

◎高职院校"三型"师资培养创新研究

孙海梅[①]

摘 要:在高职教育大发展的环境下,高职教师队伍的数量和质量矛盾已成为深化高职教育改革,提高人才培养质量的瓶颈问题。如何建立一支高水平的师资队伍已成为高职教育发展必须解决的刻不容缓的问题。本文提出了"三型"师资理论,认为高职院校"双师型"教师的培养缺陷迫切要求建设"三型"师资,并探讨了"三型"师资培养创新的途径和方法。

关键词:高职院校;三型;师资;培养

我国的高等职业教育是在20世纪90年代开始兴起的,它是改革开放社会经济发展形势下高等教育发展的产物。目前,高职教育承担着培养21世纪社会主义建设人才的光荣任务,学生毕业以后大多从业在企业一线,并逐步成长为企业的生产者和管理者,成为企业改革发展的生力军。在党中央和国务院大力支持发展高职院校的政策下,各高职院校蓬勃发展。中国共产党的十七大报告中,胡锦涛同志明确提出了"大力发展职业教育,提高高等教育质量"的要求。与此对应的是,高职教师队伍的数量和质量矛盾已成为深化高职教育改革,提高人才培养质量的瓶颈问题。如何建立一支高水平的师资队伍已成为高职教育发展必须解决的刻不容缓的问题。

---

① 孙海梅,浙江纺织服装职业技术学院副研究员。

一、培养"三型"师资是高职院校师资
队伍建设的必然趋势

(一)"三型"师资的提出

从世界高职教育发展的趋势来看,教师的专业化、技能化发展已成为普遍的共识,高职教师的教育与培训备受关注。纵观世界上几个以制造精良闻名的国家,如日本、德国、丹麦等国,对职业技术教育的师资都有很高的要求:在以电器设计制造技术闻名的日本,对于职业教育的师资首先要求它的"职业性",即必须有企业工作经历,而它的高职教师就称为"职业训练指导员"。在以机械制造闻名全球的德国,所奉行的是更严格的"双元制"职业教育模式,师资培训机构、用人单位和求职劳动者直接参与职教师资的培训,技术提供与技术需要在培训中有效结合,真正做到教学相长,与企业生产经营紧密联系。在以精密仪器制造闻名的丹麦,更是由政府出台规定,想成为一名职业教育教师,不仅要求具备第三级职业教育相关专业技能,还必须拥有本职业五年以上的实际工作经历和丰富的工作经验。可见,职业教育立足点在职业上,对于实践技能及紧跟科技创新的要求更高,我们在师资培养上也要更侧重到这方面来。当前,国际金融危机的影响还未消除,失业率居高不下,企业生产经营陷入困境,高职毕业生就业率降低。在这种形势下,造就一支"技能型""实践型""创新型"的师资队伍,培养更多符合经济社会发展需求的学生,适应金融危机下经济社会发展的现状,是高职院校发展急需解决的一个重要课题。

(二)现实意义

随着高等教育规模的迅速扩大和高职教育的快速发展,高职院校迫切需要一支职业技能熟练、实践能力突出、具有创新理念的高水平师资队伍,以更好地完成高职院校的办学任务,培养更多符合社会主义建设的人才。特别是在当前国际金融危机的影响下,培养"三型"("技能型""实践型""创新型")师资队伍,对于有效克服学校面临的困境、提高学校教学质量和学生就业率、推动社会主义现代化建设具有重要的理论和现实意义。

第一,是适应经济社会发展的需要。当前,科技进步日新月异,新技术、新工艺、新成果不断涌现,产品的科技含量日益提高。这对高职教育提出的要求是,培养一大批在生产一线从事制造、维修、管理、营销及技术服务等工作的技术应用型人才。

第二,是实现高职院校发展的需要。师资水平决定学校人才培养水平和学校的竞争力。高职院校要想在竞争日益激烈的社会中不断发展壮大,迫切需要建设一支既掌握现代科技、管理知识,又具有从事技术工作和管理工作的实践能力;既能讲授专业理论,又能指导实践和技能训练的师资队伍,将知识教育、能力训练、素质修养等方面有机结合起来,促进高职院校加快发展。

第三,是促进学生自我发展的需要。在金融危机的影响下,社会对人才的要求越来越高,不仅需要学生具有扎实的基础理论知识,同时还具有较强的专业实践能力。这就需要学校加强实践、技能、创新方面的教育,增强学生自我发展的潜力,为学生更快地适应社会需求奠定基础。

二、高职师资建设迫切要求建设"三型"师资

在我国,为了突出实践性教学的重要性,近年来出现了职业教育"双师型"教师的概念,改变了以往职业教育中重理论、轻实践,重知识传授、轻能力培养的现象,促进了理论教学和实践教学的有机结合,在一定程度上提高了学校的教学质量,促进了学生的就业。但从实际情况来看,"双师型"教师的培养还存在着不少问题,这就迫切需要建设一支"三型"师资。

(一)师资力量培养不够规范、正常

近年来,高职院校已意识到自身师资培养的不足,随着社会经济的发展,高职师资与社会技能需求脱节的问题已严重影响了高职院校人才培养就业的大事,高职院校的师资再培训工作也开始紧密实施。尽管如此,高职院校的师资培训工作仍然做得不十分完善。一方面,政府部门对高职院校的财政投入相当有限。近些年,尽管国家对部分高职院校有所投入,但投入分配很不均衡,即使有投入,对于侧重培养实践技能人才的高职院校来说,各种企业

生产设备流程模型要购置,模拟生产环境、实习场所要增设等,这点经费仍是杯水车薪。另一方面,由于大多数高职院校的前身是中专、技校等,受以往普通学校单纯课本知识传授的教育手法和理念影响较深,导致一些高职院校教育观念陈旧,没有真正理解高职教育的本质和规律,只把教学作为高职师资培养的手段。

(二)教师自身存在着教学与实践相脱离现象

高职院校是我国高等教育改革这十年来发展的产物,它的前身多为中专、职业高中、技校等,原属这些学校的教师在学校升格后随之成为高职院校的教师,这些人员占了高职院校师资队伍的一半以上,又因高职院校办学扩张迅速,还有相当一部分师资是从大学本科或研究生等应届毕业生中直接招聘,这部分师资的增量也很可观,而从企事业单位和科研院所引进的人才比例仅占高职师资的一小部分。这种人员组成的高职院校的师资队伍无疑存在着理论与生产经营实践相脱离的问题。而且,由于近几年高职院校扩招增幅较大,教师日常的教学任务也很繁重,高校教师的职称评审方面对于教学科研的要求又很高,使得理论功底好的教师没有更多的时间接触实践,忽视了对知识、技能结构的更新与梳理。另一方面,来自企业的教师尽管有丰富的实践经验,但有些教师缺乏授课经验,往往很难胜任理论课程的教学工作。而且,由于新技术更新换代较快,很多高职院校的教师在与实践脱轨的同时必然掌握不了企业实际需要的前沿技术,那么在教学和人才培养上必然会产生学非所用的问题,从而影响学校的教学质量。

(三)难以适应不断发展的经济社会的需求

目前,高职院校在人才引进上面临着一个需求困境,即基础性专业教师过剩,而一些与经济建设联系紧密、市场急需的实践技能专业的教师却不足。一些学校个别专业教师学历层次较低,实用性学科建设较弱,难以满足社会的实际需要。这部分教师数量的不足又直接影响到教学质量的高低,使得这部分教师在背负超额教学任务的前提下,再强调教学质量便有些力不从心。

三、探索"三型"师资培养创新的途径和方法

(一)通过聘请企业"能工巧匠"型兼课教师和推进"访问工程师"计划,带动提高专业教师的职业技能

高职院校的师资构成有其历史原因,与经济生产相联系的实践型教师比较短缺,符合企业生产技术要求的专业教师也不多。因此,一方面,要积极聘请"名师""巧匠""高级技工"及有丰富经验和教学能力的教授、专家、工程技术人员到高职院校从事兼职工作,充实高职院校实践技能型教师队伍,建立兼职教师流动站,根据专业设置及课程结构的需要吸收 20%的企业的技术、管理骨干来校任教,带动在校教师的实践技能水平;另一方面,要选派教师作为"访问工程师"深入企业进行调查研究,定期派专职教师到社会第一线了解生产设备、工艺技术和科技信息,通过"项目开发",教师带自己的作品参加企业订货会等活动,鼓励教师参与各类职业大赛,使教师更了解企业、市场的动作,加强教师的实践锻炼,使教师由单一教学型向教学科研、生产实践、创新开发一体化的"三型"教师转换。在引进和使用人才方面,注重引进企业的技术骨干。

(二)强化专业教师以企业实践为重点的继续教育制度,全面落实高职院校专业教师到企业、到生产第一线实践的要求

要畅通渠道,完善教师实践锻炼制度、继续教育制度。从教育的原则而言,教师继续教育必须坚持理论与实践结合,学用一致,注重实效。从教育的主体而言,继续教育对象可以中青年教师为主,通过继续教育使他们能更好地履行现岗位职责,并为这部分教师创造条件,选派教学科研优秀的中青年教师,让他们压重担,挑大梁,培养学科骨干和专业带头人。从教育的内容看,教师继续教育的内容侧重于专业知识和专业技能的更新和提高,教师的继续教育要与教学、技能更新、社会需求紧密结合,根据教师专业岗位确定企业实践培训的主要内容,提升师资队伍的职业技能教育水平。从教育的途径看,可以鼓励教师获取面向社会和专业的职业资格证及技术职称,鼓励教师直接参与生产、管理实践;可以选派教师去合作企业带队实习,挂职锻炼,参与企业技术革新和改造,等等;可以选拔骨干教师建立教师工作室等形式,组合改善教师学历结构、职称结构

和提高实践指导能力,在理念上与产业接轨。积极鼓励教师参加企业实践方面的师资培训,鼓励教师参加各种企业工种等级考试。在激励实践指导教师的学术和教学水平提高的同时,教之有据,学之有用,培养切合企业实际需求的人才。

(三)深度"产学研"合作计划

高职院校"产学研"合作需要各方的共同努力。一方面,组织教师深入到企业生产的第一线,为企业提供技术咨询、员工技能培训等服务。发挥人才培养基地工作室的作用,努力和有关企业合作,积极开发横向课题,例如适应国际贸易发展需要的快速反应系统、创新品牌机制的形成等,为企业解决新形势下的难题。另一方面,要积极参与政府、社会举办的各项专业活动。深化高职教育为产业服务的观念,综合利用教学资源为企业提供咨询服务和开展研发项目,通过产学研合作提升科研能力带动实践教学基地的发展,为地方经济的发展、待业发展、推动高职院校办学质量。可以通过支持建立研发机构,开放科研设施,鼓励高职院校开放科研仪器设施,为教师参与企业研发提供便利服务。优化技术资源配置,促进校企间的技术交流与合作,将科技创新与师资培养紧密结合。

四、结　语

重视高职院校师资培养是深化高职教育改革,提高人才培养质量的主导力量。随着经济的不断发展,社会对复合型人才的需求日益增强,实践型、技能型、创新型人才越来越为社会所欢迎。本文突破了以往"双师型"师资建设模式,由原来的"双师型"师资培养模式逐步过渡到"三型"师资培养模式,增加对教师动态的考核和评价,进一步丰富了教师的教学内涵和人文素养。这类师资契合了学生自身发展的要求,既符合社会职业岗位的要求,能提高学生的就业率;又有助于结合学生实际,提高自主创业的比例。

参考文献

[1] 刘荣华,凌新华,危煜祥.创建高校"三型"办公室的实践与思考[J].长江大学学报(社会科学版),2011(6).

［2］姬玉明,朱旭.创新高职师资培养途径:从"双师"向"三能"的跨越——南通职业大学建工系"三能型"教师群体剖析[J].南通职业大学学报,2006(12).

［3］陈炳和,罗元,束惠萍.高职院校"三双型"师资队伍建设模式初探——常州工程职业技术学院师资队伍建设实践与思考[J].黑龙江教育(高教研究与评估),2008(9).

◎高职院校加强中华优秀传统文化教育对提高学生思想道德素质的重要性

毛艺瑾①

摘　要:中华优秀传统文化是中华民族的灿烂瑰宝,同时也是中华儿女不可或缺的精神食粮。高职院校是培养专业型人才的重要基地,加强中华优秀传统文化教育对于提高学生的思想道德素质有重要作用。本文就高职院校加强中华优秀传统文化教育对提高学生思想道德素质的重要性进行了详细阐述,并提出几点加强传统文化教育的措施,以强化学生的道德素质培养,促进高职教育的不断进步和发展。

关键词:高职院校;优秀传统文化教育;思想道德素质

当前高职院校将教学重心放在了学生专业技能的培养上,忽视了学生思想道德素质的培养。相关调查结果表明,尽管高职毕业生有着比较强的技术能力,但是人文素养方面并不占优势。基于这一情况,高职院校必须注重对学生思想道德素质的提升,通过大力开展中华优秀传统文化教育来提高学生的人文素养,加强学生的思想道德建设,从而培养出专业能力强、思想素质高的现代化应用型人才。

---

①　毛艺瑾,浙江纺织服装职业技术学院讲师。

一、优秀传统文化教育对提高学生思想道德素质的重要性分析

（一）有益于强化对社会主义核心价值观的认同

中华优秀传统文化是社会主义核心价值观的思想源泉。高职院校在为学生开展社会主义核心价值观教育的过程中，通过强化中华优秀传统文化教育，使学生对社会主义核心价值观的目标要求以及价值取向有更为深刻的认识和理解。高职院校加强中华优秀传统文化教育是宣传民族复兴伟大中国梦的重要组成部分，有助于学生在学习传统文化的过程中深化对中华文明、历史积淀的理解，能够对社会主义核心价值观赋予文化层面的诠释，使传统文化更具感染力，强化学生对优秀传统文化的认同，进而提升学生的文化涵养，从而形成良好的思想道德品质。

（二）有益于培养学生的社会公德

继承中华优秀传统文化，弘扬民族精神是我们责无旁贷的历史重任。民族精神根植于优秀传统文化之上，比如"先天下之忧而忧，后天下之乐而乐"的社会责任感，"人生自古谁无死，留取丹心照汗青"的浩然正气，"老骥伏枥，志在千里；烈士暮年，壮心不已"的奋斗精神，"修身齐家治国平天下"的家国情怀。这些充满了强烈爱国主义的古诗词是中华优秀传统文化的重要体现，通过加强中华优秀传统文化教育，可以充分激发高职学生的民族责任心以及民族精神，这对于培养学生的社会公德，提高学生的社会责任感有重要作用。

（三）有益于深化学生的品德教育

中华优秀传统文化中有很多关于品德教育的内容，比如"己所不欲，勿施于人"的为人处世原则，"老吾老，以及人之老；幼吾幼，以及人之幼"的仁爱孝道思想，"长风破浪会有时，直挂云帆济沧海"的自信乐观精神，"三军可夺帅也，匹夫不可夺志也"的高尚节操，都充分展现出中华民族的传统美德，对中华儿女产生了深厚的影响。随着西方外来文化的不断入侵，加强对学生的优秀传统文化教育，弘扬传统美德，对提高高职学生思想道德素质有重要作用。

(四)有益于建设优良的校风、学风

中华优秀传统文化倡导人格平等,尊敬他人,这是构建和谐人际关系的重要基础。学院主流意识构成了校园文化,校园文化建设主要包括校风建设、教风建设和学风建设,突显校园文化的思想内涵,从而对校园的文化环境进行持续优化,进而构建校园文化品牌,培育校园文化成果。高职院校中有许多各具特色的学生社团,能够组织学生开展形式各异的有益活动,如艺术社团、礼仪社团、书画协会、舞蹈协会、表演社团、诗歌朗诵比赛等,通过开展一系列具有人文性质的活动,能够为学生打造浓郁的人文环境,让学生在参与活动的过程中受到中华优秀传统文化的熏陶,从而使其感受到中华优秀文化的魅力,继承并发扬传统文化,促进其思想道德素质的提升。

二、高职院校加强中华优秀传统文化教育的建议对策

(一)营造具有浓厚传统文化氛围的校园环境

中华优秀传统文化教育重在陶冶学生的情操,这便需要为学生营造和谐良好的文化氛围和环境,让学生在潜移默化中提升自身的思想道德素质。

1.开展传统文化活动

比如在清明节之际,学校可以组织学生开展扫墓活动,缅怀革命先烈,对重大的历史事件和人物进行回顾,比如岳飞的精忠报国、文天祥的英雄气概,让学生了解到正是这些英雄人物的舍生取义才使中华民族精神得以延续,中华儿女才能血脉相连,再创辉煌。

2.举办经典诵读活动

中华优秀传统文化历史悠久,有着极为浓厚的历史积淀,诗歌名篇更是传统文化中最为璀璨的一颗明珠。举办经典诵读活动,可以强化高职院校师生对正确价值观的认同,从而实现思想道德水平的提升。通过经典诵读,师生可以规范自身的行为举止,同时还能净化自身的精神世界,陶冶情操,提升思想品格,不断升华情感追求。

3.多途径开展传统文化教育

要使学生能够对传统文化进行有效内化,必须让学生在长期耳濡目染的过程中接受传统文化教育。高职教师需要将中华优秀传统文化教育渗透在专业技术课、实践课、课外活动、校外实践等不同的教学活动中,为学生创造内化传统文化的平台,使优秀传统文化的教育更加立体和全面。高职学校还可以开设传统文化选修课或者通过专题讲座、互联网、多媒体、参观等不同的渠道向学生介绍中华优秀传统文化,不断提升学生的人文素养,加强学生的思想道德建设。

(二)加强教师队伍素质建设

要确切落实中华优秀传统文化教育,发扬优秀传统文化,提高学生的思想道德素质,高职院校教师必须从思想层面来认识传统文化,并且具备整合优秀传统文化和现代文化的能力。在对高职学生开展传统文化教育的过程中,教师必须提升自身的文化素养,拓展自身的知识储备,从而实现博采众长、博学多才。与此同时,教师还需不断提升自身的人格魅力,提高道德修养。在传统文化教育中,教师只有为学生树立模范作用,将自身的品质修养呈现于学生面前,才能使学生在学习传统文化的过程中不断提高自身的思想道德素质。

(三)转变学生的思想认识

高职院校在开展中华优秀传统文化教育的过程中,应当转变学生对传统文化的思想认识,使学生积极主动地参与到传统文化的学习中来,从而唤醒其内在思想道德的成长。高职院校应当全面推进素质教育,加强对专业技能型人才的培养,在校园文化建设中融入传统文化教育,强化学生的专业能力和道德品质,积极构建富有传统文化氛围的校园环境,让学生充分认识到接受优秀传统文化教育的必要性和重要性,从而自觉学习优秀传统文化,实现全面提升。

三、结　语

总而言之,高职院校加强中华优秀传统文化教育对提高学生思想道德素质有重要作用。这项工作任重而道远,我们应当给予充分的重视,从不同角度,运用不同手段,去推进和落实。传统文化教育是学校教育的重要组成部分,与学校教育共同构成一个完整的教育体系。通过开展优秀传统文化教育,充分挖掘优秀传统道德教育资源,高职学生可以强化对社会主义核心价值观的认同感,培养良好的社会公德,提高自身的品德修养,并且有助于高职院校构建优良的校风和学风。

当代大学生是我们祖国的未来。科学知识可以改造世界,而中国的传统道德文化则可以提高学生内在修养。高职院校必须有效落实优秀传统文化教育,构建并完善优秀传统文化的社会实践体系,让学生在优秀传统文化的熏陶下不断提升自身的思想道德素质,为传承中华文明和建设和谐社会做出贡献。

参考文献

[1] 林浩君.高职院校加强中华优秀传统文化教育对提高学生思想道德素质的重要性[J].现代职业教育,2018(14):245.

[2] 陈丽.将中华传统文化融入大学生思想道德素质教育的探索[J].广东教育(职教版),2018(6):45-46.

[3] 柏嫱,柏华.中华优秀传统文化融入大学生思想政治教育的现实路径[J].学校党建与思想教育,2019(16):52-53.

◎高职院校内部质量保证体系的构建与思考[①]

奚 康[②]

摘 要:《国家职业教育改革实施方案》中明确指出"建立健全职业教育质量评价制度"。贯彻教育新发展理念的重点是完善职业教育体系,推动高等教育的内涵式发展。作为高职院校内涵式发展的建设基础,加强高职院校内部质量保证体系建设为自主保证机制提供动力、为教学诊改工作夯实基础、为人才培养质量提供保障。高职院校构建内部质量保证体系,应从提升认识水平、分步构建工作目标、建立常态工作机制三个层面来推动高职教育的内涵式发展。

关键词:高职院校;内部质量保证体系;构建与思考

党的十九大以来,在教育新发展理念下,完善职业教育、实现高等教育内涵式发展,可以优化高等教育结构,为高素质技术技能型人才提供质量保证。近年来,高职院校诊断与改进工作的力度不断加强,内部质量保证体系建设为提升高职院校人才培养质量、健全职业教育质量评价制度提供保障。本文从加强高职院校内部质量保证体系的重要意义出发,分析了内部质量保证体系建设的具体做法,在此基础上,提出了高职院校构建内部质量保证体系的思考。

---

① 本文为"浙江工商职业技术学院2018年度科研基金项目"(项目编号:2018Y012)的研究成果;浙江工商职业技术学院2018年度立足"工商"办职教课题专项基金项目(项目编号:FZ2018LY03)的阶段性研究成果。原发表于《吉林省教育学院学报》2019年第12期。
② 奚康,浙江工商职业技术学院,中级经济师、硕士。

一、加强高职院校内部质量保证体系的重要意义

（一）为自主保证机制提供动力

作为高职院校自主保证人才培养的质量机制，内部质量保证体系建设为教育质量的职业性、适应性等提供驱动力。2015年以来，教育部等相关部门多次发文，提出"教学工作诊断与改进制度"，具体如表1所示：

表1　教学工作诊断与改进制度文件要求

时　间	文　件	要　求
2015年6月23日	《教育部办公厅关于建立职业院校教学工作诊断与改进制度的通知》（教职成厅〔2015〕2号）	基于职业院校人才培养工作状态数据，建立常态化周期性教学工作诊断与改进制度，结合自身实际，建立校本人才培养工作状态数据管理系统，试行行业企业用人标准的专业诊改。
2015年6月30日	《高等职业院校内部质量保证体系诊断与改进指导方案（试行）》（教职成司函〔2015〕168号）	制定省（区、市）高等职业院校内部质量保证体系诊断与改进工作实施方案。
2017年6月13日	《关于全面推进职业院校教学工作诊断与改进制度建设的通知》	完善省级职业院校教学诊改工作规划（2017—2020年）和实施方案；以教学工作为重点建立健全诊改制度等。
2019年1月24日	《国家职业教育改革实施方案》	建立健全职业教育质量评价制度；实施职业教育质量年度报告制度；完善政府、行业、企业、职业院校等共同参与的质量评价机制。

由此可见，推进高职院校内部质量保证体系建设，激励高职院校从制度层面关注教学工作、强化专业建设、提升教学质量，已成为推进高职院校"教学工作诊断与改进"工作的必然要求，为自主保证机制提供动力。

（二）为教学诊改工作夯实基础

作为高等职业教育发展的基础，全面开展教学诊断与改进工作，切实发挥教学质量保证主体作用，构建常态化内部质量保证体系建设，为培养创新型、复合型、应用型和技术技能型人才，增强各类人才服务国家和区域经济社会发展、参与国际竞争提供原动力。高职院校开展内部质量保证体系建设的核心是提

升教学质量,"需求导向、自我保证、多元诊断、重在改进"的十六字工作方针为完善职业教育体系建设保驾护航。"需求导向"说明了高职院校的办学方向即适应社会能力;"自我保证"强调了学校的质量主体责任;"多元诊断"是建立现代化机制的重要内容;"重在改进"则是教学诊改工作的目的,保障诊改工作的持续化、常态化,为教学诊改工作夯实基础。

(三)为人才培养质量提供保障

2019年1月国务院印发的《国家职业教育改革实施方案》中强调,大幅提升新时代职业教育现代化水平,提供优质人才资源支撑。党的十九大以来,高职院校自主发展、自我约束的机制不断加强,作为人才培养质量的第一主体——高职院校,如何引入行业企业质量文化,利用大数据技术,开展多维度、立体化的诊断与改进工作显得尤为重要。高职院校人才培养是一项长期性的过程,需要在内部质量保证体系建设中不断完善。树立符合现代职业教育发展的质量文化,为推进"中国制造2025"战略,扎根中国大地办学,实现人才培养质量提升的目标建设起到重大的推进作用(图1)。

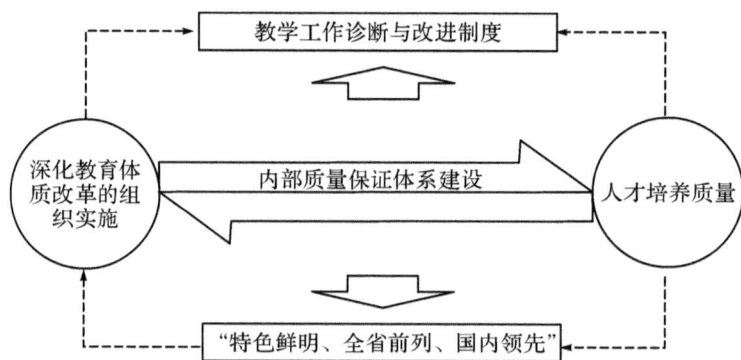

图1 内部质量保证体系建设与人才培养质量关系示意图

二、内部质量保证体系的具体内容

2015年以来,教育部职业教育与成人教育司组织实施的高职院校内部质量保证体系诊断与改进工作在全国高职院校各地落地生根。高职院校结合自身发展的实际,从"学校、专业、课程、教师、学生"五个层面逐步形成全要素、网络化的内部质量保证体系(图2)。

输　入

产业需求	社会需求	政府要求

质量方针与目标

输出

社会满意度　企业满意度　学生满意度　家长满意度

纵向系统

决策指挥	质量生成	资源建设	支持服务	监督控制

横向层面

专业质量保证 专业建设规划 目标标准 诊改制度 实施运行 外部诊断	课程质量保证 课程建设规划 目标标准 诊改制度 实施运行 实施效果	师资质量保证 队伍建设规划 目标标准 诊改制度 实施保障 实施效果	学生质量保证 育人规划 目标标准 诊改制度 安全保障 实施效果

数据平台

工作制度	实时准确	日常监控	定期分析

状态数据采集与管理平台

数据源

职能部门	职工	教学单位	专业	教师	学生	企业

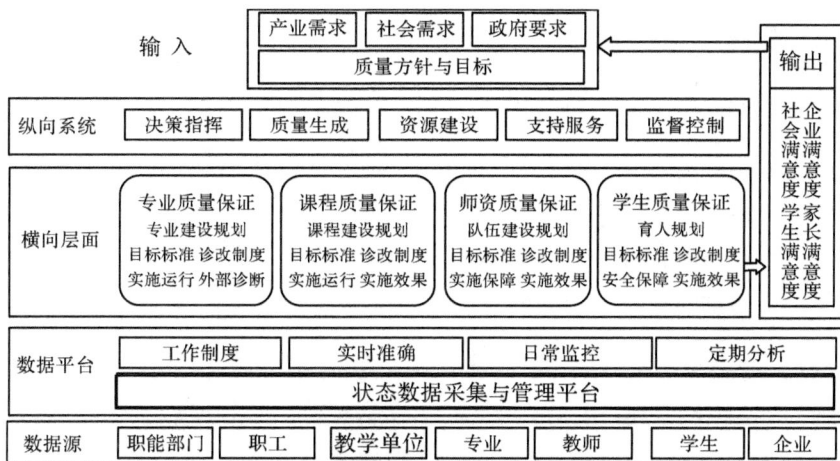

图 2　内部质量保证体系建设示意图

(一)健全组织体系,厘清部门职责

高职院校开展内部质量保证体系建设工作,从质量保证主体的责任开始。目前,大多数高职院校成立了内部质量保证委员会,党委领导下由院长负责制定学校层面的质量方针和质量保证政策,全面领导学校内部质量保证体系建设、诊断及改进工作。质量监控办公室负责执行考核性诊断制度建立与运行等工作。专项(规划与计划执行、专业与课程、教师队伍、学生全面发展、数据平台、质量文化)六个质量保证工作组保证质量的运行。二级学院作为学校内部质量生成的核心,从分院的专业、课程、教师、学生层面组织诊改运行工作(图 3)。

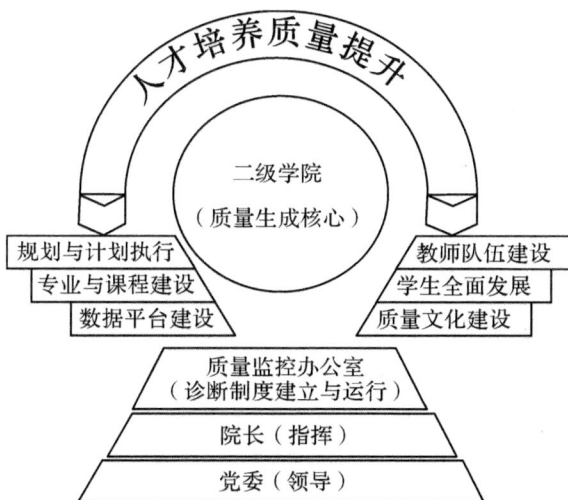

人才培养质量提升

二级学院
(质量生成核心)

规划与计划执行
专业与课程建设
数据平台建设

教师队伍建设
学生全面发展
质量文化建设

质量监控办公室
(诊断制度建立与运行)

院长(指挥)

党委(领导)

图 3　内部质量保证体系六个质量保证工作组示意图

77

(二)依托规划方案,形成目标体系

围绕高职院校的核心目标,根据学校"十三五"发展规划及学校综合改革等要求,依据学校子规划、学院子规划等相关要求,符合培养满足行业企业用人需求、学生职业发展需要,结合学校实际工作要求,制定学校年度工作计划,明确各项工作的年度建设目标、任务、措施和预期效果,编制形成学校(职能部门)、二级学院、专业与课程、教师与学生等层面的目标体系,形成上下衔接、左右呼应的目标链。

二级学院依据学校专业发展规划,制定各专业建设方案。根据学校年度工作计划和专业建设目标,结合二级学院工作实际,制定二级学院年度工作计划,将专业建设任务落实到年度工作计划中,明确各项工作的年度建设目标、任务、措施、预期效果,实现任务层层分解落实(图4)。

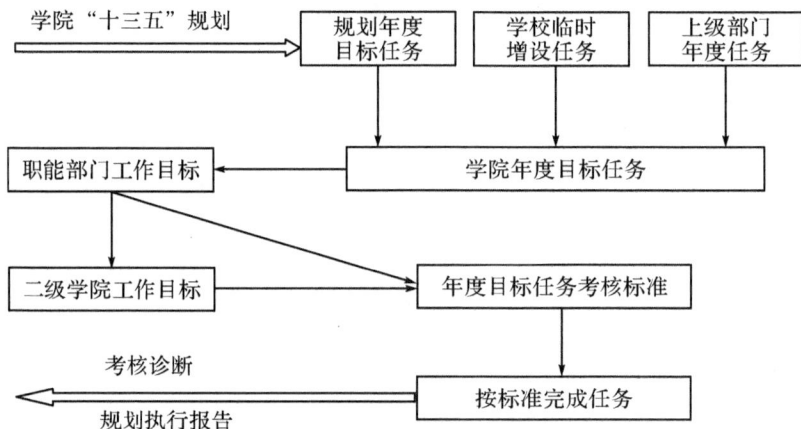

图4 内部质量保证体系目标体系示意图

(三)建立标准体系,完善层面标准

标准作为内部质量保证体系中目标的支撑,在诊断与改进过程中起到作用。围绕学校"十三五"发展规划目标和指标要求,在学校改革发展、专业建设、课程建设、教师发展、学生全面发展等方面,制定或完善标准,形成标准体系。

专业与课程层面,制定专业设置与调整标准、专业建设标准、专业人才培养方案等,完善课程建设标准、课程标准、毕业设计(论文)标准、顶岗实习标准。教师层面,建立"新教师——合格教师——骨干教师——专业带头人——专家、名师"五级递进的教师发展标准,完善教师聘任标准(新任教师、兼职教师),完善教师教学能力标准,完善师资队伍建设标准(师资建设方案),完善助理讲师、

讲师、副教授、教授等评聘标准。学生层面,完善学生素质教育方案、学生自治队伍建设标准及学生安全教育标准,制定思想政治、心理健康、专业能力、社会实践等多层次的学生全面发展标准等。

(四)优化制度体系,形成常态诊改

建立以学校章程为总纲、以基本管理制度和具体规章制度为主体的制度体系,梳理优化现有制度体系,加强专业、课程、教师及学生等层面的制度建设,注重制度的可操作性和有效性。依据优化的纵向五系统组织机构职责,明确各部门重大事项,重构工作流程。编制记录文档清单,明确记录文件和数据格式、填制内容和要求。设计的管控事项工作流程与制度相配套。

建立常态化诊改机制,随时呈现问题,及时反馈教学诊断结果与改进建议。打通教学现场发现问题、教学诊断识别问题、教学团队研讨问题、教学管理改进问题的管道,使学校内部质量保证体系得到有效实施(图5)。

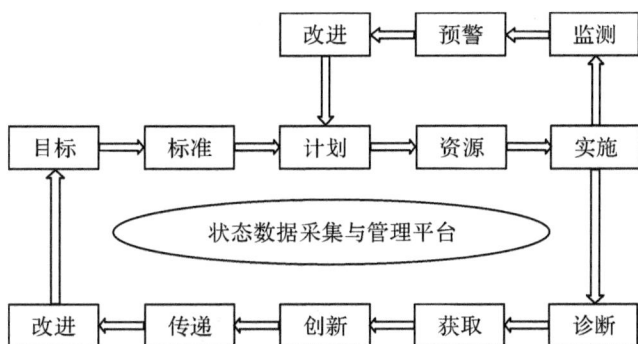

图5　内部质量保证体系"8字螺旋循环"示意图

三、完善高职院校构建内部质量保证体系的思考

《2019年政府工作报告》明确中提出,改革完善高职院校考试招生办法,大规模扩招100万人。扩大高职院校教育规模正是推进我国产业升级、经济转型的需要。为实现高职院校培养满足产业结构转型升级和区域经济发展的高素质技能型人才,必须在质量管理上下功夫,实施高质量发展战略。高职院校健全内部质量保证体系正是学校实施高质量发展战略的重要途径。内部质量保证体系建设可以从以下三个方面着手:

（一）提升认识水平，推进内部质量保证体系建设

围绕高质量发展战略的总目标，建立可持续发展的工作机制，切实履行人才培养质量保证的主体责任，不断提高人才培养质量。从加快发展现代职业教育角度来看，应该更加强调学校自主实施质量保障的责任意识。表面看来，专业课程建设的水平、师资结构的高低、学生生源的差异等综合因素决定着高职院校的教学质量，但内在是取决于高职院校对教学工作的总结，也就是自我主体责任的保障。只有从领导干部、教师队伍、行政管理人员各个层面充分认识到内部质量保证体系建设对于学校教学质量的提升作用，对于高职院校人才质量培养的促进作用，内部质量保证体系建设才能真正落地生根。

诊断与改进方案提出每三年独立设置的高职院校需完成一轮自主诊改，学校领导、中层干部、专业主任、基层教学组织负责人、教学部门办公室主任、辅导员、教学管理人员等积极参与到内部质量保证体系建设中来，扎实有效地推进学校的内部质量保障体系建设。高职院校将进一步落实实施方案（试行）的相关要求，提高高职院校开展内部质量保证体系建设的自觉性。

（二）明确时间节点，分步建构具体工作目标

近年来，高职院校陆续成立"内部质量保证体系诊断与改进工作委员会"，逐渐出台各自的建设实施方案，内部质量保证体系建设始终围绕教育部办公厅等相关文件的时间节点逐步推进。通过不断完善教学工作诊断与改进制度，明确各个建设任务的时间节点、改进目标和工作要求。同时，从高职院校的实际出发，牢牢抓住专业与课程建设这个重中之重，围绕人才培养的工作要求进行自我诊断，通过专业评估分析报告、课程评价分析报告等形式制定相应的改进措施，从而推进教学质量的提升，提高学校的人才培养质量。

制度的重点在于严格执行，这也是内部质量保证体系建设落在实处的保障。如果缺乏改进的工作机制，即使规定了相应的制度，在教学工作中也难以体现"诊断与改进"的初衷。高职院校必须对现有改革发展、专业建设、课程建设、教师发展、学生全面发展等五个层面的现状进行深入分析，围绕人才培养质量总目标的要求，从改进的角度根据具体的时间节点，建构具体的工作目标，完成相应的诊改措施。

(三)结合自身实际,建立常态化工作机制

开展常态化内部质量保证体系建设是新时期促进教学质量提升的新尝试,各个院校的发展目标不同、基础不同,没有包治百病的万能药,一切都必须根据自身发展的实际情况来进行。内部质量保证体系的建立其根本是为了发现高职院校人才培养质量中的问题和不足,并持续改进。并不是离开现有的工作另搞一套方案设计,而是与现有的工作相结合,形成更加全面具体的内部质量保证体系。比如,学校层面如何根据每年的《高等职业教育质量年度报告》《高职院校适应社会需求能力评估报告》中的人才培养状态、校企合作状态、服务贡献能力等进行诊断改进;专业层面如何从《专业自评报告》中发现问题并改进,结合高职院校人才培养方案,列出改进计划,完成改进任务,等等,都是教学诊断与改进工作的具体体现。构建内部质量保证体系建设是一项常态化的工作,需要高职院校的文化积淀和精神传承。

参考文献

[1] 决胜全面建成小康社会,夺取新时代中国特色社会主义伟大胜利——在中国共产党第十九次全国代表大会上的报告[R].2017-12-08.

[2] 国务院关于印发国家职业教育改革实施方案的通知,中华人民共和国国务院公报[R].2019-02-28.

[3] 教育部职业教育与成人教育司.关于印发《高等职业院校内部质量保证体系诊断与改进指导方案(试行)》启动相关工作的通知[教职成司函(2015)168 号][Z].2015-12-30.

[4] 汪建云.培育"8 字螺旋",夯实诊改基础[N].中国教育报,2017-11-07(11).

[5] 张云志.权责清单制度:提升高职院校治理能力的新路径[J].教育发展研究,2017(19):48-53.

[6] 郭广军,方健超,龙育才.新时代推进高等职业院校内部质量保证体系诊改的对策建议[J].教育与职业,2018(9):5-12.

[7] 胡娜.高职院校质量保证体系建设的框架与走向[J].教育与职业,2018(6):32-38.

◎我国外交礼仪之外事赠送漫谈

郭　崧①

摘　要:什么是礼仪？礼仪即是人类社会一种约定的规则,也是一种社交。礼仪是权衡一个国家和一个社会的标准,更是直接反映国家文明程度、道德的标准。随着加入WTO,我国对外开放将更加深入,对外文化交流活动日益频繁,与世界各地的朋友们互相尊重、平等相处、和睦相待,遵守外事礼仪规范,遵循国际惯例,在维护国家尊严的基础上,表现良好的涉外礼仪修养。为此,在现代各国外交友好的形势下,我们更应该注重国际礼仪之间的各种差异,构建文明的外事礼仪。

关键词:外事礼仪;纪念品;文化差异

一、引　言

礼尚往来是国际上通行的社交活动之一,是向对方表达心意的物质表现。在外事接待和出访时,为了向对方表达感谢和慰问,常常需要赠送礼物,以增进友谊与合作。

外事礼品和纪念品是国际外交活动中的重要工具,是世界各国之间传递信息,交流友谊的"终极差使"。外事互赠在推进欧洲历史文明的进程中扮演着重要的角色,礼物传递友情的说法不仅适用于私人交往,也适用于公共关系。

---

①　郭崧,宁波城市职业技术学院,助教。

组织招待贵宾访问期间的起居、仪式、宴会需要耗费大量的时间和协调努力。会晤双方参观访问场所,宴会佳肴,以及参观访问期间对东道国文化的好奇会在访问结束后很快被忘却,但是来宾随身带走的礼品,如果挑选得当,将使活动转瞬即逝的记忆变得不同,成为一种有利于今后发展良好关系的美好回忆。

二、两种不同性质的外事馈赠礼仪

(一)外事纪念品

作为人与人之间交往的纽带——礼品,在保持着旺盛生命力的同时也将"情为贵"的宗旨表达得淋漓尽致。"礼"是中国传统文化的核心,因此,送礼也成为一种最能传情达意的沟通方式。送给外国朋友的礼品需要选择一些有纪念意义的,能够让国外朋友产生回忆。最重要的是要能体现我国文化特色,这是接收礼品者最看重的因素。在国际交往中,人们经常通过赠送礼品来表达谢意和祝贺,以增进友谊。增强外国友人礼品时要尽可能考虑受礼人的喜好,"投其所好"是赠送礼品最基本的原则。外事纪念品诱使人对外交事件产生回想,特别是对于赠予者和赠予单位及组织的回忆。我们经常会看到在外交场合中会赠予来访者一些当地的"明星产品",譬如一个当地知名艺术家的原创作品、本地区优势产业的产品或者能够表现当地风土人情的物品等。

外事纪念品同样也能让来宾回忆起之前参加的某个峰会、研讨会、节庆表演以及参加过的一些其他的重要会议。例如:在一次重大的国际会谈后,当地领导会向代表团主席颁发限量版纪念章,其历史象征意义让被馈赠者获得足够的荣耀感。通常情况下,纪念章的材质会有所差异,代表团主席收到的是银质纪念章,其他代表团成员收到的则是铜质纪念章。

还有一些所费不多的小物品也可以大量分发,如钥匙环、小镜框以及小饰针。我们能够注意到这都是一些平价却不失实用性的物品。选择礼品时,往往是挑选一些物美价廉,具有一定纪念意义、民族特色或具有某些艺术价值,或为受礼人所喜爱的小艺术品、小纪念品、食品、花束、书籍、画册、一般日用品等。

（二）外事礼物

外事礼物相较外事纪念品有与之完全相反的独特属性。它涉及那些可能触及被接受者感性一面的馈赠。馈赠礼品单独送给某位人士，而且是以比较独特的方式让人感受到一种荣誉，并突出其人格的某一方面。

赠送应该有明确动机，以体现为什么要给来访者或受访者予以突出的礼遇，如遇到有具体的利益关系，或是出访的缘由非同一般，或是赠送礼品的对象享有非凡且与众不同的地位时，应该怎样为一位来自异国他乡的宾客挑选一份合适的、分量恰到好处的礼品呢？比较现实的方式就是向被馈赠者的同事进行咨询：通过其部委的办公室主任、副部长、办公室副主任甚至是私人秘书，提前使其了解馈赠礼品的意图并向其获取建议。这样赠送礼物的惊喜程度也许会比较有限，但至少能明确目标：让对方动心，并为其留下既实实在在，又赏心悦目，还能长久保存的见证。对于一个政府的首脑，文学爱好者，赠予一本他所崇拜作家的绝版书籍；对于一个企业家，鼻烟盒收藏家，为其寻觅古董商店里的奇货；对于一个疯狂的高尔夫球爱好者，赠予他一个刻有他大名的球杆，单凭在礼品上刻上贵宾名字的做法就赋予了馈赠的礼品一种与众不同的档次。

（三）外事赠送的方式和时机

在两国的外交事务上，双方交往的真诚从来都受到怀疑，所以应该注意不要弄巧成拙，以免引起旁观者因其中的虚假成分而产生怀疑和不适。公开场合赠送的礼品正是这类官方邦交行为的一部分，而且人人都知道这种行为不是凭空而来的，也不会是漫无目的的。所以举行赠送礼品的仪式必须要考虑周全，对礼品的喜好往往差异较大，所以难免会出现尴尬的情况，此时领受人应该掩饰一下，表现出满意的态度。如果在大庭广众下进行馈赠仪式，要事先采取一些应急备案措施来防止出现一些令双方都难堪的行为。某些特定时期，为了防止意外发生，这种外交馈赠可以在私下进行。

低调的馈赠形式可以在贵宾抵达入住之前在其下榻酒店或官邸的客房内提前放置礼品并配以欢迎卡片。也可以在贵宾入住后，直接把礼物送抵贵宾下榻的酒店客房。在主宾双方第一次会面时，双方互相隐晦致谢，这种方式比在大庭广众下赠送更显灵活，而且在礼品的选择方面不会太局限。

还有一种方式，即可以在欢迎宴会或者仪式大厅旁另辟一间接待室，把礼物放在接待室中的圆桌上,在正式的仪式和宴会进行前,主宾在此进行礼物馈赠仪式。

有些礼品是必须在公开场合下进行赠送的,这种仪式有时是用来丰富本来有些空洞的活动内容的,有时候则是有关活动的核心内容,在这种情况下可以事先向受礼人透露所送之物,这同样也适用于在官方场合下向高规格的外宾进行礼品的馈赠。如向贵宾呈上的礼物有一些比较特别的属性时,需要向赠予者建议谨慎行事。如果馈赠活动被安排在一些庄严肃穆的场合下举行时,有必要进行一次事先的排练,因为这可以帮助双方在正式仪式中的举止变得更加流畅自如。

(四)尽可能避免礼品馈赠产生误解

礼品应该尽量安排在访问开始时赠送,而不是等到逗留或者活动结束时才赠送,这样做的好处就是让人看到送礼的诚意。事实上,如果在一次接待流程中状况频出,而主宾国或主办方在活动结束后进行礼品馈赠会让人浮想联翩,人们会不禁发问:这是不是主人为了让贵宾忘记之前所发生的不快或者请求贵宾原谅之前的失误的补偿行为呢?我们很少会看到一次接待活动或一场仪式能够不出任何差错,圆满完成,所以在之前的准备工作中要对接待单位和活动举办方的资质和实力进行一次综合研判,而不是在失误发生后一味地进行道歉和补偿。

(五)礼品包装? 不建议!

在公众的聚光灯下进行礼品馈赠时,要考虑选择不给呈送的礼品进行包装,为什么会有这样的防范?答案是为了避免各种迟钝及愚蠢的行为发生,比如包装饰带不小心打死结,再或者当众撕碎包装纸会被理解为粗俗的举动,尤其是当你要面对一个坚硬的包装,则不可避免地会强行打开包装,此时,有可能会损坏里面的物品,有时还会从手中脱落。如果这些行为暴露在媒体的聚光灯下,这个小小的事件将会被拿来大做文章,甚至会被解读成是故意损害双方正常关系的举动。所以最终导致的结局并不是人们之前所期望获得的。有一位外交官曾经回忆过这么一件事情,在某个招待宴会后,一位部长收到一本精包装书,当场把包装撕烂扯碎,撕扯包装纸的声音响彻全场,引起会场所有人的目光,场面尴尬无比。

解决办法就是把要馈赠的物品放置在某个镌版上,或者置于托架和可以轻松靠近的桌子上。甚至可能安排把双方交换的礼品挨个并排放置,这样一方面有助于让主宾双方在会晤前能够饶有兴致地观赏一番,另一方面也能让双方借机互致谢意。另外,不给馈赠礼品进行包装的原因是物品本身需要得到公众的关注,此种情况下,能够直接避免我们的受礼者在欣然接受礼物的同时不会对礼物大做文章,借机栽赃嫁祸说这礼物是危险品,此种原因尤为重要。

不对礼品进行包装处理还有一个好处,就是可以在赠送前检查一下东西是否完好无损,记得有一篇文章曾报道过:有一次欧洲某国外交部官员坚持让下属把要馈赠给邻国使节的礼品进行精心包装,然后在馈赠现场向使节描述里面物品的精妙和绝美,所有的赞美都彰显着外交官的自豪感,然而在打开包装时,精美的雕塑已经支离破碎,此中尴尬可想而知:这个外交部官员匆匆地结束了这次外交之旅。

三、小　结

伴随着我国改革开放的步伐和在国际社会中地位不断提高,与不同国家和地区之间的交往也日益频繁,这也促进了我国对外贸易的飞速发展。为了更好地处理我国对外贸易的相关问题,我们有必要了解一些商务涉外礼仪中礼品馈赠的问题,以应对日常的涉外贸易交往等外事活动。由于历史文化和地区的差异,不同国家和民族对于所赠送的商务礼品的认识也大不相同。

总而言之,向别人赠送礼物的人,都希望表达出自己的情感,且给对方留下美好的印象,虽然不是每个人在赠送礼物的时候都能达到这一目的,但是我们应该从个体主义出发,对礼物赠送的时间、地点以及赠送方式进行分析,在赠送礼物的同时,又能够使赠送者和被赠送者之间的感情升华才是我们传递礼物的真正意义。

◎高水平大学建设

——日本的经验与启示

柯　璐　张凯来[①]

摘　要:短短七十年间,我国高等教育完成了由精英化到大众化再到普及化的历史进程,取得了长足的发展和伟大的成就。然而,我们应当清醒地意识到,我国高等教育总体发展水平与发达国家还存在着一定的差距,如何由规模扩张转向提升质量,如何在新时期建设好一批高水平大学是我国高等教育当前重要的课题之一。本文借鉴日本在高等教育"个性化"、高等教育质量评估、高等教育国际化三个方面的经验,为我国高水平大学建设路径建言献策。

关键词:高水平大学建设;高等教育改革;日本经验

一、高水平大学建设的历史背景

随着我国经济社会领域改革的不断深化,高等教育事业也稳步发展向前。1999 年起,随着高等院校合并、扩招等政策的实施,高等教育毛入学率逐年上升,2002 年我国高等教育脱离了精英教育的色彩,迈入大众化阶段。进入 21 世纪之后,我国高等教育大众化进程进一步加快,高等教育改革进一步深化,高等教育呈现出多样化、层次化、个性化的发展趋势。2019 年,国务院讨论通过了高职院校扩招 100 万人实施方案。高职百万扩招成为高等教育普及化的"临门一

---

①　柯璐,宁波城市职业技术学院讲师、硕士;张凯来,供职于宁波国家高新区科学技术局,硕士。

脚",直接推动我国高等教育进入普及化阶段。

由上所述,我国高等教育由精英化到大众化再到普及化的发展过程既符合事物发展的客观规律,也是实现我国经济和社会可持续发展的必然选择。然而,对比欧美国家的高等教育大众化进程,我们可以看到两者之间存在着显著不同:欧美国家的高等教育大众化进程主要是通过市场的调节作用,不断扩展传统精英大学、建立新型高等教育机构的自发过程。而我国的高等教育大众化进程,更多地体现着政府的作用,政府通过各项政策引导、管理、调控,推进高等教育规模扩大、各类高等院校新办发展。

我国高等教育的发展虽然起步较晚,但是凭借着后发优势和政府的合理调控与政策引导,取得了巨大成就,也到了一个新的历史阶段。一方面,高龄少子化逐渐成为人口方面的一个突出问题,如何在今后的招生中保持竞争力成为许多高等院校关注的问题;另一方面,虽然我国高等教育已经在短短七十几年间完成由精英化到大众化再到普及化的进程,然而在发展的质与量方面仍然缺乏平衡,与发达国家也依然存在着一定的差距。

在此背景下,政府进一步加强了对高等教育教学质量的重视,展开了各类高校评估,推动高水平大学建设。可以说,如何在新时期建设好一批高水平大学是我国高等教育当前重要的课题之一。对于高水平大学概念的理解,董云川(2015)认为,高水平大学与世界一流大学的概念不同,"高水平大学"不能定论为一种类型或一种办学层次,不管大学的办学类型是什么,只要办学水平提高了,社会职能体现了,均可以朝着高水平大学的建设方向发展,且都有可能办成高水平大学。

二、日本高等教育发展的经验

日本高等教育的发展进程大致可分为三个阶段:19 世纪 70 年代至第二次世界大战前的精英教育阶段、二战后至 20 世纪 70 年代的大众化阶段,以及 1980 年至 1990 年最终迈入高等教育普及化阶段。由此可见,日本高等教育发展进程与我国基本相似,但由于两国在各个时期经济、社会、人口发展情况不同,日本高等教育发展进程的每个阶段都早于我国,在 20 世纪 90 年代末我国刚跨入大众化阶段时,日本就已经进入普及化阶段。并且与欧美国家自发性的发展进程不同的是,日本高等教育在进入普及化阶段之前也始终体现着政治主导、政策引导的色彩,这一点与我国高等教育的发展历程颇为相似。例如,1971年,日本《高等教育计划》针对质与量发展不平衡的问题,提出了大学和短期大学的发展方向应当由扩大规模而转向提升质量;同时为了应对将要出现的18岁人口减少的问题,提出了应当缩小地区间高等教育发展的差距,将焦点聚焦于特定人才的培养上,不再大幅新建地方大学的政策。1985年,《四六答申》中提出了高等教育机构应当多样化、个性化的政策构想,将高等教育机构按照类别调整为大学、研究生院、短期大学、高等专门学校这四种类型,强调各类高等教育机构应当着力于特定人才的培养。从上述20世纪80年代日本高等教育的相关政策中,我们可以清楚地看到,我国目前也正面临着相似的困境,也正走着相似的解决之路。因此,分析并借鉴日本当前的高等教育政策经验,有利于我国高等教育进一步发展,也有利于为高水平大学建设建言献策。

为了应对高等教育普及化,日本政府在高等教育"个性化"、高等教育质量评估、高等教育国际化三个方面提出了新的思考和举措。第一,在1985年至1987年的临时教育审议会答申中,提出高等教育"个性化"发展的观点,摒弃以往完全统一的教育体制和内容,高等教育机构可根据自身定位和人才培养特色在制度框架范围内实施教育教学方案。例如1990年开始出现的推荐入学、AO入学①等新型入学方式改变了以往单一统考入学的方式,各类院校在招生方面拥有自己裁定的标准。高等教育"个性化"发展不等于脱离政策制度的约束,相反地,对于政府依法制定政策,营造个性化发展制度环境提出了更高的要求,也对高等院校在依法治校的框架下走适合自己的发展道路提出了更高的要求。第二,在1998年的《关于21世纪大学"像"和今后改革方案》中,提出建立多元化的评价体系,对于教育教学、学生成绩评价、教师的作用、毕业生的质量保障等均提出了具体的细则要求,同时提出了第三方外部评价机构评价的必要性,以及实施中期目标和计划的评价制度。由此可见,在高等教育迈入普及化阶段之后,日本政府将高等教育发展的重点之一放在了质量监控和提升上面,这一

---

① AO指的是大学的入学担当事务局(Admissions Office),AO入学指的是不过分偏颇于学力测定,综合判定考生的能力、适应性、意欲以及目的意识的选拔方式。

点也与我国高等教育目前需要解决的问题所契合。第三,由于近年日本大学在QS、ARWU、THE等世界大学排行榜中的国际排名并不理想,日本政府积极推进高等教育国际化发展。在2013年的国立大学改革计划中,提出要根据教育水平、教育成果、产学提携等客观数据,建设世界水准的教育研究据点。同时,日本积极引导并严格要求高等教育机构提升国际化水平。2009年日本文部科学省开展了名为G30(Global 30 Project)的英文授课项目,共有13所顶尖大学通过5年期限,以招入30万海外留学生为目标,进行了全面国际化改革。这个项目在2017年升级为国际化大学项目(SGU),可申请的学校也分为了A类型的顶尖型13校,和B类型的全球化牵引型24校。由此可见,不仅顶尖大学,其他地方大学也积极参与到国际化水平提升中,通过吸引各国留学生求学来进一步强化国际化水平,形成良性循环。

三、对于我国高水平大学发展的建议

由于日本的高等教育发展进程在各个阶段都早于我国,这也为我国高等教育的发展和高水平大学的建设提供了一些既有的有益经验。接下来,本文将从上述高等教育"个性化"、高等教育质量评估、高等教育国际化三个方面为我国高水平大学建设提出建议。

(一)明确自身定位,树立育人特色

日本早在20世纪80年代就已将高等教育机构明确划分为大学、研究生院、短期大学、高等专门学校这四种类型,其中大学和研究生院主要致力于培养学术型、研究型人才,而短期大学和高等专门学校则以培养具有即战力的职业型人才为目标。在我国高水平大学建设的道路上,李成学(2018)提出在"双一流"大学建设的背景下,国家在教育方面加强了对高等教育教学质量的重视,开展了各类高校评估,由此高校赋予的"高水平大学"含义不是世界一流大学,而是趋于在特定区域的大学范围内建设高水平大学。因此,各类高等院校首先要明确自身定位,根据自身的办学条件和原有基础,避免各类院校育人的同质化发展。尤其应当紧密结合地方经济发展的特点,立足地方文化发展,承担起社会责任,彰显人才培养的特色和优势,将成为地方高水平大学作为发展目标。

同时教育行政部门应当为高等院校的这种"个性化"高水平发展提供一个区别于以往"一刀切"的政策制度环境。

(二)建立有中国特色的教育质量监控体系

在迈入高等教育普及化阶段之后,日本政府更加注重高等教育"质"的发展。在国内诸多文献中,这种注重"质"的发展也被表述为内涵式发展,即侧重发展的质量和效率,而不是像以往一样只注重速度和规模。走以提升质量为核心的内涵式发展,高水平大学建设道路的关键在于建立起科学、完善的质量监控与评估体系。我国在2012年《关于全面提高高等教育质量的若干意见》中提出了五位一体评估体系,包括自我评估、院校评估、状态数据常态监测、国际评估、专业认证及评估五个方面。但在实际评估过程中,仍然存在种种问题。事实上,日本的质量监控体系随着高等教育的发展而不断调整,目前尤其强调第三方外部机构和来自社会的质量评价。因此,建设高水平大学需要我们不断完善质量监控体系来保障教育质量,一方面应当丰富参与质量评价的主体,使评价更具客观性和社会性;另一方面应当侧重教育活动的过程性评价,而不是只注重教育的最终结果。

(三)走"一带一路"高等教育国际化特色之路

全球化发展趋势对人才的培养提出了更高更严格的标准,我国高等教育虽然已经取得了长足的发展,但是离发达国家还存在的一定的差距。因此在高水平大学建设和国际化人才培养方面,高等教育国际化凸显其必要性和紧迫性。高等院校走国际化道路既是发挥自身在人文交流、资源共享、创新合作方面的独特作用为国家"一带一路"倡议服务,更是享受"一带一路"的政策红利和历史机遇,为自身"走出去"和"引进来"赢得更多更丰富的资源。上述日本的G30计划在短短五年内使顶尖的13所院校完成全面国际化改革,更是倒逼我国加快高等教育国际化的步伐。罗科学(2017)指出,我国高等教育国际化的实现路径目前主要有吸引欧美国家留学生学成回国、自主培养国际化人才队伍、加大留学生招生三种路径。各类高等院校应当根据自身的特色和条件,选择适合自己的国际化路径;同时在高水平大学建设中应当始终将国际化摆在重要位置,将自身的原有资源与国家、地方的"一带一路"政策相互整合,对内进行国际化改革,对外走适合自己的国际化道路。

参考文献

[1] 董云川,罗志敏.高水平大学建设:一种新框架和路径[J].高等教育研究,2015(6):49-64.

[2] 黄彬.高水平大学建设:行动背景和核心议题[J].高教探索,2016(1):11-15.

[3] 李成学,潘艳莲,郭建芳,谢春琼."双一流"背景下地方高水平大学建设的思考[J].高教学刊,2018(6):13-15.

[4] 罗科学,谢丹."一带一路"背景下高等教育国际化的思考与探索.[J].北京教育,2017:14-17.

◎关于高职院校扩招百万的思考[①]

潘菊素[②]

摘　要:2019 年的政府工作报告明确提出今年高职扩招 100 万人,这既是保持国家就业稳定、缓解就业结构性矛盾的关键举措,也是对当前经济转型升级和高质量发展的重要支撑,是高职教育服务经济社会的职责所在。面对新形势新任务,高职院校如何扩招? 扩招后如何保证人才培养质量? 改革招生考试办法、实施分类多样人才培养模式、深化产教融合、加强内涵建设、改革学籍管理制度、实施 1+X 证书制度、充分挖掘资源加强保障等是应然之策。

关键词:高职院校;扩招;高质量发展

2019 年 3 月 5 日发布的《政府工作报告》中明确提出"加快发展现代职业教育,既有利于缓解当前就业压力,也是解决高技能人才短缺的战略之举。改革完善高职院校考试招生办法,鼓励更多的应届高中毕业生和退役军人、下岗职工、农民工等报考,今年大规模扩招 100 万人"。与以往不同的是,这一高职扩招的工作目标和要求不是列在政府工作报告的教育工作板块,而是在"继续创新和完善宏观调控,确保经济运行在合理区间"中的"多管齐下稳定和扩大就业"部分。显然,提出扩招 100 万,不仅仅是从教育角度出发,更多的是从国家宏观调控政策角度出发的。

2019 年 4 月 30 日,国务院总理李克强主持召开国务院常务会议,讨论通过

---

①　本文原发表于《教育与职业》2019 年第 14 期。
②　潘菊素,宁波城市职业技术学院副院长、研究员。

了高职扩招 100 万人的实施方案,进一步明确了 2019 年高职扩招的重点布局范围、扩招的招生报名和考试方式,要求落实《国家职业教育改革实施方案》,采取弹性学制和灵活多元教学模式,保证培养质量;加快学历证书和职业技能等级证书的互通衔接,推动高职毕业生在落户、就业、职称等方面与普通高校毕业生享受同等待遇,为更多青年凭一技之长实现人生价值提供舞台。

高职扩招百万,既是保持国家就业稳定、缓解就业结构性矛盾的"稳就业"的关键举措,也是当前经济转型升级和经济高质量发展的重要支撑,更是落实《国家职业教育改革实施方案》的重要举措。扩招百万,对高职院校来说,既是机遇也是挑战。如何应对扩招,如何保证扩招后的人才培养质量,改革招生考试办法、实施分类多样人才培养模式、深化产教融合、加强内涵建设、完善学籍管理制度、实施学分银行、开展 1＋X 证书制度、充分挖掘资源加强保障等是应然之举。

一、高职扩招百万的现实意义

(一)这是新时代经济高质量发展的需要

当前,我国正进入一个高质量发展的新时代。我们以习近平新时代中国特色社会主义思想为指导,全面贯彻党的十九大精神,坚持新发展理念,坚持推动高质量发展。在高质量发展阶段,产业全面转型升级,推进供给侧结构性改革,解决人民日益增长的美好生活需要和不平衡不充分发展之间的矛盾,加快建设现代化经济体系,都需要强有力的高素质人才供给做支撑,而职业教育兼具经济社会双重属性,其培养的高素质技术技能人才是经济社会发展的人才基础。因此,高职扩招 100 万人是释放人才红利、提升人才素质和人才质量、有效支撑加快建设现代化经济体系和新时代高质量发展的需要。

(二)这是稳就业保民生的关键举措

就业是民生之本、安国之策。国家首次将扩招作为稳就业的重要政策,并置于宏观政策层面,实际上就是要求各方面高度重视就业工作,这是保民生促稳定的重要内容和导向。2019 年全国普通高校毕业生预计 834 万人,将再创新高,在经济下行压力下就业形势不容乐观。2019年国家预期目标要新增城镇就业人口达到1100万以上,但当前我国就业不仅要降低失业率的问题,同时还要解决结构性就业矛盾,因为高素质技术技能人才的缺乏已经严重制约了我国的高质量发展。目前"我国高技能人才只有4700多万人,仅占整个就业人员的6%。从市场供求来看,近几年技术工人的求人倍率一直保持在1.5以上,高级技工的求人倍率甚至达到2以上,对高素质技术技能人才的供需矛盾非常突出。"①

因此,在实施创新创业、乡村振兴、精准扶贫的战略中,退役军人、下岗职工、农民工、新型职业农民是劳动力的主力军。在当前全面推进"互联网+"、人工智能的态势下,加快培养素质优良、结构合理的技术技能人才,提高他们的技术技能水平是非常紧迫的任务,所以国家主要面向退役军人、下岗职工、农民工、新型职业农民高职扩招100万人,使城乡新增劳动力更多地接受高等教育,提高他们的文化和技术技能水平,这是稳就业保民生、优化人才结构、扩大技术技能人才有效供给的关键举措。

(三)这是高职教育服务经济社会的职责所在

职业教育与普通教育是两种不同的教育类型,具有同等重要的地位。职业教育是我国国民教育体系和人力资源开发的重要组成部分,肩负着培养多样化人才、传承技术技能、促进就业创业的重要职责。高职教育在加快发展现代职业教育、构建现代职业教育体系的过程中具有引领作用,在服务产业转型升级、提供人才供给、优化人才结构、促进就业、稳定民生的过程中起着重要作用。高职扩招100万人,既是解决民生、稳定就业的重要决策,也是提高我国高等教育毛入学率、办好人民满意的高等职业教育、实现教育现代化的重要途径。高职教育积极响应国家政策,落实国家决策部署责无旁贷,应在服务经济社会发展、提高对经济社会的贡献度中肩负起义不容辞的责任。

---

① 韩凤芹.建立与普通教育等值的职业教育体系[EB/OL].(2019-02-20)[2019-05-14].https://www.tech.net.cn/web/articleview.aspx? cata_id=N511&id=20190220105526837.

二、扩招为高职院校带来的发展机遇和面临的问题

（一）高质量发展机遇

高职扩招百万，对高职院校来说将迎来新一轮的发展机遇。当前，职业教育得到了前所未有的高度重视，国家将职业教育纳入国家人力资源开发体系，直接服务于国家重大发展战略和区域经济社会发展需要。近期国家对职业教育十分重视，频出利好政策，连发重磅文件，改革力度空前。《国家职业教育改革实施方案》等系列文件陆续颁布，优质高校建设、双高建设、1＋X 证书制度、骨干专业、产教融合型企业、"双师型"教师培养培训基地等项目相继启动；2019年高职扩招 100 万人，将使我国的高等教育毛入学率从 2018 年的 48.1％一跃超过 50％，证明高职教育在我国高等教育普及化进程中发挥了重要作用；为确保高职扩招的顺利完成，国家将加大高职教育办学经费投入，2019 年中央财政将安排现代职业教育质量提升计划专项资金 237 亿元，另将安排专项资金支持地方高职院校建设；等等。上述这些政策的推进与实施为高职教育的高质量发展奠定了很好的基础，创造了前所未有的良好政策环境，使高职教育的高质量发展迎来新的发展机遇。

（二）面临的问题

高职院校扩招也面临着一系列现实问题和困难。例如，当前普通高考报名已经结束，提前招生均已完成，常规的招生录取政策正在陆续公布，现行的招生考试报名、录取方式不适合退役军人、下岗工人、农民工等报考，迫切需要进行招生改革，采取非常规思路予以招考和录取；扩招后各高职院校办学规模扩大，学生类型增加，需要相应师资的数量和质量予以保证，但当前高职院校的师生比普遍较低，现有的师资规模、结构还不能完全满足扩招后教学的需要；教室、实训室、住宿、教学仪器设备及工位数等办学空间、办学条件、办学资源存在不足，在一定程度上制约了各高职院校扩招规模的拓展。另外，面对扩招后的特殊生源群体，高职院校的人才培养模式应进行多元化的适应性改革，产教融合需进一步拓展和深化，学籍管理等教学和学习管理制度需进一步完善；等等。

这些问题或困难亟须克服、解决和完善,否则会影响国家高职 100 万扩招任务的顺利完成,影响高职院校高质量发展的进程和成效。

三、高职院校面对扩招的应然之策

扩招百万固然让人兴奋,但面对扩招所带来的一系列制约因素和困难,高职院校必须抓住机遇,乘势而为,迎难而上,思想上高度重视,政策上认真研究,执行上果断有力,切实转变办学理念,充分挖掘各方资源,加强专业设置与产业的适应性,深化教育教学改革,优化学校治理体系,主动作为,在以下几方面实施应然之策,以完成国家提出的扩招任务,办好人民满意的高职教育。

(一)改革招考录取方式

扩招 100 万人,招生对象除了普通高中和职业高中应届高中毕业生外,还包括退役军人、下岗职工、农民工、新型职业农民等,这意味着生源对象、渠道发生了根本性的变化和拓展。高职生源不仅有应届高中毕业生,还有往届生;不仅有普高毕业生、职高生,还有退役军人、下岗工人、农民工等;生源类型、生源结构发生了很大变化。因此,首先,各高职院校要积极响应国家扩招要求增加招生计划,不仅要增加面向本省市区域的招生计划,还要扩大面向职高生的招生比例,同时要增加面向发展急需和民生领域紧缺的专业和贫困地区,发挥"支援中西部地区招生协作计划"的作用,进一步加大东部地区高职院校面向中西部地区的招生计划数量。其次,各高职院校要根据生源特点、类型制定适切的考试和录取方式。高职院校扩招要以单独招生考试为主,制定招生章程,对退役军人、下岗失业人员、农民工和新型职业农民可免予文化素质考试,由高职院校在各省市教育行政部门政策规定下单独组织相关的职业适应性测试或职业技能测试,符合章程规定录取条件者即可录取。也可实施高职院校间进行联合招生考试或成绩互认等方式,减轻考生的考试负担。已经取得相关职业技能等级证书者可免予职业技能测试。最后,在招考时间上要打破原有的高考录取时间进程安排,鉴于原来的高考报名的特殊性,各高职院校要进一步加强招生宣传,可在高考前后合理安排补报名和考试时间,以利于退役军人、下岗工人、农民工等特殊群体报考和录取,完成国家扩招百万的任务。

（二）实施分类多样人才培养模式

扩招后，这些非传统应届高中毕业生的教育背景、文化基础、学习能力、技能水平、发展需求与以往的应届毕业生相比有很大的区别，生源对象、结构的变化使得高职院校的人才培养模式必须随之改变，要求构建与新的生源基础、生源结构相匹配的多样化人才培养模式。首先，可实施分类培养、分层教学的培养模式，根据扩招后退役军人、下岗工人、农民工、新型职业农民等生源的不同文化基础、技能基础、从业经历等，分专业分类型单独组班，单独分专业分类型编制人才培养方案，加强实践性和技能训练教学比重，根据学生文化和技能基础，进行有针对性的精准分类分层教学，因材施教，帮助学生实现出彩人生。其次，深化产教融合、工学结合的人才培养模式改革，加大与有关政府部门、行业、企业、社区、乡镇、农村的合作，充分调动合作方的积极性，根据扩招学生特点，开展订单式、现代学徒制、工学交替、半工半读、顶岗实习等培养模式改革，学校教学与基于真实生产情境的现场教学、实习实训、顶岗实习、社会培训等相结合，提升学生的职业适应能力和技术技能水平，提高人才培养的针对性和适应性。

（三）深化产教融合

扩招后生源对象、生源结构的变化，要求高职院校进一步提升产教融合的广度和深度。首先，要积极支持企业和社会力量兴办职业教育，扩大高职院校的数量和容量，以满足经济、社会发展对职业教育的新要求。其次，高职院校要进一步加强与行业主管部门、企业、行业、乡镇、农村合作社等方面的合作，开展混合所有制、股份制、职教集团、产学研联盟、产业学院、协同创新中心、专业建设指导委员会等形式、载体、平台的合作，深化产教融合的办学体制机制改革和创新。再次，要按照国家发展改革委、教育部出台的《建设产教融合型企业实施办法（试行）》要求，通过"引企入校"或"引校入企"等方式，校企共建一批集资源共享、生产与教学、科技研发和社会服务于一身的产教融合型企业，充分调动企业参与职业教育的积极性，提高它们在专业设置与调整、培养方案、课程建设、教材建设、培养模式、教学评价、教学标准建设等方面的参与度和话语权。最后，各高职院校要与企业开展深度合作，充分发挥校企双主体作用，建设一批现代学徒制培养、实习实训、顶岗实习、社会培训、生产与社会服务紧密结合的高水平职业教育实训基地。

（四）加强内涵建设

这次高职扩招不仅是数量型扩招,更是质量型扩招。高职院校要坚持内涵建设,确保培养质量不下降,不仅能完成扩招任务,更主要的是培养的高素质技术技能人才能满足区域经济社会和产业发展的需要。第一,专业设置和调整要更加紧密对接区域产业发展和民生领域的需要。各高职院校要根据本地区产业和民生领域的需要,建立专业和专业方向的动态设置和调整机制。第二,要按照国家"双高"建设的标准和要求加强高水平专业群建设,建立基于产业链—创新链—人才链—教育链的专业群链接机制,并根据学校实际和自身特色优势,结合省、市经济社会发展特别是战略性新兴产业、支柱产业和急需产业需求,重点建设办学理念先进、产教融合紧密、特色鲜明、就业率高的专业群,同时带动其他专业群的建设和发展。第三,尽快建立和完善专业、课程、实训基地、顶岗实习、师资等标准体系建设,完善内部质量保证体系,保证培养质量。第四,加强中高职衔接。扩招后,面向职高招生的比例、类型、数量也会随之扩大,高职院校要在人才培养方案、课程设置、教学内容、教学评价等方面牵头,进一步加强与各中职学校的衔接,确保中高职衔接培养的顺利进行,彰显职业教育类型特色。第五,尽快建立双师队伍建设机制,通过资源整合挖掘、内培外引、校企合作、银龄讲学、社会力量兼职等途径提高职教师资的数量和质量,为高职扩招提供强有力的师资保障。第六,坚持立德树人,强化学生的职业道德教育,坚持全员全方位全过程育人,培养高素质技术技能人才。第七,通过校企合作共同开发专业、课程、活页式或工作手册式或新形态教材等途径加强教学改革与建设,并根据学情进行线上线下混合式教学、理实一体化、现场教学、项目教学、情境教学、案例教学等教学方法和手段,提高教学的有效性。第八,创新多元教学评价,根据教学模式注重工学交替的过程性评价,建立社会、企业、学校多方参与的评价制度,科学评价学生的学业成果。坚持宽进严出,把好培养质量关。

（五）开展1＋X证书制度提升技能水平

此次主要面向退役军人、下岗工人、农民工、新型职业农民等特殊群体的扩招,旨在让他们能实现更高质量的充分就业,达到稳就业保民生的目标,因此,学生的职业能力和就业创业能力培养显得尤为重要。高职院校要加强实践环节,扩大实践环节的学分和学时,依托校内外实训基地,建立和实施基于学历证书和若干个职业技能等级证书的1＋X证书制度,将证书培训内容融入相关专业的人才培养方案,加强技能培训,促进书证融通,使学历证书与职业技能等级证书互通衔接,提高学生的职业岗位能力和技术技能水平,培养更多的复合型技术技能人才,拓展学生的就业创业本领,提高就业质量。

(六)实施学分银行,推进学籍管理改革

高职扩招须改革和完善各高职院校的学籍管理制度。建立学分制,以学分作为计量单位计算和衡量学生学习的量和成绩。扩招的专业学制一般为3年,考虑到当前人才供给需要,当地急需的民生领域专业可以为2年;实施弹性学制,可允许学生因边工边读、培训、就业、创业等各种原因中途休学或延长学业,在规定的最长学习年限内(一般为学制年限的2倍)完成学业。科学设计和实施学分银行,通过对学生的社会从业经历、取得的职业技能等级证书等成果予以免修、认定,或实施弹性学制对其学分进行累积等方式建立成绩库和学分银行,科学进行学生的学习成绩管理、学分管理和学籍管理。建立和完善导师制,配强配全班主任、辅导员和学业导师,从专业方向、培养方案、课程修读、分类分层教学选课、学籍管理、学分积累、就业创业等方面对学生予以耐心指导和帮助,使学生顺利完成学业,使国家的稳就业和更高质量就业战略得以顺利实施。

(七)挖掘资源,加强保障

高职扩招百万,势必导致各高职院校面临师资、教室、实训室、寝室、教学仪器设备和工位数等办学条件不足的问题,并有办学经费等方面的压力,同时也倒逼各高职院校通过产教融合、校企合作、校校合作、中高职衔接、工学结合等方式深化办学体制机制改革和教育教学模式改革,充分挖掘和拓展各方面的办学资源,加大办学经费的投入,拓展办学空间,改善办学条件,加强资源共建共享。此外,需进一步加大学生奖助学金补助的力度,减轻学生的经济困难和压力,使他们顺利完成学业。各有关部门、社会各方要提高认识,高度重视职业教育的重要性和不可替代性,加大扩招的宣传力度,建立职校毕业生在招聘、就业、落户、职称、工资、晋升等方面与其他普通高中毕业生享受同等待遇的政策和环境,不断提高他们的社会地位,进一步彰显职业教育的类型定位和特色。

总之,在扩招形势下,高职院校要充分挖掘办学资源,社会各方要加强保障,齐心协力确保扩招任务的顺利完成,使国家的决策部署得以有力贯彻实施。

◯ 参考文献

[1] 教育部.教育部新闻发布会介绍高职扩招专项工作情况和《高职扩招专项工作实施方案》主要内容[EB/OL].(2019-05-08)[2019-05-14].http://www.moe.gov.cn/fbh/live/2019/50620/.

[2] 董刚,周建松,陈秋明,等.对高职院校百万扩招的思考[J].中国高教研究,2019(4).

[3] 王扬南.新时代新要求、新目标新行动——职业教育改革发展迈入新阶段[J].中国职业技术教育,2019(7).

[4] 孙善学.对1+X证书制度的几点认识[J].中国职业技术教育,2019(7).

◎高校教师发展中心功能有效发挥的路径探索

朱雯珊[①]

摘　要：基于高校教师发展的内涵及我国当前高校教师发展存在的问题，本文认为高校教师发展中心的功能主要包括：关注教师个体发展、以学生发展为本、服务学术活动等功能。实现这些功能的主要路径包括以人文主义思想指导教师发展中心定位、建立合理的教师评估体系、开展广泛的合作交流等。以期通过有效路径的发挥达到促进教师发展、以生为本、学术活动可持续发展的目标。

关键词：高校教师发展中心；教师发展；功能发挥；路径

美国高等教育学家 Clark Kerr 对美国教师曾有过这样的描述："大学教师的发展活力虽然没有处在极度危险的状态，但组织必须持续主动地关注教师的发展活力。"在我国，高等教育经过十多年的快速发展，实现了从精英教育阶段到大众化教育阶段的跨越，即将于 2020 年迈入普及化阶段，也由此逐步走上以提高质量为核心的内涵式发展道路。高校教师的发展问题作为教育质量提升的关键因素，越来越受到关注。教师发展不仅关乎教师的个体成长和发展，还对高校教育教学工作的有效开展影响深远。为切实提高高校教育教学质量、大力提升人才培养水平，教育部会同财政部于 2011 年 7 月 1 日颁布《关于"十二五"期间实施"高等学校本科教学质量与教学改革工程"的意见》，提出要"引导

---

① 朱雯珊，宁波幼儿师范高等专科学校学前教育与艺术学院讲师。

高等学校建立适合本校特色的教师教学发展中心,并重点建设一批高等学校教师教学发展示范中心"。2012年3月16日教育部颁布的《关于全面提高高等教育质量的若干意见》指出,高校要普遍建立教师教学发展中心,提升中青年教师专业水平和教学能力。2012年9月20日,《教育部　中央组织部　中央宣传部　国家发展改革委财政部　人力资源社会保障部关于加强高等学校青年教师队伍建设的意见》(教师〔2012〕10号)指出,要"提升青年教师专业发展能力","推动高等学校设立教师教学发展中心",开展各项工作促进青年教师专业成长。2012年11月7日,教育部正式批准"厦门大学教师发展中心"等30个高校中心为"十二五"国家级教师教学发展示范中心,中央财政予以资助,以此引导高校建立适合本校特色的教师发展中心。自此,正式拉开了我国高校大规模成立教师发展中心的序幕。九年来,我国高校教师发展中心建设工作由起步探索到较为成熟完善,高校教师发展中心在高校教师培训、教学质量保障、教育评估与学科发展、学术人才成长服务以及对于弱势高校辐射带动等方面发挥了关键作用。本文基于高校教师发展的内涵及我国当前高校教师发展存在的问题,进一步审视高校教师发展中心的功能,在此基础上尝试探索实现高校教师发展中心功能的路径。

一、教师发展的内涵

1991年美国教育联合会(NEA)提出:教师发展基本围绕四个目的,即个体发展、专业发展、教学发展和组织发展。潘懋元先生认为,在中国当前,根据高等教育的发展水平和程度,以及特殊的文化背景,高校教师发展的内涵主要应当包括学术水平的提高、教师职业知识和技能的提高以及教师师德的提升三个方面。学术水平的提高主要指学科基础理论、学科理论以及跨学科知识面的拓展;职业知识和技能的提高则是指教师将所拥有的知识转化为学生所能掌握的知识,并借以发展学生的智能;教师师德强调作为一名学者,高校教师首先应当具有学术道德素养,作为一名教师,他还应当具有教师的职业道德。刘恩允从教师专业化角度提出大学教师发展的"双专业性",既把教师培养成学科专家,又把教师培养成学科教育家。沈红则强调学术职业的本质属性,并将其概括为

"学术性、自由性、独立性、竞争性、精神性"。

综上所述,与教师发展相关的因素包括教师个体成长、学生学习和学术活动。后文所述教师发展中心功能的实现也就需要围绕这三种相关因素展开,缺失了其中任何一个部分都不足以构成完整的教师发展。

二、我国高校教师发展存在的问题

陈相见认为,我国高校教师发展存在的问题主要有三个:评价制度不合理,使得高校教师发展"手段化";主流价值观偏移,导致高校教师发展失衡;职业角色阶段性变化,影响高校教师发展动力。贺祖斌等从教师发展生态的角度指出我国大学教师发展中存在功利化的学术生态环境和压力过重的心理生态问题。纪菲菲在对我国高校教师发展研究的回顾中提出四个问题:一是我国的高校教师发展是否应等同于高校教师培训;二是我国的高校教师发展是否应该照搬西方高校相关经验;三是我国的高校教师发展应该由国家层面统一进行还是高校层面进行;四是我国高校教师发展应该更注重教学还是科研。

陈相见和贺祖斌的研究是对我国当前高校教师发展中存在的现实问题的概括,总结来说是教师在应对复杂的外部环境时,表现出不利于其价值实现的不良反应,我们要理性地分析这些不良反应的外部归因,并对症下药。纪菲菲所提出的思考是我们在"对症下药"时再次出现的影响问题解决的误区。我国高校教师发展还处于初级阶段,会出现各种各样的问题。高校教师发展中心的建立就是为了促进教师的发展,这也是本文为什么从教师发展的内涵和我国当前教师发展的问题着手来定位教师发展中心的功能。

三、我国高校教师发展中心的功能界定

(一)关注教师个体发展

教师个体发展是一个漫长的过程,在不同的过程中需求不同,遇到的问题和困难也不同。比如说青年教师初入校园,对教育事业怀有一腔热血,但在教学方法、教学策略、对学生的了解等方面比较欠缺;而中年教师在经历了一段时

期的职业生涯后可能会产生"职业倦怠"。教师发展中心要根据不同教师的不同需求,为他们提供不同的服务。例如西安交通大学教师发展中心采取新入职教师培训、新开课教师培训、老教授培训、研究生助教培训、境外教学培训等不同类型的教师培训活动以满足不同的需求;牛津大学根据不同教师群体的需求提供私人订制,对经验较为丰富的研究人员,提供另一种课程,为女职员提供更多发展机会。在密歇根大学的学习与教学研究中心,每年都会举行个体发展回顾讨论会,旨在为教职员提供经验交流的机会以及相应的支持和具体的技术培训。厦门大学教师发展中心为教师提供成长档案和培训影像,这些细致入微的关心和帮助能使教师在教学生活中找到归属感和职业荣誉感,既促进了教师个体的发展又增进了他们和高校的感情,有利于提高教师的职业信心和信念。

(二)以学生发展为本

教师发展中心,教师是绝对的主体。但是绝对不能绕开学生谈教师的发展。学生的发展对于教师发展而言是一面镜子,时刻映射着教师发展的方方面面。学生学业的进步,是教师教学水平的体现;学生人格的塑造,离不开教师个体魅力的影响;学生人生观、价值观、世界观的树立与教师言行的引导密不可分。教师最重要的是要教给学生发展的能力,在知识对经济产生全球性影响的时代,社会变革时刻都在发生。未来的社会是什么样子?学生将来从事什么样的职业?教师要教给学生的不仅仅是一门课程、一种技能,而是终身学习的理念和应对职业变化的能力。这对于教师来说是一个很大的挑战,也要求教师在教学活动中必须要"以学生为中心",而不再是传统上的知识的灌输。

(三)服务学术活动

教师发展中心的设立,要定位为服务机构,其一切活动都是围绕服务学术活动而展开的。例如在密歇根大学,学习与教学研究中心有专业的戏剧演员和管理人员,开展戏剧表演,用幽默的短剧形式,通过情感的力量和角色互动方法进行启发性教学。这种方式改变了学生对课堂的刻板印象,提高了教学效果。

教育技术的发展给教学活动带来了新的视野和挑战。如何面对"大数据""人工智能"时代的教育变革是教师要面对的新课题。教师发展中心要为教师提供相应的技术支持和服务,集中开设一些教育技术的培训课程,日常工作中有专业的教育技术人员为教师提供一对一的指导,使新的教育媒介和手段能够充分服务于教学活动。

教师发展中心应该成为教师之间、教师与学生之间沟通的桥梁和平台。如斯坦福大学开设了教师教学能力发展的论坛——教学论坛（Teaching Talk），教师可以在论坛上发布教学中的困惑，发布后不久就会得到专业人员的指导和答复。中国人民大学教师发展中心创办教学社区，包括教师专区、学生专区、师生互动、留言区等，师生之间可以互动交流，沟通情感。只有在充分的交流中才可以挖掘教学中存在的障碍，了解学生的心理状况，为教学的改进提供有效的依据。

四、实现高校教师发展中心功能的路径探索

（一）以人文主义思想营造良好的教师发展生态

洪堡在创办柏林大学时就提出了这种观念，他认为大学的真正使命是研究和传授纯粹的知识，而不应该急功近利地服务于眼前利益。人文主义的高等教育可以说是院校和学者们一项自给自足的事业。教师发展中心的指导思想应该是人文主义的，重视教师个体的存在价值，尊重教师，而不是从管理者的角度去追求效益和效率。

我国市场经济体系建立以来，高校也无法摆脱其产生的影响。教师的压力在很大程度上也源于此，市场经济鼓励竞争，高校在教师聘用中也采用了竞争的手段，尤其是一些研究型大学，进入门槛越来越高，教师的科研压力越来越重。有媒体报道，一所一流大学在与教师签订合同时明确约定五年内评不到副教授就要与其解聘，基于此规定，一名青年教师未在五年内评上副教授便被解聘了。从教师个体的职业发展来看，这给教师带来了沉重的心理压力，教师仅仅成为高校提高办学质量的工具。教师为了评职称就要抱着功利的态度去做科研，难免会忽视教学。最可悲的是，高校的职称评定在某些程度上不仅仅是靠科研成果，还有某些人为因素掺杂其中，由此而导致的不公平现象会削弱教师的职业热情，产生消极情绪。

别敦荣教授等人认为，大学教学文化是大学在长期教学活动中形成的精神生态，是一种具有历史延续性与现实再生产性的非物质环境。我国大学教学文

化下教师发展中存在功利化的学术生态环境和压力过重的心理生态问题,教师发展中心更要从人文主义的角度出发,重视教师个体的价值,帮助教师成长。运用心理辅导、组织教师团体活动等方式为教师舒缓压力,关心教师的生活,为他们提供一个宽松的氛围,让教师有职业归属感和安全感,能够安心从事学术活动。

(二)建立合理的教师评估体系

台湾学者林天佑教授认为,教师评估,是指系统地搜集教师背景与表现的资料,并加以客观的分析与评估,以作为判断及改进教师素质的依据,并进一步确保学校教育的质量。目前,大学教师评估的方法有多种形式:教师自评、同行评价、学生评教与观察和会谈等。评估的内容包括教学评估和科研评估。评估作为促使目标达成的有效管理手段被高校行政部门广泛使用,但是却成了教师背负的一座大山,所以我们不禁要问,评估的目的对于教师而言究竟是什么?是发展,还是等级划分? 教师发展中心作为提升教师专业水平的专门组织,要有专业的管理和研究团队在评估目的、手段、体系上进行深入研究。例如目前被广泛采用的学生评教,某高校的大部分老师的评分都在 90 以上,偶尔有个别老师的成绩很低,经过调研发现是因为这个老师对学生要求太严格了,所以遭遇了学生的"低分",而这"低分"隐藏的深意是教育研究者要认真探讨的,构建一个合理、公平的评估体系,尽可能真实地反映教学活动。例如西安交通大学接受学校、院系、团队、个体委托,对教师教学质量进行检查和评估,组织相关专家对教师教学能力的提升无偿提供具体帮助;厦门大学也开展了教改研究、教师教学发展研究、教改拾遗监测评估活动。这些都是利用评估来帮助教师发展的行动,值得学习。

(三)开展广泛的合作交流

与国内外教师发展中心开展交流与合作,主要基于两种目的:一是学习国内外的教师发展中心的有益经验,使教师发展的文化氛围国际化、视野国际化,有利于教师拓展国际视野,在教学中融入多元文化、提升专业水平;同时有利于跨国人才的培养。如密歇根大学开展关于国际化的研讨会、跨学科项目,并邀请国际教师举办讲座,开展跨国合作项目;中国人民大学举办中日韩教育论坛、全球化时代的教师公务礼仪等交流活动。二是发挥辐射影响作用。我国高等教育发展不平衡,地区间教师教学水平也存在差异,面对这种客观存在的差距,水平高的学校要发挥辐射作用,帮助其他高校提高教师发展水平。例如西安交通大学与境内外高校进行合作交流,重点对陕西周边及西部进行区域示范辐射;厦门大学通过四海同仁、对外培训、国际国内合作等方式发挥示范辐射作用。与此同时,随着高等教育国际化水平的提高和全球一体化程度的加深,教师发展中心也要有全国、全球视野,将本校的在地发展与高等教育的整体发展联系在一起,为教师发展中心构建可持续的生态发展环境。例如哈佛大学教师发展中心通过提供教学艺术方面的网络文件、著作、发布影像资料来为全国甚至全球的教师提供服务,同时教师发展中心的影响力也不断增强。

参考文献

[1] 李红惠.教师教学发展中心组织的建设趋势研究——以30个国家级教师教学发展示范中心的陈述稿为分析样本[J].复旦教育论坛,2013,11(1):29-33.

[2] 魏红,赵彬.我国高校教师发展中心的现状分析与未来展望——基于69所高校教师发展中心工作报告文本的研究[J].中国高教研究,2017(7):94-99.

[3] 罗翠梅,梁俊仙,张艳红.论教师发展的必要性及其保障[J].职业时空,2008,4(4):73-7.

[4] 潘懋元,罗丹.高校教师发展简论[J].中国大学教学,2007(1):5-8.

[5] 陈相见,吴跃文.我国高校教师发展存在的问题与建议[J].教育探索,2014(3):105-106.

[6] 贺祖斌,王茹.大学教学文化与教师发展生态[J].高等教育研究,2015(1):12.

[7] 纪菲菲.我国高校教师发展研究的回顾与探讨[J].教育评论,2016(2):118-121.

[8] 潘懋元,肖海涛.现代高等教育思想演变的历程——从20世纪到21世纪初[J].高等教育研究,2007(8):6-11.

[9] 陈斌.建设教学文化 服务教师发展——2014年两岸四地"大学教学文化与教师发展"学术研讨会综述[J].高等教育研究,2015(1):107-109.

[10] 金诚.大学教师评估中"学生评教"的理性审视[J].江苏高教,2008(5):67-68.

◎我国建设高水平民办高校面临的困境与实践路径探析

黄小灵[①]

摘　要：经过改革开放 40 余年的持续发展，我国涌现出一批坚持公益办学、具有一定办学影响力、拥有稳定办学规模的优质民办高校。在当前推进高等教育实现内涵式发展的时代背景下，这批民办高校逐步确立了追求高水平发展的目标，但办学定位模糊、体制机制创新力不足、高层次师资队伍薄弱以及办学经费短缺等困境制约了其高水平发展。对此，民办高校在实现高水平发展过程中以"双一流"建设为契机，在精准设计办学定位、创新体制机制、改革教师管理制度以及集聚多方资源等方面进行了有益探索。

关键词：民办高校；高水平发展；实践路径

一、我国建设高水平民办高校的必要性

（一）实现高等教育内涵式发展需要民办高校提高办学水平

我国民办高等教育是改革开放的产物，民办高校的生命力在于为受教育者提供优质的教育服务。当前我国高等教育正迈向普及化，处在如何适应和满足人民群众追求更高层次的教育需求和以"提高高等教育整体办学水平和办学质

---

① 黄小灵，宁波财经学院高等教育研究所讲师。

量"为目标的内涵式发展时期。"实现高等教育内涵式发展就要提高新建高校的教育水平,整体性地提升高等教育系统的发展重心。"在新的教育发展变革时期,作为高等教育重要组成部分的民办高校必须顺势而动,有所作为,以"结构优化、质量提高、实力增强"为目标进行改革,通过激发民办高校的办学活力、提升其办学水平来提升民办高等教育的整体竞争力,为推动高等教育内涵式发展做出应有的贡献。

(二)推进高等教育强国战略需要发展高水平民办教育

我国民办高等教育的发展具有特定的历史背景,是在公办高等教育供给无法满足人民群众需求的情况下通过填补市场份额"补位"发展起来的。经过改革开放四十余年的持续发展,民办高等教育从"有益补充"开始走向与公办高等教育"共同发展"的道路。当前公办高校已经拉开对标世界精英型强校名校、争创"双一流"的序幕,我国启动了从"教育大国"迈向"教育强国"的进程。然而,没有民办高等教育的健康发展,"要实现高等教育强国的建设目标是不可能的,至少也是不完整的"。虽然现在的很多优质民办高校办学历史较短,但教育发展水平与高校办学历史并不具有必然的因果关系。考察中外高等教育发展史,很多高校办学历史并不长,却通过系列的改革创新发展了高水平高质量的教育。而民办高校具备体制机制的灵活性,能通过体制机制创新来促进民办高等教育高水平发展,并最终成为实施高等教育强国战略的推动者。

(三)民办高校自我发展的原动力激发其追求高水平发展的行动力

自 2010 年《国家中长期教育改革和发展规划纲要(2010—2020 年)》提出要"支持民办学校创新体制机制和育人模式,提高质量,办出特色,办好一批高水平民办学校"以来,一批优质的民办高校纷纷响应国家号召,如浙江树人大学、吉林外国语大学、北京城市学院等民办高校相继提出了"创建高水平民办大学"的目标,并且在提高办学影响力、综合竞争实力等方面积极作为。但是,民办高校缺少高层次师资,办学经费总量不足且来源单一以及内部治理现代化水平较弱等问题依然是制约其上层次、上水平的重要因素。民办高校如何扎根中国大地,以"双一流"建设为契机,利用好国家支持建设高水平民办高校的政策,提升办学能力,办出高水平的民办高等教育,成为新时期建设民办高校迫切需要解决的问题。

二、建设高水平民办高校的内涵

建设高水平民办高校,首先要回答什么是高水平民办高校。高水平民办高校是一个相对概念,其参照对象不是"双一流"建设的高校群体,而是民办高校群体中"凭它自己的力量,积极地探索在如何干好它的事业中创新,寻求在组织的特性上做出实质性的转变,以便为将来取得更有前途的姿态"的高校。这些民办高校坚持走内涵式发展道路,拥有稳定的办学规模和师资队伍,注重教育教学质量,具有显著的品牌知名度和影响力,体现了民办高等教育发展的最高水平。浙江树人大学校长徐绪卿等学者认为,"高水平民办高校建设不应以现有民办高校为目标,而应从区域高等教育的实际发展状况出发,精心设计、定位、培育和支持",根据高等教育发展的进程调整和提高建设标准,最终促进一批高水平民办高校在同类型高校群体中脱颖而出。

(一)坚持公益性办学,社会声誉度高

很多学者对建设高水平民办高校必须坚持办学公益性的原则进行了富有启发意义的探讨。钟秉林认为,建设高水平民办高校关键要确立"非营利的价值取向","保证办学的公益性"。2012 年我国有 30 所民办高校在浙江树人大学召开了"公益性、高水平民办高校建设研讨会",并组建了"中国公益性、高水平民办高校联盟",参与这次会议的民办高校一致认为入盟高校的条件除了要在民办高等教育领域内拥有良好的知名度、美誉度之外,还必须坚持教育的公益性和非营利性原则。尽管新的《中华人民共和国民办教育促进法》允许成立营利性民办高校,但是无论选择营利性办学还是非营利性办学,民办高校坚定公益办学的信念不能丢,更意味着"取之于学,用之于学"的初心不能变。只有坚持公益性办学,民办高校才能提高社会公众对民办高校的认同度。

(二)满足区域经济社会发展需求,拥有高水平应用服务能力

高水平民办高校的建设与公办高校的"双一流"建设在内涵上是有差异的,"双一流"建设高校关注学术竞争力、公共知识生产和创新性人才培养,高水平

民办高校的重点在培养满足社会需求和发展的应用型人才。高水平民办高校具备快速并恰当地回应社会新需求和提供高水平应用服务的能力,具有体现时代特征和匹配区域产业需求的高水平学科,能够形成坚持应用导向,通过多学科、跨学科等方式培养满足区域经济社会发展多样化需要的应用型人才培养体系。

(三)具有科学合理的治理结构和良好的运行机制

"结构跟着战略变",完善的治理结构既是现代大学制度建设的必然要求,也是民办高校实现高水平办学的基本条件。由于举办体制的差异,民办高校与公办高校的内部管理体制也有很大的差异,法人治理结构是现有民办高校普遍实施的管理体制。民办高校"没有庞大的管理层、机构设置比较精、没有冗员负担",更能利用体制机制的优势构筑科学灵活的治理结构。高水平民办高校的内部治理结构能实现有效的制度供给、较高的运行效率和良性的资源配置,能促使民办教育的可持续发展。

高水平民办高校的建设并非一蹴而就,不仅需要民办高校的长期努力,还需要它们具备清晰的办学定位、健全的制度、良好的师资队伍以及充足的办学经费等条件。反观现状,我国相当一批优质民办本科高校在建设高水平民办高校的过程中还面临着困境,这些困境都需要下大力气克服。

三、当前我国建设高水平民办高校面临的困境

(一)办学定位模糊,学科专业设置同质化现象严重

高等教育内涵式发展要解决的一个基本问题是高等教育同质同构问题,这种现象不仅存在于同层次、同类别的高等教育中,还存在于不同层次、不同类别的高等教育之间,民办高校也存在这样的问题。一些民办高校由于自身办学定位模糊,在办学理念上逐渐与公办高校趋同,丢失了自己的独特性和价值追求。原来以举办特色专业见长的"特而精"的民办高校,为了扩张办学规模,盲目设置"热门"专业,过分强调向综合化方向发展。虽然这些高校的学科专业设置有所增加,但专业特色不再明显,也弱化了办学特色。学科专业同质化现象导致

"学校发展难、学生就业难",破坏了高等教育发展的"生态域",最终阻碍了民办高校实现高水平发展。

(二)体制机制创新不足,治理现代化水平不高

内部治理体制机制创新是实现高水平大学有效治理的保障。当前,民办高校内部治理结构现代化水平还不高,大部分高校仍然沿用初创时期的治理结构,使得民办高校追求高水平的办学定位与现有治理结构不相匹配的矛盾日益凸显,主要体现在章程建设缺失、制度供给不足、利益相关主体之间的责权边界不清、内部权力冲突频现、治理模式和监督机制不到位等方面。这些问题削弱了民办高校开展体制机制创新的能力。特别是在分类管理背景下,虽然一些民办高校提出了建设高水平的目标,但它们在遵从民办教育"公益性"办学规律的前提下对民办高校内部治理独特性的认识还不到位,特别是对举办者诉求的经济性、党委地位的特殊性、校长素质的重要性、利益相关者的多元性及治理主体的社会性等方面的判断不充分,导致创新民办高校内部治理模式的步伐缓慢,也降低了民办高校的办学活力。

(三)人才引进难,高层次师资队伍建设薄弱

优质的师资队伍是创建高水平民办高校最重要的人力保障。柯佑祥认为,"创办高水平民办高校需要老师的智慧,最好的民办大学是最舍得将资金投入到人力资源尤其是教师队伍建设上的。"由于民办高校的学科基地和平台偏弱、引才经费不足等劣势,无法吸引到高水平领军人才,整体人才队伍建设薄弱。2017年浙江省教育事业发展统计公报显示,浙江省普通高等学校专任教师中具有副高级职称以上的教师所占比例达到45.6%,而民办高校专任教师中具有副高级职称以上的教师占专任老师总数的39%。表1显示,浙江树人学院、浙江越秀外国语学院、宁波财经学院三所民办本科高校具有博士学位的教师占专任教师比例和副高级职称以上教师占专任教师的比例均分别低于同类型地方公办高校。浙江东方职业技术学院、浙江育英职业技术学院两所民办高职高专的上述两项指标也低于同类型的公办高职院校。由于历史原因,民办高校高层次人才建设起步较晚,外加政策上的一些障碍如教师编制、待遇等问题,导致其对高层次人才的吸引力较弱。

表 1   2017 年浙江部分民办高校与部分公办学院教师队伍情况表   单位:%

学校名称	学校性质	学校层次	具有博士学位教师占比	具有副高级职称以上教师占比	35 岁以下教师占比	35—45 岁教师占比
温州大学	公办	本科	46.21	34.08	19.69	43.52
宁波工程学院	公办	本科	39.24	30.95	20.00	46.71
台州学院	公办	本科	27.78	30.12	17.53	49.06
浙江树人学院	民办	本科	18.57	29.28	21.40	43.83
浙江越秀外国语学院	民办	本科	16.81	27.98	34.75	38.14
宁波财经学院	民办	本科	11.05	27.27	26.06	52.11
浙江经济职业技术学院	公办	专科	3.81	26.97	27.86	46.19
宁波职业技术学院	公办	专科	8.04	25.41	23.21	47.77
浙江东方职业技术学院	民办	专科	2.05	17.48	37.20	47.10
浙江育英职业技术学院	民办	专科	0.37	16.32	32.46	51.49

(四)办学经费来源单一,学费依赖度高

高水平民办高校的建设离不开充足稳定的办学经费。当前我国民办高校的经费主要依赖学费收入,社会捐赠比例很低,创收能力也偏弱,财政扶持资金来源更不稳定。2017 年江苏省地方教育经费执行情况统计公告显示,2017 年江苏省普通高等学校生均公共财政预算教育事业费支出为 20275 元,比 2016 年增长 6.39%。2017 年江苏省民办本科高校三江学院、南通理工学院的学费为 14000—17000 元①,粗看结果,民办本科高校的学费与当年江苏省普通高等学校生均公共财政预算教育事业费支出相比,似乎差距并不太大。但需要注意的是,普通高等学校生均公共财政预算教育事业费支出是其公办普通本科高校生均和公办普通专科高校生均总和的平均值,而 2017 年江苏省民办高职高专学校,如明达职业技术学院、正德职业技术学院及苏州托普信息职业技术学院的学费则为 7800—14000 元。这些数据说明民办普通高校收取的生均学费远

---

① 根据三江学院招生网 http://zsb.sju.edu.cn/2842/list7.htm、南通理工学院招生网 http://zs.ntit.edu.cn/、明达职业技术学院招生网 http://www.mdut.cn/、正德职业技术学院招生网 http://www.zdxy.cn/以及苏州托普信息职业技术学院招生网 http://www.szetop.com/portal/center/公布的数据整理。

低于全省普通高等学校生均公共财政预算教育事业费支出。据统计,2013—2015年江苏省民办教育经费比例结构中个人学杂费占比分别是72.79%、75.65%、72.58%①,在全国民办高校,学费收入占据整个学校办学经费70%以上的情况非常普遍。因此,如何拓展多样化的办学经费供给渠道、逐渐降低学费的依赖程度成为民办高校追求高水平发展必须面对的问题。

四、我国建设高水平民办高校的实践路径

在建设高水平民办高校的进程中,一些优质民办高校为摆脱办学困境,在以下方面进行了有益探索。

(一)精准设计办学定位,为建设高水平民办高校凝聚学科竞争力

美国的私立大学在建校初期既没有什么名气也未受到重视,如斯坦福大学被称为"西部的乡村学校",康奈尔大学被称为"奶牛学校",但是它们坚守自己的目标,发展成为今天的世界一流大学。美国私立大学的成长历史给我国民办高校提供了很好的借鉴,民办高校发展的首要问题就是要明确办学定位,制定与办学定位相匹配的人才培养目标和设置面向区域经济社会发展的学科专业。如果说一流学科是一流大学的标志和基石,那么高水平有特色的学科则是建设高水平民办高校的突破点。学科建设是高校提高教学质量、科研能力及社会服务水平的基石,是高校办学水平和综合实力的重要体现。河北传媒学院是一所以传媒、艺术类为主,艺、文、工、管、教等多学科兼容的民办本科高校,虽然艺术专业是该校的特色学科专业,但是该校利用体制机制优势,动态调整学科和专业,开发新的学科资源,侧重培养"传媒+艺术"的复合型人才。上海建桥学院明确应用技术大学的办学定位,主动适应浦东经济发展对人才的需求,加强学科专业布局,如建立依托并服务于临港产业区现代装备和制造业的先进制造专业群、依托并服务于迪士尼和国际休闲度假旅游区的休闲服务专业群、依托并服务于上海珠宝时尚产业的珠宝专业群、依托并服务于上海媒体行业的新媒体专业群等。

---

① 基于2013—2015年江苏省《全省地方教育经费执行情况统计公告》以及2018年第四届中国教育财政学术研讨会报告整理。

（二）创新体制机制，为建设高水平民办高校注入持续发展活力

民办高校体制机制的改革和创新是其应对环境变化，形成合理高效的运行机制，为学校发展提供持续活力的源泉。因此，民办高校应当用办学体制机制的创新激发出吸引力，吸引外部资源进入学校，提升学校对接新兴产业需求的能力，提高服务区域经济社会建设的实力，加快步伐迈向高水平发展。如西安欧亚学院以2010年国家教育体制改革试点项目为契机，实施"四四二"发展战略，全面推进以授权为核心的二级学院管理机制变革，其二级学院的授权机制变革以学校人事权、财务权和业务权的全面下放为核心特征。此外，该校还建立各类委员会共同商议学校重大事项，以咨议方式为董事会、校长办公室决策提供智力支持，创新西安欧亚学院跨部门协同工作机制。宁波财经学院突破传统高校普遍按学科体系设立二级学院、人才培养缺乏多学科性和专业复合性的局限，用"特色学院"链接外部资源进入高校的通道，大力开展学校治理的机制创新。学校以传统二级学院为支撑学院，通过"项目制""股份制""产权与资金"等多种合作形式，采用共建、共管校政企深度合作的"传统学院＋特色学院"的"双院制"协同培养新业态紧缺人才的新机制。在管理机制方面，实行理事会领导下的院长负责制，理事会成员由校企双方代表组成，院长由企业方代表担任，全权负责院内事宜，使校企合作从外在的关系合作转向深度的、内在的体制机制合作。

（三）改革教师管理制度，为建设高水平民办高校撬动师资创造力

不论公办院校还是民办院校，师资在所有办学资源中都占据着极其重要的地位。特别是在高校"抢人"大战进入白热化的新时期，谋划人才更是我国优质民办大学实现高水平发展的必经之路。如果民办高校以"双一流"建设高校的师资标准去拼投入、拼资源，无疑是拼不过公立高校的，但民办高校可以通过大胆创新人才队伍建设制度来培养具有行业背景的师资队伍。山东英才学院一直致力于建设一支业务精湛、结构合理的高水平师资队伍。该校的特色专业是学前教育专业，拥有全国最多的学前教育在校生，师资队伍面临巨大压力。为此，学校成立培养"双师型"队伍的学前实验教学中心，建立优秀专家资源库，聘请著名高校的高水平专家助力中心教师的实验教学工作，并采用有效的激励机制，在职称晋升时为实验教学人员单列指标，把实验教学成果与科研成果同等

对待,提高中青年教师的积极性。宁波财经学院用制度创新撬动和挖掘师资潜能,建立了"应用教学、应用技术和应用研究"三个类型的教师评价体系。由擅长专业理论教学、实践教学能力突出或来自行业企业的技术专家共同组成"应用型教育教学团队",通过发挥团队互补优势培养学生实践应用能力。另外,学校还设置"产业教授"岗位,探索新型人才引进模式,化解行业企业高层次人才引进的体制机制障碍,畅通融入通道,助力学校发展高水平学科,扎实构筑高水平民办高校的人才强校策略。

(四)集聚多方社会资源,为建设高水平民办高校提供充足财力支持

高水平民办高校的建设需要挖掘、集聚和融合政府及企业等多方的办学资源,尤其是拓宽办学经费来源渠道,为提高学校竞争力提供财力支持。当前,民办高校在呼吁政府构建公共财政扶持民办高校新机制的同时,更应依靠自身,多方集聚社会资源。民办高校可以通过市场运作来合理设计融资"组合拳",成立学校教育基金会以吸引社会资本。一是通过高质量人才培养、高水平办学和市场化运作来提高事业收入,吸引社会捐资捐赠;通过提升管理与运行效率、提升资源配置与利用效率来精简办学成本,最大限度地提高自身办学积累,强化内部融资能力来促进办学经费的多元化。二是尝试和推进 PPP 模式和混合所有制办学。PPP 模式和混合所有制不仅是民办高校吸纳社会资本解决办学资金的有效途径,更是其构建科学的治理结构和完善现代学校制度的重要载体。如西安欧亚学院紧跟政府产业事业布局重点,重视打造良好的政校关系,利用合作企业在业界积累优势,吸纳更多的社会资源,成为陕西省民办高校师资培训基地、陕西省会计从业人员职业资格考证基地等,这不仅创新了对接有效服务地方的运行模式,还解决了学校的部分运行经费。

参考文献

[1] 瞿振元.高等教育内涵式发展:从"推动"到"实现"[N].人民日报,2017-12-21.

[2] 别敦荣.论高等教育内涵式发展[J].中国高教研究,2018(6):6-14.

[3] [美]伯顿·克拉克.建立创业型大学[M].王承绪译.北京:人民教育出版社,2003:3.

[4] 徐绪卿.建设国家级高水平民办高校的若干思考[J].教育发展研究,2012(7):24-27.

[5] 钟秉林.科学谋划励精图治创建高水平民办大学——我国民办高等教育改革与发展探析

（七）[J].中国高等教育,2012(2):28-30.

[6] 王一涛,毛红霞.公益性、高水平民办高校的内涵及其建设——第五届中外民办高等教育发展论坛综述[J].浙江树人大学学报(人文社会科学版),2012(3):10-14.

[7] 陈文联,刘姗姗.困境与超越:高水平民办大学建设[J].浙江树人大学学(人文社会科学),2015(5):6-10.

[8] 杨佳峰.首届全国高水平民办高校建设与评价论坛举行[N].长江日报,2019-06-10.

[9] 浙江省教育厅.浙江省教育事业发展统计公报[R].2017.

[10] 江苏省教育厅.江苏省教育事业发展统计公报[R].2017.

[11] 阙明坤.新转设民办本科高校 SWOT 分析及发展战略研究[J].浙江树人大学学报(人文社会科学版),2012(1):17-21.

[12] 河北传媒学院[EB/OL].[2019-03-10].http://www.hebic.cn/.

[13] 上海建桥学院[EB/OL].[2019-03-10].https://www.gench.edu.cn/.

[14] 董圣足.民办高校特色发展与机制创新:理论、实践及上海探索[M].北京:科学出版社,2018:232.

[15] 西安欧亚学院[EB/OL].[2019-03-10].http://www.eurasia.edu/.

[16] 王云儿.双元协同双院联动培养应用型紧缺人才[J].中国高等教育,2017(1):56-58.

[17] 周海涛,张墨涵.高水平民办大学人才强校策略[J].国家教育行政学院学报,2017(2):23-27.

[18] 山东英才学院[EB/OL].[2019-03-10].http://www.ycxy.com/.

[19] 孙惠敏.地方应用型高校跨学科新兴专业群构建——宁波大红鹰学院的实践探索[J].大学(研究版),2017(5):60-63.

[20] 吕宜之.民办高校融资路径优化与选择策略[J].教育发展研究,2019,39(5):60-65.

◎《新民促法》背景下民办高等教育可持续发展的探索研究

刘　洁①

摘　要：随着我国高等教育大众化时代的到来，民办教育已经成为促进高等教育进一步发展的重要力量。《中华人民共和国民办教育促进法》（2017年颁布）（以下简称《新民促法》）的颁布与实施，为民办教育的发展创造了良好的外部环境，民办教育的发展环境日渐成熟。但是从目前民办教育的发展现状来看，还存在一系列问题与困境，如何实现民办教育的可持续发展是学术界和社会各界关注的问题。本文主要分析新民促法背景下民办教育面临的政策性问题及发展困境，提出促进民办教育可持续发展的推进路径。

关键词：新民办教育促进法；民办教育；可持续发展

民办教育的可持续发展离不开政策支持。我国民办高等教育是在国家财力有限、公共教育供给不足的情况下产生的，相对于公办教育而言，民办教育主要是一种"补充型教育"。随着生源的减少与民办学校办学经费短缺等问题，民办教育的可持续发展面临着一系列挑战。在这种情况下，研究民办教育的可持续发展具有重要意义。

---

① 刘洁，宁波财经学院高等教育研究所硕士研究生。

一、民办教育发展面临的困境与问题

（一）外部环境分析

1.社会大众对民办教育存在偏见

民办教育虽然已经成为我国高等教育的一股重要力量,但是社会大众甚至包括政府对民办教育仍然存在偏见,并没有明确民办教育的定位和作用。2017年9月,新颁布实施的《新民促法》第三条对民办教育进行了更加明确的规定,指出"民办教育事业属于公益性事业,是社会主义教育事业的组成部分",同时《新民促法》还明确将民办教育分为营利性民办教育和非营利性民办教育。但实际上,社会大众认为民办教育就是由民间投资举办的一种纯营利性教育机构,扭曲了民办教育属于公益性事业的性质。同时,看不到民办教育在促进我国高等教育发展的地位与作用。

2.民办教育相关的法律政策尚不完善

《新民促法》的颁布实施及《中华人民共和国民办教育促进法实施条例》等政策法规中,关于民办教育的相关规定并没有明确的政策指向,为民办教育在办学过程中增加许多难度,比如相关税收方面的规定。由于这些规定都过于笼统,没有具体配套的税收优惠措施,导致一些地方的税收部门忽视这些规定,以"民办学校的税收收费并没有明文规定纳入财政预算外资金专户管理"等名义,向民办学校征收税费,背离了这些政策法规的初衷,增加了办学负担。虽然教育部这些政策法规早已出台,但是具体到各个地方时,地方政府并未出台针对本地的实施条例。甚至有的地方仅出台了一些规章制度,严格来说并不是法律政策。地方立法的不配套和不完善,实际上无形中又给民办教育的发展增加了难度。

3.政府的支持未能有效落实

浙江是全国唯一的民办教育综合改革试点省,重视民办教育的发展。2013年以来,先后出台了一系列的优惠政策以促进民办教育的发展:省级层面先后制发了《浙江省关于促进民办教育健康发展的意见》(浙政发〔2013〕47号)、《浙江省财政厅关于印发省财政支持市县民办教育发展专项资金管理办法的通知》（浙财教〔2013〕196 号）等文件,推出了一批扶持民办教育发展的重要政策和制度创新,不同程度地从财政、税收等方面给予民办教育以支持。浙江省各个地区在省文件政策的基础上,出台系列的地方性政策。然而,这些政策同教育部出台的一系列优惠政策一样,并没有落实到实际工作中。这些政府层面的政策性支持不能落地,对民办教育的发展产生消极影响,甚至成为制约民办教育发展的瓶颈。

(二)内部环境分析

1.单一的办学经费来源

长期以来,民办学校办学资金短缺和办学经费来源单一一直是制约民办学校可持续健康发展的瓶颈。政府对民办学校的财政支持少,民办学校为了生存发展只能依靠自己的收入维持,这部分收入主要来自学生的学费收入,民办学校的其他收入都十分有限。然而,仅依靠学生的学费收入来维持学校运转十分危险,一方面是近几年出现学生生源不断减少的趋势,另一方面是政府严格控制民办学校的学费收入标准,因此民办学校每年的学费收入也相对固定。在这样的困境下,民办学校还要上缴各种税收,并进行各种硬件设施和软件设施的建设,对于民办学校的发展更是一种严峻的考研和挑战。

2.部分民办学校缺乏办学特色

民办学校经过多年的发展与实践,已初具规模,但是办学水平依然不高,主要原因在于部分民办学校缺乏办学特色。民办学校由于办学体制自由灵活,实现学校转型也相对简单容易,正是由于民办学校这种灵活的体制机制,民办学校在办学特色方面应该有其独特的优势。但是,现实情况却是由于部分民办学校办学心切,盲目追求办学回报,出现办学趋同现象,盲目设置专业,没有结合办学的实际情况和优势实现办学。这种趋同的专业设置,只会导致民办学校缺乏创新意识,办学滞后于社会发展和市场需求。

3.部分民办学校法人治理结构尚不完善

目前,我国民办学校法人治理结构的相关法律法规多数比较笼统,内容规定是宏观指导性的,缺乏实际可操作性,实践性不强,在实际工作中难以落实。

目前,我国民办学校普遍存在法人治理结构不完善的现象,内部管理相对混乱,影响了民办学校的稳定发展。由于内部管理机制的不完善,民办学校难以形成自我治理的良好局面,在这样的局面下,学校难以实现可持续发展。

二、日本民办高校的办学经验和启示

日本私立大学经过几十年的发展和完善,已初具规模,发展得也相对成熟,积极借鉴日本私立大学的办学经验,对于我国民办教育的可持续发展有着重要的指导意义。

(一)完善的法人治理结构

日本私立高校大多采用集权模式。治理结构上,一般采用理事会经营权与学校管理权相分离的模式;在机构和人员设置上主要严格按照《学校教育法》和《私立学校法》的规定进行设置。私立大学的法人治理结构一般由理事会、评议员会、监事会、校长及教授会组成。日本私立大学的法人治理结构有效地诠释了权力的制衡与相互监督,部门各司其职,真正发挥各部门的作用。也只有在这样的治理结构下,学校的决策才更具民主性和公平性,学校得以更加健康地发展。

(二)政府的有力支持

随着日本政府对私立高等教育的重视,逐渐改变了私立高等学校仅仅依靠学费收入维持学校运转的局面,政府的财政补助逐渐增多。1975 年出台的《振兴和促进私立学校法》,标志着政府对私立高校的资助有了法律保障。不仅如此,政府还从税收等政策方面给予积极的扶持,如减免税收、提供低息贷款等。这一系列的法律法规和优惠政策都大大破除了办学经费制约民办学校发展的瓶颈,改变了民办学校办学经费短缺的现象。运用经费资助手段扶植和支持私立大学的发展,把国家对私立大学的要求同向其提供经费资助结合起来,体现出权利和义务的统一,是日本政府管理私立高校的一大特色。

(三)健全的法律法规

日本政府为了保护和支持私立大学的发展,出台了一系列的政策法规,如《教育基本法》(1947 年)、《学校教育法》(1950 年修订),还制定了专门的《私立学校法》(1949年)、《振兴和促进私立学校法》(1975年)等,其中有代表性的《私立学校法》,站在国家和地方的立场,对于私立学校的自治给予尊重,尽量回避参与学校管理,排斥来自国家和地方的干预。这些法律法规的颁布和实施,既规范了政府对民办学校的管理,又有效地促进了日本私立大学的发展。

三、《新民促法》背景下实现民办教育可持续发展的推进路径

(一)积极促进政府对民办学校的扶持力度

民办学校首先要明确自己的办学定位,认清当前民办教育所处的环境和形势。随着我国教育大众化的普及,公众对高等教育的多样化需求不断增加,民办高校也迎来了发展的春天。2017年9月,《新民促法》的落地实施,更是优化了民办高校的外部环境,为民办教育的发展提供了合法保护。在这样的形势下,政府可以从以下几个方面给予扶持:首先,政府在教育事业的规划中,对于建设用地上,可以给予民办学校适当的政策倾斜,以支持民办学校的发展;其次,可以在税收等方面给予民办高校优惠政策;最后,政府可以通过牵线搭桥,为实现校企合作创造机会。

(二)完善民办教育法律法规和相关条例

2017年,《新民促法》的颁布实施,进一步为民办教育的合法性发展提供了法律保障,尤其是对民办教育的分类管理,更是促进了民办教育的健康发展。但是,《新民促法》的落地,不等于民办教育就有了"天然保护伞"。《新民促法》只是法律政策层面上的规定,具体到各个地方,政府应积极出台具体的实施条例和细则。尤其是对《新民促法》未涉及的但在实际办学过程中又有深远影响的空白领域应加以补充和完善,为民办学校的发展营造良好的法律环境。

(三)健全民办学校的法人治理结构

影响我国民办教育发展的一个突出问题就是法人治理结构尚不健全。董事会、以校长为首的执行机构、监督机构是民办高校内部管理的三大基本组织架构,是民办学校得以可持续发展的重要保障。分权制衡是法人治理结构的基

本特征,因此民办高校必须建立"制衡"与"参与"机制,并不断创新和探索。首先,要明确实施董事会领导下的校长负责制,有效实现决策权和执行权的分离,各司其职;其次,要不断发展和完善教职工代表大会,实现民主管理与监督,建立学校各部门的制衡机制。

(四)积极推进特色办学

创新办学模式,办出自己的特色,已经成为民办高校实现可持续发展的新路径。区域经济和市场需求是民办高校生存和发展的重要动力。因此,民办学校要立足市场需求,依托区域发展,实现特色办学。明确办学定位,加强学科专业建设、人才培养以及学校文化的建设。

(五)拓宽民办教育融资渠道

单一的办学经费来源是制约民办高等教育发展的瓶颈之一,因此民办高校要积极拓宽融资渠道和资金筹措方式,实现可持续发展。首先,成立民办高校教育基金会,发挥资金"蓄水池"的效用,同时通过专业团队的有效运营,有效实现资金的保值增值;其次,民办高校可以积极利用学校的各种资源,开展相关继续教育和各种职能培训,积极开发各种社会培训业务,增加收入以缓解办学经费紧张的难题。

参考文献

[1] 马凌波.日本私立大学的发展经验[J].中国高等教育,2000(24).

[2] 张剑,李俄宪.日本私立高等教育行政管理的特点及启示[J].黄石理工学院学报,2007(6).

第二篇

高校教育教学改革研究

◎大思政视野下的管理学教学改革探索

窦　清　吴萍鲜[①]

摘　要：管理作为人类与生俱来的行为，通过计划、组织、领导、控制及创新来协调所有资源，以便实现既定的目标。社会主义核心价值观，是促进人的全面发展、引领社会全面进步方面最有力的旗帜，是我国在推进国家治理体系和治理能力现代化过程中强有力的社会意识整合器。以21世纪核心素养5C模型为标准构建管理学人才培养格局，通过教学内容的整合与对分课堂教学模式的助力，社会主义核心价值观在管理学教学中得以成功渗透，"打下中国根基、兼具国际视野"的管理学人才培养目标也将得以顺利达成。

关键词：管理学；社会主义核心价值观；5C模型；对分课堂

习近平同志在十九大报告中指出，要培育和践行社会主义核心价值观。深入挖掘中华优秀传统文化蕴含的思想观念、人文精神、道德规范，结合时代要求继承创新，让中华文化展现出永久魅力和时代风采。国家教育事业发展"十三五"规划更是指出坚持立德树人，把立德树人作为教育的根本任务，培养德智体美全面发展的社会主义建设者和接班人。管理学作为一门系统研究管理活动的基本规律和一般方法的科学，当然也要遵循教书育人规律、遵循学生成长规律，以学生为主体，以教师为主导，创新育人模式，培育和践行社会主义核心价值观，不断提高学生思想水平、政治觉悟、道德品质、文化素养，让学生成长为德才兼备的新时代合格人才。

---

①　窦清，浙江万里学院讲师、硕士；吴萍鲜，浙江万里学院副教授、硕士。

一、社会主义核心价值观与管理学内涵高度重合

社会主义核心价值观是中国特色社会主义价值之魂,深化了对社会主义价值及其本质的认识,社会主义不仅建立在发达的生产力基础上,它的更高追求在于建立一个公平、公正、民主、法治、文明的和谐社会,最终实现"人的自由全面发展"。社会主义核心价值观从国家、社会和个人层面,为改革开放和中国特色社会主义提供了价值目标、价值取向和价值原则的指引,有助于凝魂聚气、凝聚共识促改革,增强了民族文化自信,提升了国家文化软实力。

管理学致力于研究管理者如何有效地管理其所在的组织,是一门研究一般组织管理理论的科学,它所提出的管理基本原理、基本思想和基本原则是各类管理学科的概括和总结。管理学大师德鲁克提出 21 世纪管理学最重大的问题之一是解决脑力劳动者的生产效率问题,他提出目标管理的主要贡献在于能以自我控制的管理方式来取代强制式的管理,即 21 世纪最大的管理挑战是自我管理。衡量管理好坏的标准是管理的有效性,包括效率和效益。效率是指投入产出之比,效益是指目标达成度;如果说效率意味着如何把事情做好,那么效益则意味着要做对的事;效率与效益相比较,效益是第一位的。因此,新时代的管理是植根于有效的自我管理之上的组织管理。

由上可见,社会主义核心价值观对于国家、社会和个人三个层面的价值引领作用,与管理学的管理有效性和最重大的管理问题是高度契合的。一方面,组织目标的设定,要符合社会主义国家、社会和个人的价值标准;另一方面,组织发展的可持续性取决于组织在多大程度上实现了人的自我管理,在多大程度上践行了社会主义核心价值观。简言之,把社会主义核心价值观的内容渗透到管理学教学活动中,才能真正培养出优秀的管理者和优秀的组织成员,才能让组织可持续发展。

二、21 世纪核心素养 5C 模型

虽然社会主义核心价值观和管理学内涵在理论上高度重合,但在管理学教

学中贯彻社会主义核心价值观,还是需要寻找一个合理的桥梁。教学实践证明,通过对分课堂教学模式,以"21世纪核心素养5C模型"构建人才培养格局,使得社会主义核心价值观在管理学教学中以核心元素的身份融入,是一个不错的尝试。

2018年3月28日,北京师范大学中国教育创新研究院举行发布会,说明"打下中国根基、兼具国际视野"的人要具有五大核心素养,包括文化理解与传承、审辩思维、创新、沟通、合作,简称5C素养。五大核心素养相互关联,文化理解与传承是核心,创新离不开审辩思维,沟通是合作的基础,良好的审辩能力能够提升沟通与合作的效率,有效的沟通与合作有助于实现更高质量的创新。

由于践行社会主义核心价值观是文化理解和传承应有之内容,其他诸如创新、沟通、审辩和合作等素养也是管理人才的基本要求,因此,通过积极构建21世纪核心素养5C模型人才培养格局,社会主义核心价值观在管理学教学中就能得以顺利地渗透与融合。

三、基于核心素养5C模型的管理学教学实践

我们根据国家教育事业发展"十三五"规划的要求,响应习近平同志在十九大报告中提出的践行社会主义核心价值观,结合核心素养5C模型的培养目标,对管理学教学进行改革探索。

(一)充分挖掘社会主义核心价值观与管理学之间的密切联系

王毅武同志指出社会主义核心价值观不仅是中国特色市场经济持续健康发展的必然逻辑,还是中国现代管理理论的战略性道德规范与社会准则,是实现民主与科学管理,提高中国特色社会主义劳动者与建设者的积极性、主动性、创造性的思想基础。沈波老师认为社会主义核心价值观不仅是从国家、社会和个人层面对社会价值理念和追求目标的提炼,还对做好企业科学管理有重大的意义。借鉴各位学者的研究成果,在进行课程思政的建设中,我们完成了管理学教学与社会主义核心价值观培育的无缝对接,见表1。

表1　管理学与社会主义核心价值观的联系

社会主义核心价值观析义	《管理学》相对应的内容
富强:民富国强,兼顾生产力标准的效率原则和共同富裕价值标准的公正诉求	决策,管理创新,控制,激励,目标设定原则,个人目标与组织目标的关系
民主:民众自主管理、自主治理	决策,管理创新,组织文化,管理中与人有关的内容,如选聘、培训、激励、工作设计、考核等
文明:思想上的进步以及文化上的先进(社会主义文明以最广大劳动人民为服务对象,以最终实现人的自由全面发展为最高价值目标)	决策,管理创新,组织文化,管理中与人有关的内容
和谐:配合得适当而不生涩、融洽而不别扭;人与人的和谐、人与自然的和谐、国际关系的和谐	决策,管理创新,组织内部环境的营造,组织与外部环境,沟通的原则
自由:促进人的全面发展,既需要保障人们所拥有的言论、思想等基本权利和自由不受干涉,又需要提供人们自由发展的资源和条件	决策,管理创新,组织文化,规章制度的制定和执行,权力的分配,沟通
平等:强调每个人拥有平等的权利和机会,并且在分配时用平等的尺度进行衡量	决策,管理创新,沟通,岗位工作设计、人员安排、分配制度、绩效考核等
公正:公平正义,给予其所应得,以人为本的公正理念	决策,管理创新,人员安排、分配制度、绩效考核等
法治:将法律作为治理国家和社会的最高准则	决策,管理创新,计划(规章制度)的制订和执行、控制方案的制订和执行等
爱国:强调个人与国家之间相互支撑关系	决策,管理创新,风险控制与危机管理,个人与组织、国家的关系
敬业:公民热爱、珍视自己的工作和职业,勤勉努力,尽职尽责的道德操守	决策,管理创新,工作安排、职业规划、绩效考核、控制等
诚信:诚实无欺、恪守信用	决策,管理创新,控制,领导,个人自我管理、个人与组织、组织与社会的关系等
友善:待人平等、待人如己、待人宽厚与助人为乐	决策,管理创新,领导,组织文化

(二)运用对分课堂教学模式达成核心素养5C模型人才培养目标

张学新老师在对以往教学模式进行深入的分析后,基于行为主义、认知主义、建构主义和人本主义的学习理论与发展性教学理论、结构主义教学理论和范例教学理论,提出对分课堂教学模式。对分课堂分为讲授、吸收和讨论三个环节,综合讲授法和讨论法的优点,让学生在教师讲授的基础上,进行个性化吸收,形成自己的学习成果如"亮考帮"和学习笔记,然后到课堂上参与小组讨论,通过同伴学习解决低层次问题,然后参与全班讨论解决高层次问题。

综合教学反馈结果和学生提交的"亮考帮"和读书笔记,可以看出对分课堂教学模式有助于培养学生的4C素养:

首先,"亮"的总结和读书笔记可以培养学生的审辩思维素养。如有个同学的"亮"是:"我认为个人管理这一块的东西对我很有用,管理并不是去管别人,对于现在的我们而言,自己能够先做到管理自己,解决好有限的资源与无限的欲望之间的问题,使自己能够更好地去做一些事情,这就是我学习完本课之后获益最多的地方。"

其次,"考"与"帮"尤其是"帮"有助于培养学生的创新素养。为了拿到满分或体现创新性,在考与帮的提问中同学们充分展示自己的创新能力,把所学知识与学校社团、自身成长、生活点滴、社会大事等联系起来,并与前面的知识点联系起来进行提问。

最后,通过小组讨论相互促进,培养学生的沟通素养和合作素养。一方面学生拿着自己成果("亮考帮"、案例分析、读书笔记等)与其他同学进行讨论,不仅锻炼自己的表达能力,也培养自己的倾听理解能力,从中领会同理心,较好地培养了学生的沟通素养;另一方面,一个小组约4个同学,每个同学有6个提问机会,忽略重复的提问,每个小组在20多分钟的时间大概需要讨论18个提问,如何在有限的时间达到充分讨论的效果,使学生在讨论中学会配合,有助于培养合作素养。

在2018—2019年第一学期的"亮考帮"评分标准中,要求提问与社会主义核心价值观相联系,实践证明这个要求让学生多了一个提问的角度,引导学生对管理学知识和社会主义核心价值观的关联进行思考。一般一个班50个同学,可以提出约30多个与社会主义核心价值观相联系的问题,如在公司的管理中,在面对不同的职位大小的人员时,管理者能否做到平等与公正?如何成为一名爱岗敬业,做事公平公正的管理者,等等。在此基础上进行讨论,有助于学生完成文化理解与传承素养的培养。

(三)基于核心素养5C模型的自主作业设计

在管理学教学中采取对分课堂教学模式,并且在讲授环节对管理学与社会主义核心价值观的联系做适当的引导,在"亮考帮"作业环节做了提问需要与社会主义核心价值观相联系的要求,可从不同程度培养学生的 5C 核心素养。为了更好地培养学生的 5C 素养,我们还引入了浙江大学管理学教授的教学经验,在自主作业部分,加入两个自主作业,一个是合同执行决策报告,主要是通过游戏的方式让学生领会管理学当中非常重要的知识点——决策,同时从中体会不诚信的成本;另一个是管理问题解决方案,通过发现身边的管理问题,并用管理学知识进行解决,把理论知识与实践有效结合。这两个自主作业都是以小组形式进行的,不仅强化了学生的沟通与合作素养,还综合培养了学生的 5C 核心素养。

四、结 语

以 21 世纪核心素养 5C 模型为标准构建管理学人才培养格局,通过教学内容的整合与对分课堂教学模式的助力,社会主义核心价值观在管理学教学中得以成功渗透,"打下中国根基、兼具国际视野"的管理学人才培养目标也将得以顺利达成。

参考文献

[1] 习近平提出,坚定文化自信,推动社会主义文化繁荣兴盛[EB/OL].[2017-10-18].新华网. http://www. xinhuanet. com//politics/2017-10/18/c_1121820800. htm.

[2] 郭建宁. 社会主义核心价值观基本内容释义[M]. 北京:人民出版社,2014.

[3] 邢以群. 管理学(第三版)[M]. 北京:高等教育出版社,2017.

[4] 21 世纪核心素养 5C 模型研究报告(中文版)[EB/OL]. http://www. zgcxjy. com. cn/cxjyyj-1-6324. aspx.

[5] 王毅武,高盈盈. 社会主义核心价值观与中国现代管理理论[J]. 河北经贸大学学报,2017(6):29-33.

[6] 沈波. 科学管理需要践行社会主义核心价值观[J]. 南京广播电视大学学报,2018(2):74-76.

[7] 张学新. 对分课堂:中国教育的新智慧[M]. 北京:科学出版社,2016.

[8] 陈瑞丰,张学新. 优化对分课堂讲授,提升学生学习自主性[J]. 教育教学论坛,2018(43):169-171.

◎基于大数据的法学研究创新：
挑战与突破

赵春兰[①]

摘　要:大数据的发展使法学研究在数据信息获取渠道、数据挖掘能力、数据分析水平、数据呈现方式及对数据结果的利用等诸多方面发生了颠覆性的变化,传统法学理论研究和实证研究也将因之发生深刻变革。科技赋能下法学研究创新的突破点在于思想与技术的相互融合,打破学科与技术的壁垒,克服基于大数据的法学研究所产生的无力感和数字技术阻碍,转变观念做好迎接大数据时代到来的充分思想准备。从自身研究需要出发,通过学习来补足计算机科学、人工智能技术、统计学知识的短板。组建跨学科研究团队,借助"外脑"助力法学研究创新与发展。打破法学人才培养的专业局限性,制定跨学科专业人才培养方案,实施校地合作培养机制,采取"走出去"与"请进来"等各种灵活措施,将复合型、跨学科的法学专业人才培养机制落到实处。

关键词:大数据;法学研究创新;理论研究;实证研究

大数据是虚拟与现实交互下反映人类思想与活动的数据信息和分析技术的集合体,它正在以我们前所未见的方式影响并改变着法学研究的方方面面。大数据的发展给法学研究提供了更为可观的数据样本及数据挖掘、分析、呈现的技术条件,传统法学理论研究和实证研究也将因之发生深刻的变革。

---

① 赵春兰,浙江万里学院法学院教授。

一、传统法学研究中数据的获取与利用

规范研究和实证研究是传统法学研究的两个基本方法。规范研究旨在通过对法律规范的文理解释和价值分析,探求法律规范的质量和数量是否适应社会需求,进而促进立法不断完善。规范分析法获取数据的主要途径是对已经发表、出版的文献资料的收集整理。数据来源集中在:①法学核心期刊,比如中国法学、法学研究等专业关注度极高的权威期刊及其他核心期刊;②各大数据库资料,比如北大法宝、国家哲学社会科学学术期刊数据库、中国知网、万方数据库、超星电子图书、百度文库等;③法律年鉴、地方志;等等。实证研究则主要以定量研究和定性研究为主,采取描述性统计方法与个案定性研究的结合,从获取数据的规模上看是典型的基于小样本的实证研究。数据来源集中在:①中国裁判文书网公开的裁判文书;②调查问卷;③深度访谈;④现场观察;⑤模拟实验;等等。

传统法学研究中规范研究方法的本质是法教义学研究,对这一研究方法驾轻就熟、著书立说的多为法学界的大家,或者是长期浸淫于法学某个研究领域且有着深厚功底的专家、学者。实证研究则以统计学方法为主,融合定性研究的诸多方法,并以"问题意识"贯穿其中,关注某一现象背后的原因,探求个案间规律性的、共性的联系与问题,对事务发展现状、趋势等做出分析和预测。相较规范研究,实证研究更加注重追求个案间规律性议题的深度研究,研究手段和方法也在不断推陈出新,统计学方法、相关性分析、实验模型等的充分运用,使研究成果呈现的方式更加多元化。概因法学实证研究方法和手段日益丰富多样,具备一定研究基础和条件的研究者专注于实证研究更容易在短期内出成果,所以,法学实证研究比规范研究似乎更受追捧。

然而,大数据背景下如果依然固守传统实证研究方法,则研究者可能会由于两种能力的欠缺导致研究无法顺利完成,或者难以取得高质量的研究成果。第一,若没有一定的数据资源调动能力,实证研究很难落到实处。这类实证研究在横向课题研究中较为多见,课题负责方如果是高校、科研院所,那么课题合作方必须是对该课题研究具有支撑作用的数据资源的提供方,否则课题研究几乎无法顺利完成。第二,若没有一定的数据文本处理能力,实证研究就会成为靠拼体力才能勉强完成的体力活。比如,凭借一己之力,采用收集、阅读整理裁判文书的方式选取案例研究的基础数据,以一天 8 小时的工作投入来计算,勉强能够完成 20—30 份的案例整理,再进行案件相关信息的统计、登记,则欲完成千份以上裁判文书的数据采集工作,至少需要耗时几个月的时间。由此可见,依靠传统手动统计方式来获取大规模数据信息就是典型的体力劳动,而且基本上是一次性投入,不可能对获取的数据信息进行精细化的筛选或重复校验。

近年来,随着最高人民法院裁判文书网上公开的裁判文书数量的增加,法学实证研究所使用的样本量也在不断变大。如果某研究成果号称实证研究,但仅以收集的几百份裁判文书为数据样本,则往往会因样本量太小而令人产生代表性不足的质疑,研究结论的可信度和说服力自然有所降低。随着人工智能时代的到来,大数据技术运用于法学研究中,传统实证研究必将发生翻天覆地的变化。尽管基于典型案例的实证研究,实务部门走访、座谈、考察,调查问卷等传统法学实证研究方法仍会被人们继续使用,但突破技术门槛后的法学大数据研究方法势必会推动法学研究的巨大转变。从研究范式看,大数据法律研究会使法学研究从法教义学、社科法学和实证法律研究等范式转向数据科学式的法学研究,形成"数据驱动＋理论假设驱动"的范式革命。笔者的隐忧在于,尽管大数据技术发展势不可挡,鉴于学科领域的巨大差异,在一段时间内法学研究者依然面临着一道亟待破解的难题,即掌握规范的研究范式的法学专家不懂数据处理技术;而掌握大数据处理技术的却多为计算机、互联网、人工智能领域的研发人员。

二、大数据背景下法学研究创新面临的挑战

毋庸置疑,大数据引领的"智能化革新"浪潮正在对我国的法律科学领域产生深刻的影响。司法领域大数据技术的运用已经初见成效,司法大数据库、智慧司法系统建设带来了审判方式革命性变化;基于大数据的法学研究问题域的扩展、研究范式的跨越式发展必将重构传统法学的理论研究和应用研究。大数

据正在以超乎我们想象的速度"入侵"法学研究领域,如果对数据技术、机器学习依然视而不见或抱有偏见,我们终将被拒之于法学研究创新的大门之外。大数据背景下,法学研究在数据信息获取的渠道、数据挖掘的能力、数据分析的水平、数据呈现的方式及对数据结果的利用等方面均发生了颠覆性的变化,对研究者而言这既是挑战也是绝佳的学习机会,正视我们对大数据技术认知和理解上的空白,做好学习新知识、新技能的准备并付诸实施,机遇才能被牢牢抓住。

(一)数据获取的渠道

传统法学研究中常被利用的文献资料如公开发表的期刊及报纸论文、法律年鉴、地方志等目前基本上实现了无纸化,且在相关网站和数据库中可以检索和下载。音视频、图片等信息在法学研究中也逐渐开始被研究者关注并加以利用,但鉴于当前准确处理音视频和图片的技术尚未成熟,且成本较高,故以法律文书为代表的文本类文献资料仍然是基于大数据的法学研究中获取信息的主要渠道。大数据背景下法学研究创新面临的首个挑战当属如何便利地获取研究所需的法律文书类文本资料。

通常而言,研究者自己获得相关文书的主要途径是在公开的网站上下载。依笔者自身经验来说,不论是免费还是付费,只要能在该网站上获得所需文献资料,即便检索和下载费时费力,通常也不成问题。而当你仍然以传统的手动检索、下载等方式来和人工智能技术进行 PK 时,在原本就比较狭窄的数据获取渠道中,无疑又增加了一道技术鸿沟。想便利地获取数据资料,只能考虑两条路径:其一,利用网络爬虫技术,从公开的网站上自动提取所需数据。法学研究者自己多半都不懂爬虫技术,只能借助于其他个人或者专门的科技公司,这就很不便利了。而且,运用网络爬虫技术也并非一劳永逸,有些网站往往采取反爬虫技术来确保访问正常,比如中国裁判文书网。在爬虫技术与反爬虫技术措施的相互作用下,个人力量实在太过渺小。笔者不久前用爬虫技术在裁判文书网上检索几份 2018 年的知识产权案件判决书,在与反爬虫技术的较量下一无所获。其二,拿出你的项目经费与专业法律数据公司合作,付费取得所需数据信息。随着互联网科技的快速发展,目前已经有专门的法律数据公司为客户提供所需的法律文本资料,并可提供基于大数据的分析结果。当然,服务项目的精细化程度取决于需求者支付费用的能力。

(二)数据挖掘的能力

数据挖掘是指从大量的数据中通过算法提取隐含于其中的有用的信息和知识的过程。数据挖掘对法学研究所产生的价值在于,它能帮助研究者对数据的应用从低层次的数据信息的简单查询提升到从数据中挖掘知识和发现规律。尽管数据挖掘的对象可以是任何类型的数据源,但目前在法学研究中仍以数据库、文本、多媒体数据为主。数据挖掘有一套复杂、严谨的程序步骤,一般由软件供应商或数据挖掘公司提供其已经建立的数据挖掘过程模型,来指导法学研究者如何根据自己的研究需要进行数据挖掘工作。对于法学研究者而言,最重要的是能够准确理解数据挖掘过程模型步骤中的专业术语,将自己的研究内容、需求与之对应起来,有能力将数据挖掘的结果用自己的语言表达出来。可见,数据挖掘能力对法学研究者来说就是对一种新知识的学习和理解能力。

(三)数据分析的水平

大数据背景下的法学研究,数据样本肯定会以几何式增长聚集。若要从海量数据信息中提取规律性的知识,还须依赖于数据分析工具。不论运用数据分析工具的过程中是否有研究者介入机器学习,数据分析方法本质上还是统计学中的描述性统计方法和相关性分析方法。假设法学研究者掌握了大数据技术下的描述性统计方法,在对某个主题进行案件类型化研究时就能够比较容易地把握该类案件的整体情况,聚焦重点案件类型。如欲通过该研究来揭示案件成因、规律性等问题,还需同时应用相关性分析方法来找出个案间的共性特征。当样本量不大时,利用 SPSS、STAT、R 等现有成熟的统计软件即可实现相关性分析。随着数据样本的增大,SPSS 等统计工具有可能出现无法运行或运行缓慢的情况,这就需要运用 WEKA、TensorFlow 等相对高级的统计软件。这些新工具的最大优势在于具备处理量级更大数据的能力。对于能够熟练运用大数据技术实现数据样本分析的技术流而言,利用各种统计软件得到想要的结果并不是问题。而对于绝大部分技术门外汉的法学研究者而言,数据分析水平低下甚至为零的情况普遍存在,这是一道需要勇气和财力方能跨越的坎。

(四)数据呈现的方式

数据呈现是指通过图表等可视化形式将大数据计算结果呈现出来,方便研究者更加直观地观察和比较,更加易于展开学术交流。然而,基于机器算法得出的看似更直接、更美观的结果,并不意味着结论的唯一性和正确性,因为数据的可视化转换过程中不可避免地存在数据丢失的风险。这些潜在风险之所以存在,概因数据可视化软件的开发与运用过程中,可视化编码设计方案、技术路线总是受制于研发者的智慧水平和技术能力,全部数据集合几乎难以完全转化为可视化图表,如果是决定性关键数据的丢失则会对研究结论产生重大影响。

法学研究总体上是比较保守的,在研究成果的呈现方式上仍然以论文、研究报告、政策建议稿、法律草案专家建议稿等文字形式为主。在大数据和机器学习的时代,如何在数据呈现方式多样性上体现法学研究的创新与突破,的确值得法律人好好思考。笔者在软科学项目研究中得到的体会是,如果能够借助于大数据分析技术呈现研究结论,以可视化形式展示研究的技术线路,这些创新点肯定对项目申报大有裨益。再者,撰写一份不能超过 2000 字的对策建议稿呈送相关决策部门,对研究主题的现状描述、发展趋势预测和分析等内容,如果以 GIS 作图、决策树形式加以可视化呈现,将决策建议内容以高度精练的文字进行表达,这份对策建议稿被采纳的概率自然大大增加。前途是光明的,道路是曲折的。法律同仁需要跨越的最大障碍依然是大数据技术这道坎。

(五)数据结果的利用

当基于大数据的法学研究结果以多种形式呈现出来时,法学研究者应当有能力将这些数据结果内化为自身研究成果的核心价值,使法学大数据结果的利用达到助推法学研究水平和研究层次提升的效果。比如,从事传统法教义学研究者有能力利用大数据技术,将法律文本转化为数据,提取其中蕴含的有用信息,进而获得具有普世价值的裁判规律,便可更加宏观地把握司法实践动态,发现法律适用中的突出问题,提升法学理论研究的实践应用价值。打破以往理论研究与实证研究总是处于两条平行线的尴尬。从大数据技术应用中受益最多的当属实证研究者。当数据信息、数据技术、数据表达综合作用下的数据结果呈现在研究者面前时,法学实证研究有望达到一个新的高度。

欣喜之余,研究者还须清醒地认识到:基于大数据的法学研究必然产生更多智力创新成果,其中亦包括属于人工智能生成物的大量内容。这就意味着我们还要有能力厘清法学大数据成果中属于受知识产权法保护的智力成果的范围。懂得怎样有效保护数据结果产生的知识产权及其收益,明确在对数据结果进行利用时不侵犯他人的数据权益。

三、思想与技术的有机统一:法学研究创新的突破点

大数据背景下,创新法学研究方法,提升法学研究成果核心价值需要克服的最大困难是研究者跨学科知识储备的不足和数据技术手段的薄弱。面对新知识、新技能的冲击和挑战,盲目乐观与消极回避都不是解决问题的正确姿态。笔者以为,科技赋能下法学研究创新的突破点在于思想与技术的相互融合,打破学科与技术的壁垒,克服基于大数据的法学研究所产生的无力感和数字技术阻碍。仰望星空,脚踏实地,展现法学研究者与时俱进的精神风貌,让传统法学研究焕发新的生机与活力。

(一)转变观念

前文分析了大数据背景下传统法学研究意欲创新与发展所面临的挑战,但是法学研究不会因此而踟蹰不前。直面困境,突破技术阻碍的关键在于转变观念,充分做好迎接大数据时代到来的思想准备。只要我们有勇气清除思想观念上的羁绊,具有接受新事物、学习新知识的能力,正确认知大数据技术的科学原理,找到法律规则与数据原理的共性与差异,再高端的人工智能技术终究是服务于人类所需的。

(二)学习技能

大数据技术的急速发展使我们看清了自身知识和能力的不足,法学研究者当前需要解决的首要问题是知识储备不足与知识结构单一。因此,不妨先从自身研究需要出发,有目的地学习跨学科理论知识,补足计算机科学、人工智能技术、统计学等知识的短板,在跨学科领域开展的合作研究中,至少能够避免法学专家与其他领域专家在沟通交流中因学科知识不足而产生的盲点和偏见。

（三）培养人才

因研究需要而突击学习与大数据技术相关的知识能满足一时之需，也仅是一种治标之策，无法从根本上解决"跨界"研究时研究者知识单一和匮乏的窘境。虽然目前大学招生不再划分文理专业，但选择法学专业的学生大部分均为文科强于理科，且法学专业课的设置也几乎是清一色的文科内容，跨专业课程、学科交叉知识的学习在人才培养方案中先天不足。知识产权专业作为法学大类中的特设专业，在人才培养方案和课程设置上能够较好地体现文理兼顾，但从笔者所了解的情况来说，属于理工科的课程内容不足三分之一，无法真正产生跨学科、复合型人才培养的实际效果。教育部普通高等学校法学类本科专业教学质量国家标准中，对人才培养目标提出的明确要求是"培养德才兼备、具有扎实的专业理论基础和熟练的专业技能、合理的知识结构……复合型、职业型、创新型法治人才及后备力量"。对照此要求，法学专业人才培养必须打破专业局限性，实施跨学科专业建设，在人才培养方案中切实加大网络及计算机科学、统计学、人工智能、大数据技术等相关知识的课程设置，实施校地合作培养机制，采取"走出去"与"请进来"等各种灵活措施，将复合型、跨学科的法学专业人才培养机制落到实处。

（四）组建团队

在大数据背景下，研究者个人的知识结构、知识储备与研究能力显然难以完全支撑科研活动的有效开展。"法学研究者需要通过加强团队建设，特别是加强与计算机科学、软件科学、统计学等相关学科专业人士以及大数据、人工智能科技公司之间的合作，以更好地应对大数据法律研究带来的机遇与挑战。"

四、结　语

大数据对法学研究、法学专业人才培养乃至法学未来发展的影响之巨，目前尚难以给出明确的答案。但可以非常确定的是，大数据分析技术对传统法学理论研究的推陈和对实证研究的出新，以及法律大数据对规范研究与定量研究融合衔接的助推作用，已然使法律人对基于大数据的法学研究有了全新的认识和理解。大数据、人工智能等新科技并不单纯是法学研究创新的工具或手段，它正在打破我们对客观世界的原有认知，使我们更加清楚地看到自身视野、知识和能力的不足，也促使我们有勇气投身于新知识、新技能的学习之中，在科技赋能下开启法学研究新的旅程。

参考文献

[1] 刘涛雄,尹德才.大数据时代与社会科学研究范式变革[J].理论探索,2017(6):29.

[2] 左卫民.迈向大数据法律研究[J].法学研究,2018(4):149.

◎ "理实相融、时空延拓"："回归常识" 融入法学课程的具体举措[①]

郭颖华[②]

摘　要："回归常识"教育是教育部提出的"四个回归"之一，是高等学校办好本科教育的重要指导思想。浙江万里学院法学院在多年探索之后，以三大学情认识为行动前提，在法学课程中采用"理实相融、时空延拓"的教学方式，结合系列具体举措将"回归常识"理念融入法学教育之中，取得显著教学成果。

关键词：回归常识；法学课程；理实相融；时空延拓

2018年6月教育部在四川成都召开新时代全国高等学校本科教育工作会议，部长陈宝生提出推进"四个回归"，加快建设高水平本科教育，全面提高人才培养能力，造就堪当民族复兴大任的时代新人。其中"回归常识"要求本科院校"围绕学生刻苦读书来办教育，引导学生求真学问、练真本领。对大学生要合理'增负'，提升大学生的学业挑战度，激发学生的学习动力和专业志趣，改变轻轻松松就能毕业的情况，真正把内涵建设、质量提升体现在每一个学生的学习成果上"。教育部此项要求引起我校法学专业教师的强烈共鸣。早在2006年，浙江万里学院已经开始进行深度教学改革，旨在"将传统教育中以'教'为主的教学模式变革为真正的以'学'为主"的模式，培养出社会欢迎的高素质、应用型人

① 本文是2018年浙江省教育厅"十三五"教育教学改革项目"法学专业'课程思政'体系的构建与实施"阶段性研究成果；是2018年浙江万里学院课程思政示范专业"法学专业"建设的阶段性研究成果；是2019年浙江万里学院课程思政示范课程（第二批）"物权法课程"建设的研究成果。
② 郭颖华，浙江万里学院法学院法律系副主任。

才。为实现这一目标,我校各专业八仙过海、各显神通,纷纷设计出符合本专业特色的教学方式,其中法学专业在此背景下提出"重学轻分、常态学习"的教学理念,要求教师集中精力关注学生平时学习情况,加大学生平时学习强度与难度,弱化期末考分,从而推动学生预习、复习常态化,学习状态积极化,最终实现学习效果持久化的目标。经过多年运行,该教学方式取得了良好教学效果。法学专业"重学轻分、常态学习"的教学理念与"回归常识"教育在本质上是一致的,而我校法学专业取得的成绩,恰恰说明"回归常识"所要求的培养方式能够确保学生走在通向成才的科学道路之上。

一、"回归常识"教育的必要性与难点

在很长一段时间里,全国许多高校及教师不重视本科教育与本科生学习,忽视本科生的培育,"背离常识"的做法产生十分不良的社会效果。首先,取得学位的学士并没有真正具备相关专业知识、专业能力和专业素质,用人单位无法招到符合岗位要求的人才,阻碍经济与社会发展;其次,本科生轻易取得学位引起"混学"思想在不同年级学生之间的"代际传播",从而造成持续性不良后果,人才质量不断下降;再次,由于毕业生不是真正的"学士",造成硕士、博士培养成本上升,培养质量同步下降,浪费宝贵的社会资源。可见教育部提出"回归常识"思想并非无风起浪,本质上是为了提升人才培养质量,满足社会建设需要。

为了真正做到"回归常识",我们有必要认真分析高校中存在的"背离常识"教育的成因——这个成因实际上比较复杂:第一,许多高校重视科研发展,对本科教学要求较低。由于高校评价机制包括职称评定、薪资设计、福利设置等机制,注重考虑教师的科研能力,因此高校一线教师在经济杠杆的引导下只重视自身科研发展,不重视本科课程教学与本科学生学习。第二,不少高校重视教师能力培养,轻视教师品德培育。教书育人是一项春风化雨的功德,教书者必须人品高洁,才能真正站在学生立场上考虑问题,为学生设计并实施有利于学习的方案,而不少高校并无此方面的考虑。第三,许多教师强调本科学生自学活动,对本科学生学习引导不足。教师认为学生已经通过高考,学习能力较强,因此平时基本没有给予本科生必要的学习指导,只在期末考试之前给学生划定一个考试范围,本科学生则花上10天甚至3天时间读读背背,最后通过一场简单的期末考试敷衍了事——学生虽然得到了学分,但实际上所背知识很快被遗忘,了无痕迹。

对于"背离常识"教育的前两个原因,只有教育部、社会与学校层面进行制度改革才能解决,教师个人无能为力;但对于第三个原因,专业教师完全可以通过自身奋斗予以化解,我校法学专业教师团队通过长期努力,解决了第三个难点。

二、学情分析与行动前提

浙江万里学院是一所省属本科院校,从法学专业招收学生的整体情况来看,我校法科学生与"双一流大学"的法科学生相比,在学习动力、学习能力等略有差距。这种差距是多方面原因造成的,例如天资、家庭氛围、学习习惯、发展阶段等。如果采用大多高校的常规自学式培养方法,无法培养出学校所定位的高素质、应用型人才。

万里法学专业的教师团队对学生的情况进行深入分析后,建立以下3大行动前提:

第一,学生的天资从短期看无法变更,但可以通过长期外部刺激,形成一定行为模式,从而尽可能发挥原有资质。实际上也有人提出"一万小时定律",如果该定律成立,那么"努力"是"第一学习力";在法学专业招收专升本学生后,教师们对于这个定律开始产生直观感性的认同。2017年法学专业开始招收专升本学生。最初不少教师认为专升本学生考分低、学习差,可能影响专业整体培养效果。但专升本学生进校后的表现出乎预想——这些学生与统招法学本科学生相比,整体上学习刻苦,努力钻研,颇具工匠精神,平时作业与期末考试的成绩整体优于统招法学本科学生。

第二,家庭环境对学生的影响是深远的,学校应当努力营造良好的校园氛围,让学生在校能够体会家庭温暖,正向引导学生积极生活、认真学习。法学专业10年来尝试了辅导员制、学术导师制、班主任制等多种学生工作制度,与学生建立了良好的师生互动关系,学生与辅导员、学术导师、班主任亲密如家人,愿意采纳教师的意见与建议。

第三，教师承认学生的个体差异，认同学生不同的发展轨迹。有些学生经过十多年的刻苦学习进入大学校园，身心疲惫，需要恢复，暂时的休息是为了更有力地前行；当学生休息时，教师要抱有同情之心，真诚谅解学生。有些学生的某些学习习惯形成已久，教师必须保有持续的耐心包容学生，同时承认学生改变这些习惯需要付出巨大的努力、花费大量的时间，不能轻易否定学生、放弃学生。有些学生心智成熟较晚，教师要给予更多耐心。

三、"回归常识"的具体举措——"理实相融、时空延拓"的教学方式

在 3 大行动前提建立之后，我们在法学各门课程推出"理实相融、时空延拓"的教学方式。所谓"理实相融"是指在教学过程中，我们将一门课程的教学内容设计成理论课与实训课深度配合的两大部分，除传统的理论内容讲授之外，还辅之以实训操作内容。所谓"时空延拓"是指教师的教学活动在时间上延伸到课程结束之后，在空间拓展到各种学生活动之中，也就是说课程结束后，教师的工作任务并未结束。"民事诉讼法"长期以来一直是法学专业核心课程，2018 年教育部制定并实施《法学本科专业教学质量国家标准》，学院保持原有做法，继续将之确定为法学"10＋X"门专业核心课程之一，因此以"民事诉讼法"课程为例具有法学专业课程的代表性。

（一）"回归常识"融入"民事诉讼法"课程的具体举措之一——"理实相融"

在明确 3 大行动前提后，"民事诉讼法"教师团队开展"理实相融"教学活动，将"民事诉讼法"课程内容分为理论课与实训课。

第一，在理论课中，教师团队加大学生平时的学习强度。

教师在每个学习周期结束时，进行随堂考试，每次考试结果记入最终课程成绩中。随堂考试可以采用开卷与闭卷相结合的方式，开卷形式可以缓解学生学习初期的迷茫感与困惑感，闭卷形式则有助于促进学生建立良好的课后复习习惯。

教师在每个学习周期结束时,审查学生的课堂笔记与习题本,每次审查结果记入最终课程成绩中。阶段性审查学生笔记,可以帮助教师认识学生,增进教师与学生的感情,反过来又可以促进学生努力学习,因为教师与学生无血缘关系,却像家长一样关爱学生,学生受到感动,"亲其师、信其道、受其教",以加倍学习回报教师的教导。

教师安排期中答辩。在每个章节结束时,教师会布置若干论述题,要求学生自行准备。期中时,教师指导学生在所布置的题中进行抽签并口头答辩,按学生答辩情况给出期中成绩。这种方式符合艾宾浩斯遗忘曲线规律。于是,在教师的辅导下,学生课后及时复习,重复记忆,减轻期末考试准备与法律职业资格考试准备时的记忆压力。

教师布置课程论文,采用学生互评与教师评价相结合的方式。传统课程论文评价是由教师完成的,学生相互之间无法比较。采用学生互评方式,指定每个学生按照教师给定的评价标准进行阅读并评价5—8篇论文,可以帮助学生了解自己的同龄人,接受"同龄人压力"的正向驱动,同时可以帮助学生了解论文评价标准,为毕业论文或毕业设计做基础性准备。另外,保留传统教师评价方式,有助于发现学生的不同才华,是人才精准培养的前期工作之一。

第二,在理论课中,教师团队加大期末复习难度。

传统法学教育期末考试之前,任课教师会划定考试范围,学生临考前半个月或十天突击背诵记忆,一般也能及格过关。但"民事诉讼法"课程考前不划定范围,学生全凭平时积累与考前自主复习,目的在于培养学生平时科学良好的学习习惯。

第三,在实训课中,教师要求学生分小组开展民事第一审普通程序的模拟庭审,并制作相应案卷一套。学生一般9—11人一组,分别担任审判方(5人:合议庭3人、书记员1人、法警1人)、原告方(2—3人,含证人)、被告方(2—3人,含证人)角色。

在模拟庭审之前,教师进行实务授课,将庭审过程通过庭审视频、各级法院在线审判以及庭审旁听等方式对学生进行培训。培训完毕后,学生按小组分别开展庭审练习,在练习中掌握民事诉讼法的基本原则、基本制度、管辖、当事人、证据证明、妨碍民诉的强制措施、诉讼费用、第一审普通程序等内容。在最终的庭审考核阶段,教师对学生的庭审表现进行录像,发回给学生留作纪念。

在案卷制作之前,教师对学生进行文书写作与案卷归档培训,具体材料包括审判方(案卷目录、立案流程表、案件受理通知书、诉讼权利义务须知、举证通知书、应诉通知书、传票、出庭通知书、合议庭组成人员告知书、送达回证、庭审笔录、判决书、合议庭评议笔录等)、原告方(起诉状、律师代理词、证据清单及证据材料、授权委托书、各自身份证明等)、被告方(答辩状、律师代理词、证据清单及证据材料、授权委托书、各自身份证明等)各方应当提供的材料。学生在初稿制作完毕后,教师按组分别进行指导,提出修改意见;学生修改完毕后上交定稿。学生按组上交的案卷材料,在法学院指定空间展出,供学生相互学习。

在"民事诉讼模拟法庭"实训课中,学生工作量大,并涉及团队配合,有些组员做事认真、工作细致、追求完美,有些组员工作草率、避重就轻、敷衍了事,两者之间矛盾尖锐。部分学生会因为这些矛盾而产生不满情绪,教师因势利导,指导学生体会实训课的设置目的。实训课的课程目标除了帮助学生掌握专业知识、培养专业能力以外,还在于通过浸润式教学促进学生素质的发展——妥善处理社会矛盾是法科学生应当具备的基本职业素质之一。在真实的社会矛盾中,组员各方分析自我,提升自我,而组长在本质上充当了调解员的角色,践行了《中华人民共和国民事诉讼法》的调解原则。

实训课采用小组得分与个人得分相结合的方式。教师根据小组总体表现给出小组分,同时也根据个人表现给出个人分,小组分占80%,个人分占20%,最终核定课程成绩。这个分数对学生触动很大,学生在实训课中逐渐理解参加一个优秀团队对事业的影响力与影响面。

(二)"回归常识"融入"民事诉讼法"课程的具体举措之二——"时空延拓"

教师团队将"民事诉讼法"课程学习的空间与时间范围进行延伸和拓展,给予学生更多关心与爱护。"民事诉讼法"课程教师积极参与学校、学院开展德育课程相关的各类学生活动,包括省级市级"模拟法庭比赛""演讲比赛""法科学生论文大赛""创业大赛"等活动,以及法学院学生法律文化节中涉及的"英美法系模拟法庭""法律人职业导航""送法下乡""人民调解"等活动。上述活动,在时间上分散在学生大学四年的课程学习之间,常覆盖寒暑假期、节假周末,空间上也会延展到异地。团队教师不遗余力、不计回报,亲身指导或者借助QQ、微信、邮件、MOODLE 平台等网络工具予以指导。通过这些项目,学生与教师之间增加了解与信任,建立良好的师生互动关系,学生得到长者指导,心里踏实,教师亦实现教学相长、持续发展的目标。

四、"回归常识"教育的效果与"深化常识" 教育的努力方向

教师团队长期以来对学生严格要求、持续付出,践行了教育部"回归常识"的本科教育要求,取得了较好的教学效果。一方面,学生法律职业资格考试通过率、公务员考试通过率、用人单位好评率多年稳步上升;另一方面,团队教师的评教得分一直名列前茅,团队教师也常被学生评为"我心目中的好老师""最美教师"等,学生毕业后也常与团队教师保持联络互动;再者,本专业的培养方式受到考生、家长、社会的认同,招生分数逐年走高,招生形势一片红火。

当然,在经过十多年的"常识"教育后,我们还需要进一步考虑以下两个问题:

第一,学生个人发展与收入增加之间存在时间差所引起的"怠工"问题,可否通过"深化常识"教育予以克服?从浙江省教育评估院反馈数据看,法科学生起薪低,3年5年薪水增速慢;但从毕业学生反馈情况看,客观反映法科学生发展状况的时间点应该是在毕业5年以后。由于法科学生成材所需时间长,投入成本多,这反过来影响了在校学生学习的积极性与刻苦度。如何激发学生学习积极性并使之长久保持,是教师团队需要着力重点研究的内容。

第二,学生总体进步与个体落后并存在的问题,可否通过"深化常识"教育予以克服?通过"回归常识"教育,我校法科学生总体上学习较为刻苦,成绩提升较多,但个别学生依然未受触动,教师团队深感忧虑。如何点燃后发学生学习之火,亦是教师团队需要研究的内容。

参考文献

[1] 陈宝生.坚持以本为本推进四个回归建设中国特色、世界水平的一流本科教育[R].
　[2018-06-21]教育部官网. http://www.moe.gov.cn/s78/A08/moe_745/201806/t2018-

0621_340586. html.

［2］钱国英.大范围改革教学方法,推动人才培养模式创新——浙江万里学院深化教学改革的探索[J].中国高等教育,2010(11).

［3］[美]马尔科姆·格拉德威尔.异类——不一样的成功[M].季丽娜,译.北京:中信出版社,2009.

［4］教育部.法学本科专业教学质量国家标准(2018年版).

［5］王锦文.礼记译解[M].北京:中华书局,2001.

◎扶放有度,教学有序

——基于影像案例的国际商务谈判与商务礼仪课程的 GRR 教学模式

李爱君　王扬眉[①]

摘　要:扶放有度,教学有序(Gradual Release of Responsibility,简称 GRR 模式),是一种通过支架式教学框架来转移认知负荷的教学模式。该教学模式发源于美国,是适应当代社会人文思潮发展和教育改革需要而发展出来的一种新型教学模式。本文构建"基于影像案例的国际商务谈判与商务礼仪课程 GRR 教学模式",即在任务驱动下,影像案例教学方式贯穿始终。课程运用教师示证、教师引导、团队协作与独立表现这四个富有特色的教学循环阶段,以从教师主导转换到学生主导,师生相互交流与合作,培养学生发散性和创新性思维模式,实现影像案例开发、教学、模拟和创设的一体化过程。创建扶放有度、教学有序的课堂教学模式,充分调动学生学习的主动性和创造力,反哺教学,最终达到产教融合、构建支架、教学共体及合理评价等目的。

关键词:扶放有度;支架框架;教学共体;影像案例

"扶放有度,教学有序"(Gradual Release of Responsibility,简称 GRR 模式),由当代国际著名教学、课程设计专家,美国圣地亚哥州立大学教育学院教授弗雷(Nancy Frey)和费希尔(Douglas Fisher)于 2008 年创立,并逐渐成形完善。它是一种通过支架式教学框架来转移认知负荷的教学模式,有效地实现了

---

① 李爱君,浙江万里学院讲师;王扬眉,浙江万里学院副教授。

从教师主导到学生主导的转换。GRR模式适用于国际商务谈判与商务礼仪课堂教学方法的变革与实践操作。这一教学模式具体包括四个阶段——教师示证、教师辅导、同伴协作与独立表现。教师示证是通过明确课堂教学目的、示证策略和技能、出声思考，以及关注学生回答，从而为学生后续加深学习做好准备；教师辅导是通过策略性使用提示、线索、提问来引导学生汲取新的理解；同伴协作是学生一同探究、讨论、分享与解决问题，即给学生下达任务和项目；独立表现则需要学生应用之前所学的技能与知识创造出真实的产品，并提出新的问题。这四个富有特色的阶段循环运作，有效地转移了学生的认知负荷，以从教师主导转换到学生主导，调动师生两个方面的积极性。本文所说的"扶放有度，教学有序"的"扶"指的是教师的示证及辅导。由教师主导，通过教师的教学及分析，输送知识给学生。而"放"的过程就是从教师主导转向学生主导，包括同伴协作和独立表现。通过"扶放有度"的过程，最后达到有序的教学模式，便是国际商务谈判与商务礼仪课程的GRR课堂教学模式。本文将首先介绍GRR模式的基本概念，然后选择国际商务谈判与商务礼仪课程中的合作策略这一小节，讨论如何推动GRR模式在日常教学中的有效实施，以期帮助更多的教师了解GRR这种新型教学形态，也能使国际商务谈判与商务礼仪这门课程的教学更具实效。

一、GRR模式的基本概况

(一)GRR模式培养目标

在教学中借助于GRR模式，使得教师与学生的互动教学，学生与学生之间的交流与合作过程，能够无限量地调动学生也包括教师的积极性与主动性，培养学生的学习兴趣，从而更有效地提高教学质量。教师在教学过程中的首要使命不是知识的传授，不是对课堂教学的单项控制，而是营造一种相互信赖、平等沟通的教学氛围，培养学生的信任感，激发学生交流与沟通的欲望，从而逐步培养学生学习的主体性，提高学生的创造力与独立学习能力。学生能运用所学知识和技能，有效地进行分析、推论、交流，在各种情境中解决和解释问题。在相互交流探究过程中，学生加深了对知识点的理解与感悟，进一步巩固了旧知与新知。

（二）新时代 GRR 模式的发展方向

新时期的教育模式发展速度已经远远跟不上当前高等教育飞速发展的需求，所以 GRR 这一新型教育模式能否适应当前教育体制的发展，需要进行完善配套的改革。

能否将 GRR 教育模式与实际的教学内容相结合，直接影响到教学质量的高低，影响到人才的培养。GRR 模式是一种在任务驱动下，从"扶"到"放"的有序教学模式。在 GRR 模式下，整个高校需要对教师的个人能力进行整合和筛选。教师的自我意识层面以及教师的课堂行动层面必须符合 GRR 模式的高标准高要求。GRR 模式是教学部分的核心环节，对能否实现预定的培养目标、提高教学质量有着至关重要的作用。实现课程内容的改革，如何将 GRR 模式整合到实际教学之中，是推行师生互动教学模式的前提。本文提出要将 GRR 整合到教育模式之中，主要是以下两方面的原因：第一，实现课程内容的现代化，力争使教学内容能及时服务于学生，紧跟社会的发展脚步。第二，实现课程内容与小组学习相结合，创造性小组活动可以巩固及发散学生思维，使得学生能够利用新知识来制定解决方案。总的来说，协作学习阶段并不是用于学习新知识的时机，而是在新情境中灵活运用已经学到的知识，或是积极评论、反思旧知，进而达到巩固知识的目的。

二、国际商务谈判与商务礼仪课程运用GRR 新模式的可行性

（一）国际商务谈判与商务礼仪课程在专业教学中的地位

"国际商务谈判及商务礼仪"课程培养具有较强表达能力和洞察国际市场机会的商务谈判及礼仪人员，是商学院开设的国际经济与贸易专业和国际商务专业一门举足轻重的专业必修课程。总学时为 48 学时（包括两周校内谈判实训）。授课的主要对象是国贸与会展系三年级学生。可以说此课程的设定及学习是学生们踏上社会前商务知识及商务素养最全面系统的一次训练，是外销实务模块的重要专业课程，是此专业一门举足轻重的专业技术课程。课程的学习

能让该专业的学生在学习过程中不仅理解专业理论知识,还能使其更好地实践运用相关理论知识。

(二)GRR 模式在国际商务谈判与商务礼仪课程中可行性运用

随着国际经贸活动的日渐繁荣,工商企业对商务谈判人才的需求越来越大,传统重理论轻实践的教学模式已不再适应发展的需要,因此案例教学被推上了教学舞台。案例教学有其特有的优势,它是以具体的教学内容结合案例,通过师生合作,完成对案例的阅读、分析及探讨,并最终得出解决方案的教学活动。一种注重师生互动的研究型教学方法,可以培养学生的创造性思维能力,增强分析问题、解决问题以及在谈判中的语言表达能力。近年来大多数教师在实践教学中已采用案例分析教学法,但案例分析在谈判与礼仪课程的教学中还是会存在一定的局限性:①具有时效性和真实性的案例难以获取,教学内容落后于现实社会;②谈判案例多以文字表述,缺乏趣味性与直观性;③案例分析缺乏连贯性,难以让所学知识得到综合运用;④学生人数多,课时有限,开展案例分析难度大;⑤评价主体相对单一,评价标准不规范,评价结果缺乏反馈。因此,在传统的案例教学课堂中,教师缺乏教学激情,学生学习的主动性和积极性不高,课堂气氛沉闷,多为填鸭式案例教学,更关键的是学生是被动掌握商务谈判和礼仪所需要的基本知识技能,教学效果可想而知。

国际商务谈判与商务礼仪课程的"实战性、应变性和情境性"特点决定了对学生商务谈判技能和商务礼仪素养的培养是其终极目标,商务谈判和礼仪素养必须要通过一定的独立思考和实践才能逐步形成,而要对商务谈判具有一定的理解和具备创新意识,就必须改变传统的教学模式。学生如果总是被动接受,或者仅仅依靠教师所收集的有限的案例进行学习,那么国际商务谈判及商务礼仪课程的教学必将陷入教者索然无味,学者无法形成技术思维上的创造能力这样的尴尬境地。在这种背景下,本文基于 GRR 模式,升级案例教学方法,从案例主体、案例生成方式、案例表现手法、案例教学路径和案例分析手段等方面进行课程改革。课程在任务驱动下,影像案例教学方式贯穿始终,运用教师示证、教师引导、团队协作与独立表现,在教师和学生主导之间进行切换,培养学生发散性和创新性的思维模式,实现影像案例开发、教学、模拟和创设的一体化过程,创建"扶放有度、教学有序"的课堂教学模式,充分调动学生学习的主动性和创造力,反哺教学。

三、GRR 模式在国际商务谈判与商务礼仪课程中的实施

理解了 GRR 模式的基本概况,懂得了 GRR 在国际商务谈判与商务礼仪课程中的可行性观点,则必须进行实操性检测,探讨 GRR 新型学习模式在具体某个小节中应如何合理使用,才能得到理想结果。

本文选取谈判策略选择中的合作策略小节。课程的上一节讲解了谈判策略选择的依据:关系和结果这两大重要的因素。借助思考结果和关系两者相对的重要性,你就能正视谈判情势,运用你的谈判策略。根据对结果和关系不同层面的关切,会出现 5 种明显不同的策略:竞争策略、合作策略、妥协策略、让步策略和规避策略(见图 1)。

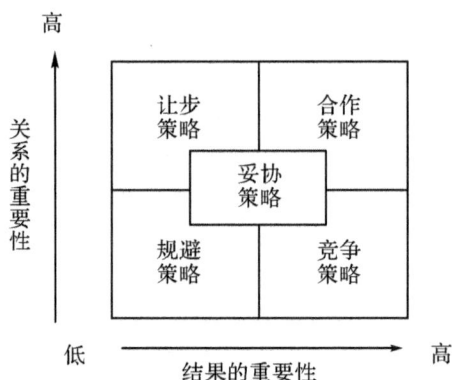

图 1　谈判策略分布图

合作策略也称为协力模式,或双赢策略,因为它允许双方都达到胜利的结局,既注重关系又注重结果,是所有谈判都追求的理想情境。在合作策略中,如果你能够把力量放在如何有创意地解决问题,以取代竞争性的策略上,那么你经常会发现思考冲突的新角度,这些方式可以把买卖交易转换成彼此希望的结果。在合作策略中,谈判的成员可以用彼此相容的目标作起点,或者寻求目标的互相结合,使双方都能有所收获。这和竞争模式恰好形成强烈的对比,在竞争模式中,竞争双方都相信,他们的目标互相排斥,只有一方可以获胜。所以在所有谈判策略中,掌握合作策略显得尤为关键,而掌握如何进行有创意的合作,

即有效的合作战术又是学习合作策略时的重中之重。

　　课程伊始,教师首先进行谈判中合作策略知识点的回顾及引入。其次,运用谈判策略框架图(见图1),进一步界定好合作策略的特点以及与其他策略的异同,从而提出"在什么情境下可以使用合作策略?""使用合作策略有风险吗?""如何在谈判中有创意地合作?"等一系列问题。最后,明确本堂课的主题,分析解码合作策略的相关战术。本堂课的重点是运用GRR新教学模式,解码"把饼做大""提供不特定的补偿"及"弥补彼此的差距"5种合作策略中的3种重要战术。

(一)教师示证

　　教师明确了教学目的后,提出示证策略与技能。教师引用夫妻的度假旅行来给大家解码以上的三种具体战术。

　　1.第一个战术:"把饼做大"

　　"把饼做大"的目标就是要找出可以增加或重新分配资源的方法。夫妻俩原本只有两周的假期,为了实现丈夫上山打高尔夫及妻子海边悠闲游的目的,夫妻俩公平地平分了假期,即一周山上一周海边,结果是夫妻俩花费了大量的时间与精力在收拾行李与路途之中。"把饼做大"的战术让夫妻俩重新回到起点,旅行前首先考虑两个问题:度假时间及度假意图。假如这对夫妻能将原先的休闲游改到结婚纪念日前后,改成结婚纪念游,那么随着度假意图的改变,是否也可以调整一下度假时间,争取更多的假期及增加更大的投入呢? 运用"把饼做大"战术能使这对夫妻各自获得最大化利益。

　　2.第二个战术:"提供不特定补偿"

　　"提供不特定补偿"的目标就是要跳出谈判本身,取悦对方,使其不在乎谈判结果。这则战术的关键点是跳出谈判本身的框架。其次是找寻能够取悦谈判对方的策略,也就是必须了解对方真正想要的是什么。最后,提供不特定补偿,使对方不在乎或不那么在乎谈判结果。假如本案例中妻子了解丈夫,知其非常喜欢高尔夫,故送丈夫一年高尔夫俱乐部的年卡。这种程度的补偿必将取悦丈夫,使丈夫放弃这短短一周的假期,夫妻双方获得利益最大化。

　　3.第三个战术:"弥补彼此差距"

　　"弥补彼此差距"的目标是借助第三方力量,提供双方无法或者不愿付出的资源。夫妻两个对于本次旅游目的地各不相让,但时间又只有两周时,我们引入第三方——旅行社。旅行社的加入,可以提供更多的、意想不到的资源。旅行社更了解各大景区的特点,可以提供既能享受海边悠闲度假模式,同时又有大型高尔夫球场的景区,这样夫妻两个可以在离各自不远的区域享受假期,还免去了收拾行李及旅途上的时间,获得双方利益的最大化。

在教师示证过程中,教师将合作策略下的具体战术分解为几个点,并将其定义为如何在谈判中进行有创意地合作。通过解析夫妻度假这一简单的案例,引出其中三种战术在这一情景下的具体运用和开发,让学生明确剖析每种战术应用的关键要素,获得有创意的问题解决方案,实现谈判双方的有效合作,这GRR教学模式的"扶"的过程。

(二)教师引导

基于老师的"扶",同学们在理论基础上已初步建立了对合作策略下3种战术的认知。接下来,老师引导着大家一起来观看一段商务谈判视频。此阶段引入商务谈判视频案例,旨在剖析商务情境下合作策略的具体运用,呼应3种战术,进一步鼓励学生延伸思维,体会合作策略下的战术应用。另一方面也弥补了教师在示证中只运用生活小案例的不足。老师选取最通俗易懂的商品采购买卖的视频案例,让学生观看完视频后,回答这样一个问题:本次采购谈判中,买方代表在面对卖方代理商各种刁难、不情愿卖的情况下,是如何有创意地与代理商进行合作的? 同学们可以思考几分钟,然后一起分享自己的观点。教师引导实际上是教师对学生"扶上马再送一程"的过程,是GRR教学模式从"扶"到"放"的交替衔接过程,主体还是教师,是合理有度"放手"的环节。教师在引导过程中,慢慢让学生参与、表达观点,使学生逐步成为此部分教学环节的主导。

(三)团队协作、学生分享

团队协作部分要求学生在课堂上观看完电视剧《恋爱先生》中罗玥经过整晚的精心策划和整理,通过合作式谈判策略,帮助陈皓(牙医)拿下了顽固的代理商,为诊所取得医疗器材的分期付款机会的片段后,以组为单位讨论剖析教师引导时提出的问题。最后每组选出一位同学分享观点(见表1)。此环节通过提问的方式,不仅能让学生在结合本案例中的合作战术时,巩固理论知识,提升口头分析能力,还能进一步鼓励学生延伸思维,结合 3 种战术体会合作策略下的其他替代方案。

表 1　影像案例作品《恋爱先生》合作式谈判策略片段分享

小　组	部分小组案例分享结果展示
A	认为非常明显地体现了合作式谈判策略中"提供不特定补偿的战术"。因买方代表罗玥跳出了谈判本身的框架,制作了一份非常详尽的市场调研报告来取悦代理商,使其不在乎本次谈判的结果,双方获得了最大的利益。
B	认为本次谈判也体现了"把饼做大"的战术。买方代表罗玥引入其他的市场资源,比如北京所有需要此种医疗躺椅器材的牙科诊所。这样把原来只是五把椅子的采购计划扩展为几百个潜在客户,把饼做大。
C	认为本次案例体现了"弥补彼此差距"的战术。罗玥引入医疗躺椅制造方德国公司为第三方,此公司高度认可程医生的资质,所以想尽力促成本次合作。第三方德国公司的助力,为本次谈判提供了意想不到的额外资源。

通过学生课堂上对视频案例的分享,我们不难发现:在一个案例中,几种战术是可以融合使用的,并且彼此之间也会有一定的联系。

(四)学生独立表现

接下来是课后任务布置,要求学生以组为单位寻找或创设一段影像商务谈判视频案例,此视频案例要运用合作策略的 3 种战术。下堂课上每组学生分别解析在合作策略情景下视频案例的谈判双方是如何有创意地进行合作的,同时,必须给出至少 3 种的替代方案。对于各组学生的课后任务展示阶段,为了测评学生对课程知识点的掌握程度,课堂上可以设置若干个老师及学生的提问环节。展示及互动构成此项目的发展性评价。项目发展性评价包括:表现测评、表现诊断及学习成果测评。表现测评:表现测评分为教师测评和学生测评。教师测评指标为内容完整性(30%),语言运用(30%),过程演示(20%),小组配合(20%),为每个指标设定相应的分值参数,并制作标准的表格进行量化的测评(见图 2)。学生测评则采取投票形式,除自己组外,每个学生都有一次机会投给认为最棒的一组同学。表现诊断:表现诊断主要是组与组之间口头评价反馈,结合合作策略的战术,让组与组之间针对各自准备的影像案例提问和评论,小组的提问和评价质量被记录到成绩中。学习成果测评:学习成果测评按照知识、技能和态度被分为 3 类,即认识性的学习成果,指是否对所找的案例有精准剖析,案例是否紧扣理论知识点。技能性的学习成果,指是否对案例情景有延伸性思考,是否产生了有效的替代方案。情感性的学习成果,指是否有团队荣誉感,是否有一定的同学互动。项目发展性评价方案灵动,有发展性,适合 GRR 教学模式循序渐进的风格。

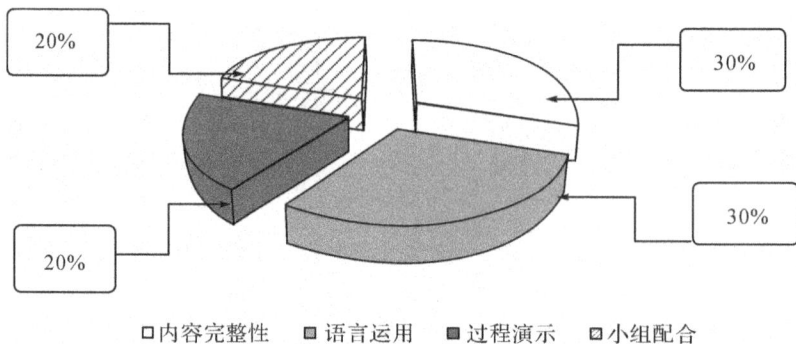

20%

30%

30%

20%

□内容完整性　■语言运用　■过程演示　■小组配合

图 2　项目发展性评价之表现测评

在教师示证的基础上,进一步引入商务谈判的视频案例。学生组队剖析在商务情境下合作策略的具体运用,呼应 3 种战术,并在课上分享。教师进一步鼓励学生延伸思维,体会合作策略下的战术应用。最后要求学生以小组为单位,自主搜索视频案例,运用所学战术对案例进行深度剖析,并在课堂上进行演示和分析。在这几个环节中,教师引导,放手让学生讨论分享,教师真正做到了"扶上马送一程"的辅助作用,扶放有度,从而达到教学有序的效果。这一时期体现了 GRR 教学模式中"放"的过程。

综合商务谈判合作策略之战术选择中的 GRR 模式使用结果,我们总结得出以下教学思路(见图 3):首先将以往枯燥乏味的文字案例改为影像案例的方式呈现,运用多媒体技术手段,形象地展示案例背景和发展,不仅生动有趣,信息完整,且克服了文字叙述的盲点。其次将影像案例糅合在谈判流程(合作策略)之中,结合知识点和技能剖析案例,通过教师示证和教师引导,为学生搭建案例分析方法运用的支架。再次,将学生作为教学的共同体,以团队为单位,以项目为驱动,让学生充分参与到案例模拟和案例开发中,用模拟展现案例分析的一例多解,通过自主思考,细化知识分析。在教师的指导下,放手让学生成为教学案例的构建者和合作者,反哺教学,真正实现教学目的。

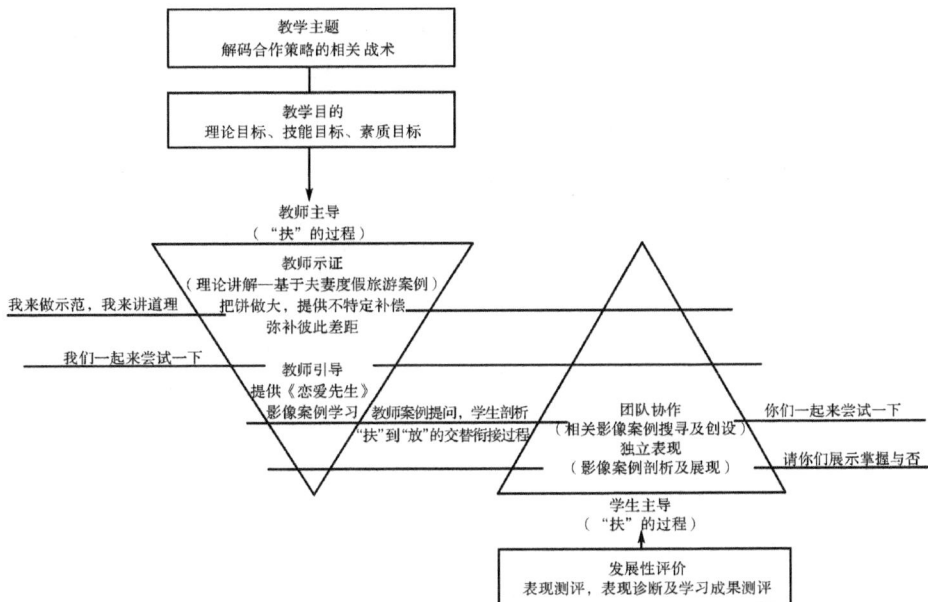

图3　GRR 模式下合作策略之课堂教学思路

四、GRR 模式实施对学生个体的影响

GRR 教学模式在国际商务谈判与商务礼仪课程中实施以来,课程组对学生进行了"售后"追踪服务。2019 年 6—7 月,我们对当时参与国际商务谈判与商务礼仪课程的学生展开了调查,我们的调研分为访谈和问卷调查两个部分。访谈是为大样本的问卷调查做准备,以便更加科学地设计问卷,问卷调查则能更加客观集中地反映 GRR 教学模式使用过程中的问题。访谈对象随机选择了国贸 16 届的男女 10 位同学,访谈后将所有的资料转化成文本文件。针对国际商务谈判与商务礼仪课程 GRR 教学模式的实施效果做了初步的摸底分析,发现同学们对课程本身、授课形式、授课老师及评价方式等方面有不同的看法。为了进一步获得更多学生对课程的反馈,根据访谈所得的信息,我们设计了更为详细的问卷。问卷选项参考了访谈内容,包括谈判课程使用视频案例的方式、教师引导的效果、对学生的评价方式、学生参与的满意度及自我表现收获等。我们通过问卷星平台对国贸国商 16 届的全体学生展开调查,回收问卷 170份。经整理,问卷调查结果能较好地展示 GRR 教学模式在谈判课程中的实践

结果(见表2):90％以上的学生认为该学期的谈判课程形式主题突出,内容丰富,形式多样,学生不会选择无故迟到或早退。90％以上的学生认为该学期课堂学习气氛是较活跃或很活跃的,而且有将近99％的学生认同授课老师在谈判课上使用视频教学案例的形式,将近95％的学生认为该学期所学的谈判课收获是较多或很多的。问卷调查结果反映了GRR教学模式在国际商务谈判与商务礼仪课程中受到了同学们的肯定,体现了一定的成效。

表2　国际商务谈判与商务礼仪课程GRR模式教学满意度调查　　　单位:％

总　　计	占　　比	满意程度	相关问题
94.41	83.53	非常满意	你对授课老师在谈判课上使用视频案例教学的方式评价为?
	15.88	较为满意	
99.41	77.65	非常满意	课堂上教师对所选择的视频案例进行的辅导是否对你的疑惑有一定的帮助?
	21.76	较为满意	
99.41	85.88	非常满意	你认为授课老师上课时声音洪亮,表达清晰,精神饱满。
	13.53	较为满意	
99.41	80.59	非常满意	任课老师做好了视频案例的示范、因材施教,注重学生学习方法的引导。
	18.82	较为满意	
83.53	54.12	非常满意	本学期谈判课堂中,你对你自己的独立表现任务有何评价?
	29.41	较为满意	

五、结束语

通过国际商务谈判与商务礼仪课后的抽样采访及问卷调查,我们不难发现再满意再活跃的课程也有其不足之处。同学们肯定GRR教学模式的同时,也对教师课上的视频教学提出了部分意见,如视频要求更新颖或只选择贴近日常的商务谈判视频案例,希望授课老师能将课文中的理论知识与视频相结合,分步讲解。同时,同学们通过一学期的学习也深刻认识到了自身的不足:有的同学会惧怕老师对视频案例的提问,有的同学畏惧上台进行自我展示,还有的同学对课后独自完成的作业并不十分满意,但所有的评价都是对扶放有度、教学有序的教学模式的最好反馈。当前教育体制滞后,迫切需要引入新的教育模式的背景下,国际商务谈判与商务礼仪课程引入 GRR 教学模式,通过教师示证、教师引导、团队协作及学生独立表现的四种教育循环阶段,不仅能完善教学的各个环节,还能提高人才培养质量,课程将广受欢迎,前景无限。

参考文献

[1][2]徐佳燕,盛群力.扶放有度、教学有序——一种支架式教学及其实施框架[J].数字教育,2016(1):86-92.

[3]盛群力.论有效教学的十个要义——教学设计的视角[J].课程教材教法,2012(4):13-20.

[4]吴世雯,罗钱清,刘青萍,晏峻峰,李曼,占艳.基于 GRR 模式的计算机基础课程教学应用研究[J].教育现代化,2018(36):89-91.

[5]雷松松.案例教学法在高职管理类专业应用探索[J].湖北开放职业学院学报,2019(21):149-151.

[6]王扬眉,王海波.基于 SBT 理念的高校研究性课程项目化评价体系研究[J].当代教育科学,2014(5):24-27.

[7]Fisher,D. & Frey N.,Better learning through structured teaching:A framework for the gradual release of responsibility. Alexandria,VA:Association for Supervision and Curriculum Development. (2013). P. 3,7-8,17,13,128-130.

◎关于高等数学分层次教学的实践与研究

李焱华　宋新霞[①]

摘　要:在大众化教育的背景下,高等数学的分层次教学已变得非常有必要。本文论述了高等数学分层次教学的具体实施方案,总结了我校这一学年实行高等数学分层次教学的实践工作,并提出了今后努力的方向。

关键词:分层次教学;高等数学;实施方案

自20世纪末中国高校大规模扩招以来,大学数量急剧增加,大学教育已经变为大众化教育。在此情况之下,对于大学的高等数学,则有必要实行分层次教学模式。

高等数学是各个高等院校绝大部分大一新生必修的一门公共基础课。这门课对学生的抽象思维能力、逻辑推理能力、计算能力的提高等有着重大的作用,极大地影响着学生后继相关专业课程的学习效果。

在实际教学中,我们发现:第一,在目前的高等数学教学中,来自不同省份的学生数学基础参差不齐,水平相差非常之大。第二,不同学生的数学思维水平不一。有的学生在高中时就非常喜欢数学,对学习高等数学的内容充满了期待;也有学生从小就没有学会如何学习数学,对高等数学更是闻之色变,充满了恐惧的心理。第三,各个层次的学生,对数学学习效果的要求是不一样的。基础好,又有进一步学习要求的学生需要考研究生;喜欢数学,爱好

---

① 李焱华,浙江万里学院讲师;宋新霞,浙江万里学院副教授。

数学的学生希望教师在课堂上讲解更多的内容、思维方式和思维方法。基础差,学习困难的学生,对他们来说,通过期末考试已经是万幸了。还有一部分学生,就是习惯性地努力学好老师教的内容,好好完成作业,获得数学学习的心理满足感。

因此,学生的数学基础不同,学习高数的心理背景不同,对数学学习效果的要求是不同的,我们需要在实际教学中,采用高等数学的分层次教学模式。

一、实施方案

首先,我们根据学生数学基础的不同及其对教学要求的不同,将他们分在不同的教学班。之后,我们对于不同层次的学生制定不同的教学大纲、教学方法和教学手段,从而使得教学效果更优化。我们希望基础好的学生有更好的发展,深刻理解高等数学的内容;同时,基础较差的学生也能学习到高等数学的基本知识、基本方法、基本观点,为将来学好其他相关课程做好准备。通过这样分层次教学模式的实施,可以使得处于不同层次的学生,都学有所获,真正获得大学高等数学学习的乐趣。

(一)教学班级的分层次

在大一第一学期,就可以开展高等数学的分层次教学。根据大一新生的高考数学成绩,结合学生自愿的原则,将学生分为高等数学普通班和高等数学提高班。

(二)教学大纲和教学内容的分层次

对于高等数学普通班和高等数学提高班,教师可以根据学生数学基础的不同,接受能力的不同,采用不同的教学大纲,其教学内容也是不同的。

高等数学普通班的同学,可以按照未分层次之前的教学大纲和内容,按部就班地学习;或者,可以从淡化理论,重视应用方面考虑减少教学大纲以及教学内容。

高等数学提高班的同学,可以对比普通班教学大纲做出增补。之后,根据增补的大纲,选定具体内容。根据实际情况,可以增加柯西中值定理、泰勒中值定理、渐近线、高阶导数的莱布尼兹公式等内容。这样做的目的,是通过对这些内容的学习,帮助学生更好地认识高等数学的本质。

同样的课时,高等数学提高班的学习内容较高等数学普通班要多,这是可行的。高等数学提高班的同学接受能力比较强,可以在短时间内接受更多的知识量。还有,围绕同一内容的信息量增加,也有助于学好这一内容。

(三)教学方法的分层次

对于高等数学提高班的同学,可以采用教师直接讲授式、启发式、学生主导参与式、讨论式等不同的教学方法。同时,教师鼓励学生在课堂上听老师讲解,课下跟着经典的高等数学教学视频来自学,以提高学习高等数学的能力。教师还可以经常与学生交流学习的方法和途径,以培养学生综合运用知识的能力,鼓励他们举一反三。

而对于普通班的学生,教师在课堂上可以让学生多做一些需要认真思考的题目,引导他们的思路,帮助他们分析学习的方法和技巧,要求他们课前自学,课后多做练习,并总结提高。

(四)高等数学课程课后作业分层次

课后作业是对课堂所学知识的复习、巩固和提高,因此布置作业在分层次教学中具有重要意义。

教师可以将布置的题目分为基础性题目,有一定灵活性、综合性的题目,简单的考研题目三种,针对不同学生,布置不同类别的题目。

对于高等数学提高班的同学,布置的作业可以多一些,综合题、基础题,不同难度的题目,都要有一些。因为作业量比较大,作业完成之后,请学生自己订正,或者相互订正之后,再交给老师批改。而对于高等数学普通班的同学,作业就要布置得少一些,布置一些涉及核心知识点、核心方法的题目,综合性的题目要少一些。

不管是提高班,还是普通班的作业,学生可以独立完成作业,也可以相互讨论,交流完成,最终实现弄懂知识点,学会基本方法,解决数学问题的目的。

二、分层次教学的成效

（一）高等数学分层次教学模式是成功的

将学生进行分层次教学之后，高等数学提高班的同学，可以更容易地进行自己相关专业的深造。高等数学普通班的同学，也可以实现他们学习数学的满足感和获得感，摆脱以前学习的吃力状态。

2018—2019学年，我们在本校"高等数学A""高等数学E"的教学中，采用了分层次教学的模式。学生们在各自班级的"高等数学"期末考试中，取得了令人满意的成绩。

实行分层次教学之后，高等数学提高班的同学，在课堂上可以"吃得饱"，课下也乐意做更多的题目，巩固自己的学习。他们基本上都自愿报名参加了浙江省大学生高等数学竞赛，并取得了包括一等奖在内的各种奖项。

基础差的同学在课堂上也跟得上老师讲课的节奏。分层次教学模式，最终使所有学生可以不同程度地掌握高等数学这门课程的知识、技能与方法。

（二）问卷调查表明高等数学分层次教学是成功的

2019年6月，我们在实行分层次教学的"高等数学E"和"高等数学A"课程相应的各个教学班中，针对高等数学课程有没有必要进行分层次教学，课下学习高等数学的自主性有无变化，能不能听懂老师上课的讲解这三个问题，进行了网上问卷调查。我们收到有效问卷433份，以下是调查结果和分析。

表1　高等数学有没有必要进行分层次教学？

选　项	人　数	比　例
A.不需要分层次	96	22.17%
B.分两个层次：学习能力较强和一般	146	33.72%
C.分三个层次：学习能力较强和一般，略差	191	44.11%

表1表明，进行分层次教学之后，有77.83%的学生喜欢和认同这样的分层次教学的模式。有44.11%的学生，甚至希望分层次教学进行得更加彻底一些，从学习能力较强和一般两个层次，到分为学习能力较强和一般、略差三个层次。

表2 课下学习高等数学的自主性有无变化?

选 项	人 数	比 例
A.学习自主性变强了	216	49.88%
B.自主性无变化	149	34.41%
C.较以前有退步	68	15.71%

表2表明,分层次教学之后,有49.88%的学生,学习自主性加强了,也就是近半数的同学学习自主性加强了,这是我们希望看到的情况。有15.71%的同学,课下自主学习高等数学较以前有退步。我们在探讨原因时发现这部分同学可能是自己对学习数学的要求性变低,也可能是从高中到了大学,没有适应大学的数学学习节奏等其他原因。

表3 现在数学老师上课讲的内容,你听得懂吗?

选 项	人 数	比 例
A.能听得懂	111	25.64%
B.大部分能听得懂	167	38.57%
C.基本听懂	95	21.94%
D.听不懂	60	13.85%

表3表明,86.15%的学生对数学老师所讲的内容,都能基本听懂或掌握得更好。

三、问题与思考

(一)分层次教学,需要相关管理部门的配合工作

我们所说的高等数学分层次教学,要在现有的情况下,改变原先的教学管理模式,打乱原有的行政班,根据学生的数学成绩、个人意愿、对数学能力的要求等情况分成不同层次的教学班。这就需要教务部、各个学院相互协调,给相关的管理部门带来了很多工作。

(二)增设考研基础班和困难学生补习班

在教学实践中,我们发现,这部分同学很多都有考研的需求。我们可以考

虑在高等数学期中考试之后,进行高等数学考研班选拔的考试。之后,可以在基本学时之外,每周增设相应的学时,补充考研大纲所要求的内容,可以增加包括泰勒中值定理、渐近线、高阶导数的莱布尼兹公式、无穷级数、差分方程这些内容。

每年在期末考试之后,总有一部分同学高数挂科,调查之后,发现这部分同学在学习高中数学之时,基础就没有打牢,甚至基本的数学公式都没有记牢。为了帮助这部分同学,我们还可以增设困难学习生补习班。教师给这部分同学上课时,可以注重夯实基本知识,训练高等数学核心内容。相信有这样的补习班,学生的挂科率一定是可以降下来的。

不管是考研基础班还是困难学生补习班,都需要教师和相关管理部门更多地付出。

四、结束语

对于数学基础不同的学生,我们采取分层次的教学模式,可以实现教学中的因材施教,提高教学质量。这样,就有利于各层次学生各取所需,让有需要的学生可以更好地发展自己,获得学习高等数学的满足感。

另外,从教师层面而言,面对不同层次的教学班,既要有合理的难度把握,增加一些更深知识点和学习方法的研究,又要重新思考面对不同层次的学生需要不同的教学方法、教学技巧等。这一定会给教师们带来很大的挑战。

高等数学的分层次教学模式,是适应各个高校在扩招新形势下的教学模式。如果实施恰当,无论是对教师,还是学生,还是社会,都会大有裨益。

参考文献

[1] 王龙.经济管理类数学课程分层次教学探索[J].高教学刊,2015(20):82-83.
[2] 司红颖.高等数学分层次教学的研究与实践[J].商丘师范学院学报,2016,32(6):92-94.

◎"中国文化走出去"背景下大学英语教学模式探究①

甄桂春②

摘　要：对所在院校的学生进行中国传统文化素养问卷调查，研究发现：当代大学生基本认同中国传统文化的价值，认为应该将其发扬光大，但大多对中国传统文化只有模糊的概念，对具体内容不是特别了解，更不用说用英语来讲述中国文化。大多数学生认为学校的课堂教学和各种文化活动能更好地让其了解中国文化并用英语传播中国文化。在"中国文化走出去"背景下，如何在大学英语教学中融入中国传统文化，文章从课内课外线上线下几个维度展开讨论，得出了实用的大学英语教学模式。

关键词：中国传统文化；大学英语课堂；教学模式

　　语言是一种符号，更是文化的重要载体，是文化发展的关键，语言的背后，反映的是一个民族的社会和生活，日常活动与精神思想。美国语言学家 Kramsch（2000）在《语言与文化》一书中也指出："语言表述着，承载着，也象征着文化，两者密不可分。"语言学习和文化教育相互影响，学好一门语言必须了解其历史文化。因此，在外语学习中，教师在教授语言知识的时候也要传递目的语文化，目前我们的大学英语教师在教授英语的同时给学生传递了很多英美文化知识，并积极开设相关英美文化概况等课程帮助学生进一步了解英美文化习俗，这对于

---

　　①　浙江万里学院教学改革研究项目"'中国文化走出去'战略下大学英语教学模式探究"（111254031800026）。

　　②　甄桂春，浙江万里学院基础学院大外部讲师。

培养学生的跨文化能力是很有益处的。但是大学英语教师们却放松了学生对中国传统文化的学习和相关英语的表达输出,从而造成了"中国文化失语"现象,使得学生们在和外国人进行交流时不能有效地传递中国文化。

在党的十五届五中全会上首次提出"中国文化走出去"战略之后,《党的十八届三中全会决定》再次提出加强国际传播能力的培养和对外话语体系的建设。2014年,教育部印发的《完善中华优秀传统文化教育指导纲要》中明确指出,以提高学生对中华优秀传统文化的自主学习和探究能力为重点,培养学生的文化创新意识,增强学生传承弘扬中华优秀传统文化的责任感和使命感。十二届人大五次会议上,李克强总理在政府报告中指出2017年的重点工作之一,是发展文化事业和文化产业,推动中国文化走出去。

我们学习语言的目的不仅仅是学习语言和了解目的语文化,最终的目的是融入世界,更好地传播自己国家的文化。而中华文化博大精深,源远流长,要实施"中国文化走出去"战略,大学英语教学就应该将英语学习与中国文化传播进行有机结合,帮助学生在了解认识西方文化及拥有国际视野的同时,也提高对中国文化的认同感,提高学生用英语介绍中国文化的能力,传播中国文化,促进中国文化走向世界。

一、当代大学生中国传统文化认同现状

本文针对大学生对中国传统文化的了解程度,了解中国传统文化的主要途径,中国传统文化的主要内容,对中国传统文化的看法及如何提升当代大学生传统文化素养的方法等内容,编制了关于当代大学生的传统文化素养的调查问卷,问卷共18题,以期了解当代大学生的中国传统文化素养观。问卷调查以浙江省4所大学的大学生作为主体对象,于2019年3月以网络问卷的方式展开调查,共有512名学生参与问卷调查,文理专业的学生各占50%。37%的学生反映喜欢关注中国传统文化,而其他同学更多地关注中国流行文化、日韩文化和欧美文化;74%的同学反映对中国传统文化只是有个模糊的概念,对具体内容并不是很了解;对于了解中国传统文化的主要途径,大多数同学反映是通过学校的课堂教学和文化活动以及电视、网络等大众传媒的传播;76%的同学认为中国传统文化发展久远、博大精深,对现代社会仍旧有积极影响,我们要继承并发扬优秀的传统文化,尤其是学会对外传播中国传统文化;81%的大学生认为学校应该增添相关课程,创新教学形式,可以在课堂中融入中国传统文化,愿意学会用英语来表达中国文化。从问卷结果可以看出,当代大学生对中国传统文化的认同感很强,愿意更多地了解学习并传播中国传统文化,也表现出在中国文化复兴的今天,我们的文化自信越来越强。

二、中国文化英语表达能力测试

既然学生们有意愿用英语来传播中国传统文化,那学生们对中国传统文化的基本英语表达能力如何呢? 通过对校内的418名非英语专业学生进行中国文化英语表达能力考查,结合各种正规的中国文化资料介绍、教师访谈、大学英语四六级考试翻译及中国外文局所做的"中国话语海外认知度调研报告",本文研究者确定了40个中国文化关键词,主要包括五大类:文化类、节日类、饮食类、新兴事物和中国特有词汇,比如瓷器、茶、端午节、春节、火锅、高铁、一带一路等,难度并不大,都是我们中国文化中常见的表达。每题2.5分,只对译文的规范性和准确性进行打分,大小写不扣分。经过测试,最终最高得分只有65分,50分以上的只有40个,大部分集中在20—30分,答对的基本是筷子、春节、火锅、国庆节、长城、故宫、中秋节等初高中接触过的词汇短语,而孔子、一带一路、书法、兵马俑、舞龙、红灯笼、支付宝等耳熟能详的中国文化词语的正确率极低,基本都是用拼音来表示。我们大学生用英语来表达中国文化的能力亟须加强。

三、中国文化融入大学英语教学的模式

随着"中国文化走出去"战略的提出,对于这个话题的研究也开始深入起来,比如文化自信视域下的大学英语课程反思及浅析中国传统文化在大学英语教学中的缺失及对策,等等,但大多是调查研究、现状反思、解决策略和研究新视角,并且多为宏观建议或者传统教学模式下的探讨,没有与时俱进的实操性

做法。在"互联网＋教育"越来越发达的今天,本文探讨利用新的教育技术来促进中国传统文化全方位融入大学英语课程,从而让新一代大学生承担起传播中国文化的重任。本文以上海外语教育出版社出版的全新版《大学进阶英语》为依托,以多媒体和互联网技术为基础,有效结合数字化和网络化,在基于单元主题的课前、课中和课后教学中积极融入中国传统文化,提出"课内课外线上线下"的模式来促进中国文化融入大学英语课堂。

(一)课内学习,课外巩固

上海外语教育出版社出版的全新版《大学进阶英语》共有四册,每册有六个单元,每一单元设一个主题,主体由 Reading & Interacting, Reading & Comprehending, Integrated Skills Practicing 3 部分组成,包含 1 篇主体课文和 2 篇补充阅读,尤其是在 Reading & Comprehending 部分,Reading 2 的文章都是关于中国的内容。在课文的基础上,本研究制作了大学英语学习手册,明确课前、课中、课后的具体任务,在教师的指导下就某一主题挖掘出更多的传统文化元素。因课文难度不是很大,课前要求学生预习课文并完成课文的研读,课中教师深入讲解课文,并引入和本主题相关的中国文化内容,或是阅读,或是翻译,并给学生留下展示作业。比如第一册第一单元,主题是 The Pursuit of Dreams,在这一主题下,教师引入鉴真东渡的例子来让学生进行翻译,并让学生学习其不放弃追逐梦想的精神,要求学生去寻找中国人物中不放弃梦想的例子,学生的展示中有苏东坡虽一直被贬却一直持有国家安定、人民幸福的治国梦想;有孔子执着撒播仁义,用一生来追逐的教育梦想;有任正非实现"中国芯"的强国梦想。笔者在此基础上因势利导,强调了习近平主席的号召:伟大梦想不是等得来、喊得来的,而是拼出来、干出来的。同学们在相互分享中加深了对本课主题的理解,并深度了解了和主题相关的中国文化内容。课外学习中,笔者向同学们推荐了"Tales of China"丛书,这套丛书是由中外专家共同合作推向中国学生的,共有70 个故事,每个故事配有原汁原味的英文朗诵音频。这套书对大学生来说有些简单,但学习用英语思维来表达中国文化,又能轻松有趣地掌握一些地道英语表达,也是一举两得的好事。

(二)线上研习,线下实践

在多元的互联网时代,学习资源的获取和使用更加便捷,学习空间也得到了极大的拓展,笔者根据课文主题开发和收集了一些与中国传统文化有关的大学英语微课视频和学习资料,放在学校的 Moodle 平台供同学们线上学习。比如第二册第四单元的主题是 Study Abroad,除了从课文中了解如今学生出国留学的问题之外,笔者还拓展介绍了日本到大唐来学习的遣唐使,并收集相关中英双语纪录片供同学们学习了解。同学们了解到曾经的中国如此强大,创造了丰富灿烂的民族文化,是别国学习的对象,从而对自己的国家和文化充满自信。只有文化自信,我们才能更好地走向民族复兴。同时,笔者充分利用手机上的各类英语学习类网站和手机 App 让同学们用英语了解学习中国传统文化,比如在学期初会让同学们关注中国日报双语新闻公众号,每周争取学习三篇中国日报的双语新闻,了解中国的新发展,并下载英语趣配音 App,其中有很多用英语介绍中国传统文化的短视频,学生们可以跟读配音,难度适中,一来可以练习语音语调和口语,二来可以用有趣生动的方式来深化了解中国传统文化。笔者让同学们选用的是"Hello,China",三星难度,共53个视频,在一个学期内完成,效果很好。在寒暑假期间,笔者会推荐中国文化慕课,让同学们共同督促,一起学习,集中性地完成中国文化的英语学习,开学以小组汇报的形式来介绍学习的内容和感想。

为了全方位、立体化推进中国文化融入大学英语教学,在周末或寒暑假期间,教师带领同学们开展文化考察,鼓励同学们走进博物馆、古镇、古村,选取一个点、一个主题拍摄属于自己的英语介绍 Vlog。除了基于文化考察的 Vlog,还在学期中开展"中国文化英语说"的比赛,让同学们通过这样的活动自主地了解中国传统文化,并逐步学会用英语介绍中国传统文化。

四、结　语

在"中国文化走出去"的背景下,大学英语教师要更新自身角色的定位,教师不仅要教授英语知识和英国国家文化,更要在英语教学中融入中国传统文化。目前大学英语四六级考试中的翻译都是和中国传统文化有关的段落,但很多教师只是在讲解翻译这一题目时添加中国文化段落,并没有把中国文化全方位融入大学英语教学的理念和想法。从学生角度来讲,尤其是年轻一代的学生们,着迷于日韩文化和欧美文化,而对中国文化的了解没有很深入,更不要说用英语去传播中国文化。所以,在大学英语教学中融入中国文化元素,不仅让大学英语教学内容更丰富,更能提高学生们对中国文化的认同感,引发他们的文化觉醒,从而提高学生们用英语介绍中国文化的能力。

参考文献

[1] Kramsch,C. Language and Culture[M]. Oxford,New York:Oxford University Press,1998:3.

[2] 从丛."中国文化失语":我国英语教学的缺陷[N].光明日报,2000-10-19.

[3] 教育部关于印发《完善中华优秀传统文化教育指导纲要》的通知[EB/OL] http://old. moe. gov. cn//publicfiles/business/htmlfiles/moe/s7061/201404/xxgk_166543. html.

[4] 徐丽欣."中国文化走出去"战略下的地方高校大学英语教学改革研究[J].邢台学院学报,2018,33(1):153-154,160.

[5] 中国话语海外认知度调研报告[EB/OL] http://guoqing. china. com. cn/2018-02/17/content_50550737. htm.

[6] 张雁.文化自信视域下大学英语课程反思与实践[J].宁波工程学院学报,2017,29(2):46-51,58.

[7] 廖建思.浅析中国传统文化在大学英语教学中的缺失及对策[J].教育现代化,2018,5(12):167-168.

[8] 周岐晖,陈刚.高校英语教学中的母语文化缺失现状调查及应对策略[J].外国语文,2015,31(4):139-145.

[9] 王振英,蔡宛灵.大学英语教学中的中国文化研究综述[J].教育现代化,2018,5(40):254-258.

[10] 袁小陆,赵娟."一带一路"背景下外语教育中文化自觉培养的诉求与应对[J].西安外国语大学学报,2017(3):69-72.

◎新建本科院校"以学生为中心"的柔性化教学管理改革与实践①

叶 静 王 媛②

摘 要：文章引入"以学生为中心"的教育理念，总结新建本科院校实行"以学生为中心"教学管理经验，探讨了地方高校如何建立"以学生为中心"的管理制度，制定出适应新建本科院校的柔性化教学管理改革方案并加以实施。通过"以学生为中心"的教学改革，学生综合素质得到了明显提高。

关键词："以学生为中心"；柔性化；教学管理

随着高等教育进入大众化阶段，许多传统的大学规章制度和管理模式已经无法解决教学管理中出现的问题，也无法满足学生的个性化需求。要培养具有自主意识和创新精神的高素质人才，必须改变传统的教学管理模式，构建可激发学生学习积极性和主动性的教学运行机制，建立"以学生为中心"的柔性化教学管理模式。

个性化培养模式能够满足区域中小企业的岗位需求和学生的个性化发展，但却给教学运行管理带来了一些困难，也限制了地方高校进行教学管理模式的改革。基于以上背景，本文以宁波大红鹰学院为例，研究作为一个新建本科院校，如何"以学生为中心"，构建柔性化的教学管理模式。经过两年的研究与实

---

① 浙江万里学院教学改革研究项目"'中华文化走出去'战略下大学英语教学模式探究"（111254031800026）。

② 叶静，宁波财经学院（原宁波大红鹰学院）讲师、硕士；王媛，宁波财经学院（原宁波大红鹰学院）教务处讲师。

践,学校实施专业(方向)分类、分层教学、课程建设等举措,建立了灵活的学籍管理制度、实施评教、创新实践奖励及个性化学分认定等柔性化教学管理机制,更好地满足了学生个性化发展和企业的需求。

一、彰显"以学生为中心"的教育理念,
确立柔性化教学管理改革方向

作为一所新建本科院校,宁波大红鹰学院培养的是能适应区域中高端技术岗位、中小企业管理岗位需求的高素质应用型人才。面对应用型人才培养对教学管理提出的新需求,学校提出教学管理柔性化的新理念。"柔性管理"突出学生的自我管理,尊重学生的选择和才能,这一管理理念为学校教学管理改革建设提供了新的思路。学校以"为大学生提供满意的课堂教学"为基本目标,建立"以学生为中心"的教学管理制度模式。转变传统的教学管理理念,构建可以调动学生学习的积极性和主动性,充分发挥学生学习潜能的教学运行机制。

二、实施四项措施,建立"以学生为中心"
的教学运行机制

(一)优化制度设计,推进个性化人才培养模式改革

1.修改人才培养方案相关意见。

2013年学校出台《宁波大红鹰学院关于制订本科专业培养方案的指导性意见》,将专业课程体系设计成通识教育课程、学科专业基础课程、专业必修课程、专业拓展课程和集中实践教学项目5个模块。鼓励每个专业培养方案需设置2—3个专业方向课程,以供学生选修;每个专业需设置8—12学分的专业拓展课程供学生选修,并鼓励各专业学生跨学院选修拓展课程。学校以"产学研合作教育"为主要内容,大力推进人才培养模式改革,积极探索与行业企业联合办专业、合作人才培养等多途径的产学研合作教育,创建了7个试点专业和多个特色学院。2018年学校发出《宁波大红鹰学院教务处关于做好2018级专业人

才培养方案汇编工作的通知》,设置专业核心课程、创新创业课程、双语课程等特色课程,增加了通识课程和专业选修课的比例。通过这种设置激发学生的学习兴趣,努力探索个性化培养途径,不断提高人才培养质量。

2.修订学籍管理制度。

在学生个性化发展需求的指导下,学校围绕学生转专业、自主选修课程、自主选择教师,编制了《宁波大红鹰学院学生学籍异动办理流程》《宁波大红鹰学院本科学生学分制实施细则》《宁波大红鹰学院学生创新实践奖励学分认定办法》。为了提高学生学习的主动性和积极性,根据《宁波大红鹰学院学籍管理规定》,大一第二学期末学生都可以重新选择专业(方向)。近两年,转专业学生的满意度达到98.8%。同时,学校加强对学生学业、职业规划的指导,帮助学生充分了解专业情况,引导学生从社会需求及学生个性出发,提高专业学习的适应性和稳定性,帮助学生理性选择专业及方向。对于学籍异动的学生,通过弹性化学籍管理、自主选课、学分互认来满足学生的个性化需求。学校出台政策每学年安排四次毕业申请,学生达到毕业要求的可在此学年四个时间段向所在学院提出毕业申请。

这些制度从学生角度出发,对分层分类培养、学分管理、专业方向建设、选课管理等方面进行了界定与要求,构建了柔性化的教学管理机制。

(二)改革应用型人才培养课程模块和柔性化教学管理,促进学生的多元化发展

1.拓展公共选修课程资源。

学校通过实施公共课程教学改革,不断优化课程体系与教学内容。目前,宁波大红鹰学院公共选修课程资源1000余门,每年共有将近300门不同类型的公共选修课供学生自主选课。学校重视共享课程资源建设,大力支持学生在线学习,并且出台《微学分课程建设实施意见》《微学分类课程管理办法》《在线课程学习学分认定暂行管理办法》等文件,加强线上课程资源建设,激励学生自主学习;引进东西部慕课联盟(智慧树)平台,开设课程约400门;引进尔雅微学分在线课程400多门。

2.建立创新创业课程库。

要增强学生的就业能力,就必须使学生具备创业技能和创新能力。创业

教育有利于促进大学知识转化,加强大学与社会的联系,解决大学生就业问题。因此,学校积极开展创业教育,并在课程设置中开设专门的创业教育课程。我校自2017级开始,所有专业都设置"创业基础""职业规划与创新创业"课程,除此之外还设置1—2门创新创业类专业课程。目前已有创新创业类课程200门。

3.提供柔性化的教学管理模式。

在教学运行管理方面,学校逐步建立了科学的选课制度,完善了以课程为中心的运行机制;大力开发各类课程资源,为学生配备学业导师;推动辅修免修制、全天候排课制、校内外教师共同授课等制度改革。实行分层分类教学,满足学生个性化需求。学校树立"以学生为中心"的思想,尊重个性发展,努力创造条件,满足不同层次学生学习知识、提高技能的需求。大力支持课程教学改革,"大学英语""高等数学"等课程根据学生的成绩进行分层教学,"体育与健康"课程实行体育俱乐部教学。教务处以学生成绩作为分层依据,通过板块排课和自主选课的方式,以满足公共基础课分层次教学的需要。部分专业课程实施小班化教学和翻转课程教学。近两年,学校的小班化教学班比例达到70%,参加翻转课堂教学改革的课程也逐年增加。

(三)推进实时评教及建立科学的评价指标,为学生提供满意课堂

教务处在学校"以生为本"的办学理念指引下,本着"以学习者为中心"的教学管理思想,开发了实时评价系统,对我校的课堂教学评价进行了富有成效的改革,并且积极推进"翻转课堂"与混合式教学改革,建立翻转课堂评价指标,促进学校的翻转课堂课程建设,提高了课堂教学质量。

(四)实施创新实践奖励及个性化学分认定,培养学生创新思维和实践能力

学校通过第二课堂、社会实践、职业资格证书考试、大学生科技竞赛等方式鼓励学生积极参与各项活动,提高学生的综合能力和素质。学校设立各类创新实践奖励学分,这些创新实践奖励学分可充抵公共选修和专业拓展课程学分。

三、成效显著，提升了办学水平

（一）提高学生的学习兴趣和培养质量

"以学生为中心"的柔性化教学改革使学生的综合素质和创新能力得到全面加强。近两年平均每年转专业460人、转方向1100人、转班级50人，转专业学生的满意度达到98.8%。据调研显示，转专业学生在新的专业学习中对教学的满意度更高，成绩绩点提高2%。如艺术与传媒学院某同学从日语专业转到广告学专业后，专业成绩突出，制作的短片《舌尖上的大红鹰》在校内产生了轰动效应。

实施分层教学后，学生英语四级通过率从2014级的50.8%提高到了2016级的55.58%。近两年毕业率和学位授予率分别达到96%和94%以上。学校的人才培养结构与社会需求结构更加吻合，学生的就业竞争力增强，每年就业率均达到95%以上。

（二）提升实时评教的参与人数及满意度

自实行实时评教以来，学生参评人数增加，近两年参评率提升24%。通过实时评价的教学改进，学校以促进课堂教学持续改进为目标，通过座谈会、问卷调查、实时评教等方式开展学生对教学满意度调查，近两年学生对教师满意度保持在89分以上。评教结果作为教师的评优、晋升和年度考核等教学考核的重要依据，对教师也有很大的激励作用。

（三）激发教学活力，优化教育资源

随着选课资源的增加、分层分类等板块课教学的实施，学生可以自主选择课程和教师，这对提高教师教学水平也起到很大的促进作用。学分制改革使得课程资源体系不断优化，各院系专业平台课程全面整合，促进了教育资源的合理配置与利用。

四、结　语

建立"以学生为中心"的柔性化教学管理模式,并不是要抛弃传统的教育理念、措施,没有原则性地满足学生,而是对现有的教学管理制度进行有针对性的改进、更新和完善。"以学生为中心"的管理模式,能够最大限度地发挥学生的学习主动性,培养社会需要的个性化人才。实践证明,实施适应新建本科院校的柔性化教学管理模式是推进地方高校教育教学改革的有效途径。下一步,学校将深入研究"以学生为中心"教学管理理念,探讨"以学生为中心"人才培养机制,采用创新型教学管理制度和方法、手段,加大管理的弹性,以此发挥学生的特长和创造性,促进高等学校创新应用型人才的培养。

参考文献

[1] 李进华,张晶.突破学分制管理瓶颈拓展多样性个性化人才培养途径[J].中国大学教学,2009(12):39-41.

[2] 刘献君.论"以学生为中心"[J].高等教育研究,2012(8):1-6.

[3] 张德江.人才培养质量的影响因素与对策探析[J].现代大学教育,2012(2):11-13.

[4] 朱海燕,王琪.基于"以学生为中心"理念的高校教学质量保障体系构建研究[J].教育评论,2016(3):51-54.

◎线上线下混合式教学模式下翻转课堂教学设计

——以"商业银行经营管理"课程为例

朱艳敏[①]

摘　要:在互联网时代,信息获取的难度大幅降低,倒逼金融教学必须从仅仅依靠信息传递为主,转到适应互联网时代的新的教学模式。本文介绍了如何将互联网嵌入翻转课堂教学的各环节,开展混合式教学,构建虚拟教学共同体的有益探索。通过"商业银行经营管理"课程教学实验,验证混合式教学模式下翻转课堂教学效果显著。

关键词:混合式;互联网+;翻转课堂;教学设计

一、引　言

在互联网时代,信息获取的难度大幅降低,倒逼金融教学必须从仅仅依靠信息传递为主,转到适应互联网时代的新的教学模式。传统的教学模式具有明显的"教学中心范式",教师是教学中的绝对核心,教学过程成为"批量加工"的过程[1],教学内容时效性不强、局限于教材;教学组织上采用封闭式、传授性的教,跟随型、重复式的学;教学方法和手段上存在课堂互动偏少、网络资源有限等情况;教学考核上偏重于知识的记忆与能力的传授,强调以学生的知识多寡

---

①　朱艳敏,宁波财经学院副教授、博士。

和能力高低来实施教学评价，无形中忽视了学生个性发展、创新能力等素质方面。

传统的教学模式难以应对"互联网＋"背景带来的新挑战。李克强总理在2015年的政府工作报告中提出了一个"互联网＋"概念。"互联网＋"就是"互联网＋各个传统行业"，但这并不是简单的两者相加，而是利用信息通信技术以及互联网平台，让互联网与传统行业进行深度融合，创造新的发展生态。互联网已成为信息与知识的主要载体，互联网将成为教与学的主要场所，"互联网＋"教育将颠覆传统的教学模式，表现在：

挑战一，互联网信息的快速传播与更新对教学内容的时效性提出了更高的要求。尤其是金融行业与经济紧密相关，"弹指一挥间，金融二三事"，教学时更需要借助互联网密切关注金融业发生的新闻事件和监管动态，及时补充和更新教学内容，改变传统教学墨守于自己的备课教案、局限于教学大纲和教材的教学方法。

挑战二，互联网信息的巨量化与庞杂性对教学设计的科学性提出更高的要求。通过开展混合式教学，教师把教学过程当作一个研究过程，不仅要研究如何教，还要研究如何学，如何提高教学效果，即通过精心的教学项目设计、科学的教学组织、有效的指导和激励，提高学生信息甄别、资源利用等自主学习能力，推动学生在探索和发现的过程中掌握知识和形成创新能力。

挑战三，互联网的虚拟性与诱惑性对教学管理提出了更高的要求。需要通过"互联网＋"课堂引领教学改革新方向，合理地利用智能手机、笔记本电脑等资源，让传统课堂与移动终端、互联网、无线网络和多媒体有机结合起来，使手机等移动终端变成教学工具和学习平台，实现移动教学。

为应对互联网冲击这一问题，教学中应该采取"堵不如疏"的策略，即充分利用互联网手段改变传统的教学内容、教学方法、教学手段、教学组织过程等，构建"以学习者为中心"的虚拟教学共同体，实现教学过程的开放性、学生参与教学的主体性，以及形成学生解决问题、获取知识和能力的实践性、独立性和探索性。互联网技术的蓬勃发展与广泛应用更有利于推进金融教学，尤其是促进理实结合，提高学生应用和实践能力。下面以"商业银行经营管理"课程采用的翻转课堂教学模式为例，介绍应用型本科对互联网＋金融教学进行的有益探索与实践。

二、互联网＋翻转课堂教学设计

"翻转课堂"其表现形式主要是由教师创建视频并提出问题,学生课前自主学习视频内容、查找资料并进行自学,小组讨论深化理解,课堂上师生面对面交流,学生汇报学习成果,教师引导、点评和答疑解惑。依托互联网技术,"翻转课堂"颠覆了传统的教学顺序和师生关系,让学生成为课堂的主人,实现了课堂内外一体化,教与学相互辅助,师生相互对话进行教学,从教学组织、课程设计、教师角色、学生心理及教学管理等各个方面对传统课堂形成挑战。翻转课堂的有效实施依赖于教师精心的课程设计和组织,这与互联网技术的有效运用、教师的教学能力(能教、会教、愿教)密不可分。如何将互联网嵌入到翻转课堂的教学的各环节中,使其服务于教学目标的实现,是本文所要解决的主要问题。

(一)课前教学环节

翻转课堂的主要形式之一就是教学活动前置,向学生"传递信息"。通过下达学习任务单,要求学生开展课外主动学习、翻转学习和随时学习,这就要求教师要提前做好以下工作:做好教学内容的分割和重组,提供在线教学资源,并开展与学生的实时交互答疑,了解学生的学习动态,并有效介入学习的过程,起到监督、引导的作用。这一阶段教师主要依托信息技术录制教学视频(微课、慕课等),发布自主学习任务单,监控学生的学习状态,开展师生互动交流等。

(二)课中教学环节

该环节是翻转课堂的主战场,起到教学内容深化、知识建构、能力提升的作用。在实务中,根据课程性质和教学内容的不同,产生了多种类型,如:(1)成果汇报式课堂:自主学习、小组研讨、成果展示、交流评价、答疑引导、拓展深化……;(2)主题研讨式课堂:明确主题、合作探究、思维碰撞、点评交流、总结反思……;(3)项目实践式课堂:理论学习、讲解答疑、明确项目、项目实践、反馈改进……;(4)答疑解惑式课堂:自主学习、线上交流、共性问题分析、课堂研讨、答疑解惑、拓展深化……;(5)情景模拟式课堂:自主学习、合作训练、情景构建、角色扮演、互动点评……;(6)仿真实验式课堂:明确任务、线上仿真、课内问题提出、互动解决、完成实验……;(7)沉浸式远程互动式课堂:课前学习、名师精讲、跨校直播、实时互动、助教助学……;(8)测评式课堂:在线学习、课堂测试、问题分析、改进提高……。其中每种翻转课堂类型的后半段工作均在课中及课后完成,在这一教学环节中,可以依托电脑或智能手机终端等设备,利用在线教学软件,开展教学实施(如成果展示、头脑风暴式的主题研讨、课堂测试)、教学管理(如考勤)等。

(三)课后教学环节

课后主要开展以学生发展为目标的教学反思,反思主体包括学生与教师。学生整理学习任务单的完成情况,总结存在的问题及不足、心得与收获,完成反思日志;或根据课堂教学的内容,提交成果报告;或者开展拓展深化学习。教师利用信息技术进行教学考核和评价,包括对学生的学习行为、学习效果的评价,也包括对学生开展翻转课堂的问卷调查,通过数据分析评价翻转课堂教学的有效性,以便优化教学方案设计与教学组织。

三、翻转课堂教学实践

(一)翻转课堂改革的背景与目标

为深入了解金融行业对本专业毕业生的能力需求,课程组对专业人才的需求状况进行了实地访谈和问卷调查,调查范围涉及银行、证券公司、保险公司等金融机构。调查结果显示,第一,目前金融(或金融工程,下同)专业学生在实际岗位中突出的问题排在前三位的是:所学专业知识与实际的工作需要脱节,实践能力薄弱和缺乏行业特点的专业背景知识;第二,目前金融专业人才应具备的重要能力排在前三位的是:现代金融管理方法分析应用能力、信息加工与分析能力、证券工作实际能力;第三,金融专业人才应具备的素质排在前三位的是:学习能力、合作沟通能力、组织协调能力。

"商业银行经营管理"是金融学、金融工程学等财经类专业的主干课程之一,课程内容围绕商业银行实际业务和经营管理理论,使学生深入了解银行的组织架构和运行机制,并能够分析和解决商业银行经营方面存在的问题和风险。"商业银行经营管理"课程应该重点培养学生的商业银行业务实践能力、管理理论的应用能力和自主学习能力。有必要对传统的教学模式进行改革,采用翻转课堂教学模式,通过将基础知识点录制成视频,在任务单的引导下,由学生课前预习并完成自测;在课堂上,通过项目合作的方式,共同研究解决重点、难点问题,以加深对知识的理解和应用。

(二)互联网＋翻转课堂教学模式的具体实践

通过综合运用互联网资源和渠道,搭建"线上"教学平台,构建开放式的教学环境,丰富教学资源;运用项目研讨式翻转课堂教学方法,开展混合式教学,提高教学能力,重塑教学关系。

1. 优化线上教学平台

综合运用网络平台、智能手机终端等丰富教学资源,开展在线教学(见表1)。具体措施有:充分利用学校网络教学平台和在线教学中心两大平台,优化网络教学平台,实现资源的共享;录制教学视频、微课,丰富多媒体教学资源;依托智能手机,设计基于移动应用的开放型互动模式。

表 1　优化线上教学平台

措　施	具体内容
1. 网络教学平台的建立与完善	1.1　教学计划与课改大纲 1.2　PPT等教学资源(尤其注重拓展学习资源建设,如财经数据库) 1.3　各章节习题、作业(包括平时作业、大作业) 1.4　师生互动("漫谈银行"聊天室以及组内研讨区) 1.5　题库(主要针对教学视频、微客建立的在线测试题库)
2. 视频课程和微课建设	2.1　视频课程(包括主要章节课程内容录像及相关讲座等) 2.2　媒体资源(包括财经纪录片、金融事件新闻报道、财经专题视频等) 2.3　微课(针对课程内容中最重要的知识点的微视频制作)
3. 基于移动应用的开放型互动模式设计	3.1　组建课程微信群,由学生分组主持"一周一主题"专题讲座 3.2　利用手机辅助课堂教学和教学管理 3.3　调查评价问卷(发布简短的课程调查评价)

(1)注重知识的时效性。

在实际授课过程中,一方面注重知识的更新,同时注重教学资源的多样性,这都可以通过互联网来实现。"弹指一挥间,金融二三事",金融行业瞬息万变,授课教材即使频繁更换仍然存在滞后的现象,有些知识不再适用,甚至错误。

所以,教师在科研或教学备课环节应密切关注金融动向,将银行业务与管理理论发展的现状及时补充到教学中,并引导学生通过互联网关注金融行业发展动向,养成良好的职业习惯,也有助于培养学生的金融思维和职业素养。

通过互联网获取丰富的素材,包括行业资讯、统计数据、专业文献、影视资料、政策文件等各种类型,经过加工提炼后补充教学资源和辅助教学。例如在"商业银行经营管理"的课堂教学中,围绕授课内容,适时地在课程导入、知识讲授或实训拓展环节采用跟踪金融行业新闻事件及监管动态法,一方面运用鲜活的金融事件,起到佐证理论的作用,加深学生的理解;另一方面,可以启发学生深入思考,提高应用理论的能力。

(2)注重资源组织的有序性。

仅仅是教学资源的简单堆积,而不进行有序组织,不通过教学活动有效利用起来,教学资源再丰富也是摆设。根据课程教学目标,细分教学单元,每个单元中设置项目任务,以完成任务为目标重新组合和配置教学资源,包括 PPT、微课、视频、案例、在线测试、研讨话题、微信讲座、移动教学资源等,并提供每个单元的导学指引,引导学生充分利用线上平台开展自主学习。

2.优化教学组织,开展翻转课堂教学

(1)项目研讨式翻转课堂教学流程。

具体流程借鉴了对分课堂的思想,包括:导学(Guidance)——自主学习环节、讲授(Presentation)——课堂讲授环节、吸收(Assimilation)——小组合作环节、研讨(Discussion)——汇报与指导环节。这种教学流程设计包含了在线活动、面对面教学与翻转课堂,能够在加强教学互动的同时,促进学生自主学习(见图1)。

阶段一,导学——自主学习环节(课前完成)。由教师创建视频并设置启发式的问题或导入相关金融事件等方式,在网络平台上布置阅读和学习的作业。学生根据作业的要求,在线学习微课、教学视频、课件内容,查找并阅读资料,自学基本的概念和知识点,整理读书笔记,完成在线测试等自学的任务。

阶段二,讲授——课堂讲授环节(对分课堂的前半部分)。教师总结在线学习的情况,包括学生观看视频的时间、节奏、进度和在线测试的情况,了解学生的学习方式和习惯,对知识的掌握情况,以及学生学习的难点、关注点,在此

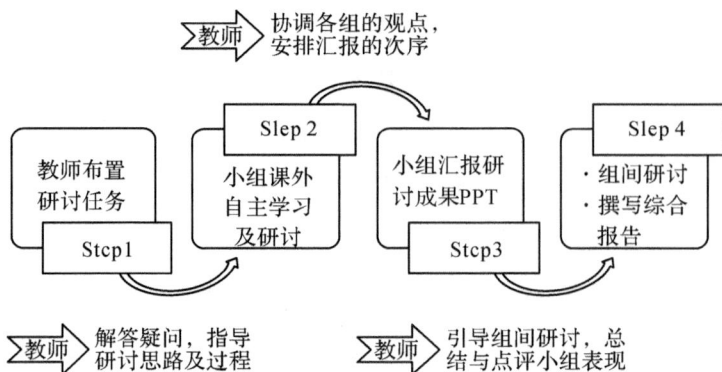

图 1　项目合作与研讨流程

基础上因材施教,实施"五讲教学"制度,即讲知识产生的背景、讲知识的重点、讲知识的难点、讲获取知识的方法与途径、讲与课程相关的当前热点与前沿问题。主要作用是检查并督促学生自主学习,查漏补缺;通过讲授定框架明方向,为学生内化吸收省力;发布项目研讨任务,集中进行项目指导,避免学生理解偏差。

　　阶段三,吸收——小组合作环节(课外完成)。将学生根据一定的方法进行分组,每个学习小组 5—6 人。学生以小组为单位开展项目研究,成员之间分工合作,通过组内研讨和学习,深化对知识点的理解和应用。其中资料的收集主要依托网络资源(如财经数据库、中文与外文数据库等完成),资料的加工等工作在线下完成。如果在项目设计过程中,遇到项目任务不明确、知识储备不足、资料收集和整理困难、分析难以展开等困难,可以通过网络与其他同学交流或寻求教师指导。

　　阶段四,研讨——汇报与指导环节(对分课堂的后一部分,与前半部分间隔一周)。这既是小组展示项目设计成果,又是教师引导、点评和答疑解惑的环节。先由指导教师对本次研讨的问题做一些指导和提出相应的要求,采用分组讨论和小组代表做主题发言方式进行交流,其间其他同学和老师可以自由提问或者辩论。最后由指导老师就研讨问题的深度、发言者的语言组织和表达能力、团队配合等方面进行点评和总结。经过课堂项目汇报、组间研讨、教师点评(有时需要进行在线演示、指导项目),小组发现项目任务完成中存在的问题,课后根据指导老师的修改意见对研讨内容进行总结,撰写综合报告并在规定时间内提交到课程网络平台上。

（2）研讨项目的设计。

研讨项目的设计最为关键，关系到翻转课堂的实际效果。包括项目来源的确定、项目选取原则的确定、项目类型及内容的确定。

首先，研讨项目产生于银校协同创新。依托大学生校外实习基地，与商业银行等金融机构开展深入的合作，并延伸至专业课程的教学中，以校企协同创新的模式，密切结合金融业发展现状和工作实际、教师科研成果与学科前沿动态，开展教学项目的设计与选取。

其次，研讨项目的取舍遵循时效性、可行性和开放性原则。时效性是指研讨主题要与时俱进，每一届学生的研讨课指导均需重新修订，用最新的业务案例或金融事件进行置换，以确保所学专业知识与实际的工作需要接轨。可行性是指研究的可行性和现实的可行性，即研究资料、数据的获取能够实现，且项目的难度适中，学生在教师的指导下能够较好地实施。大部分的项目实施，学生可以通过商业银行的财务报告、中国人民银行及银监会官方网站的统计数据、和讯网等财经网站、WIND 资讯等学校已购数据库等公开渠道获取数据，并结合知网等图书馆已购资源查找文献资料，资料的可得性强。开放性是指项目答案的开放性，每一个研讨项目均进行较好的问题设计，没有固定的答案，使学生能够自由发挥，进行充分的交流与辩论，出现"公说公有理婆说婆有理"的局面。

最后，研讨项目的类型及内容确定以达成教学目标为宗旨。就课程某部分内容来说，可选的项目类型有：①项目训练式；②经典案例剖析式；③热点问题追踪式三种。以现金资产业务管理这一部分内容为例，分别对应：①商业银行流动性状况评价；②大陆银行和北岩银行流动性危机案例分析；③由"钱荒"事件看商业银行流动性管理三个研讨主题。具体实施时可以根据学生的学习情况进行选择，可以选择其中一种，也可以两种或三种自由组合，教师确定后由各小组根据自己的兴趣或专长进行选择。这样，在成果汇报和集中研讨环节，既有成果分享、相互学习，也有思维碰撞、共同进步。

3. 优化教学评价方案，建立适应翻转课堂教学的考核评价体系

建立基于全网络、动态化、过程性的考核体系，实现考核主体多方化、评价内容多元化和评价方式多样化（小组内部评价，小组间评价，校企导师评价等；个人贡献度，语言组织表达，团队协作，线上参与活跃度等；上机测试，案例展

示,汇报答辩等)。

提高教师运用信息技术的能力,转变教师功能定位(见表2)。具体措施为主动学习以 MOOC、微课、翻转课堂等信息技术和移动互联网技术,积极开展信息化教学探索和设计,不断拓展和丰富教育教学的内容与新意,努力提升信息化教学能力和水平,保障"互联网十"教学共同体的发展和完善。

表 2 "互联网十"背景下教学共同体教师功能定位的变化

教师功能定位	传统教育时代	互联网十教育时代
与新技术的关系	被动接受新技术	主动拥抱新技术
对学习的态度	阶段学习者	终身学习者
与学生的关系	与学生面对面沟通	超越时空的在线互动式沟通
教学活动过程	重在课堂传授知识	重在设计学习过程
教学活动目标	教会学生标准答案	教会学生多维度探究
教学活动评估	单向的课堂展示	多样化创作与分享

(三)充分利用移动互联网辅助多媒体教学

智能手机已经有数十万应用软件被开发出来了。紧跟时代的节奏,充分发挥我们的智慧,从实践出发,合理地把这些资源运用到课堂教学中,手机等移动终端也可以变成教学工具和学习平台,让传统课堂与移动终端、互联网、无线网络和多媒体有机结合起来,实现移动教学。课程组做了以下 3 方面的应用探索,大大提高了课堂效率。

1.利用手机碎片化的阅读载体,扩充教学内容

在当今知识大爆炸的社会里,学生的阅读习惯发生了很大的变化,缺乏足够的耐心和持久的注意力,更倾向于碎片化的阅读或浅尝辄止。为适应学生的这一变化,课程组精心挑选了一批金融微信公众号,推荐给学生,要求学生关注;发现与教学内容相关的报告、讲座、资讯等专题内容要求学生自主学习,并通过 Moodle 平台、班级 QQ 群等实时展开交流。

2.利用手机开展教学互动,检验教学效果

巧用手机,让学生"动"起来。在授课过程中,针对一些有争议的问题或是最新的银行业统计数据,教师要求学生用手机上网查资料,三五分钟查询后,大

家把各自查到的答案参与到课堂讨论、发言中。授课内容中出现的重点或较复杂的内容，学生来不及记录，可以拍摄下来，课后进行消化；课堂中讲授的部分计算公式需要训练，让学生运用手机的计算器功能辅助计算。

3.利用手机辅助教学管理，进行过程考核

利用手机实现上课签到，随时掌握学生出勤情况。通过安装一款上课点名软件，开课前 5 分钟，只要轻轻点击一下安装在课程 PPT 上的新插件"开始上课"，学生手机上就实时出现签到界面，大家将自己在教室上课的画面自拍下来，上传到系统中，就可以完成签到。任课老师只要点击授课 PPT 上的"签到情况"一栏，全班学生的到课情况一目了然。

参考文献

[1] 桑雷."互联网＋"背景下教学共同体的演进与重构[J].高教探索,2016(3).

[2] 路丽娜."翻转课堂":传统课堂面临的挑战及变革路径[J].大学教育科学,2014(6).

[3] 贝洪俊,白玉华. 基于合作性学习的大班上课小班讨论教学模式的解读——以"中级财务会计"课程为例[J]. 黑龙江高教研究,2010(2):149-152.

◎基于扎根理论的"测评式"翻转课堂教学模式构建[①]

邵　将　伍婵提[②]

摘　要: 目前,国内"翻转课堂"教学改革与研究,在概念性界定、教学案例设计、具体应用、个性化学习等方面,积累了大量宝贵的成果,在广度和深度上都有很大提升。但是,国内对"翻转课堂"的理论研究居多,实证研究偏少,融合研究相对缺乏。如何在实践基础上,探索具有普适性且具有现实依据的"翻转课堂"教学范式,对完善和丰富国内"翻转课堂"教学研究,推动我国教育信息化的发展,促进教学方式和学习方式的变革,具有现实意义。"翻转课堂"教学模式的构建,目前较难从已有文献中获得理论借鉴,也无法根据现有理论进行量化的实证研究,因此,本文采用扎根理论范式的质性分析方法,以宁波财经学院"测评式"翻转课堂教学设计文本为研究对象,归纳提取出"课前自主学习""课中深度学习""课后拓展学习"和"学习评价"等四个核心范畴,并在教学模式构建与释义基础上,就研究启示进行讨论,对"翻转课堂"教学改革提出具体建议,以期丰富国内"翻转课堂"教学模式研究,为一线教师提供具有较强可操作性的实践范式。

关键词: 扎根理论;测评式;翻转课堂;教学模式建构

---

①　本文原发表于《教育信息化论坛》2019年第5期。宁波市教育科学规划2018年度重点课题"基于扎根理论的'翻转课堂'教学模式研究——以宁波财经学院为例"(项目编号:2018YZD028);浙江省教育科学规划2019年度(高校)研究课题"基于扎根理论的'翻转课堂'教学模式研究——以浙江高校为例"(项目编号:2019SCG090)。

②　邵将,宁波财经学院金融贸易学院讲师、硕士;伍婵提,宁波财经学院副教授、硕士。

翻转课堂(Flipped classroom),即在信息技术的支持下,实现知识传授和知识内化过程的"颠倒安排",将传统课堂中的知识传授活动"前置"至课前完成,同时将知识内化环节由传统的课后作业活动,转变为课堂中的协作学习活动,从而使学生成为学习过程的主体,是一种以学习为核心,"以学生为中心"的教学模式。该模式自2012年传入我国,成为各级教育机构的研究热点。目前全国各类学校,尤其是高校,正在进行着"翻转课堂"的教学实践。

在教学实践和研究的基础上,本文认为,"测评式"("Flipped class model based on test and evaluation")翻转课堂,即在信息技术的支持下,遵循"冲突—反思—生成"的逻辑,帮助学生把自主学习的知识迁移应用到"知识测试"中,通过评价与修正,增进自我反思,实现深度思考,"在测中评,在评中测",从而获得新知,实现知识传授和知识内化过程的"颠倒安排",使学生成为学习主体,促进个性化教学实现。其核心理念为:学生不是通过教师获得知识,而是在知识测评中,借助教师和同伴的帮助,利用测试资源,把自主学习的知识迁移应用到真实项目与实际问题中,通过反思和修正,获得新知。

一、文献简述

在我国教育界,近些年对"翻转课堂"的研究,无论是在广度上还是在深度上都有很大的提升,在概念性界定、教学案例设计、具体应用、个性化学习等方面,积累了大量宝贵的成果。然而,"翻转课堂毕竟是舶来品,有其产生与发展的特定土壤,受文化、环境、教育体制等各个方面的影响较大"。

目前的主要局限有:首先,从研究方法看,国内对"翻转课堂"教学模式的理论研究居多,实证研究偏少,尚需要更充分的实证研究来形成并支撑"翻转课堂"教学模式的实践体系;其次,从研究主题看,国内学者对"翻转课堂"在不同教学科目(如语文、数学、英语以及信息技术等)中的教学案例设计和应用研究成果丰富,但"翻转课堂"教学模式的融合研究相对缺乏,尚未形成一个具有普适性且具现实依据的"翻转课堂"教学模式的理论和实践体系。

不难发现,目前我国国内"翻转课堂"教学模式研究与应用尚处于"检验"阶段,如何在"翻转课堂"教学改革实践基础上,深入探索、完善和总结"翻转课堂"教学基本范式,形成具有普适性且具有现实依据的"翻转课堂"教学模式的理论和实践体系,应成为国内"翻转课堂"教学改革的新课题、新目标,对推动"翻转课堂"教学模式推广应用和深入研究,将具有重要的理论价值和实践意义。

二、研究设计

(一)运用扎根理论研究范式的实质和缘由

扎根理论是一种质性的研究方法,由美国社会学家格拉斯和斯特劳斯于1967年首次提出。扎根理论不对研究者事先设定的假设进行逻辑推演,强调从资料入手进行归纳分析,从资料中逐步提升和形成理论框架,是一个从下往上不断地对资料进行浓缩和归纳的过程,即"发现逻辑"而非"验证逻辑"。扎根理论的操作过程主要包括理论抽样、理论编码和理论撰写。理论编码,即分析和诠释资料的程序,区分为"开放式编码""轴向式编码"和"选择式编码",是从资料出发,不断对现象、案例和概念等进行比较以及针对文本提出问题,通过抽象的过程实现对理论的发展的过程。

选择扎根理论作为研究范式的缘由有二:第一,关于"测评式"翻转课堂教学设计的研究尚属尝试,较难从已有文献中获得理论借鉴,也无法根据现有理论进行量化的实证研究。而且,"研究者在研究时不强调理论预设,而是着重从原始资料入手,逐级归纳出抽象层次不同的概念与范畴,分析概念间的各种关联,并最终建构出具有扎根性的理论";第二,"扎根理论特别适合微观的,以行动为导向的社会现象问题的研究"。本文研究对象为已有教学行为,缺乏理论假设的基础,从实践的角度出发,从经验资料中建构理论,特别适合扎根理论的研究范式。

综上所述,扎根理论契合本文的探索性研究,"避免了实证范式下经验性观念或预设性理论模式对采用资料和所得结论范围的'程式化'限制"。本文将采用"开放式编码""主轴式编码"和"选择式编码"①三步编码的扎根理论研究形式对文本资料进行探究,具体研究流程见图1。

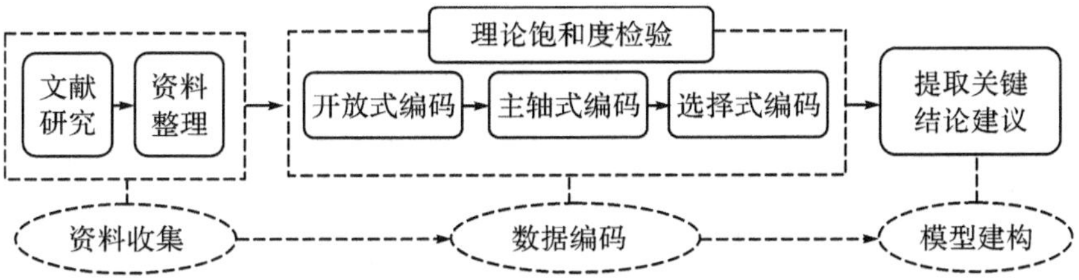

图1 三步编码研究流程图

(二)资料来源和选择

本文以宁波财经学院"测评式翻转课堂"教学设计文本(教案)为研究对象。自2014年9月开始,宁波财经学院积极推进"翻转课堂"教学改革,影响广泛,辐射省内,起到示范引领作用。目前,已在全校公共基础、公共选修以及七大类学科专业基础课和专业课(含信息、机电、经济、管理、艺术、传媒、语言文化类等)中全面实施,参与改革课程百余门,并逐步形成了"测评式""汇报式""项目训练式""实验式""沉浸式远程互动"等多种翻转课堂组织形态。其中,"测评式"翻转课堂因适用专业广泛、适宜课程多样、操作性较强,得到普遍应用。因此,选择宁波财经学院作为案例来源地,具有一定的代表性。

在资料的选择上,遵循以下原则:第一,教学设计须具有"开放性"和"原始性",即不受既定范式的约束和限制,能够忠实还原教师的教学设计思路和课堂教学原貌,以保证研究结果的可靠性;第二,学科专业多样化,涵盖不同类型的课堂组织形态,以增强研究结果的代表性;第三,所选课程须经过两轮以上"翻转课堂"教学改革,且教学效果良好,以保证研究结果的有效性;第四,不同课程的教学设计时间范围统一,以保证数据的针对性。

在文本选取数量上遵循"理论饱和原则"(Theoretical Saturation),当样本中所获得的信息开始重复,"对于厘清概念、确定范畴、建构理论而言……不再

---

① 国内学者对三种编码的中文名称存在分歧,陈向明(2001)称之为"一级编码(开放式登录)""二级编码(关联式登录)"和"三级编码(核心式登录)",范明林、吴军(2009)称之为"开放式编码""主轴编码"和"选择性编码",文军、蒋逸民(2010)称之为"开放式登录""关联式登录"和"选择式登录",孙进(2015)翻译为"开放式编码""轴向式编码"和"选择式编码"。在综合前人成果的基础上,本文将三种编码称为"开放式编码""主轴式编码"和"选择式编码"。

有新的、重要的信息出现"，可认为理论已经饱和。

本文最终选取9位教师（共计9课次）的"测评式翻转课堂"教学设计文本（教案），整理文字共计2.5万余字，作为数据基础（见表1）。

表1 "测评式翻转课堂"教学设计文本

文本编号	教师性别	教师职称	课程名称	章节名称	课程性质
A	男	讲师	运筹学	目标规划应用	专业课
B	女	副教授	WEB编程基础	HTML综合知识应用	专业基础课
C	女	讲师	数据库原理与应用	简单查询	专业课
D	女	副教授	机械制图与CADIII	图案填充、块与属性	专业课
E	男	讲师	计算机应用技术_Office高级应用	长文档编辑	专业基础课
F	女	讲师	商务英语函电	Revision of Business Negotiation	专业基础课
G	女	讲师	经济法	合同的订立	专业基础课
H	女	讲师	商务礼仪	形象礼仪	专业基础课
I	女	讲师	国际商务谈判	开局阶段的策略运用	专业基础课

（三）资料整理和分析

本文采取人工编码的方式，主要通过"开放式编码""主轴式编码"和"选择式编码"3个关键步骤，完成对资料数据的质性分析。在整个过程中，对每一教学设计文本，逐字逐句进行密集分析，通过文本收集—整理分析—文本补充搜集—继续文本整理的过程，不断循环往复，对原始资料进行抽取、梳理，寻找编码要素，直到单个教学设计文本不再出现新的编码要素；同时，为了保证结论的全面性、可靠性和有效性，当在后续搜集的资料中发现新的编码时，需要与已经形成的编码进行核对或组合，一旦出现新的类别或范畴时，则对原有形成的理论范畴进行修正，如此反复进行，直到不再出现新的类别或范畴，即达到理论饱和。

三、分析过程

(一)开放式编码:概念提取和初始范畴化

开放式编码,指将资料分成可操作的片段,探究其中所蕴含的思想,并赋予这些思想以概念名称的过程。包括 3 个步骤:①概念化,即提取原始文本中有关教学设计的内容(剔除诸如教学班级、授课地点、单纯的具体教学内容说明等内容),打散成独立的句子,提取编码要素,从而形成初始概念。在此过程中,剔除出现频次较低以及部分前后矛盾的概念,以保证编码过程的科学严谨;②概念分类,即对概念进行分析和筛选,通过反复比对、归类,把同一类属的概念聚集起来,分析词语间的联系,形成不同类属的概念集合;③范畴化,即在完成资料的概念化处理后,进一步分析各概念集合之间的逻辑关系,对概念集合进一步抽象并命名,得到初始范畴。开放性编码的示例见表 2。

表 2 开放性编码(示例)

原始资料①	概念化	初始范畴提取
B22:HTML 是网站项目建设过程中的第二步,应用于网站页面结构的设计。该内容为课程模块二的内容,要求学生熟悉 HTML 的常用标记,要求学生记住常用的标记	课程分析	前期分析
D7-8:重点和难点:图案填充命令的运用;块与属性的定义 F7:Key Points:Language Points F11:Difficulties:Writing Skills	重难点分析	
B23:学生对识记的内容往往不深刻,这样会影响应用能力的提升 D8:学生较好地掌握了 AutoCAD2014 软件的基础知识,对软件的运用有一定的熟练度	学习者分析	
A1:课前提供给学生的自主学习任务单,至少应包含提供给学生的学习资源、学习目标要求、学习活动建议、学习支持、学习拓展等方面 D10:在上学期的"机械制图与 CADII"的教学中,详细讲解了剖面线、表面粗糙度及基准符号的含义,这些知识点有助于学生对所学命令的运用场合有较清晰的认识	学习环境分析	

---

① 表 2 中,"B22"代表"编号为 B 的教学设计的第 22 个独立句子",以此类推。

续　表

原始资料	概念化	初始范畴提取
A17:掌握不同类型目标规划问题的数学模型建立方法 B17:掌握 HTML 常用标记及常用属性 C7:教学目标:掌握单表查询的所有知识点 D2:掌握图案填充、块与属性定义命令的使用	知识目标	
A19:培养学生利用目标规划解决实际问题的能力 B19:初步网页制作能力 C8:教学目标:培养学生使用 SQL 语句进行单表查询的能力 D4:能够熟练给图形填充图案和定义表面粗糙度、基准符号块	能力目标	教学目标设定
A20:培养学生规范的数学模型表达素质 B20:综合所学知识与技术解决问题的能力 C9:培养学生自学能力,为下一步学习 JSP、安卓等专业课打下基础 D5:培养学生自主学习和沟通演讲的能力,并能具有团队协作精神 G74:培养学生平等、公平、诚实、守信的规则意识	素质目标	

　　通过开放性编码过程,本文最终得到 418 条语句,并由此提取出 66 项初始概念和 20 项初始范畴(见表 3)。这 20 项初始范畴分别是:"前期分析""教学目标设定""任务安排""学习指导""课前告知""自主学习效果分析""课内外衔接设计""课堂教学设计""测试功能设定""测试形式""测试动线布置""结果评价主体""结果修正形式""课后拓展""课后巩固""评价模式""评价原则""评价方式""评价标准""评价技巧"。

表 3　范畴发展与质性编码过程

初始范畴(开放式编码)	主范畴(主轴式编码)	核心范畴(选择式编码)
前期分析;教学目标设定	前端准备	
任务安排;学习指导;课前告知	任务发布	课前自主学习
自主学习效果分析	课前评估	
课内外衔接设计;课堂教学设计	教学设计	
测试功能设定;测试形式;测试动线布置;结果评价主体;结果修正形式	课堂测试	课中深度学习
课后拓展	拓展学习	
课后巩固	巩固学习	课后拓展学习
评价模式;评价原则;评价方式;评价标准;评价技巧	评价体系设计	学习评价

(二)主轴式编码:主范畴提取

主轴式编码的主要任务,是对在开放式编码中形成的范畴加以精炼和区分,从已有的范畴中选择出最值得进一步分析的主范畴。本文通过对开放式编码进行提炼和区分,提炼出最能体现文本主题的主范畴,并与相关文本相互联系,检验其提取的真实性和可靠性,循环往复这个过程,不断合并次要范畴,精简主要范畴,进而形成 8 个主范畴,包括"前端准备""任务发布""课前评估""教学设计""课堂测试""拓展学习""巩固学习""评价体系设计"。

(三)选择式编码:核心范畴归纳

选择式编码,即在一个更高的抽象水平之上继续进行主轴式编码,目的在于找出核心范畴,使其他范畴"可以围绕着核心范畴得以归并和融合"。本文在对所有开放式编码、主轴式编码进行全面分析和整合的基础上,经过概括、提取概念的范畴和类属,最后归纳出四个核心范畴,即"课前自主学习""课中深度学习""课后拓展学习"和"学习评价"。范畴发展与编码过程如"表3"所示。

(四)理论饱和度检验

在本文研究中,当教学设计文本数量达到 7 个的时候,理论开始饱和,不再出现新的范畴,每个主范畴下也未发现新的概念。本文利用另外 2 份教学设计文本检验研究范畴的信度和效度发现,所提取的概念、范畴与前期的研究结论一致,且反复出现,没有形成新的概念和范畴,因此认为理论饱和度较好。

四、"测评式"翻转课堂教学模式的构建与释义

纵观上述,"课前自主学习""课中深度学习""课后拓展学习"三个相互联系、前后贯通、有机结合的环节,以及"学习评价",共同构建起"测评式"翻转课堂教学模式,其典型结构如图 2 所示。

前端准备

前期分析　教学目标设定　教学平台开发

课程分析　知识目标　平台资源配置
重难点分析　能力目标　学习资料
学习者分析　素质目标　练习题目
学习环境分析　　　　在线学习支持

课前自主学习

如何认知建构

任务发布

任务安排　学习指导　课前告知

课前学习内容　学习思路提示　课堂流程预告
课前学习目标　学习活动建议　课堂学习形式
课前学习要求　学习要点提示　课堂注意事项

课前评估

学习进度　任务完成度　目标达成度

自主学习效果分析

教学设计

课内外衔接设计　课堂教学设计

课外教学重心安排　课外教学重心安排
课内教学重心安排　课内教学重心安排
课内外教学衔接　课内外教学衔接

课中深度学习

如何理解掌握

课堂测试

评估测试（基础知识）
新知测试（基础知识）
提升测试（提高知识）
巩固测试（拓展知识）

测试方式

开放式
知识竞赛
教学游戏
自由讨论
案例分析

封闭式
单项选择
多项选择
判断正误
问答

根据需要灵活运用

耦合式
递进式
耦合递进式

测试动线

讲解补强——教师主导型评价
反思提升——学生主导型评价

拓展学习　巩固学习

课后拓展　课后巩固

拓展学习资料　学生自查自省
拓展题目　课后复习任务
拓展学习指导　课外社会实践

课后拓展学习

如何实践应用

学习活动的评价体系设计

评价原则　评价方式　评价标准　评价技巧

及时　师生单向评价　线上活动评价标准　避免雷同评价
量化　生生多向评价　课堂活动评价标准　
公平　师生多向评价　期末考核标准　避免"搭便车"
激励

形成性评价

过程性评价

反馈　反馈

学习评价

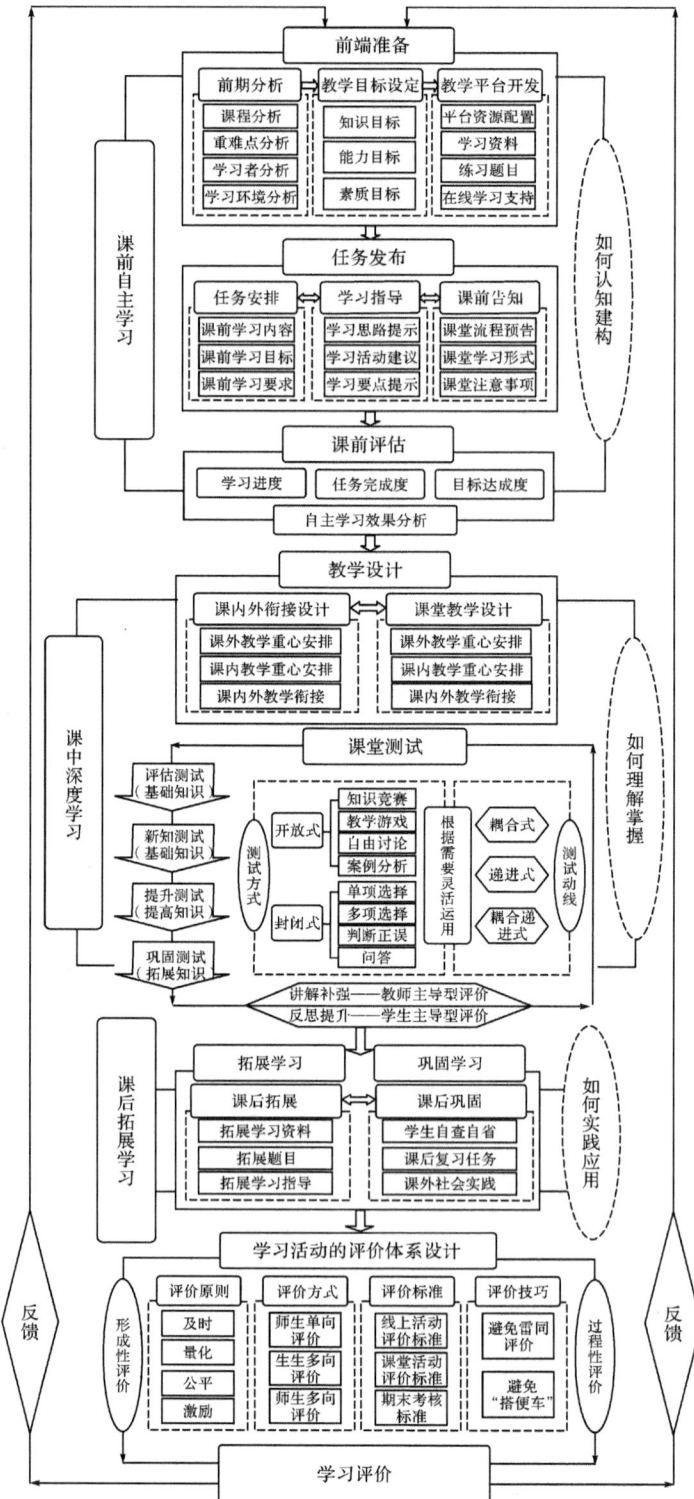

图2　"测评式"翻转课堂教学模式结构

（一）"课前自主学习"，以线上教学为平台

教师的主要工作包括：①前端准备；②任务发布；③课前评估。主要任务是梳理并发布问题，帮助学生通过自主学习实现初步建构，解决"学生如何认知"的问题；学生的主要任务是借助导学资源，完成在线测试。

1. 前端准备：是翻转课堂教学设计的开端，依次为"前期分析""教学目标设定""教学平台开发"

①前期分析，包括课程分析、重难点分析、学习者分析、学习环境分析。根据本文研究，"学习者分析"包括对学生的专业背景、先修课程、已有知识水平、心理发展水平、学习风格、就业要求、应用教学平台熟练程度等因素的分析，"学习环境分析"主要包括对教学平台系统功能、优质教学资源现状等的分析；

②教学目标设定，即在前期分析的基础上确定教学目标，具体包括"知识目标""能力目标"和"素质目标"三个层面；

③教学平台开发，根据本文研究，主要指根据教学目标制订教学计划，安排教学内容及呈现方式，并以学习资料（微课视频）、练习题目、在线学习支持（书目、相关网址）、平台资源配套（与翻转课堂教学内容相互呼应）等方式，对教学平台进行开发，从而使教学平台具备推送学习资料、记录学习过程、提供交互平台、在线测评反思、在线智能评价等功能。

2. 任务发布：包括"任务安排""学习指导""课前告知"

①任务安排，主要包括对课前学习的内容、拟达成目标、具体要求的安排与发布，保证学生目标明确、有的放矢；

②学习指导，主要包括学习思路提示、学习活动建议、学习要点提示，从而使学生有章可循、有"法"可依；

③课前告知，即教师在课前就课堂流程（如主要环节）、课堂学习形式（如活动规则、评价方法等）、课堂注意事项（如携带电脑）等进行告知，从而使学生对课堂安排充分知情、有备而来，保证课堂教学顺利完成。

3. 课前评估

课前评估，即教师在课前（通过平台统计数据），对学生的自主学习效果进行分析和评估，以便根据反馈对课堂教学设计进行调整和优化。根据本文研究，评估指标主要有"学习进度""任务完成度"和"目标达成度"。

(二)"课中深度学习",以课堂教学为平台

教师主要工作包括:①教学设计;②课堂测试。主要任务是帮助学生进一步理解、质疑、思考,就疑难问题解答、纠偏、补充、总结,回答"学生如何理解掌握";学生的主要任务是在知识初步建构(课前线上学习)的基础上,通过翻转课堂面对面学习活动,使知识得到内化,从而提高学习的质量,真正地掌握知识。

1.教学设计

根据本文研究,包括"课内外衔接设计"和"课堂教学设计"两部分。其中,"课内外衔接设计"的关键在于对课内外教学重心的"布局"及有机衔接;"课堂教学设计"的关键在于通过"多样化互动学习"(小组问答、小组讨论、小组辩论、案例分析、情景表演、实务模拟、教学游戏等),帮助学生加深对知识的内化理解。另外,学生分组方式(如随机分组、学生自愿结合等)、课堂教学载体选择(如教学软件"蓝墨云班课""超星")等,也是翻转课堂教学设计的"题中应有之意",直接影响翻转课堂的实效性。

2.课堂测试

课堂测试是"测评式"翻转课堂教学活动的核心环节,教师以"测评"为主线,综合运用多种"测试"策略,帮助学生把自主学习的知识迁移应用到知识测评(真实项目与实际问题)中;学生在特定情境(测评)中,借助教师和同伴的帮助,通过评价与修正,增进自我反思,实现深度思考,从而获得新知。根据不同视角,可以对"测试"策略做以下分类:

①根据测试功能设定不同,分为"评估测试""新知测试""提升测试"和"巩固测试"。其中,"评估测试",以"基础知识"为主要对象,通过测评,对学生的学习效果进行分析和评估,回答"效果如何"的问题;"新知测试",以"基础知识"为主要对象,通过测评,帮助学生掌握新知,回答"是什么"的问题;"提升测试",以"提高知识"为主要对象,通过测评,帮助学生在掌握新知的基础上,进一步理解、质疑、思考,回答"为什么"的问题;"巩固测试",以"拓展知识"为主要对象,帮助学生在自我思考的基础上,能够进一步独立反思、总结,实现知识巩固或拓展,回答"应该是什么"的问题。

以上测试活动,以"课前学习(认知与建构)—新知测试(评价与修正)—提升测试(碰撞与反思)—巩固测试(巩固与重建)"为教学行动主线,随着测试的

深入,帮助学生不断思考、深化理解,在"测"与"评"中,实现教学目标。

②根据测评形式不同,分为"封闭式测评""开放式测评"。所谓"开放式测评",答案具有开放性,诸如知识竞赛、教学游戏、自由讨论、案例分析等,旨在启发学生思考,鼓励反思和质疑;"封闭式测评"答案具有唯一性,诸如选择、判断、问答等,旨在考察对知识的认知和掌握,帮助学生进行自我检测。

③根据测试"动线"①布置不同,分为"耦合式测试""递进式测试""耦合递进式测试"。其中,在"耦合式测试"中,多知识点(知能点)整体推进,测试目标平行实现,测试"动线"呈平行态势,多适用于"评估测试"和"新知测试";在"递进式测试"中,单一知识点(知能点)单线推进,回环递进,测试目标唯一,多适用于"提升测试";在"耦合递进式测试"中,多知识点(知能点)按照平行"动线",整体推进,整体回环递进,多个测试目标平行实现,多适用于"巩固测试"。

④根据测试结果评价主体不同,分为"教师主导型评价"和"学生主导型评价"。前者由教师对测试结果进行评价,是一种教师单向评价,包括对学生在测试中暴露出的"薄弱点",进行重点解读和提升,帮助学生寻找问题和差距,分析原理;后者鼓励学生进行批判和反思,是一种生生多向评价,由学生对测试结果进行评价,包括学生互评和自我评价,从而在交流与分享中,促进碰撞与反思。

⑤根据测试结果修正形式不同,包括"教师讲解难点""教师总结""学生讲解难点""学生互相评价""学生自我评价""学生总结"等(见图 3)。

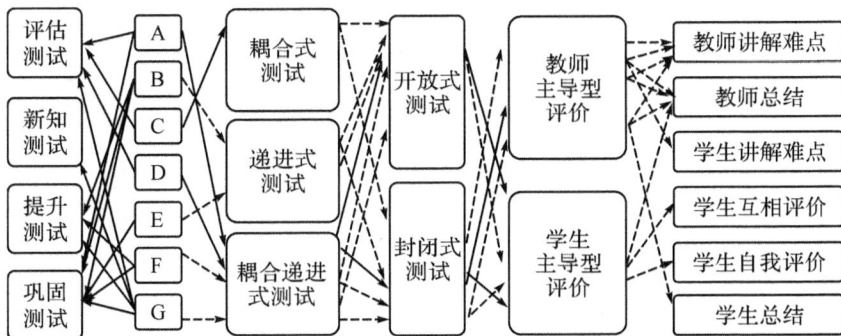

图 3　编号 A—G 样本资料"测试策略"选择

---

　　① 根据百度百科的释义,"动线"是建筑与室内设计的用语之一,指人在室内室外移动的点所联合起来的线。优良的动线设计,能够让进入到空间的人,在移动时感到舒服,没有障碍物,不易迷路。本文用"动线"一词,借指知识点(知能点)在测试活动中的推进轨迹。

以上"测试"策略均结合具体课程的特点和需要,具体问题具体分析,灵活适用。

(三)"课后拓展学习",即在课后进行知识巩固、自我检验、自我反思,解决"学生如何实践应用"的问题

本文发现,根据教学目的,可分为"拓展学习"和"巩固学习"两种,兼有线上和线下活动(根据教学需要而定),教学形式则灵活多样,不一而同。如"WEB编程基础"(编号 B 教学文本),要求学生登录网址"http://www.imooc.com/learn/9",完成"爱慕课网—第 2—5 章内容题目的交互练习,取得经验值"(课后练习),"课堂测试失分较多的同学在手机或电脑上查看成绩进行查漏补缺"(自查自省),"课堂知识应用这块得分较少的同学可以选择课堂上没有测试过的其他页面进行巩固练习"(课后练习),课后学习的目的明显在于知识巩固;又如"经济法"(编号 G 教学文本),教师通过安排学生"分组进入中小学校开展法律宣讲"(社会实践),综合锻炼学生的法律运用能力、语言表达能力、团队协作能力、社会交往能力、沟通能力等,从而达到拓展学习目的;再如"国际商务谈判"(编号 I 教学文本),教师要求学生"按照课堂分组,结合给定案例,模拟商务谈判一次",要求"场景布置、着装仪容、座位安排等符合商务礼仪,并在规定日期前以视频形式提交教学平台"(情景模拟),任务是整合商务礼仪和商务谈判相关内容,兼具巩固和拓展之目的。

(四)学习评价

根据本文研究,学习评价贯穿整个翻转课堂教学活动始终,旨在激发并利用学生的"胜负心理""荣誉心理""集体存在心理""成就心理"等,将学习效果与学生"利益"挂钩,产生"激励相容"效果,从而调动学生的积极性。

根据本文研究,评价体系由"评价模式""评价原则""评价方式""评价标准""评价技巧"组成:①"评价模式"为"形成性评价"和"总结性评价"相结合的双重评价模式。其中,"形成性评价"包括"课前形成性评价体系"(线上学习环节中视频学习进度、讨论交流表现等)、"课中形成性评价体系"(在线参与度、资源贡献度等)、"课后形成性评价体系"(课后任务完成度、实践活动的参与度、效果、第三方评价等);"总结性评价"主要包括线上课程测试和线下期末测试两个部分。②"评价原则":包括及时原则、量化原则、公平原则、激励原则等。③"评价

方式":包括"师生单向评价""生生多向评价""师生多向评价"。④"评价标准":包括线上活动评价标准、课堂活动评价标准、期末考核标准等。⑤"评价技巧":包括避免雷同评价(人情分)、避免"搭便车"等。如,为了保证公平,凡题目分配、任务分配等,均采取随机抽取的方式;又如,为了避免"人情分""一团和气、人人高分"现象,凡小组间评价及小组内评价,实行"最高分和最低分取消制""分差制"等;再如,为了避免"搭便车""抱大腿"现象,实行"分差制""淘汰制"等。

五、结论与讨论

(一)主要结论

本文借助扎根理论,深入一线课堂进行实地调研,通过对宁波财经学院教学设计文本(原始教案)的解析,在资料汇总和数据挖掘的基础上完成了质性分析,探讨了"测评式"翻转课堂教学模式,得到以下结论:

1. 采用扎根理论质性研究方法,通过开放式编码、主轴式编码、选择式编码过程,最终归纳出"测评式"翻转课堂教学模式的 4 项核心范畴:"课前自主学习""课中深度学习""课后拓展学习""学习评价";

2. "课前自主学习""课中深度学习""课后拓展学习"3 个教学阶段,可以用"课前—课中—课后"的"时间轴"分层描述,相互关联、相互影响,共同组成了"测评式"翻转课堂的教学流程;

3. "学习评价"贯穿于教学活动的全过程,是由"评价模式""评价原则""评价方式""评价标准"和"评价技巧"等组成的有机体系,旨在将学习效果与学生"利益"挂钩,产生"激励相容"效果,从而调动学生的积极性,保证教学的实效性。

(二)启示

本文从资料入手进行归纳分析,在逐步提炼和形成理论的过程中,获得以下教学启示:

1. 阶段不同,定位各异

经分析发现,"课前自主学习""课中深度学习"和"课后拓展学习"3 个不同

阶段,其功能定位和对教师的考量重心各有不同。其中:

"课前自主学习"是"测评式"翻转课堂顺利开展的前提和基础,教师根据"前端准备"进行"任务发布",进而完成"课前评估",主要任务是帮助学生在自主学习中实现知识初步建构。这就要求教师能够对课程定位、教学重难点、学生特征、学习环境等进行准确分析和把握,并在此基础上对教学平台进行针对性开发,帮助学生完成线上"第一次学习"。不难发现,"课前自主学习"以"认知与建构"为功能定位,主要考量教师的引导能力。

"课中深度学习"是"测评式"翻转课堂教学活动的核心和关键,教师根据"课前评估"进一步优化"课堂教学设计",并开展"课堂测试",主要任务是聚焦并解决问题。这就要求教师不仅能够合理进行课内外"布局"及有机衔接,更能选择恰当的"测试"策略并通过"多样化互动学习"完成课堂测试,从而帮助学生加深对知识的内化理解。因此,"课中深度学习"以"评价—修正—提升"为功能定位,主要考量教师的课堂把控能力(包括教学活动设计能力、课堂组织能力、时间掌控能力、现场调度能力、突发状况应对处置能力等)。

"课后拓展学习"是"测评式"翻转课堂教学活动的延伸和拓展,教师根据学生课堂表现,提供测试资源和学习指导,帮助学生通过自查自省、完成课后作业、参加社会实践等,完成知识巩固和拓展。整个过程既是学生对知识的深化、巩固过程,又是学生对"多能力"和"多渠道"信息的整合、重建过程,因此,以"巩固与整合"为功能定位,主要考量教师的教学创新能力。

2.需求决定策略

"课中深度学习"阶段的"课堂测试"环节,是"测评式"翻转课堂教学活动的核心环节,教师综合运用多种"测试"策略,帮助学生把知识迁移应用到测评中,通过评价与修正获得新知。如前所述,"测试"策略至少存在功能设定、测试形式、动线布置、结果评价主体和结果修正形式等五个观察视角。根据本文对编号 A—G 样本资料的研究,在不同课程的不同"教学场",教师根据具体教学内容和教学需要所做出的具体策略选择和"组合",大不相同(见图3),"课堂测试"成为最能体现教师"匠心独运"和教学设计差异化的环节,即教学需求决定教学策略。

3.帮助比要求更重要

如前所述,在"课前自主学习"阶段,教师的工作包括三个环节,即在"前端准备"的基础上,向学生进行"任务发布",进而对学生的自主学习效果进行"课前评估"。关于主范畴"任务发布",本文在开放性编码过程中共获得 9 个初始概念和 3 个初始范畴(见表 4),其中,2/3 的初始概念和初始范畴指向"学习帮助",指向"学习要求"者仅占 1/3。不难发现,在"课前自主学习"阶段,教师的主要任务是梳理并发布问题,更多地通过提供"学习帮助"而非"学习要求",帮助学生完成自主学习。也就是说,"任务发布"不仅仅指"学习内容指示",还包括"学习路径指引"和"学习方法指导",应该成为学生"起步的基石、远行的向导和攀登的阶梯"。

表 4　主范畴"任务发布"编码过程

	初始概念	初始范畴	主范畴
学习要求	课前学习内容	任务安排	任务发布
	课前学习目标		
	课前学习要求		
学习帮助	学习思路提示	学习指导	
	学习活动建议		
	学习要点提示		
	课堂流程预告	课前告知	
	课堂学习形式预告		
	课堂注意事项		

4. 大处着眼,小处着手

翻转课堂教学设计,不仅要求教师"胸中有丘壑",能够从大处布局,更要求教师"胸中有细节",能够于小处着手。本文在开放式编码阶段,根据原始文本中"采用测评式课堂进行教学。课堂测试:给定中等复杂程度的盘盖类零件,在规定的时间内完成上交""结束测试,在电脑上打开云班课,分析统计结果,查看某个班级同学整体测试情况""学生下载应用测试的素材及要求,云班课上开放'作业任务'活动(5 分钟)""手机上打开蓝墨云班课,找到课程中的相应作业任务活动,开始计时,80 分钟""随机抽取同学完成任务单上的题目并进行讲解,任务单一共有 30 多道查询,一大半的同学将被抽到。主动讲解的同学将获得 3 点经验值的奖励,被老师抽到的同学只能获得 2 点经验值的奖励,回答错误的同学也可获得 1 点经验值的奖励""各组将答案书写在小题板上……各小组自带抹布""以小组为单位自备笔记本电脑"等语句,提取到"课堂流程预告""课堂学习形式预告""课堂注意事项"等三个概念,并得到初始范畴"课前告知"。不难发现,"课前告知"的内容,往往"禀芥豆之微",却"成作用之大"。如"各小组自带抹布"(擦拭答题板),如未事先要求,势必给教学秩序带来不必要的混乱,影响课堂进度。

(三)建议

经过理论饱和度检验,"测评式"翻转课堂教学模式具有较好的适用性,可以为翻转课堂教学改革提供有针对性的设计思路和实施路径,为一线教师提供具有可操作性的教学范式。本文提出以下建议:

1. 教师层面:"合适的,就是最好的"

"翻转课堂"教学设计,应结合具体课程的课程特点、教学目标、学生认知能力、教学平台硬件条件等,具体问题具体分析,灵活设计运用,形成多样化的翻转课堂"教学生态",不应设定和拘泥于"整齐划一""固定不变"的模式和步骤。

2. 学校层面:不宜"用一把尺子衡量"

①教学管理机制"灵活化",即在课时安排、课程考核方式、教学环境等方面,管理机制应更加灵活、宽松,根据教学的实际需要,给予教师必要的、合理的"政策空间",尤其是"课后拓展学习"阶段采取社会实践、课外实践等形式的,教师则对课内外课时量的分配、实践课时所占比例的政策诉求比较强烈。

②教学评价体系"差异化",即根据翻转课堂不同的组织形态,制定差异化的教学评价标准,不宜"一刀切"。如针对"汇报式"翻转课堂的"学生团队合作"评价指标(包括小组合作讨论情况、汇报任务完成情况、课堂交流情况、PPT 制作能力等),很显然不适用于"测评式"翻转课堂。

六、结　语

本文的研究贡献在于以下方面:第一,理论贡献。本文从翻转课堂组织形态角度,总结了"测评式"翻转课堂的概念和基本理念,同时还在编码过程中提炼出了新的概念与范畴,丰富了国内"翻转课堂"教学模式研究。第二,研究方法创新。目前,国内对"翻转课堂"教学模式的理论研究居多,实证研究偏少,容易让研究者忽视真实的教学情境,使研究成果难以"接地气"。本文在研究方法上选用了扎根理论质性研究方法,深入教学情境之中,对翻转课堂教学模式进行了深度的探索与研究,能更好地对真实教学活动进行探索与分析。第三,服务一线教学实践。本文基于对"测评式"翻转课堂教学设计的扎根分析,经过提炼、归纳,构建出"测评式"翻转课堂教学模式,并就各个部分和环节进行了具体释义,为一线教师提供了具有较强可操作性的实践范式,有助于翻转课堂教学模式的推广应用。

本文存在的不足在于:第一,不同高校的人才培养目标、专业设置、课程设置、教学管理模式、教学评价方式等存在差异,因此,若基于不同高校的扎根理论材料进行研究,可能部分概念类属、范畴会有差异,其理论饱和度有待进一步验证;第二,本文从教学设计文本内容方面对"测评式"翻转课堂教学模式进行分析,仅揭示了教师对教学活动的组织和设计,不能反映学生对教学活动的体验和感受以及师生间的互动和交流,具有一定的局限性;第三,单人操作,在概念化和范畴化过程中可能存在一定的主观性。

本文采用扎根理论方法得到的"测评式"翻转课堂教学模式具有一定的局限性,今后需从以下几方面进行深入探讨:首先,通过不同途径获取资料,并采用多人平行操作、比对结果、校验结果的方式降低编码过程中的误差;其次,通过实证研究,对"测评式"翻转课堂教学模式各因素的相互联系进一步验证或修正;再次,结合"测评式"翻转课堂教学模式中的初始范畴设计问卷,就学生对教学活动的体验和感受进行深入研究。

参考文献

[1] 丁建英,黄烟波,赵辉.翻转课堂研究及其教学设计[J].中国教育技术装备,2013(21):88-91.

[2] 王静.翻转课堂模式的发展历程综述研究[J].教育研究,2016(6):158-159.

[3] 卓秀霞.近五年国内翻转课堂研究文献综述[J].考试周刊,2018(19):7-8.

[4] Glaser B,Strauss A.,The discovery of grounded theory:strategies for qualitative research[M].Chicago,IL:Aldine Press,1967:18-48.

［5］陈向明.扎根理论的思路和方法［J］.教育研究与实验,1999(4):58-63.

［6］范明林,吴军.质性研究［M］.上海:上海人民出版社,2009:14-22.

［7］伍威·弗里克.质性研究导引［M］.孙进,译.重庆:重庆大学出版社,2011:78,248.

［8］文军,蒋逸民.质性研究概论［M］.北京:北京大学出版社,2010:226.

［9］王艳,郭清霞.基于扎根理论的武汉市旅游亲和力构成研究［J］.地域研究与开发,2017,36(6):98-103.

［10］高军,马耀峰,吴必虎.外国游客感知视角的我国入境旅游不足之处——基于扎根理论研究范式的分析［J］.旅游科学,2010,24(5):49-55.

［11］孙晓娥.扎根理论在深度访谈研究中的实例探析［J］.西安交通大学学报:社会科学版,2011,31(6):87-92.

［12］邹永广,林炜铃,郑向敏.驴友旅游安全事故成因机理研究——基于扎根理论范式的质性分析［J］.旅游科学,2014,28(3):76-86.

［13］朱丽叶·科宾,安塞尔姆·施特劳斯.质性研究的基础:形成扎根理论的程序与方法［M］.朱光明,译.第3版.重庆:重庆大学出版社,2015:170-171.

［14］张天问,吴明远.基于扎根理论的旅游幸福感构成——以互联网旅游博客文本为例［J］.旅游学刊,2014(10):51-60.

［15］伍威·弗里克.质性研究导引［M］.孙进,译.重庆:重庆大学出版社,2011:251,253.

［16］邵将.2017-7-7."恋爱的故事"——合同订立的一般程序(浙江省2017年微课教学比赛参赛作品)［EB/OL］.［2018-08-7］http://www. wcourse. cn/webindex/Playvido. aspx?id=9cfbe875-696d-4d94-915e-199cc67143d7.

◎融入思政元素的计算机专业课程教学研究

——以"数据结构"课程为例

邵　煜[①]

摘　要：对当代大学生来说，世界观、人生观、价值观的认识还未真正稳定形成，当三观受到冲突、碰撞、摩擦时，教师的任务就是要将主流意识形态以正能量的方式传递给学生，从而起到"启明心智、引导三观"的作用。探索融入课程思政理念的混合式教学模式，将其实践于"数据结构"课程中。

关键词：课程思政；社会主义核心价值观；教学模式；数据结构

党中央历来就高度重视教育问题，提高高校教育质量刻不容缓，而作为教育培养目标之一的思想政治教育同样不容忽视。2016年12月，习总书记在全国高校思想政治工作会议中强调，高等教育的核心问题，就是坚持把立德树人作为中心环节，做到把思想政治工作贯穿教育教学整个过程，真正实现全员育人、全过程育人、全方位育人。

目前高校教学普遍将重点偏向于对学生专业性和技术性的培养，存在思政理论课程相对分量较轻，开设思政课程时间跨度不够长等问题。而对于专业课，虽然在教学大纲中除了知识与能力目标外，还对应有素质目标，但真正与思政教育内容结合度并不高，可以说忽略了思政教育这一重要内容。课程思政这一理念最早在上海提出同时最早应用于上海各大高校中，教育工作者正致力于

---

①　邵煜，宁波财经学院讲师。

探索构建全员、全课程的大思政教育体系，而我们的老师接触并认识到这一理念的时间不长，思政融入课程教学处于摸索阶段。

一、目前课程存在的主要问题

思政的单一化，让学生失去对思政课程的兴趣，甚至逃避此门课程的教学。思政课是提升学生品德及修养的主渠道，其教学对学生树立正确三观起着引领作用，其重要性毋庸赘述。但长期以来，思政课教学效果一直难以提高，主要体现为思政课的实用性、重要性难以直接体现出来。

专业课程的专业化，没有将人文、思政等因素融入其内，课程思政理念是将思政教育融入其他非思政课的教学中，让学生于专业课学习中潜移默化地接受了一些思想。当前高校专业教学中忽视了对学生的思想道德教育和正确价值观、科学精神的养成。往往是学生发生问题后，学校才通过谈话来教育，通过各种处分的方式来约束学生，并不能防患于未然。全员育人、全过程育人、全方位育人才是真正的教育，使学生能确立正确的世界观、人生观和价值观，减少各种犯错误的可能性。

学生没有课程思政的理念，教师对思政课程也知之甚少，不知如何贯彻到专业课程教学中。目前课程思政建设仍处于探索阶段，课程育人理念还需要不断深入人心。在教育教学实践中，仍有部分教师的课程思政教育观念还未形成，政治意识较弱，实施德育能力欠缺，课程的教学内容与思政教育脱节，教育改革创新能力和思政资源整合能力有限。另外，专业课程教学内容本身安排较满，没有多余时间来开展思政教育，因此思政教育要么被忽略，要么成为"花架子"。

二、德育目标设计与改革思想路径

(一)专业课程的特点

"数据结构"课程作为计算机科学与技术专业的基础课，主要研究非数值型数据对象的定义、表达及其有关操作，讲述数据结构的基础原理和技术。学生必须掌握扎实的专业知识和专业技能,同时具备良好的职业道德、健全的人格品质、正确的价值取向。但现状却是学生的思政教育主要依赖于思政课程,专业课只传授专业知识和技能,忽视了其在思政教育中的重要作用,致使在实际工作中可能出现价值取向偏离、缺少职业道德、利益至上等问题。融合"课程思政"理念,通过改革,需要进一步顺应时代,完善教学资源,同时围绕"知识传授与价值引领相结合"的目标,积极探索并实践"思政课程"向"课程思政"转变,在进行教学改革的同时,将思政融入教学的各个环节。

(二)专业课程的德育内涵

社会主义核心价值观是社会主义核心价值体系的内核,在党的十九大报告中强调了社会主义核心价值观和思想道德建设的重要性。高校是社会主义接班人在进入社会前培养的最后一关,培养大学生社会主义核心价值观责无旁贷,而高校教师作为知识传授和思想交流的主导者,在社会主义核心价值观的教育中具有非常重要的作用。

按照"办好中国特色社会主义大学,要坚持立德树人,把培育和践行社会主义核心价值观融入教书育人全过程"的根本要求,让思政教育从"专人"转向"人人",使得每门课程都包含思政教育,使得每位教师都能起到育人作用。在学科资源、学术资源中加入育人元素,从而探索出新的教学模式。

(三)专业课程的德育改革思想路径

作为一线教师,笔者希望探索出融入课程思政的混合式教学模式,为信息类课程下阶段的大思政体系的开展起到抛砖引玉的作用。对"数据结构"这一门课注入课程思政,进行初步尝试,其具体改革路径如图1所示。

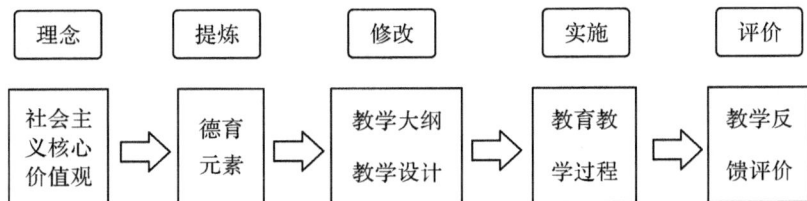

图1　改革思想路径图

首先是充分发挥课程的育人价值,深入挖掘提炼其中所蕴含的德育元素和功能。其次是修改课程教学大纲,加入课程思政教学目标。积极研究探索课程课内课外等各教学环节中的素质教育,将思政教育融入全课程中,融入教育教学的全过程中。以蓝墨云班课为思政教育平台,因其活动形式多样,教师学生使用方便,同时兼具数据分析能力等诸多特点。把课程思政目标付诸实践,在课程中讲究教学策略和效率,从而潜移默化地渗入思政教育教学,最后探索出融入课程思政后新的教学反馈评价机制。

三、德育改革的主要内容

从修订人才培养方案,完善融入课程思政的教学大纲开始,到运用新媒体技术,采用混合式教学方法实施教学,建设含有课程思政元素的课程资源库,使其具有良好的分享、辐射功能。具体改革内容如下:

(一)教学目标的改革

教学目标是实践课程思政教学的起点亦是终点,正确、完善的教学目标能更加明确所需达到的教学效果。在制定课程思政教学目标时,以培育和践行社会主义核心价值观为核心,在原有的知识目标、能力目标和素质目标中添加课程思政目标,从日常各个环节的要求来培养学生各方面的品质。

1.诚信:通过监督和坚持平时作业和翻转任务的完成情况,强调诚信的重要性,不偷懒、不抄袭。

2.认真:课前认真预习,特别是翻转教学时能够认真完成课前学习任务单,课内认真参加课堂讨论、课堂练习,课后认真完成课后作业。

3.严谨:算法设计一定要有严谨的态度,能够从各个不同的角度测试并衡量算法的正确性和高效率。

4.包容:针对同伴之间出现的问题,或者偶尔的不和谐,要鼓励同学们用包容的态度去对待问题。

5.坚持:算法的学习需要坚持到底的努力,每一次进步都给予鼓励,坚持每周进步一点点。

6.友善:分组的同时,鼓励小组间相互学习,同伴之间形成互帮互助、友爱团结的氛围。

其目标的实现通过三方面使思政教育融入教育教学的全过程。自身素养包括无形教育、品格影响和精神品质这 3 大块，并将这 3 大块融入教育教学的全过程。无形教育包括政治素养、人格魅力、言谈举止；品格影响包括坚毅果敢、创新意识、包容胸怀；精神品质包括爱岗敬业、公平正义、诚信友善。

自身素养的形成在日常教育中逐渐渗透，比如：要求学生写代码需严谨；诚信做作业；在小组合作时贯彻包含、自由、合作精神；在实践课中提倡坚持；在小组汇报时提倡相互尊重等。

（二）教学内容的改革

教学内容是在专业人才培养过程中提升学生专业知识和专业技能的重要因素。根据课程的特性，从课程各个知识点的角度重新整理、提炼课程思政要素，使学生通过课程的学习培育社会主义核心价值观，实现课程思政成效最大化。

1.队列：将数据结构中的队列与现实生活中的队列结合，理论联系实际，传达文明的重要性。在校遵守校纪校规，在企业中遵守企业的规章制度，在社会中遵纪守法。

2.堆栈：针对堆栈只能在一端进行进栈和入栈的特点，传达日常生活中严谨的要求。

3.单链表：针对单链表单向访问的特点，表达头指针的重要性，同时也给学生起好带头作用，不忘传递正能量。

4.算法效率分析：从算法效率的时间和空间两个角度进行分析，当两者不能兼顾的时候，根据实际情况选择更重要的角度来思考问题，向学生传达包容在生活中的重要性。

5.查找：数据的查找，先确定目标，然后可通过各种方式达到目标，无论方式如何，能否"坚持"尤为重要。

6.最小生成树：通过最小生成树的案例，向学生传达人与人之间合作的重要性，同时养成互帮互助、友爱团结的品质。

能举出的例子还有许多，这些只是其中一部分。改革后的教学内容形成一套完整的含"课程思政"内涵的数字化教学资源库。该资源库本着框架完整、内容清晰、便于学习的原则进行搭建。借助于蓝墨云班课平台，搭建题库、资源库、活动库 3 大模块。资源库中创建各个小类，有时政、热点、杂谈、人物谈等，采用定期、不定期方式进行资源更新,通过经验值鼓励学生课外参与。课堂内可在开课时抽出 5 分钟时间来点评与讨论资源库中话题。这种方式除开展思政教育外,还能更快地吸引学生,将学生专注力放在课堂内,更快地调整至上课状态。

(三)教学方法的改革

教学方法上,在原有的翻转课堂、对分课堂等教学改革基础上,进一步融入课程思政理念,借助互联网的线上教学和课堂的线下教学,打造融入课程思政的混合式教学模式,从各个角度全面培养合格的、高素质的大学生。

借助互联网,打造教学实践平台,将课堂与生活相结合、课内与课外相结合、理论与实践操作相结合、专业与能力相结合,把教学实践打造成为渗透隐性思政的重要阵地。从素质教育、中华优秀传统文化等视角,将育人要求和价值观教育内容融入专业课教学体系,做到教育与教学的有机统一。

(四)考核方式的改革

课程的思政考核评价是了解与检验思政教育在专业课教学过程中教学效果的有效方法之一。采用多元化考核评价标准,是实现思政元素融入专业课的一个有效载体。以"数据结构"课为例:

1.制作考核标准

在制定考核评价标准时,从专业岗位能力出发,将多元化考核评价标准贯穿于整个教学过程。具体的考核标准如下:

(1)出勤和学习态度的考核。

通过蓝墨中的一键签到、手势签到等多样化的形式进行考核。

(2)教学过程中通过"蓝墨云班课"平台实现线上线下的混合式教学。

在教学过程中,积极运用"云班课"中的投票/问卷、头脑风暴、答疑/讨论、测试等功能,不仅可以打破传统课堂较为"安静"的学习氛围,同时增加师生间、生生间的课堂互动,从而活跃课堂气氛,提高学生的课堂参与度,最终增强学习效果。

(3)课程作业实施和评价具体化。

根据教学内容布置作业/小组任务,布置的任务中包含专业知识、行业信息推送等,形式有教学视频、相关论文资料、项目源程序等,使学生更多地了解行业发展动态,拓宽专业领域视野。

（4）提高团队合作能力。

作业/小组任务中除基础任务必做外,还加入"拓展任务"选做,通过激励机制,鼓励学生发挥创造力和想象力,激发团队合作精神。

2.细化考核模块的成绩比例

结合课程思政元素,从职业素养出发,借助"蓝墨云班课"平台实施课前预习到课中学习再到课后测试,线上线下考核有机结合。

成绩评估:总成绩(100%)=平时考核50%＋期末考核50%

平时考核成绩(100%)=学习成果50%＋实验完成情况20%＋学习过程参与30%

学习成果(100%)=单元测试20%＋小组汇报60%＋总结报告20%

学习过程参与考核个人,从职业素养、自身素养出发,考核每个学生的无形教育、品格影响和精神品质,对应企业实践则为爱岗敬业精神,培育和践行社会主义核心价值观。

小组汇报考核小组,考核学生的学习能力、创新能力、语言组织表达能力、文献检索能力、团队合作能力等。

3.调查问卷反馈认可度

每一学期开学,在第一堂课课程介绍时将课程的多元化考核标准的 PDF 文件发给每个学生,使学生明确该课程教学目标。在课程结束前,通过网上投票形式,对每位学生进行调查问卷。以 2017 级计算机专业所授 3 个班为例,参与调查一共 121 人,数据体现出学生对于课程中隐性的思政元素熏陶的认可程度,调查问卷部分数据汇总如下:

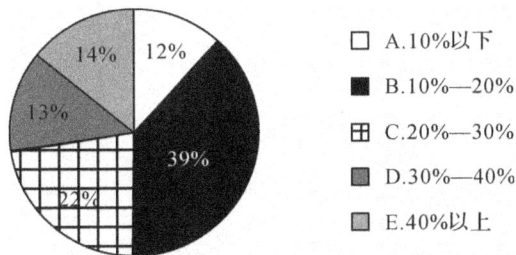

图2　课堂上有关中国的话题、素材等占总课堂教学内容的比例

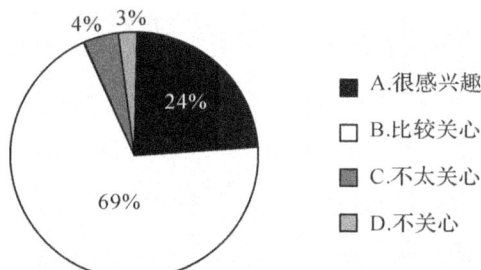

A.很感兴趣
B.比较关心
C.不太关心
D.不关心

图3 对于课堂学习中涉及的时政类话题,你的态度

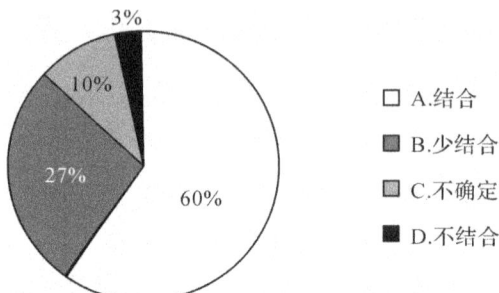

A.结合
B.少结合
C.不确定
D.不结合

图4 教师在讲授专业知识的同时是否结合了中国的具体国情、案例等

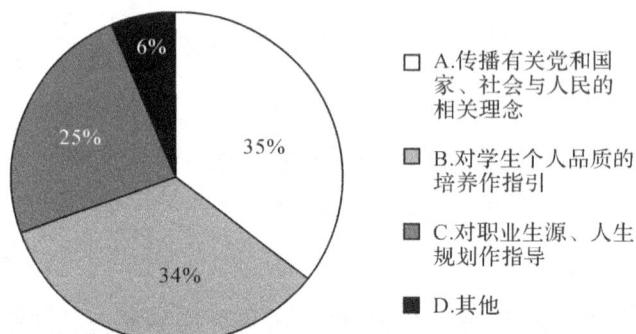

A.传播有关党和国家、社会与人民的相关理念
B.对学生个人品质的培养作指引
C.对职业生源、人生规划作指导
D.其他

图5 教师在专业课教学中,除传授专业知识外,还会……

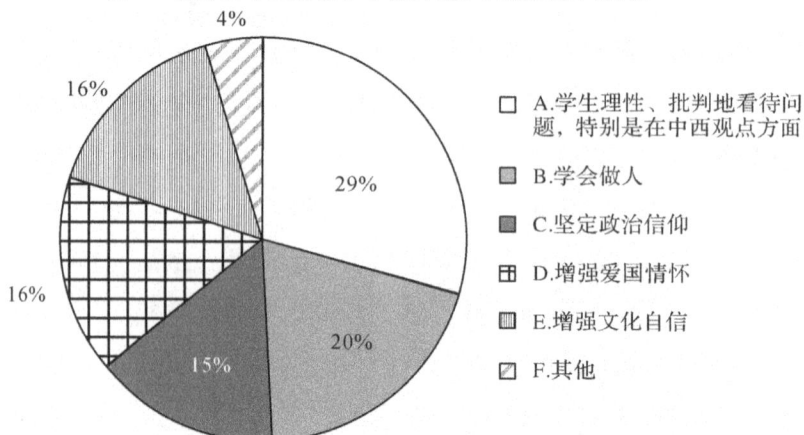

A.学生理性、批判地看待问题,特别是在中西观点方面
B.学会做人
C.坚定政治信仰
D.增强爱国情怀
E.增强文化自信
F.其他

图6 (多选)除专业知识的习得外,你在专业课上更大的收获

四、小　结

教师在培养学生时,除传授学科知识外,更重要的是育人,也就是让学生树立正确的世界观、价值观、人生观。"根深才能叶茂,立德才能树人",从"思政课程"向"课程思政"转变,其宗旨在于将知识传授与价值观引领紧密联系在一起,运用理想信念、社会责任、政治信仰、价值取向、榜样模范等一系列内容,融入社会主义核心价值观教育,从而使学生的整体素质得到不断提升,培养全面发展的人才。

参考文献

[1] 仲丽萍.试论新形势下高职院校思政课教学改革[J].宁夏教育,2017(4):51-52.

[2] 何衡.高职院校从"思政课程"走向"课程思政"的困境及突破[J].教育科学论坛,2017(30):27-30.

[3] 吕玉龙,屠君.基于艺术设计专业的高职课程思政实践途径探究——以浙江农业商贸职业学院艺术设计专业为例[J].兰州教育学院学报,2017(10):91-93.

[4] 高德毅,宗爱东.课程思政:有效发挥课堂育人主渠道作用的必然选择[J].思想理论教育导刊,2017(1):31-34.

[5] 朱梦洁."课程思政"的探索与实践——以专业课为视角[D].上海外国语大学,2018.

[6] 芮宝娟."多元化"考核评价体系在课程思政教学改革中的应用实践——以"国际海运代理实务"为例[J].科教导刊(下旬),2019(8):54-55.

◎基于 ARCS 模型的翻转课堂教学模式研究

吴丽果[①]

摘　要:翻转课堂教学模式强调在学习过程中发挥学生的中心地位,注重知识的学习与实践,其成功运用与否取决于学生的学习兴趣与主动性,ARCS 模型则为该问题的解决提供了保障。本文通过对管理类翻转课程现状的分析并结合相关研究和问卷调查,提出了以"翻转课堂基础准备阶段(3 点)→翻转课堂具体实施阶段(3 点)→翻转课堂评价总结阶段(3 点)"为主线的基于 ARCS 模型的翻转课堂教学模式。

关键词:翻转课堂;ARCS 模型;布鲁姆教育目标分类法;PBL 教学法

翻转课堂译自"Flipped Classroom",主要指重新调整课堂内外的时间,将学习的决定权从教师转移给学生。对于管理类课程而言,因其学科的系统性和综合性等特点,如果只是拘泥于教学大纲和教材而按部就班对理论知识进行讲解与学习,即使运用了翻转课堂模式也不利于学生对所学知识的综合运用。

针对此,本文以 ARCS 模型和问卷调查结果为基础,同时结合布鲁姆教育目标分类法、PBL 教学法等相关理论,对翻转课堂教学模式全过程(目标—内容—活动—评价—总结)进行重新设计,提出了以"翻转课堂基础准备阶段(3 点)→翻转课堂具体实施阶段(3 点)→翻转课堂评价总结阶段(3 点)"为主线的基于 ARCS 模型的翻转课堂教学模式,通过凸显学生的中心地位从而实现其

---

① 吴丽果,宁波财经学院讲师、硕士。

有心向学与学有所用。本研究的意义主要体现在以下3个方面：

（1）鼓励思考探索，提升自主学习能力。翻转课堂教学模式作为一种创新型教学模式，将在很大程度上提升教学水平和教学效果。同时，翻转课堂教学模式注重认知主体主观能动性的发挥和自主学习能力的培养，这十分符合当今时代发展的需要，是较为理想的教学模式。

（2）提升个人素质，培养创新创业精神。翻转课堂教学模式能够为全面开展素质教育、培养创新型人才奠定坚实基础。翻转课堂教学模式是"以学生为中心"，突出了学生在教学过程中的主体地位，改变了过去以教师为中心的传统教学模式，充分张扬了学生的个性。

（3）增加实践环节，提高应用实践能力。翻转课堂教学模式能有效提升学生参与市场竞争的主动性及自主择业能力。翻转课堂教学模式开拓了一种新的教学模式，从而把学生从"读死书、死读书"中解放出来，实现了"为了应付考试到我要学习"的转变，充分激发了学生学习的热情和激情，提高了学生的自主思考及实践能力等。

一、目前管理类翻转课程所存在的问题

为了深入了解翻转课堂中学生的学习效果及影响其学习效果的主要因素，本人首先运用焦点小组访谈提取5大翻转课堂要素（翻转主题、翻转形式、教学活动、活动安排、学习评价），并据此设计调查问卷且选取了工商管理专业2015级和2016级共158名学生作为调查对象。在对调查问卷结果进行分析时，可以看出管理类课程翻转课堂目前存在的主要问题有：

（一）翻转主题衔接不足

虽然所调查课程都有翻转项目的设置，但是部分课程并没有事先下发整学期的翻转任务清单（58.54%）且各个翻转项目之间缺乏相互支撑（51.22%）。另外，虽然部分课程提前下发了翻转任务清单，但是教师事先没有详细说明且在翻转课堂实施过程中没有层次性递进性的体现（56.38%）。这就造成大部分学生对翻转课堂没有一个系统清晰的认识，同时对翻转项目开展的目的没有进行深入了解，从而影响其学习动机。

(二)翻转形式缺乏学生参与

53.66%的学生认为目前管理类翻转课程形式较为多样化,能够融合成果展示、情景模拟、项目训练等,且能够对不同翻转项目进行区分并选取不同的翻转形式。但是82.3%的学生认为翻转形式的确定较为重复且还仅限于教师提前确定,学生并没有建议权和决定权。

(三)教学活动灵活性不足

翻转课堂实施过程中,虽然课堂看似以学生为主,但是各个环节的设计主要为教师提前设计(24.39%),学生部分参与设计(59.76%)且较为简单,这样就造成学生完全按照或者部分按照计划参与其中,并没有课堂主人的真正意识。

(四)活动安排过于流程化

在翻转课堂实施过程中,影响学生课堂学习效果的因素主要有5个方面,依次为:班级氛围(82.93%)、课堂参与(73.17%)、翻转主题(63.41%)、自身情感(42.68%)、活动组织(41.46%)。从中可以看出,班级整体氛围和学生自身情感对于翻转课堂效果有着重要影响,同时学生也较为希望在翻转课堂的各个过程中有自己的话语权和决定权,而目前活动安排较为流程化,对学生情感性因素考虑不足。

(五)学习评价体系有待完善

通过分析调查问卷结果,可知学习评价的主要影响因素有5个方面,依次为:公平公正(68.29%)、教师评价(68.85%)、多方评价(58.54%)、透明公开(54.88%)、即时打分(51.22%)。目前翻转课堂在开展时虽有些课程采取多方评价,但评价主体的选择还缺乏公平公正透明,同时评分存在滞后缺乏激励性且对反思总结重视程度不够,造成大部分学生并没有对翻转成果进行修改与完善。

通过以上5大方面的问题,可以发现这些问题的根源其实是翻转课堂还未能真正"以学生为中心",没有激发学生的学习动机,缺乏学生的全过程参与,进而不能很好地维持学生的学习兴趣与学习热情,让其有心向学。同时,翻转课堂在开展过程中未能构建有效的翻转体系并将翻转作用传递给学生,让其明白学有所用。

二、相关理论对构建高效翻转课堂的重要性分析

在翻转课堂实施过程中,通过教学全过程的设计来激发与维持学生的兴趣,从而真正体现其中心地位是翻转效果的重要保障,这与 ARCS 模型的目标相一致。结合布鲁姆教育目标分类法,如何将低阶思维的训练(记忆、理解)转移至课前自主学习,课中则对高阶思维(应用、分析、评价、创造)加强训练是实现高效翻转课堂的重中之重。而将 PBL 教学法融合进翻转课堂教学模式,能够有效设置环环相扣的翻转项目并凸显对学生应用分析创新能力的培养和提升。

ARCS 模型是由美国佛罗里达大学的 John M Keller 教授于 1987 年提出的一个激发与维持学生学习动机的模型,可分为 4 个方面:一是注意(Attention),主要包括直觉唤醒、激发探究及维持注意;二是相关(Relevance),也就是关联性或相关性;三是自信心(Confidence),主要体现在合适目标和期望的设定;四是满足(Satisfaction),主要指的是完成任务后的满足感。在翻转课堂实施过程中,通过教学全过程的设计来激发与维持学生的兴趣从而真正体现其中心地位是翻转效果的重要保障,这与 ARCS 模型的目标相一致。

布鲁姆教育目标分类法把教育目标分成 3 个领域,即认知领域、情感领域和动作技能领域,在每个领域中都按简单到复杂将目标划分为不同层次。其中认知领域的目标分类依次有记忆、理解、应用、分析、评价、创造 6 大方面。如何将低阶思维的训练(记忆、理解)转移至课前自主学习,课中则对高阶思维(应用、分析、评价、创造)加强训练是实现高效翻转课堂的重中之重。

PBL 教学法是 Problem-Based Learning 的简称,是"基于问题式学习"或"问题导学习"的自主学习模式,是倡导学生通过自学、研究、讨论和合作解决问题,能够激发学生的学习情趣及培养学生自主学习能力,是一种发展学生综合思考能力的教学方法和教学理念。在翻转课堂教学设计时,如何综合 3 方(教学、学生、企业)需求进行教学目标及翻转体系重构是确保翻转课堂高效的关键所在。

所以在开展翻转课堂教学时,应将主要关注点集中于学生学习动机的激发

与维持,从而增强班级整体学习氛围。同时将翻转课堂教学目的定位于将理论与实践通过项目架起桥梁,让学生在完成跟企业相关的实际翻转项目中不断提高自己对所学知识重点进行联系与整合的意识,从而提高学生的综合应用和创新能力。

三、构建翻转课堂教学模式研究——基于 ARCS 模型

通过对翻转课堂相关文献的梳理可知,翻转课堂教学模式确实能够提升学生的应用实践及创新能力等,但是如何将翻转课堂应用到日常的教学过程中,最大挑战就在于如何激发学生的积极性与主动性,让其愿意主动挑战自己的能力且愿意运用到现实环境中。所以通过运用 ARCS 模型,将激发学生学习的兴趣贯穿到整个教学过程,同时结合布鲁姆分类法和 PBL 教学法进行翻转目标再设计、翻转体系和翻转主题项目化、任务化,从而构建出翻转课堂教学模式,真正实现学生在学习过程中(课前、课中、课后)的中心地位。基于 ARCS 模型的翻转课堂教学模式具体可以通过下列 3 个大阶段来实施:

第一,翻转课堂基础准备阶段。主要包括两个方面:一是教学目标再设计。主要是在 ARCS 模型的基础上,结合布鲁姆教学目标分类法融合 3 方(教学、学生、企业)需求进行教学目标拆分与重构。二是翻转体系构建。设计环环相扣的翻转体系及翻转主题,让学生明白各个翻转主题之间的联系与递进关系,同时以任务项目为导向并结合翻转课堂教学模式对目标进行重新拆分和组合,凸显其对知识点的综合应用和学生创新能力的培养。三是日常课堂团队建设。为了保障高效的翻转课堂模式顺利运行,体现学生的中心地位,增强班级整体学习氛围,要对师生角色进行重新定义并构建特色教学管理组织。其中教师角色由传统课堂的主导者变成了引导者、协调者、答疑解惑者、问题挑战者等辅助性角色,学生则由传统课堂的听众变成了主讲者、组织者、评价者、监督者等主导性角色。

第二,翻转课堂具体实施阶段。主要包括 3 个方面:一是课前知识自主学习。主要包括以 ARCS 模型和 PBL 教学法为基础,设计出高质量的课前任务单(含四个要素:激发兴趣、学有所用、挑战自我和即时满足)。二是课前课中团

队协作。主要是提前下发全部翻转任务清单并分组个人认领,组长轮流当,通过学生个人自主学习和团队合作的形式完成翻转课前任务和课中展示。三是学生全过程参与。主要是在每次翻转课堂之前,在公平、透明、自愿的原则下,选取一个小组负责组织本次翻转课堂并将翻转活动及形式的选择权及决定权部分交给学生,由学生自行选择设计翻转形式(如成果展示、情景模拟、项目训练、主题研讨等)和活动的细节(如现场活动人员安排、活动具体流程、多方评分人员组成等),增强学生的参与性和主人翁意识,同时提升其应用分析和创新能力。

第三,翻转课堂评价总结阶段。主要包含 3 个方面:一是结果即时反馈。主要包括活动现场对学生展示效果和对课后小组总结两方面的即时反馈,这主要体现了 ARCS 模型中的自信和满足。二是教师深度点评。其中教师课前应提前查阅学生展示文案并进行资料收集,准备好针对各个小组展示内容的独特观点和深度问题,以备不时之需。三是反思总结完善。在翻转课堂还应留出时间对每个小组做最终点评并结合课本知识点提出具体有效的成果完善方法,同时让学生对翻转成果进行完善且给予加分。

四、总　结

翻转课堂教学模式对于激发学生的学习动机及训练学生的高阶思维能力有着重要的作用,同时强调学生的中心地位。本文在相关研究和调查的基础上,提出了以"翻转课堂基础准备阶段(3 点)→翻转课堂具体实施阶段(3 点)→翻转课堂评价总结阶段(3 点)"为主线的基于 ARCS 模型的翻转课堂教学模式,主要目标可归纳为两个方面:一是有心向学。以激发和维持学生学习动机为目的,以学生课前课中课后全过程参与为核心,注重对学生应用创新等高阶思维的训练,重视对学生如何建立团队及团队合作、任务关键路径分析、活动策划等环节的指导。二是学有所用。将社会、企业及学生需求有效融合进教学目标及翻转主题当中,通过对知识点进行拆分和重新组合,缩短理论知识与企业实践之间的差距,逐步增强其就业择业和应用创新能力。

参考文献

[1] 乔纳森·伯格曼.翻转课堂与深度学习[M].中国青年出版社,2018.

[2] 于歆杰."以学生为中心"的教与学——利用慕课资源实施翻转课堂的实践[M].高等教育出版社,2015.

[3] 乔红学.基于 PBL 的翻转课堂教学模式研究与实践[J].物流技术,2017.

[4] 容梅,彭雪红.翻转课堂的历史、现状及实践策略探析[J].中国电化教育,2015.

[5] 祝珣,马文静.布鲁姆教育目标分类理论对大学英语阅读教学的启示[J].中国大学教学,2014.

[6] 颜磊,樊文强,等.基于 ARCS 动机模型的网络公开课教学视频分析——从学习动机视角看幸福课的成功及其启示[J].现代教育技术,2013.

◎高职英语菜单式选课模式研究

李剑霞[①]

摘　要：随着学分制改革的深入，公共英语课程进行了教学改革，尝试了菜单式选课模式。本文通过问卷调查，对学生选课的因素、选课意向、选课影响因素进行了分析，并对预计班级数量、教师申报的班级数量及实际开课的班级数量进行了对比，分析了未成功开课的班级的原因及影响因素，并计算了下次需要选课的人次，也调查了学生对于选课结果的满意度以及对菜单式的选课模式的满意度。最后，进行了总结，并提出了建议。

关键词：菜单式选课模式；选课意向；可选课时间；满意度

一、引　言

高校推行学分制改革，已经是各个高校的共识。如何深入地推行学分制，让学生能够选到心仪的课程，成了急需解决的问题。近几年，随着我们学院学分制改革的逐步推进，公共基础课和公共选修课的改革成为学院今年的改革重点。我们学院的人文分院负责公共英语课程的授课，今年进行了公共英语课程的改革。往年公共英语课按学生程度分为两个层次上课，今年推出了跨文化交际类课程，在 2018 到 2019 学年的第二学期提供菜单式的课程，给学生自主选修。

---

① 李剑霞，浙江纺织服装职业技术学院讲师。

二、研究内容

在推行菜单式选课模式的第一年,学生选课的因素是什么?学生对于各门课程的选课意向如何?普高生与职高生在选课意向上有何区别?是否希望选修第一学期的英语课程的任课老师的课程?学生在选课之前对课程信息了解多少?学生可能选课的时间是哪些?教师申报开课的各门课程的班级数量有多少?选课之后,开课班级数与申报班级数、开课班级数与预计班级数之间的比率是多少?未成功开课的班级,原因是什么?还有多少人次是未选课或部分选课的?未选课或部分选课的原因是什么?学生对于选课结果的满意度如何?学生是否喜欢菜单式的选课模式?

三、研究方法

2018 到 2019 学年的第一学期初,人文分院的公共英语教研室以教研室为单位,进行了课程的申报,一共申报了 11 门。后因学院不再组织学生进行高职高专 B 级考试,删去了 B 级考试辅导课程,剩下 10 门。加上其他分院的老师申报了 6 门课程,共计划申报 16 门课程。其他分院申报的课程有:日语入门、日本旅游与文化、英伦文化之旅赏析、跨文化交际、法语入门、服装贸易日语。

在 2018—2019 年度第一学期末,任课教师进行了课程的申报,公共英语教研室的教师共计申报开课 9 门,其他分院申报开课 3 门(日语入门、英伦文化之旅赏析、跨文化交际)。本次论文以公共英语教研室计划申报的 10 门课程为基础,在选课之前和选课之后,分别发放了问卷进行调查。回收问卷之后,进行了数据的统计分析。

四、数据分析和讨论

(一)选课之前调查及数据分析和讨论

为了调查学生的选课因素和对课程选修的意向,以便给教师开设课程以及确定班级数量做参考,在教师申报开设的课程之前发放了一份问卷。本学院需选修跨文化类课程的是 2018 级的新生,总数为 2997 人,其中职高生 1736 人,普高生 1261 人。2018 级新生需要在第 2—6 学期内选修 2 门跨文化类课程,共计 4 学分,鼓励学生在第 2 学期选修 2 门。参与本次问卷的 2018 级新生共计 1957 人,其中职高生 943 人,普高生 1014 人;男生 768 人,女生 1189 人。

1.选课因素和意向

对于选课最重要的因素,设置为单项选择题,结果如图 1,可见,学生对课程的兴趣和需要是最重要的因素。对于是否希望是 2018—2019 学年第一学期的英语老师来开设跨文化类课程,结果如表 1,大部分的学生选择了非常希望(17.88%)和希望(44.35%),选择无所谓的占 32.65%,说明总体而言,学生对于第一学期的英语老师的认可度较高,但也没有特别依赖。

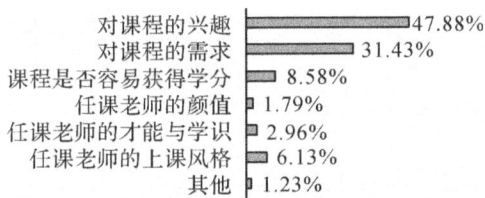

对课程的兴趣 47.88%
对课程的需求 31.43%
课程是否容易获得学分 8.58%
任课老师的颜值 1.79%
任课老师的才能与学识 2.96%
任课老师的上课风格 6.13%
其他 1.23%

图 1 选课最重要的因素

表 1 是否希望是第一学期的英语任课教师的跨文化类课程　　　　单位:%

希望程度	非常希望	希望	无所谓	不希望	非常不希望
百分比	17.88	44.35	32.65	3.07	2.05

对于选修的课程,设置必选两项,结果如图 2,可见,英语 A 级辅导和英语四级辅导选课意向率最高,英语听说(中级)和汉英语言对比选课意向率最低。职高生选修英语 A 级辅导的意向的百分比远高于普高生,而普高生选修英语四级辅导的意向的比例远高于职高生。专升本(翻译与写作)和专升本(语法与阅读)普高生的选修意向的百分比明显高于职高生,其他课程上普高生和职高生的选修意向的百分比相差不大。

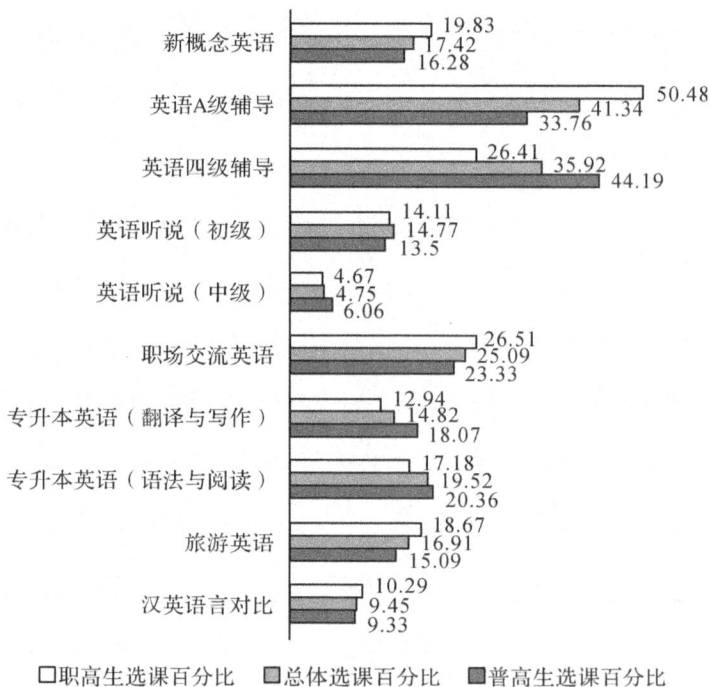

图 2　职高生、普高生和总体选课意向百分比对比图

2.预计班级数

根据图 2 的选课意向百分比,结合 2018 级新生的普高生和职高生的数量,按照 2018 级所有新生都从这 10 门课程中选修 2 门课程来预计各门课程的班级数量,如表 2 所示,共计 172 个班级。

表 2　预计班级数

课　　程	职高生(1736 人)		普高生(1261 人)		总人数	预计人数
	百分比	人　数	百分比	人　数		
新概念英语	19.82	344	16.26	205	549	16
英语 A 级辅导	50.46	876	33.78	426	1302	37
英语四级辅导	26.38	458	44.17	557	1015	29
英语听说(初级)	14.11	245	13.48	170	415	12
英语听说(中级)	4.67	81	6.03	76	157	4
职场交流英语	26.50	460	23.31	294	754	22
专升本英语(翻译与写作)	12.96	225	18.08	228	453	13

续　表

课　程	职高生(1736人)		普高生(1261人)		总人数	预计人数
	百分比	人　数	百分比	人　数		
专升本英语(语法与阅读)	17.17	298	20.38	257	555	16
旅游英语	18.66	324	15.07	190	514	15
汉英语言对比	10.31	179	9.36	118	297	8
总　　计	201.04	3490	199.92	2521	6011	172

(二)选课之后调查及数据分析和讨论

在选课结束后,对全院的2018级学生发放了对选课结果和选课满意度调查的问卷,共计651人参与了问卷调查,其中普高生382人,职高生269人;男生239人,女生412人。

1.课程信息了解程度

进入选课网页之前,对于课程信息了解程度进行调查,设置为多选题,结果如图3,可见对于课程的内容、对英语基础的要求、任课老师和课程开设时间,一部分的同学并没有了解清楚。进入选课页面时,仍然有不少的同学对于课程信息了解得不够清楚。

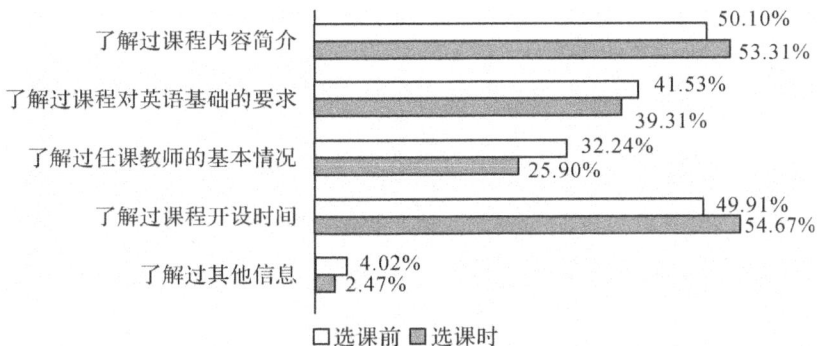

图3　对课程信息的了解情况

2.可选课的时间

在选课的因素中,除了对课程的兴趣和需要以及任课教师的因素,时间显得尤为重要。学院安排了周二和周四的早上1—4节为选修课时间,除了跨文化交流类课程,还有传统文化类课程等5类课程也可以在该时间段开设课程。在其他的时间开设课程,则由任课教师自由申报。对于学生的可选修跨文化类课程的时间调查结果如图4所示,可见,9.10节和周五5—8节、周三5—8节学生没有其他课程的比例最高。但是周三下午因学院统筹安排了开教工会议,一般不排课。周一和周二的7.8节学生没有其他课程的比例居于其后。

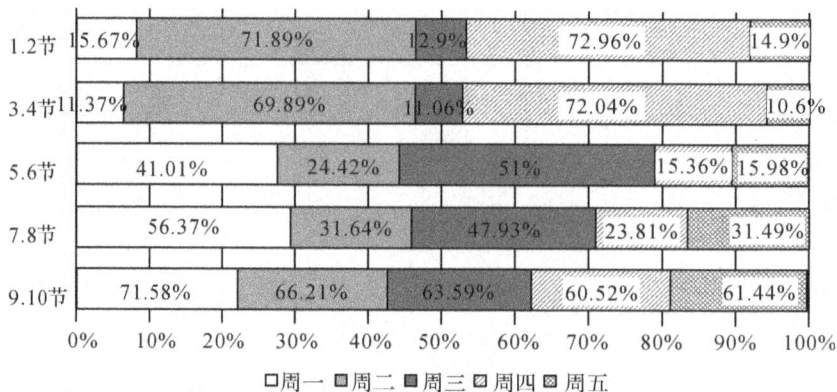

节次	周一	周二	周三	周四	周五
1.2节	15.67%	71.89%	12.9%	72.96%	14.9%
3.4节	11.37%	69.89%	11.06%	72.04%	10.6%
5.6节	41.01%	24.42%	51%	15.36%	15.98%
7.8节	56.37%	31.64%	47.93%	23.81%	31.49%
9.10节	71.58%	66.21%	63.59%	60.52%	61.44%

图 4　可选课时间

3. 开课班级数与申请开课班级数

表3是教师在不同时间开课班级数与申请开课班级数。可见,周二5—6节,周四1—4节,有不少班级没有成功开课。从图4可见,周四1—4节比周二的1—4的学生可选课的百分比略高,但是从表5可见,开设的课程数量却更少,可见,周四没有成功开设的课程,时间不是最重要的影响。从表3和表4可见,周四没有成功开课的职场交流英语和专升本英语(翻译与写作)班级较多,扎堆开课,也是没有开课成功的因素之一。由表3可见周一的1—2节和周五则没有教师申请开课。

表 3　开课班级数与申请开课班级数

节　次	周　一	周　二	周　三	周　四	周　五
1—2节	0/0	25/25	1/2	21/25	0/0
3—4节	1/1	22/23	1/3	19/23	0/0
5—6节	2/2	1/5	1/1	3/4	0/0
7—8节	3/3	4/4	7/7	5/8	0/0
9—10节	1/1	2/2	4/4	2/2	0/0

表 4　未开课课程时间分布表

时　间	课　程
周二 3—4 节	职场交流英语
周二 5—6 节	旅游英语 * 2｜英语听说(初级)｜专升本英语(语法与阅读)
周三 1—2 节	专升本英语(语法与阅读)
周三 3—4 节	专升本英语(语法与阅读)
周四 1—2 节	职场交流英语 * 2｜专升本英语(翻译与写作) * 2
周四 3—4 节	职场交流英语｜旅游英语｜专升本英语(翻译与写作)｜英语四级辅导
周四 5—6 节	专升本英语(语法与阅读)｜英语听说(初级)
周四 7—8 节	专升本英语(翻译与写作)

4.未选课或未部分选课的人数及原因

2018 级新生共计 2997 人,按每人选修两门课计,则共有 5994 人次需要选修跨文化类课程。而实际开课 125 个班级,其中 123 个班级各 35 人,2 个班级各 34 人,共计 4373 人次。另有其他分院教师申报的 3 门课程 6 个班级,其中 3 个班级各 40 人,3 个班级各 35 人,共计 225 人次。此外,专升本(语法与阅读)和专升本(写作和翻译)大二的学生也可选修,共计 180 个大二学生选修了这两门课。总计 4418 人次的新生选修了跨文化类课程,尚有 1576 人次的新生需要在 3—6 学期选修跨文化类课程。

本次参与选课之后的调查的 651 个学生中,共有 32 人(4.92%)未选择任何课程,原因如表 5,最主要的原因分别是:错过了第一轮的选课时间,第一轮选课时我喜欢的类别的课程已满员,第一轮选课时我喜欢的课程与其他课程时间冲突;其次是:不想在下学期上跨文化交流类课程,第一轮选中的课程被退了,第二轮选课时没有我喜欢的课程。101 人(15.51%)未选择第二门课程,原因如表 6 所示,最重要的原因是:第一轮选课时我喜欢的类别的课程已满员,第一轮选课时我喜欢的课程与其他课程时间冲突;其次是:第一轮选中的课程被退了,第二轮选课时可选的课程与我其他课程时间冲突,第二轮选课时没有我喜欢的课程。

表5　未选择任何课程原因

原　因	百分比
错过了第一轮选课时间	25.00
不想在下学期上跨文化交流类课程	12.50
第一轮选课时我喜欢的类别的课程已满员	21.88
第一轮选课时我喜欢的任课教师的课程已满员	9.38
第一轮选课时我喜欢的课程与其他课程时间冲突	18.75
错过了第二轮选课时间	9.38
第二轮选中的课程因故未能开课	0
第一轮选中的课程被退了	12.50
第二轮选课时可选的课程与我其他课程时间冲突	0
第二轮选课时没有我喜欢的课程	12.50
其他原因	18.75

表6　未选择第二门课程原因

原　因	百分比
第一轮选课时我喜欢的类别的课程已满员	26.73
第一轮选课时我喜欢的任课教师的课程已满员	10.89
第一轮选课时我喜欢的课程与其他课程时间冲突	23.76
错过了第二轮选课时间	5.94
第二轮选中的课程因故未能开课	0.99
第一轮选中的课程被退了	15.84
第二轮选课时可选的课程与我其他课程时间冲突	15.84
第二轮选课时没有我喜欢的课程	13.86
其他原因	13.86

5.开课班级数、预计班级数和申报班级数

根据图2调查结果(表2的结果在申报课程时并未统计出来),公共英语教研室的教师申报了开设的课程及数量,汇总之后,教师们再进行了调整,之后进行了正式的申报,共计申报9门课程的145个班级。因课程教学效果的需要以及教师课时数量的需要,设定了最高班级人数为35人。第一轮学生选课之后,不足20人的班级,则该班级取消,学生进行第二轮的选课。如有超过35人的班级,则超出 35 人以外的学生,也进行了第二轮选课。进入第二轮选课的课程则是第一轮学生数量在 21—34 人之间的班级。经过两轮选课,最后共计开设了 125 个班级的课程。最后开课的班级数、预计班级数和申报班级数如表 2、表 3 所示。

汉英语言对比没有教师申报开课。在申报的 9 门课程中,开课班级总数与申报班级总数比率为 125：145(86.2％)、专升本英语(翻译和写作)6：10(60％)、职场交流英语 20：25(80％)、专升本英语(语法与阅读)19：23(82.6％)、旅游英语 15：18(83.3％)、英语听说(初级)11：13(84.6％),这几门课程的开课率相对较低。

开课班级总数与预计班级总数比率为 125：172(72.67％)。除去英语听说(中级)(只申报 2 个班,开课 2 个班)和汉英语言对比(未开课),其他课程的开课班级数与预计班级数比率最高的为专升本(语法与阅读)19：16(118.75％),而比率最低的依次是专升本(翻译与写作)6：13(46.15％)、英语 A 级辅导 22：37(59.46％)、新概念英语 10：16(62.5％)、英语四级辅导 20：29(68.97％)。

职场交流英语申报的数量远超预计班级数,而专升本英语(语法与阅读)申报班级数也远超开课班级数,造成了这两门课程未能开课的班级特别多。专升本英语(语法与阅读)开课班级比预计班级多的原因是专升本(语法与阅读)和专升本(翻译和写作)不仅面向 2018 级学生,也面向 2017 级学生,统计发现专升本英语(语法与阅读)的班级中共有 163 个 2017 级学生,而专升本(翻译和写作)的班级中仅有 17 个 2017 级学生。

英语 A 级辅导学生选课率较低,还受到一个客观因素的影响。在选课之前,学生并未进行 A 级考试,并不知道自己能否通过 A 级,所以报考 A 级的意愿比较强烈,而选课之时,A 级考试已经结束但成绩还未知,学生对于 A 级辅导的意愿明显降低了。

预计班级数是按照全部 2018 级学生都选 2 门课,而且都是从图 5 中的 10 门课程中选课,而实际上,跨文化类课程还有 3 门课程,共计开课 6 个班级。尚有 1576 人次的新生没有选修课程,因此,预计的班级总数远超开课的班级总数。

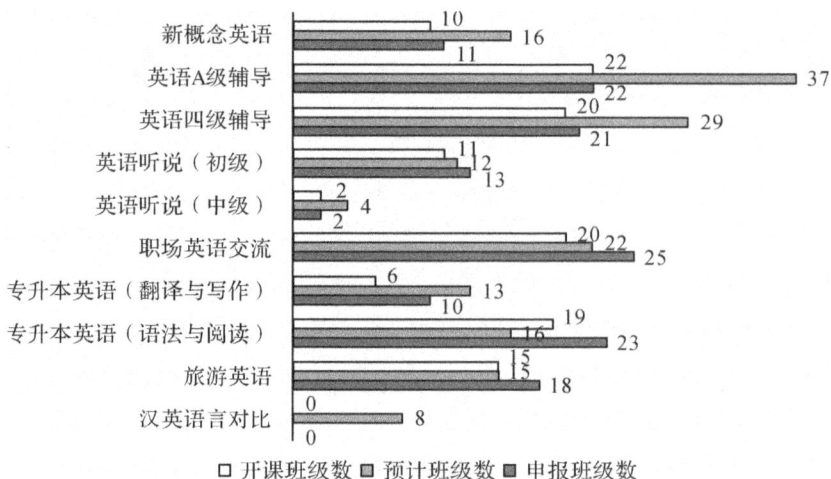

图 5　开课班级数、预计班级数和申报班级数对比图

6.选课结果满意度

学生对于两门课的选课结果的满意度,如表 7 所示,大部分同学都是选择了比较理想和非常理想,分值分别为 3.87 和 3.78 分,说明学生对于选课结果总体比较满意。

表 7　选课结果满意度

满意度	非常不理想 （1分）	比较不理想 （2分）	一　般 （3分）	比较理想 （4分）	非常理想 （5分）	分　值
第一门课	3.03%	3.11%	27.20%	36.90%	29.76%	3.87
第二门课	3.22%	5.55%	28.75%	34.70%	27.78%	3.78

7.选课模式满意度

对于这个问题:假如可以让您选择,您会选择下列哪个选项?(1)十几门的跨文化交流类课程供您选择;(2)第二学期继续上第一学期的基础英语课程。51.15%的学生选择了(1),可见学生喜欢这种菜单式的选课模式(如表 8)。

表 8　是否喜欢菜单式选课模式

喜欢的 选课模式	(1)	(2)	(1)和(2)	(1)和(2)都不选, 不想上英语课	不知道
百分比	51.15	14.29	21.97	6.14	6.45

五、总结和建议

1. 学生选课的主要因素为对课程的兴趣和需要,对第一学期的任课老师认可度较高,但没有依赖性。因此,在下一轮的选课前,需要更深入细致地了解学生的兴趣和需求,并有针对性地开设课程。这一轮的改革中是由教师来提供课程,但在提供课程之前,对于学生的兴趣和需要并没有进行全面和细致地调研。

2. 普高生和职高生的选课意向有所区别,在下一轮的选课之前,建议教师和管理部门对于学生的选课意向做一个像表2这样详细的分析和推测,以供教师们在申报课程和班级时参考。虽然推测的结果受到各种因素影响,未必与最后选课的结果非常符合,但是至少可以作为一个有力的参考依据。

3. 学生对于课程信息的了解程度并不高,并且有一部分学生错过了第一轮的选课时间,建议任课教师进行详细的宣传,管理部门则可以尽早将课程信息打印成册,发给学生,以方便学生了解。

4. 在可选课的时间上,跨文化类课程是与其他5类课程在同一时间内开设的,学生出现了因为课程时间冲突而无法选到自己喜欢的课程,建议管理部门能对6类课程的开课时间进行更详细的统筹和规划,尽量错开开课时间。而教师在开设课程的时间上,也可以在同一类课程的申报时进行公开和统筹,尽量地错时开课,避免扎堆。

5. 对于学生有意向选课而教师没有开设的课程,比如汉英语言对比,在下一轮的选课中,管理部门应设法调动教师开设新课的积极性,让学生有更多的选择。

6. 本次第一轮选课中,因选课系统的因素,选课人数达到35人上限时,有些课程学生仍可选课,导致了第一轮选课之后被退的学生人数增多,而在第二轮选课中,又未必能选到自己喜欢的课程,或有些学生因为与其他课程时间冲突,也是导致没有选2门课的人数增多的因素之一。建议改善选课系统,达到人数上限时,学生就不能再选该班级。

7. A级考试的成绩,是在2018到2019学年的第二学期期初才公布,这就出现了一个尴尬的现象,有学生对于自己A级成绩估计不准确,导致已经通过了 A 级考试但是仍然选修了英语 A 级考试的课程,建议管理部门能够让这一部分的学生在学期初按照学生的意愿进行班级的调换。

8.对于尚未选满 2 门课程的学生,管理部门在以后的学期中要有计划有针对性地进行规划,让教师开设相应的课程,并协调学生选课的时间,避免选课教学时间和其他课程的时间冲突。

9.总体上而言,学生对于这次的选课结果是满意的,也喜欢这种菜单式的选课模式。

参考文献

[1] 蔡蔚,张文霞.以人为本:英语提高阶段课程体系改革的思考[J].清华大学学报(社会科学版),2004(1):82-85.

[2] 滕术艺.高职高专院校大学英语自主选课教学改革初探[J].高职教育,2011(6):97.

[3] 杨柳.从学生选课需求优化大学英语拓展课程体系构建[J].文教资料,2016(9):167-168.

◎基于学习空间理论的混合式教学模式探究

丁大朋　赵黎明　陈　波　王少华[①]

摘　要：通过对国内外混合式教学发展的现状及趋势进行调查分析，在此基础上，以某一高校作为案例，发现其混合式教学过程中存在的问题：教学理念和教学方法缺乏，教学手段和教学组织形式跟不上需要，线上教学与线下教学分离等。接下来，在国内外专家混合式教学理论以及学习空间理论的基础之上，构建出基于混合式教学背景下的三种学习空间教学模式：班级型学习空间教学模式，探究型学习空间教学模式，以及翻转课堂型学习空间教学模式。通过这三种学习空间和相应的教学模式相互融合来创建高效和多样化的教学环境。

关键词：混合式教学；学习空间；教学模式

一、引　言

随着互联网和移动终端不断走进人们的生活，教育和学习也迎来了巨大的挑战和机遇，混合式学习成为一种新的学习方式。在当今社会，学生获取信息和知识的途径发生了根本变化，慕课的出现为混合式学习提供了基础。传统的

① 丁大朋，宁波城市职业技术学院教务处助教、研究生；赵黎明，宁波城市职业技术学院教务处处长、副教授；陈波，宁波城市职业技术学院教务处副教授；王少华，宁波广播电视大学网络传播学院讲师。

课堂是被我们大多数教师和学生所熟知的,与此同时,也有一部分师生经历过在线学习,如果说传统教育和在线教育代表着教育的两个极端,那么混合式学习就是介于它们中间的一种新的教育形式。2016年教育部《教育信息化工作要点》指出,要以混合式学习来改变目前中国的教育体系。因此,传统教学模式亟须改革,怎样构建混合式教学新模式,成为目前必须要解决的课题。

二、当前混合式教学中存在的问题

本文以宁波市某一高校为例,对学校的8个学院、不同学科共计21位老师的混合式教学进行了分析,发现在混合式教学过程中主要存在以下问题:

(一)教学理念和教学方法缺乏

通过调查发现,大部分老师对于混合式教学的态度仍然处于被动接受的阶段,教师采用混合式教学手段也是为了应付教学检查,教师与学生仅仅是为了改革而改革,而没有从根本上认识到混合式教学对教师和学生带来的意义。

教学理念的形成需要教师和学生通力合作,达到共同的认识,明晰混合式教学的理念,进行进一步的揣摩思考有助于更好地解决实际执行过程中出现的问题。混合式教学是当今时代发展的必然,其推行使得学习者从知识、技能、思维、情感态度与价值观四位一体得到全面发展,尤其是在互联网和移动终端不断更新换代的今天,移动学习、碎片化学习、终身学习不断融入我们的生活当中,而在这个混合式教与学的过程中,会产生更多的过程性数据,这些数据如果通过人为记录将是一个相当庞大的工作量,但是如果将这些数据和我们的App以及教学平台结合,这些数据将帮助老师们有效监测自己的教学效果和学生的学习效果。

总之,传统的教学理念依然占主导,这背后教师教学意识形态的转化更为重要,需要学校教务处和二级学院教学管理部门组织开展一定的教学教研活动并且给予一定的政策扶持。

(二)教学手段和教学组织形式跟不上需要

宁波城市职业技术学院教师开展混合式教学的过程中,现代化教室和移动软件还没有跟上教学需要,教学平台和资源建设方面还明显不完善,从而导致教学组织活动无法有效开展。

在进行线下教学时,学生的笔记本电脑并没有全覆盖,与此同时,移动 App 例如"学习通""蓝墨云""雨课堂"还未上线,从而导致课后线上教学无法有效开展。出现的现象就是,在线下面对面教学时,老师需要通过投影的方式,将学生本应该在课前完成的任务拿到课上进行。同时,一方面学校信息化建设配套设施并不完善,比如录播功能及分屏功能并没有全覆盖,从而使老师在进行分组教学的时候受到限制;另一方面,公司在进行现代化教室布局完成之后,缺乏后续工作对接,没有相应开展相关培训,从而导致只有很少一部分老师会使用现代化教室,比如录播系统的使用,还如在分组教学中如何使用系统中的分屏功能。此外,在上课之前教学课件如何上传到课程平台,录制的视频如何进行剪辑和处理,视频片头的制作等等,都需要专门的技术人员才能解决。据统计,大部分老师只是把教学课件、教学三维目标、人才培养方案等生硬地拼凑在了一起,彼此之间缺乏紧密的逻辑关系,并没有根据本学科特点或者本章节的教学内容有效地引用教学资源作为课外学习拓展来供学生们参考。这种现象出现的很大一部分原因在于教师对于微课程、短视频制作及特定软件的使用似懂非懂,这些技术上的困难严重阻碍了混合式教学的实质性进展。

教学组织形式单一,据统计,87%的老师采用的还是传统型教学方式——班级式教学,在教学互动方面也只是答问式,缺乏有效的沟通。只有12%的老师根据教室的类型开展分组式教学,然而,在开展分组教学的同时,更多的是流于形式,没有充分发挥混合式教学的优势。

(三)线上教学与线下教学分离

通过对宁波城市职业技术学院开展混合式教学项目的老师进行抽查听课发现,在实施混合式教学之前,老师们对如何进行混合式教学还是比较模糊的,只知道信息技术手段是至关重要的,尤其在混合式教学方案中可以呈现出来使用信息技术手段。然而到目前为止,大部分教师对于"互联网＋"与教育的融合没有真正意义上的理解,甚至不知如何融合,将两者生搬硬套地放在一起,并没有实质性的突破。比如某英语老师在上课签到的时候使用的是手机

App 签到,在接下来的教学过程中完全采用的是 PPT 传授式教学方式,并没有将线上资源和线下教学组织形式有效结合在一起。我国"互联网＋"与混合式教学相结合的探索依旧滞留在初级形态之上,在线上资源建设和线下面对面教学的合理配置及融合上还有很长一段路需要走。

三、学习空间建构理论基础

从目前国内外混合式教学研究的现状来看,基本上在一个理论的层面。国内外专家普遍认为,混合式教学应用仍处在一个探究阶段。因此,教师在设计实施混合式教学模式的时候,需要根据学科特点、学习者特征、网络环境来设计对应的教学模式。建构主义理论认为,教学应该"以学生为中心",注重学生对知识主动的探索、主动的发现和对所学知识主动的建构,而不应该以教师为中心,单方向地把知识灌输给学生,这样只会把学生变成知识识记的工具,而不是灵活运用的主体。

国内外有关专家认为,混合式教学是在建构主义理论基础上构建出来的一种教学模式。因此,混合式教学旨在要把传统课堂教学的优势和在线学习的优势结合起来,这样一来,既可以发挥教师的主导作用,对学生进行引导、启发的同时还可以监控整个教学过程,与此同时,又可以充分发挥学生的主观能动性、灵活性与创造性。在当今"互联网＋"的背景下,充分发挥混合式教学模式,这不仅仅是对教师教学理念的一种提升,而且是对学生认知方式和认知能力的一种提升。不仅如此,随着混合式教学的发展,教师的教学资源建设、教学计划的设计、教学组织形式的组织以及教学中的角色也都无形当中发生着改变。这种教学理念带来的转变对当代教师提出了更高的要求,不仅要求老师们在课前要能够做到线下和线上资源的合理配置,而且要求老师们在课堂中充分发挥现代化教室的特点,充分调动学生的学习积极性,将教学内容、教学组织形式、信息化教学手段有机结合起来。

国外专家 Oliver 教授在他的文章中提出,学习空间的构建形式在很大程度上决定了教学活动的组织形式,班级型教学空间模式的构建就决定了传统的教育是讲授型的,是单方面传输型的,这样对学生的学习效果来说起不到一个很好的激励作用。笔者认为,学生的主观能动性在这里被忽视了,传统的教室也可以有交互性,但是交互性的效果不是很好,因为受到时间和空间的不便利影响。适当地去调整教室的空间排布,如桌椅的摆放以及教学工具的应用,可以将教学课堂变成更多可能性,变成翻转课堂型,变成分组教学型,变成开放式教学型,变成探究式教学类型等等……这些学习空间的转变不仅仅可以促进教学活动的多样化,而且可以有效促进教学模式和学习空间的变革,多样化的教学环境既可以让学生的学习从被动变成主动,又为教学活动的开展提供了更多的可能性。

通过调查发现,教师和学生广为推崇的学习空间有以下几个共同特点:首先是硬件设施的灵活移动,比如课桌椅以及移动式话筒和讲台,最好是这些设施和物联网有机结合,可以通过手机客户端进行控制。其次是舒适的教学环境,比如窗帘的颜色、课桌椅的颜色应该以淡色为主,灯光的强度可以调控。最重要的是在课堂教学过程中,学习资源以及教学组织的灵活性,学习资源应该是在课前已经上传到学习平台或者移动 App 上,这样一来,教学就变成一场精彩的讲演,在这个过程中,教师的角色是导演,教师通过教学资源和信息化教学手段有效地把教学目标和教学内容传递给学生。

四、基于学习空间理论的混合式教学模式构建

通过调研发现,宁波城市职业技术学院混合式教学有效地提升了混合式教学教师团队的积极性以及高效性,在理论和技术支持层面更加精准和实用。混合式教学运行过程中以及运行完成时的数据统计分析,可以更好地发现问题,提出整改策略。

本文根据混合式教学过程中教师和学生角色侧重点不同,将学习空间分为三种类型"CEO 型学习空间":即班级型(Class)学习空间、探究型(Exploration)学习空间、翻转课堂型(Overturn)学习空间三种。

(一)班级型教学模式(Class-based teaching mode)

班级型教学模式构建源于班级授课制,即按照学生的年龄和学习特征分成不同的组,每个组有固定的学生和课程,老师根据教学目的和任务,分阶段地对

学生展开教学。班级型教学的优点有:便于管理,提高了教学效率,有利于学生活动交流,有利于进行教学管理和教学检查;然而班级型教学的局限性也很明显:不利于开展个性化教学,过于强调书本知识的学习,容易造成理论和实践的脱节,不利于培养学生的志趣,等等。

班级型教学模式的主要特点是以教师讲解为主,以互动答疑为辅。如下图所示:这种传统的班级教学模式,即教师在课前进行导入,在课中通过线上和线下资源相结合的方式展开教学,在课后通过线上的方式对学生的作业进行回收和点评。这样一来,既可以充分发挥班级型教学的优势,又可以有效避免班级授课制带来的不足(如图1)。

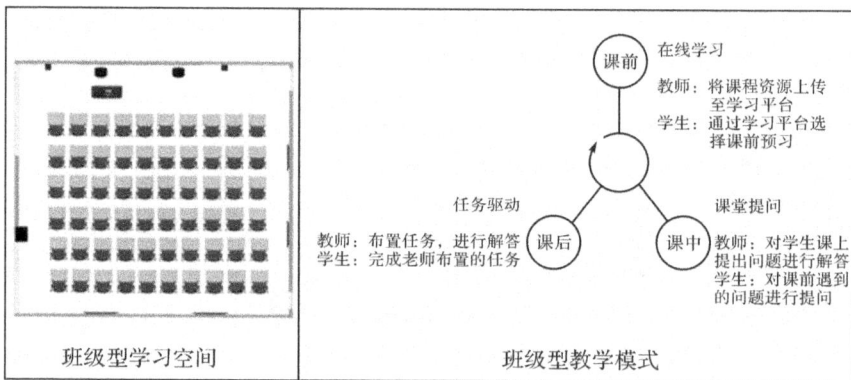

图1 班级型教学模式

(二)探究型教学模式(Exploration-based teaching mode)

探究型教学模式的创建源于探究性学习理论,即通过探究性学习方法使得学生在探究中主动发现问题、提炼知识从而解决问题。探究学习是通过对科学探究的模拟来实现的。科学探究,又称科学研究,是人类认识自然的一种方式,它遵循一定基本程序,采用一系列方法,通过发现问题、提出和检验假设、表达和交流等活动,来揭示大自然的奥秘,推动科学发展。在探究学习时,学生模拟科学家采用的探究程序和方法,通过提出和解决与他们生活经历有紧密联系的各种科学问题,积极地参与到知识的获得过程中去。与科学探究相对应,探究学习遵循以下典型程序或模式:形成问题、搜集数据、提出假设、检验假设、交流结果。

探究型教学模式的主要特点是以小组学习和讲解为主,以学生点评、教师归纳为辅。如图 2 所示,首先是教师布置任务,学习小组根据教师布置的任务进行分工,经过一段时间的学习之后,每个小组派出一个代表进行汇报,与此同时,学习小组其他成员进行点评和打分。

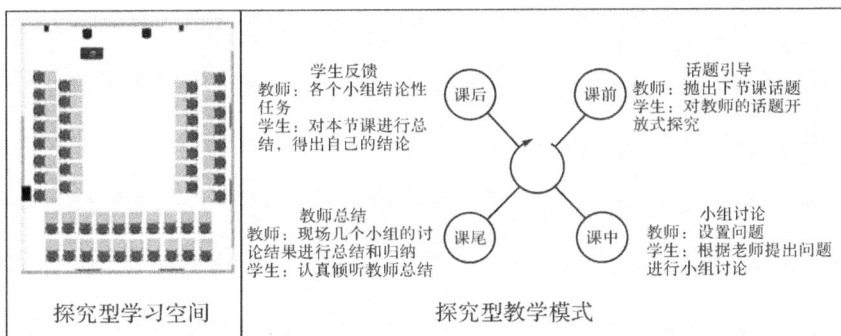

图 2　探究型教学模式

(三)翻转课堂型教学模式(Overturn-based teaching mode)

翻转课堂型教学模式将学习过程分为两个阶段——知识传授和知识内化。翻转课堂便是将这两个阶段进行了颠倒,课前学生通过观看教学视频完成知识的传授,课堂上学生通过各种教学形式,例如小组讨论、作业、教师单独辅导等,完成知识的内化。在翻转课堂型教学模式中,学生在意义建构这一学习活动中通过博客、社交网络、测试等实现知识的掌握和建构。当然在翻转课堂型教学模式下,学生真正实现知识的深度学习是通过创造性、个性化的项目展示实现的。在翻转课堂型教学模式下,课堂被用来实现学生个性化的学习,在课堂上学生通过个性化的项目展现自己学习的成果,在此过程中学生最重要的收获就是可以实现对知识的深度理解,完成知识的建构。

翻转课堂型教学模式的主要特点是以学生呈现为主,以教师讲解为辅。如图 3 所示,在学习空间上,将学生按照学习特点分成几个学习小组,在课前阶段,教师给每个小组分配好学习任务,每个小组进行合理分工,将任务分解下去,并且完成。在课中阶段,每个学习小组选出一个代表,对本小组完成的任务进行汇报,汇报期间使用自己小组旁边的多媒体分屏设备进行成果展示,与此同时,老师对每个小组的展示环节进行点评,并且在展示完成后,汇总几个小组共同存在的问题。

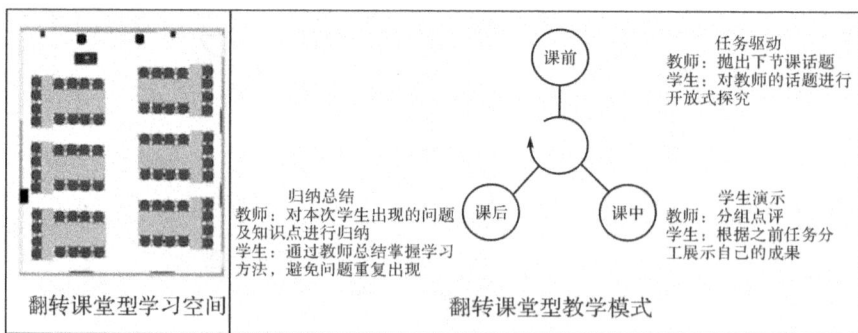

图 3　翻转课堂型教学模式

五、结　语

混合式教学不仅可以实现线下和线上的无缝对接，还可以有效结合学习空间的灵活性，使得教师灵活调整自己的教学进度，从而有效实施教学和开展不同组织形式的教学活动。与此同时，学生也可以根据移动 App，获得更丰富的学习资源，增强更加浓厚的学习兴趣，尤其是在慕课越来越受到人们欢迎的今天，更多精品在线课程、微课和"爱课程""学堂在线""省平台""蓝墨云""雨课堂""超星"等移动学习 App 的融合，为教师和学生在线上和线下都提供了教学活动的可能性。混合式教学和学习空间的结合不仅仅在理论研究方面存在明显不足，而且在学校实际运用方面更是没有可循案例，因此，混合式教学模式和学习空间的结合目前还处于初级阶段，需要我们高校老师作为领跑者，解放思想，大胆探索，积极实践，不断为信息化教学手段和教学活动相融合创造更多的可能性。

参考文献

[1] 张佑春,朱炼,潘晓君,徐涛.基于"互联网＋"的线上线下混合式教学平台设计[J].大庆师范学院学报,2017(3):52-54.

[2] 秦楠."互联网＋"背景下混合式教学模式建构研究[D].山东师范大学,2017.

[3] 杜星月.基于混合式学习的学习空间构建及其应用研究[D].山西师范大学,2017.

[4] 李小龙,张宸瑞,耿斌,郭勇.高职院校混合式教学模式改革:"MOOCs 时代"的探索与启示[J].电化教育研究,2015(12):52-58.

[5] 张其亮,王爱春.基于"翻转课堂"的新型混合式教学模式研究[J].现代教育技术,2014(4):27-32.

◎工匠精神引领下的高职院校智慧课堂教学形态研究

——以"跨境电商实务"课程为例[①]

孙从众[②]

摘　要:工匠精神的提出对于高职院校改革教学模式具有积极的作用,智慧课堂就是在"互联网+"背景下对传统课堂教学形态的改革与创新。以互联网为载体,通过慕课平台、移动端学习工具及理实一体教学理念三个方面来体现智慧课堂的新型教学形态。工匠精神与智慧课堂教学形态的有效融合,对于高职院校的可持续发展具有重要意义。

关键词:工匠精神;智慧课堂;教学模式;高职院校

一、工匠精神引领下高职智慧教学形态实践的必要性

工匠精神的提出对于高职教学具有指导意义与精神引领作用。在"互联网+"背景下教学形态也日渐多样化。智慧课堂教学形态的出现与工匠精神的指引对于新形势下高职教学研究与改革具有现实意义与客观需求,将两者有效结

---

①　浙江省教育厅 2015 年度高等学校访问工程师校企合作项目(04003142):跨境电商背景下高职外贸英语人才校企合作培养模式研究;2016 年浙江省教育科学规划课题(2016SCG075):"互联网+"背景下高职院校跨境电商人才培养模式探索;2017 年宁波城市职业技术学院混合式教学建设项目"跨境电商业务操作"(04601002074);2018 年宁波城市职业技术学院慕课项目"跨境电商实务"(04601089919)阶段性研究成果。

②　孙从众,宁波城市职业技术学院国际学院讲师。

合并发挥教学有效性,对于提升高职教育的质量与加强高职教育的特色等方面都有积极作用。

(一)工匠精神与高职教学的关系

工匠精神成为热点与2015年《大国工匠》纪录片的播出有密切关系,该片讲述了8位从事不同行业的工匠故事,体现了工匠精神的可贵与难得。2016年全国"两会"李克强总理的政府工作报告指出,"鼓励企业开展个性化定制、柔性化生产,培育精益求精的工匠精神,增品种、提品质、创品牌"。政府在新形势下对工匠精神的提倡引起了社会各领域的广泛讨论与关注,高职院校与工匠精神的关系更为密切。

高职院校以培养技能型、职业型与应用型人才为目标,人才培养过程中应有效融入工匠精神的教育,为学生将来的职业生涯注入良好的职业素养。同时,工匠精神更值得高职院校教师学习与体会,将日常教学改革、育人目标、专业程度等方面的努力与工匠精神相结合,以生为本,行为示范。截至2017年底,全国共有技工职业类院校2545所,其中技师学院434所,在校生322万人,就业率达到97.4%,骨干示范院校就业率达到100%。市场对于技能型人才的需求可见一斑。因此,工匠精神与高职教学的融合是多层次、多面向、多领域的,不仅对于学生有积极作用,更要求高职教师在教书育人过程中得以贯彻与执行。

(二)高职智慧课堂教学的必要性

基于互联网技术的发展与应用,高职传统课堂教学面临着诸多挑战与问题,学生学习积极性不高、课堂教学有效性不强等瓶颈都限制着高职院校人才培养的质量与效果。近年来,一大批教学形态信息化工具与平台的出现,对于高职教学改革既是挑战更是机遇。在工匠精神引领下,改革教学形态刻不容缓,高职院校应该不断探索与实践适合于高职学生特点的课堂教学形态革新。智慧课堂教学形态就是在教学信息化背景下,以智慧教学为核心的新型教学理念与教学模式的创新。

智慧课堂教学形态中的智慧可以从两个层面来理解。从课堂教学角度看,智慧课堂的教学理念是开发学生智慧,将传统知识传授转变为综合素质的培养,其主要是针对知识灌输类教学理念的创新。从教学信息化视角看,智慧课堂是指利用现代最新信息技术让传统课堂教学模式转变为信息化教学模式,突出其智能化教学环境的创建,其主要是对于传统课堂机械式教学类型的变革。所以,智慧课堂的双层面向之间是相辅相成、互为表里的,以信息化教学平台与工具来实现学生智慧的开发与能力的提升。

二、师生互动视域下基于移动端学习为载体的智慧教学工具

智能手机的普及与互联网的使用,让传统师生互动交流突破了时间和空间的限制,各类以移动端为载体的学习工具在课堂中的普遍应用,丰富了智慧教学形态。"雨课堂""超星学习通""蓝墨云班课""课堂派"等移动端智慧学习工具的出现,有利于补充与完善传统课堂教学中的互动表现、作业监督、日常考勤、过程考核、成绩汇总等各个教学环节。

(一)移动端学习工具的智慧功能

移动端学习工具的智慧功能首先体现在与社交软件的结合,以"课堂派"应用于"跨境电商实务"课程为例,在主流社交软件微信平台的基础上,关注"课堂派"公众号即可实名注册,将微信与"课堂派"直接绑定使用。教师可以创建所授课程,生成邀请码,学生自动组班成功,教师可以看到学生姓名、学号、联系方式等基本信息,还可以根据需要将学生分组。

在完成班级与学生的创建后,教师可以借助"课堂派"学习工具即时发布公告、资料、作业等信息,提醒学生完成相关的课前准备与任务要求。公告板块可以发布课程信息,以微信消息接受,迅速有效,操作性强。资料板块可以将课程所涉及的材料、课件、视频直接上传,学生可以直接利用手机端浏览观看,其智慧功能可以支持 WORD、EXCEL、PDF、PPT 等 40 多种文件格式的转码阅读。作业功能的智慧特征可以显示在作业发布、时间设定、作业查重、即时批注、多形式打分等功能上。

(二)移动端学习工具的智慧互动

移动端学习工具的互动功能,可以解决传统课堂教学中以教师为中心的知识传授型模式弊端,突破讨论的形式和空间限制。以"跨境电商实务"课程为

例,在移动端学习工具"课堂派"的话题讨论板块,教师提前发起课程相关知识点的讨论,在课前即可让学生了解课程的重点与难点。线上话题的讨论给了学生自由表达意见的机会与平台,为学生主动参与和融入课堂教学提供了可能性。同时,教师也能在课前掌握学生对于课程知识点的认知程度和讨论重点,提高课堂教学效率。

移动端学习工具的智慧互动还可以表现在平台上的师生和生生互动,以及教师对于学生表现的实时考核。传统课堂中的师生互动及生生互动的最大问题就是学生缺乏主动性,课堂教学时间的有限性等各因素都使互动成为制约教学环节的重要障碍。"跨境电商实务"课程作为理实一体课程,利用"课堂派""蓝墨云班课"等移动端学习工具中的互动功能,不仅可以在课上运用抢答、举手等手段丰富的传统课堂教学模式,提高学生参与度与课堂活跃度,还可以即时进行评分,以星级评定、经验值等媒介,激发学生的课堂主动性,改变被动式学习,提升学生主观能动性,充分发挥移动端学习工具在智慧互动方面的优势与特色。

(三)移动端学习工具的智慧监督

移动端学习工具的监督功能主要体现在日常考勤、各类测试与成绩考核等方面。日常考勤是传统教学环节的重要一环,对于学生遵守课堂纪律具有约束作用,利用移动端学习工具可以使考勤这一监督功能体现智慧效果。"跨境电商实务"课程等实训类课程,学生数量比较大,如果使用传统点名方式进行日常考核,必定会浪费宝贵的课堂教学时间。移动端学习工具除了保留传统手工登记模式,还增加了数字一键签到、手势签到等基于信息技术的签到方式,以适应"00后"学生的学习习惯。

移动学习工具中的测试功能也能有效、实时发起问卷、投票、考试等形式多样的监督互动的智慧功能,使教师能随时获取学生的反馈、学习进度及效果。同时,成绩考核的智慧体现在各类过程性任务中,如作业、小组任务、头脑风暴、讨论等,让整个课程的考核内容及结果有据可查、公正公开。移动端学习的智慧监督不仅节约了教师的日常教学管理时间,而且所有监督的手段最终都能以数据的方式导出。对于学生而言,使用移动端学习工具可以激发学习的主动性和自觉性,也增加了学习过程中的趣味性。

三、自主学习理念下基于慕课平台为抓手的混合式教学形态

慕课作为复合型、多媒体新型网络课程教学平台，成为混合式教学形态的重要载体，对于智慧课堂教学模式的创新与发展具有积极作用。以慕课平台为基础，结合实际教学过程，根据学生特点展开线上线下混合式教学，是"互联网＋工匠精神"背景下高职人才培养的智慧体现，有助于提高高职学生的应用性、实操性及创新性的意识和能力，对于课堂教学有效性不无裨益。

（一）以短视频为自主学习的主要内容

在互联网背景下，知识接受碎片化趋势不断深入，传统课堂教授模式已经无法适应新时代背景下高校学生的学习需求。以短视频为主题的自主学习教学视频，能丰富学生接受知识的媒介，鼓励学生在课余时间更好地参加课前预习、课后复习等各个教学环节，尤其作为高职院校以技能型人才培养为导向，以知识点为载体的教学短视频可以提供更多操作环节的演示、企业资源的介入和实景模拟的展示。以慕课平台为基础的短视频也能提供反复观看的可能性，有助于学生查漏补缺，有效掌握课程内的各项教学目标。教学视频通常不超过十分钟，可以在较短时间内集中学生观看的注意力，更加适合网络时代背景下成长起来的学生。因此，基于慕课平台下的短视频自主学习模式，对于高职类课程开展智慧教学具有积极作用，增强了学生的学习主动性与积极性。

以"跨境电商实务"课程为例，所有知识点都根据课程教学目标进行拍摄。将实体跨境店铺开设作为抓手，将课程内容以开店前的准备、开店的主要步骤和开店后的售后服务为纲领，把拍摄 35 个知识点作为基础的视频教学资源，不仅解决了课堂教学中实践实训环节的局限性，让主要知识点在课前让学生及时掌握，也节约了课堂内的有限时间，能更好地帮助学生掌握实操技能并进行课程讨论。

(二)以小测试为自我检验的主要途径

慕课平台中的测试环节可以作为学生学习效果掌握情况考核的主要依据，其智慧形态主要体现在课前、课中与课后的多样态测试形式。通过判断题、多选题、配对题、简答题、填空题等各类题型，有效鼓励学生进行教学知识与目标的自我检验，不仅激励学生培养主观能动性，还节省了教师进行传统课后布置作业的时间与精力，让学生在学习过程中真正贯彻在学中做、做中学的教学理念，同时，也弥补了传统考核模式以期末试卷作为主体的缺陷，过程性考核的真实性和数据化得以提升，学生成绩更加透明化、可视化。

慕课平台在课程中的应用，丰富了测试的形式与特色，以"跨境电商实务"课程为例，测试可以穿插在教学视频的各个知识点讲解后，及时为学生自我检验提供方便，大大提升了学习的深度与效果。高职院校学生学习主动性普遍不强，以多样态测试为抓手的智慧教学模式的应用，为教师节约课堂教学时间和作业批改的工作量，强化了学生自我学习的认知能力。其他形式的测试也可以采用学生互批、教师参与的模式，提高学生参与度和主人翁意识。

(三)以讨论区为自由提问的主要场所

讨论区作为慕课平台的重要组成部分起着沟通与解惑的功能，将教室中的有限教学课时进行了延展，尤其对于很多性格内向、没有主动参与到课堂讨论中的同学，该平台为他们开放了发表自己想法的功能，因为讨论可以通过匿名等模式进行，让学生能将课程过程中的问题及时加以解决。教师也可以方便即时解答，真正做到以学生为本，服务学生的理念在讨论区中的师生对话与生生交流中得以有效的落实。

跨境电商作为一门实操性较强的专业课程，学生在课后操作中会随时遇到各类问题，慕课平台的讨论区板块以智慧化形式，让学生在交流合作中解决操作问题，也让教师及时掌握学生动态与知识难点。在日常教学过程中，教师不断改进与完善教学内容的深度与进度，根据学生实际情况，调整教学进度。自由提问是教学过程中重要的互学互助模式，不仅有利于学生课堂知识点的掌握，更能培养学生的沟通能力与处理问题的技巧，将职业素养与专业知识进行有效的结合，提高学生主动性。

四、工匠精神背景下基于以电商平台为媒介的理实一体教学模式

高职院校与传统学术性综合性大学的区别就是以培养应用型、职业化人才为教学宗旨与目标。工匠精神在高职院校课堂的实际运用体现在理实一体的教学形态上，如何将理论知识与实际应用相结合是考察高职院校课程设置科学性和有效性的关键。创新教学模式、培养技能型人才、加强职业素养的养成是工匠精神与教学相融合的媒介和抓手。"跨境电商实务"课程就是基于这样的教学理念，培养学生能够在真实跨境电商平台上进行实操的能力，将工匠精神和智慧课堂相适应。

(一)项目化教学模式下的真实跨境电商平台实操

市场对于跨境电商人才的紧缺现状，要求高职院校在教学过程中以真实跨境电商平台作为学生实操的载体。项目化教学就是将课程知识点以单元化、集合化的模式进行整合，以任务导向作为学生操作和考核的依据。将更多的课堂教学实践时间留给学生，使其在真实跨境平台上实操来发现问题、解决问题、掌握技能。学生能够在项目化教学模式中，不断提升"做中学""学中悟""学后懂"的自主学习能力。教师将更多的时间和空间留给学生，挖掘其潜力与兴趣，在项目化教学模式下让学生真正学以致用。

以"跨境电商实务"课程为例，该课程可以将整个教学过程分为四个大项目并贯穿于一体。比如，把跨境电商店铺实际的开店准备、运营过程、订单处理、售后服务作为项目化的核心，每个大项目下以实操任务书的形式，使学生明确主要任务、注意事项、考核标准等。课上教师可以利用慕课平台及移动教学工具进行混合式教学，采用线上线下以翻转为主题的新型智慧课堂教学模式。项目化理念下的任务型教学模式与真实跨境电商平台的实操是培养学生跨境电商操作技能的关键与核心。

(二)分层分类培养理念下的岗位人才技能型训练

工匠精神在高职院校理实一体课程建设中的另一体现是分层分类培养

学生的技能,尤其针对岗位实际需要进行有意识的人才技能培养,为将来就业做好充分的准备。分层分类培养的核心是因材施教,教师应该根据学生兴趣和特长而选择针对性的岗位职业技能进行挖掘。以跨境电商类人才培养为例,岗位技能要求主要体现在平台搭建与维护、询盘转换订单、订单操作与单证、生产安排与跟单等方面。在实际教学过程中,学生的性格与基础决定了其更适合某种岗位所需的技能要求。教师应该尊重与发现不同学生的个性特点,引导其发挥自身优势,在整体掌握的基础上,强化或突出发展适合自身特点的技能开发。

"跨境电商实务"就是可以应用分层分类培养理念来进行岗位人才技能训练,学生擅长美工及计算机操作,未来更能胜任平台搭建与维护的岗位。沟通交流能力强的学生更能适应询盘转换订单岗位,和客户进行有效交流,可以提高整个店铺的订单数量及服务好评。因此,教学过程中尊重学生个性发展,发现学生优势特长,结合课程和岗位技能需求,分层分类培养学生的实操技能,可以有效调动学生主动学习的积极性,使学生更加符合未来就业市场的实际岗位要求,提升其在求职市场中的竞争力。

(三)工匠精神指导下的职业素养与习惯养成意识

高职院校除了重视学生的知识技能培养外,更应该关注学生的职业素养与习惯养成意识,对未来的就业与进入职场竞争具有积极的意义。工匠精神的提出有利于培养学生对于未来工作和岗位的奉献度、敬业度、爱岗度。因此,在高职阶段,将工匠精神的核心与内涵以职业素养与习惯养成的模式植入课程教学过程中,具有积极的意义和现实的需要。

跨境电商类课程与工匠精神十分契合,上传产品过程中图片美工的处理、店铺装饰美化、客服交流、纠纷处理、售后服务等方面无不体现着工匠精神。在课程教授过程中,学生的团队合作、沟通交流、互帮互助等都能在潜移默化中培养学生的工匠精神。教师在授课过程中也可以将工匠精神贯穿于整个课程过程中,让学生有意识地培养自身的职业素养和综合素质,养成良好的工作态度与工匠意识。让学生在授课之后能实现"四富",即知识富、精神富、经历富、技能富。职业素养与习惯养成需要一个长期的过程,不可能一蹴而就。职业素养在课程中的融入对于学生可持续发展具有深远的意义。高职院校以培养应用型、技能型、市场型人才为指归,更应加强学生职业素养,工匠精神的提出对于高职院校人才培养具有借鉴意义。

五、工匠精神与高职智慧课堂教学形态探索的启发性

工匠精神与高职智慧课堂教学形态是未来高职院校人才培养的趋势和方向,如何将两者合二为一、贯穿于课程教学过程中,对于提升教学质量具有积极的意义。工匠精神与智慧课堂引入课程的目的都是为了更好地服务学生,提高教学有效性,培养高质量的应用型人才,服务当地经济与社会发展。随着高考制度的改革,高校招生压力倍增,学生教学质量的提升是高校核心竞争力的关键。

(一)工匠精神是高职人才核心竞争力的关键

高职人才竞争力体现在教学活动的各个环节,但工匠精神是提高学生学习质量与竞争力的关键。随着高等职业教育的不断发展,对于高职人才的需求与质量提出了更高的要求。高职院校招生形势也日趋紧张,工匠精神的提出不仅有利于高校始终秉持以生为本的理念,因材施教,而且坚定了将培养高质量的人才作为办学的根本目标。在工匠精神的引领下,高校应不断优化教学环境、提升师资水平、创新教学模式,为企业和社会培养应用型、技师型、服务型人才。

(二)智慧课堂教学形态信息化是未来的趋势

教学信息化是高职院校教学未来发展的方向与趋势,智慧课堂的提出就是为了丰富教学形态,利用富媒体模式来弥补传统课堂教学的不足,更好地适应"00后"学生接受知识的习惯。以移动端教学工具、慕课、混合式SPOC等多形式教学媒介为抓手,将更多的教学时间用于开展师生互动、生生互动,将以教师为主导的教学模式改变为线上线下互动、师生共同参与的新型智慧课堂教学形态。

(三)服务学生是高职教学改革与创新的根本

高职教学改革与创新的根本就是服务学生,智慧课堂教学与工匠精神融合的目标都是为了提高教学质量,更好地满足学生的需求。高职教学改革势在必

行,创新教学模式可以提升学生自主学习能力,提高教学有效性,真正符合市场、企业对于高职应用型人才的需求。学生是学校所有改革与发展的基础与宗旨,服务学生、以生为本是高职院校人才培养与可持续发展的重中之重,如何有效进行教学改革与创新是提升高职院校教学质量的根本。

参考文献

[1] 王金花.论大学教学中工匠精神的培育[J].内蒙古财经大学学报,2018(6):105-107.

[2] 侯明艳.智慧课堂模式下高校教学参考资源学习平台研究[J].中国成人教育,2018(16):22-25.

[3] 朱晓亮,杜旭,李浩,曹文卓.基于 MOOC 的高校移动云课堂设计与应用研究[J].中国教育信息化,2016(14):20-26.

[4] 王新宇."中国制造"视域下培养高职学生"工匠精神"探析[J].职业教育研究,2016(2):14-17.

[5] 孙从众."十三五"规划背景下宁波电子商务发展趋势及对策研究[J].湖北职业技术学院学报,2017(2):5-11.

[6] 朱轩,崔晓慧.智慧教学环境下高职院校精准教学模式的设计研究[J].常州机电职业技术学院,2018(3):32-35.

◎混合式学习在高职护理专业"内科护理"课程教学中的应用[①]

吴晓琴　冯小君　余巧敏　梁少英[②]

摘　要:本文旨在探讨混合式学习在高职护理专业"内科护理"教学中的应用及效果。方法是依托"卓越护士直通车"学习平台和微信公众号两大平台进行设计,并实施内科护理课程的混合式学习模式。宁波卫生职业技术学院2017级高职五年一贯制护理专业98名学生作为实验组,实施了本教学模式改革;99名学生作为对照组,采用常规教学模式。分析实验组和对照组的期末考试成绩、统计平台数据、调查实验组学生对混合式学习模式的评价,了解改革效果。结果实验组学生的期末理论考核成绩明显高于对照组(P<0.001),对混合式学习100%表示满意,最喜欢的网络化学习平台是微信公众号和人卫护考平台,85%以上学生积极使用混合式学习模式,并认为混合式学习操作容易、方便,节约时间和精力。结论是高职护理专业开展混合式学习有利于提高学生学习的主动性、效率和效果,且简便易行,值得广泛推广实施。

关键词:混合式学习;高职护理

混合式学习的目的在于对不同的教学媒体进行组合优化资源以达到最佳的学习效果。近年来,随着高校对信息化建设的高度重视和不断发展,开展混合式学习的外部支持日益增强,部分教育者开始尝试在专业课程中探索开展混

---

① 浙江省2016年度高等教育课堂教学改革项目(kg20160894)。

② 吴晓琴,宁波卫生职业技术学院副教授;冯小君,宁波卫生职业技术学院教授;余巧敏,宁波市医疗中心李惠利医院主任护师;梁少英,宁波卫生职业技术学院讲师。

合式学习,并取得了一定的成效。"内科护理"为护理专业核心课程,存在课时紧张、重难点多、学生学习压力大等问题,本研究采用"卓越护士直通车"和微信公众号搭建"内科护理"课程混合式学习平台,基于本学习平台设计并实施"内科护理"课程的混合式教学模式,取得了良好的教学效果。

一、研究对象

宁波卫生职业技术学院护理学院2017级高职五年一贯制护理专业98名学生(2个平行班)作为实验组,实施了本教学模式改革;2017级高职五年一贯制护理专业99名学生(2个平行班)作为对照组,采用常规教学模式。

二、方 法

(一)混合式学习平台建设

1."卓越护士直通车"学习平台

"卓越护士直通车"学习平台为国内某权威出版社开发的护理专业学习平台,按照执业护士资格考试大纲编排学习内容,内含大量图像、音频、课件、教学视频、动画等资料,每个章节配套随堂练习,涵盖本章节最重要的核心知识点,同时该平台还有错题库功能。教师可通过该平台的教学管理系统设置学习计划、监控学习进度,也可组织考试、查看成绩分析等。

2."内科护理"课程微信公众号

该公众号由课程负责人自主开发,按执业护士资格考试大纲中内科护理相关的8大系统编排学习内容,基本上与"内科护理"课程标准中的项目任务同步,定期发布各系统的重点学习内容及难点解析,并关注临床护理发展动态,及时更新知识点,主要用于帮助学生掌握重点、理解难点、更新知识。

(二)实验组混合式学习的组织实施——以"肺炎病人的护理"为例

1.E-learning 组织和实施

课前学生自行按照本课程的教学日历和预习要求,利用"卓越护士直通车"学习平台和课程微信公众号自主预习,主要任务为观看"肺炎病人的护理"的教学视频;完成本章节的配套随堂练习,并要求成绩达 80 分以上;查看公众号中"肺炎病人的护理"相关的重点、难点、知识新进展及典型案例等所有推文。学生可在微信公众号推文下面发表预习小结。教师在课前查看预习情况、练习完成情况、学生学习过程中遇到的困难等,确定课堂教学内容。课堂教学结束后,学生继续使用网络资源进行复习和巩固。

2.课堂教学组织和实施

改变"以教师为主"的传统课堂组织形式,强调"以学生为主"。课堂组织以"典型案例"为主线,围绕案例中的工作任务,在教师的逐步引导下,学生采用独立思考、小组讨论、头脑风暴等形式当堂进行重点知识的梳理,并进行汇报,教师根据学生汇报情况,进行归纳总结,并通过设置病情变化的形式,引出其他的重点知识,再次进行"学生思考和讨论—学生汇报—教师总结归纳";此外,教师着重解析难点,巩固和完善学生的知识体系。

(三)对照组教学方法

对照组采用传统的"内科护理"课程"概念—病因和发病机制—临床表现—辅助检查—治疗方法—护理"的教学方法,以"讲授法"为主开展教学。

三、效果评判

(一)学生学习效果评价

学生除了在课堂教学过程中不断进行知识点掌握情况的反馈外,每堂课上课前通过知识点抽背、典型案例回顾等方式对上一堂课的重难点进行回顾和整理,此外,每个系统进行阶段测试,所有评价结果均计入期末总评。学生课程总评由过程性评价(50%)与总结性评价(50%)组成(见表1)。

表1　学生"内科护理"课程评价体系

项目名称	考核内容	考核方式	比重(%)
平时考核(20%)	出勤	考勤	5
	课堂提问	提问	5
	课堂参与情况	头脑风暴等	5
	作业	"卓越护士直通车"学习平台习题	5
阶段考核(30%)	理论部分	理论笔试,考核内容为呼吸、循环系统疾病患者护理	10
	理论部分	理论笔试,考核内容为消化、泌尿系统疾病患者护理	10
	理论部分	理论笔试,考核内容为血液、内分泌、风湿、神经系统疾病患者护理	10
期终考核(50%)	理论部分	理论笔试	50
合　计			100

实验组学生的作业(5%)要求课堂教学上课前,学生要利用"卓越护士直通车"学习平台和课程微信公众号自主预习,完成教学视频的观看和随堂配套练习,这部分任务完成情况纳入考核评价体系(5%)。实验班学生侧重采用独立思考、小组讨论、头脑风暴等多种学习模式,并在评价体系中将课堂提问(5%)和课堂参与情况(5%)结合成课堂表现(10%)。

(二)实验组对混合式学习的评价

自制"混合式学习开展情况及效果评价问卷",调查内容包括:基本信息,对混合式学习开展情况的评价,对"卓越护士直通车"学习平台和微信公众号使用情况的评价,对混合式学习认知易用性的调查,对混合式学习使用态度的调查等5个部分33个条目。其中后3个部分采用Likert 5级评分法,5分表示"非常同意",1分表示"非常不同意"。共发放问卷70份,回收70份,有效回收率为100%。

四、结　果

（一）两组学生期末理论考核成绩比较

实验组和对照组学生期末理论考核成绩对比如表 2 所示。

表 2　实验组和对照组学生期末理论考核成绩对比

组　别	例　数	期末理论成绩
实验组	98	85.59±8.74
对照组	99	66.34±8.09
t		16.043
p		<0.001

（二）实验组学生对混合式学习开展情况的评价

实验组学生对"内科护理"课程使用"卓越护士直通车"学习平台和微信公众号辅助教学的满意度评价上，100％学生表示满意，其中 42.86％的学生认为非常满意。"内科护理"课程学习过程中使用网络化学习的平均频率上，65.71％学生每个月 4 次及以上。最喜欢的网络化学习平台是微信公众号（42.86％）和"卓越护士直通车"学习平台（30.36％）。学生在网络化学习平台中收获最大的是微信公众号（54.29％）和"卓越护士直通车"学习平台（28.57％）。

（三）实验组学生对"卓越护士直通车"学习平台和微信公众号使用情况评价

实验组学生对"卓越护士直通车"学习平台和微信公众号使用情况评价见表 3 所示。

表 3　实验组学生对"卓越护士直通车"学习平台和微信公众号使用情况评价

条　目	非常同意	比较同意	不能确定	比较不同意	非常不同意
"卓越护士直通车"学习平台和微信公众号可以满足学习中预习阶段需求	24(34.29％)	40(57.14％)	4(5.71％)	2(2.86％)	0

条 目	非常同意	比较同意	不能确定	比较不同意	非常不同意
"卓越护士直通车"学习平台和微信公众号可以满足学习中复习阶段需求	36(51.43%)	34(48.57%)	0	0	0
"卓越护士直通车"学习平台和微信公众号功能、性能非常稳定	24(34.29%)	42(60%)	2(2.86%)	2(2.86%)	0
"卓越护士直通车"学习平台和微信公众号提高了我的学习效率	26(37.14%)	38(54.29%)	6(8.57%)	0	0
"卓越护士直通车"学习平台和微信公众号提高了我的学习效果	28(38.89%)	40(55.56%)	4(5.56%)	0	0
开展混合式学习能使学习变得更为轻松和便利	26(37.14%)	42(60%)	0	2(2.86%)	0
"卓越护士直通车"学习平台和微信公众号减轻了我的学习焦虑	26(37.14%)	38(54.29%)	4(5.71%)	2(2.86%)	0

（四）实验组学生对混合式学习认知易用性的调查

实验组学生对混合式学习认知易用性的调查结果如表4所示。

表4　实验组学生对混合式学习认知易用性的调查结果[名(百分比,%)]

条 目	非常同意	比较同意	不能确定	比较不同意	非常不同意
混合式学习操作很容易	24(34.29%)	36(51.43%)	10(14.29%)	0	0
混合式学习操作很方便	28(40%)	32(45.71%)	10(14.29%)	0	0
我能熟练地使用电脑或手机等电子设备开展混合式学习	28(40%)	36(51.43%)	6(8.57%)	0	0
混合式学习更容易获取学习资源	38(42.86%)	40(57.14%)	0	0	0
混合式学习可节约时间和精力	26(37.14%)	40(57.14%)	4(5.71%)	0	0

（五）实验组学生对混合式学习使用态度的调查

实验组学生对混合式学习使用态度的调查如表5所示。

表 5　实验组学生对混合式学习使用态度的调查[名(百分比,%)]

条　目	非常同意	比较同意	不能确定	比较不同意	非常不同意
我对在课程中开展混合式学习很感兴趣	24(34.29%)	42(60%)	4(5.71%)	0	0
我认为在课程中开展混合式学习是一个明智的决定	22(31.43%)	44(62.86%)	4(5.71%)	0	0
我喜欢在课程中开展混合式学习	22(31.43%)	38(54.29%)	10(14.29%)	0	0
我认为有必要在课程开展混合式学习	18(25.71%)	44(62.80%)	8(11.43%)	0	0
我有信心能顺利开展混合式学习	20(28.57%)	40(57.14%)	10(14.29%)	0	0

五、结　论

(一)混合式学习可以提高学生的学习成绩和学习能力

与张艳云、谢丹、代红英等人的研究结果一致,本研究中开展混合式教学的班级,期末成绩明显高于传统教学的班级。混合式学习模式在教学过程中应用的网络技术,采用的手机、电脑等工具,受到学生的认可和欢迎。90%以上的学生有能力熟练使用电脑或手机等电子设备来开展混合式学习,85%以上学生认为混合式学习操作很容易、很方便,可以节约时间和精力。同时,学生认为混合式学习更容易获取学习资源,如通过本研究中采用的人卫平台和微信公众号,可大大提高自己的学习效率和学习效果。学生是学习活动的主体,让其在参与教学过程中交流、反思、合作和分享,可帮助其实现护理知识、技能、态度以及最终的能力提升。因此,这种教学模式是符合当代大学生学习习惯和思维习惯的,为学生今后终身学习和可持续发展打下了扎实的基础。

(二)混合式学习可以提高学生的学习主动性和学习兴趣

在本研究中,混合式学习的开展包括 E-learning 和课堂教学两部分组织和实施。课前学生要利用"卓越护士培训直通车"学习平台和课程微信公众号自主预习,完成教学视频的观看和随堂配套练习,这部分任务完成情况均纳入考核评价体系(5%),大大调动了学生学习的主动性,这与对照班采用课后做练习的方式不同,培养了学生的自主学习能力。而公众号上的重难点解析,让学生能有明确的学习和参考依据,又在一定程度上缓解了考试等带来的学习焦虑和压力。

此外,本研究的课堂组织是围绕案例中的工作任务,采用独立思考、小组讨论、头脑风暴等形式开展学习,讨论结果的汇报由学生自愿推荐或小组推荐,且纳入考核评价体系(10%),也在很大程度提高了学生参与并融入课堂的主动性。

参考文献

[1] Josh Bersin. What Works in Blended Learning[EB/OL]. http://www.bersin.com/.

[2] 周丽荣,李静.混合式教学在高职护理学基础实践教学中的应用[J].中华护理教育,2018,15(5):336-341.

[3] 毕经美,周钦青.混合学习研究及其对翻转课堂的启示[J].高教学刊,2016(13):75-79.

[4] 马丽丽,李春香,杨惠敏.混合式教学在基础护理学理论教学中的应用研究[J].中华护理教育,2018,15(1):19-22.

[5] 张艳云.混合式教学在基础护理学课程中的应用[J].中华护理教育,2018,15(3):196-199.

[6] 谢丹,邓天卫.混合式教学模式下语言学习者自主学习能力的培养[J].教育教学论坛,2016(4):45-46.

[7] 代红英,杨京楠.基于微课的混合式教学在成人大专护理教育中的应用[J].阿坝师范学院学报,2016,33(2):126-128.

[8] 贾守梅,汪玲,赵缨,等.混合式教学在精神科护理学课程中的应用[J].中华护理教育,2018,15(1):9-12.

◎教师标准化患者教学脚本的撰写

李爱夏　苏吉儿　陈双琴　费素定

李倩茹　邢　娟　陈丽君　陆　萍[①]

摘　要：教师标准化患者教学法可促进学生护理技能操作、病情观察分析、临床实践运用和沟通交流等综合能力的提高，而教学脚本是教师标准化患者教学法实施的基础，文章详细介绍了脚本撰写的思路、内容及注意事项，以供其他护理教育者借鉴。

关键词：教师标准化患者；护理学基础；教学脚本

　　"3＋2"中高职一体化五年制职业教育护理专业的学生，在中专阶段已经系统学习过"基础护理学"的理论知识和技能操作，因此在高职阶段本课程的教学应该侧重于学生临床综合能力的培养。我们在前期的研究中将教师标准化患者(Teather as Stand-ardized Patient，TSP)教学法应用到"3＋2"学生的"护理学基础"课程教学，取得了较好的效果，而教学脚本则是 TSP 教学法实施的重要基础，现将 TSP 教学脚本的撰写方法进行介绍，供护理教育同行们借鉴讨论，以期不断完善。

　　①　李爱夏，宁波卫生职业技术学院副教授、副主任护师；苏吉儿，宁波卫生职业技术学院讲师；陈双琴，宁波卫生职业技术学院副教授；费素定，宁波卫生职业技术学院教授；李倩茹，宁波卫生职业技术学院讲师；邢娟，宁波卫生职业技术学院讲师；陈丽君，浙江省宁波市第二医院主任护师；陆萍，浙江省宁波市第二医院主任护师。

一、脚本撰写前的准备工作

（一）组建成员团队

由课程负责人及主讲老师共6人组成编写团队，共同承担脚本的撰写；由临床护理专家、校内专业主任、教学督导共4人组成专家组，负责脚本的审核与指导。团队成员均具备丰富的临床经验与良好的教学能力，熟知"护理学基础"课程的教学内容，能完整把握每一个教学项目的理论、知识和技能。

（二）确定编写项目

基于培养护士临床综合能力的教学目标，体现教材内容与工作岗位需求紧密结合的原则，同时考虑应用 TSP 教学法的可行性与应用价值，将"护理学基础"课程的教学内容进行适当的编排，最后确定10个项目编写教学脚本，包括：出入院护理与生命体征评估、医院感染预防与控制、安全护理及职业防护、给药护理、静脉输液护理、营养与饮食护理、舒适护理、排泄护理、标本采集护理、冷热疗护理。

（三）设计脚本框架

脚本的框架结构包括以下内容。（1）教学目标：细化为知识目标、技能目标及素质目标。（2）教学素材：课件、教学病例、医嘱、模拟临床场景、护理用品、不同角色（TSP、教师、护士、学生）任务、拓展内容（包括新进展）等。（3）教学设计：教师介绍临床场景的基本情况；TSP 根据角色要求表演相应的状态；护士根据医嘱和患者的情况完成"完整"的护理操作；学生观察评价护理质量；教师引导讨论学习。（4）汇总评价：即评价护士工作质量，包括对患者病情评估、问题解决、效果评价、健康指导、护理技术和相关知识点掌握情况等的评价，条目紧扣护理任务进行细化，量化计分。

二、撰写完整脚本

(一)选编病例

根据教学项目、任务需求,编写合适的临床案例,体现患者个性特点和动态病情变化,难易程度以通过运用本项目内护理任务的知识和技能可解决患者问题为度。

(二)细化内容

包括场景布置,TSP 需要表现的症状、表情、主诉、与护士的对话,护士的护理任务(操作项目),护士工作质量评价项目和分值,各项目提问的知识点,以及教师解读案例、布置任务、递进式的引导学生思考等,所有的言语用词等都要细化编写,做到条理清晰、重点突出。患者的体征、实验室及影像学检查结果等的图片、文字,如果需要通过课件展示,则要准确把握播放时机,要做到与 TSP 表演的进展和情景衔接紧密;拓展内容明确:临床新进展和(或)患者特殊情况的应急变通处理方法。

现以"给药护理"为例,展示教学脚本的撰写格式和内容,如表 1 所示:

表 1 "护理学基础"TSP 教学脚本

项目:给药护理　　　**任务**:皮内注射、皮下注射 **教学目标** 知识目标:掌握皮内、皮下注射的目的、注射部位选择、定位方法等相关知识 技能目标:掌握皮内、皮下注射技术;正确的健康指导 素质目标:有效沟通交通,能综合观察分析病情,根据患者的实际情况进行正确护理的临床实践能力 **教学病例**:患者,女,43 岁,环卫工人,徒手分拣垃圾时不慎划伤右手掌,当时自做简单处理后血止,未在意,昨晚出现右手胀疼痛并持续性加重,今晨来医院就诊,拟"右手掌外伤伴感染"收住入院。PE:神志清,痛苦貌,右手掌手背肿胀,主诉疼痛,伸指等活动时加剧。测 T38.1℃,P86 次/min,R20 次/min,血压 120/84 mmHg。医嘱:一次护理,普食,抬高患肢,青霉素皮试、TAT 皮试 0.9%氯化钠注射液 100 ml ＋青霉素针 800 万 u ivgtt q12 h,TAT1 500^{In} im st	
标准化 患者资料	基本资料:1 床,徐小金,女,43 岁;身高:158 cm,体重:58 kg;文化程度:小学;职业:环卫工人;语言:普通话;婚育史:已婚,一女 20 岁,丈夫、女儿体健;经济状况:一般、职工医保;宗教信仰:无;生活习惯:生活有规律,无烟酒嗜好;个性特点:喜欢吃;衣着情况:加厚套头羊毛衫＋下穿运动裤,外穿医院病员服

			情景变化图表
场　景	教师任务	护士任务及评价要点	素材/用物
场景1 (1) 手外科护士站:主班护士接到1床徐小金的医嘱 (2) 治疗室:治疗班护士在核对整理备用药物	教师引导 1. 新患者1床备小金入院,医生检查和询问病情后开出医嘱,请护士完成该患者的药物准备,责任护士及时给患者治疗 2. 提醒:注射定位、皮肤评估在TSP身上进行,消毒、注射在模型上进行 拓展提问 1. 青霉素、TAT两种皮试液的浓度 2. 如果青霉素规格为160万^{U}或40万^{U}应如何配制	护士任务:药液抽吸法 1. 主班护士和治疗班护士双人核对医嘱、执行单,准备药物 2. 治疗班护士配制青霉素及TAT皮试液 评价要点 1. 核对医嘱内容方法是否正确 2. 是否掌握青霉素、TAT皮试液浓度,配制方法是否正确 3. 查对是否到位,无菌操作是否规范	1. PPT:展示患者的简要病情 2. 医嘱本、医嘱单、注射执行单 3. 药物:80万^{U}青霉素1瓶(安全考虑,用vitB6粉剂代替,外面贴上青霉素药物标签),TAT注射液1支,10 ml生理盐水5支 4. 各种规格一次性无菌注射器 5. 注射盘:其中消毒液准备75%酒精和安尔碘两种
场景2 病房:患者(TSP)躺卧床上,右腿屈曲,右手放在右膝盖上,精神萎靡,眉头轻蹙(如果护士碰到其右手则喊痛并露出痛苦表情;护士询问用药和过敏史、家族史时,回答:以前挂过青霉素盐水,没有反应;破伤风没有用过;没有发现有什么药或者吃的东西过敏,家里人也都没有发现过)	教师引导 1. 护士执行皮内注射(皮试) 2. 提醒学生应根据患者的病情选择左手前臂行皮内注射(如学生已做正确则给予表扬) 3. 告知学生两种药物不可同时进行皮试,以免在万一发生过敏性休克时难以判断何种药物所致 4. 学生操作完成后告知全班学生:患者两种药物的皮试均为阴性,按医嘱已经执行肌肉注射和静脉输液	护士任务:皮内注射 1. 责任护士评估患者病情、注射局部皮肤 2. 询问用药史、过敏史及家族史,告知皮内注射(皮试)目的、取得配合、协助取舒适卧位 3. 执行查对制度(操作前)、告知药物名称 4. 消毒左前臂皮肤(定位、消毒方法) 5. 再次核对(操作中),正确注射 6. 操作后核对,分离针头置入锐器盒,垃圾分类处置 7. 告知注意事项,协助左手摆放合理;提供枕头或保护垫,协助和指导患者右手适当抬高,放置舒适;整理床单位 8. 整理用物,洗手、记录执行时间、签名 9. 20 min后观察皮试结果,报告青霉素、TAT皮试结果的判断标准 10. 记录皮试结果,同时汇报阳性、阴性的记录方式	1. 皮内注射模型(手臂) 2. 长方形海绵垫或枕头 3. PPT:展示皮试结果阳性和阴性的图片(在皮试结果判断时)

场　　景	教师任务	护士任务及评价要点	素材/用物
		评价要点 1."三查七对"是否执行、是否到位 2.注射肢体、部位选择皮肤是否正确？有无评估局部皮肤 3.消毒方法是否正确(消毒液、方法) 4.皮内注射操作是否规范？皮丘大小是否合适 5.操作前解释沟通、操作后告知是否到位？有无提供患者抬高患肢的用具和健康指导？效果如何	
场景3 1.护士站:主班护士接到医嘱,1床徐小金,正规胰岛素针 8^U IH tid(餐前) 2.病房:患者(TSP)坐在病床上,右手放在垫枕上	**教师引导** 1.患者昨天实验室检查报告发现血糖增高,医嘱给予胰岛素治疗 2.皮下注射的部位、持针手法、进针角度和深度 3.提醒注射时间是餐前,原因？如何安全注射？ 4.提醒:注射定位、皮肤评估在 TSP 身上,消毒、注射在模型上进行 **拓展提问** 当学生按照常规的思维选择上臂进行皮下注射时,则提出: 1.该患者衣服厚重,加上右手触碰即会加重疼痛,暴露上臂三角肌困难,如何处理？不同部分的注射点定位、进针角度和深度如何调整？ 2.正规胰岛素规格,如何做到剂量准确？ 3.进针后回抽若有回血应如何处理？ 4.胰岛素的种类,新型胰岛素笔芯加胰岛笔介绍,药理作用和副作用,胰岛素笔的正确使用	**护士任务:皮下注射** 1.主班、配药护士核对医嘱和执行单,准备药液 2.责任护士正确抽取胰岛素注射液,保证剂量准确 3.核对(操作前),并告知药物名称和作用,解释用药目的,取得配合 4.询问确认就餐食物准备情况 5.选择注射部位,协助取合适、舒适体位,评估注射局部皮肤,消毒皮肤 6.再次核对(操作中),正确皮下注射 7.操作后核对,分离针头置入锐器盒,垃圾分类处置 8.告知进食时间,低血糖的表现、预防和应急处理方法 9.整理用物、洗手、记录执行时间、签名 **评价要点** 1.查对制度是否到位 2.是否做到安全用药;正确选择注射器、抽取药液、询问就餐时间和食物到位情况 3.选择部位是否合理,注射定位是否正确 4.皮下注射操作是否规范、熟练 5.对患者用药解释、用餐时间和低血糖反应及防治的健康指导是否到位	1.PPT 展示: (1)患者空腹血糖化验报告:9.8 mmol/L (2)正规胰岛素图片 2.医嘱本、医嘱单及注射执行单 3.用物:正规胰岛素注射液一瓶,1 ml、2.5 ml、5 ml 注射器各 2 支,注射盘内用物齐全 4.皮下注射模型:手臂和注射模型皮块

267

三、脚本撰写的注意事项

（一）脚本的完整性

完整的教学脚本是实施教师标准化患者教学的前提，因此编写时要做到：教学病例资料完整，病情变化连续动态，模拟场景安全有效，护理用物齐全，TSP角色要求明确，"护士"护理任务细化，评价标准量化。

（二）场景设置的真实性

学生在真实的情景中才能更好地理解"做什么"和"怎么做"，课堂场景与临床工作实际越接近，学生在学习过程中所获得的体验价值就越高，越有助于能力的提高。脚本中的教学病例应以临床常见病、多发病为主，并紧紧围绕教学内容，体现教学目标，可根据教学要求，对所选内容进行适当改编，但情景的发生发展过程必须遵循医学科学和伦理道德，切忌凭空编造。

（三）教师任务的特殊性

TSP教学法的特殊之处在于由教师扮演标准化患者，同时引导教学过程，因此，作为课堂主导者，脚本中应明确教师的具体任务，尤其体现在当学生在"护理"过程中出现偏差或者中断时如何适时进行引导？知识拓展时如何把握合适的内容？同时也更有助于低年资或者临床经验相对薄弱的教师顺利开展课堂教学。

参考文献

[1] 王振全,赵克芳,李文明.医学高等专科学校"3+2"临床专业解剖学教学探讨[J].中国继续医学教育,2014,6(8);21.

[2] 刘忠平,李质馨,田洪艳.农村定向医学生综合能力培养的探索与实践[J].中国农村卫生事业管理,2015,35(9);1109.

[3] 钟玉杰,王敏,李勤.从10年文献回顾分析我国标准化患者教学的发展[J].中华护理杂志,2009,44(3);259-261.

[4] 东梅,庞晓丽,侯大妮.基于标准化患者与问题式学习的本科生评判性思维能力培养创新

教学模式研究[J].护士进修杂志,2016,31(7):593.

[5] 李吉明,丁晶晶,赵影.教师标准化患者在心内科护理教学中的应用[J].卫生职业教育,2016,34(10):46-47.

[6] 陈桂兰,魏大琼,龙春花,等.教师标准化患者在新入职护士规范化培训应急能力培养中的应用与效果[J].护理管理杂志,2016,16(10):704-706.

[7] 李爱夏,邢娟,费素定.教师标准化患者教学法在5年制高职"护理学基础"教学中的应用[J].护理学报,2016,23(17):21.

◎康奈尔笔记法在高职"儿科护理"课堂教学中的应用与效果评价①

骆海燕　吴珊珊　姚立鹏　林晨昕②

摘　要：目的：将康奈尔笔记法应用于高职护理专业"儿科护理"课程教学中，以期末课程成绩、自主学习能力的变化为评价指标，评价应用效果。方法：选取我校护理专业二年级学生作为研究对象。纳入标准：全国高考统招生，在年龄、入学成绩、平均智育成绩等方面均衡可比，学制3年。随机抽取2个班，1个班为对照组（53名学生），授课时不刻意指导学生如何记课堂笔记；1个班为实验组（51名学生），授课方式和教师都同于对照组的基础上，指导学生使用康奈尔笔记法进行课堂笔记的记录。结果：（1）实施康奈尔笔记法后实验组期末成绩高于对照组且差异有统计学意义（P＜0.05）。（2）实施康奈尔笔记法后实验组自主学习能力得分高于对照组且差异有统计学意义（P＜0.05）。结论将康奈尔笔记法应用于高职"儿科护理"课堂教学具有可行性，有助于提高学生的学习效果和自主学习能力。

关键词：儿科护理；康奈尔笔记法；自主学习能力；护理教育

无论是学习课堂知识，还是培养独立思考、自主学习的能力，记课堂笔记都是一种传统却非常有效的方法。但是，作为高职儿科护理教师，在课堂教学时发现部分学生疏于记笔记，部分学生虽然记笔记也大多只是机械地抄录而且在

---

①　宁波卫生职业技术学院第二批课堂教学创新专项课题（自选课题，序号3）。
②　骆海燕，宁波卫生职业技术学院副教授；吴珊珊，宁波卫生职业技术学院讲师；姚立鹏，宁波卫生职业技术学院讲师；林晨昕，宁波卫生职业技术学院助教。

课后也几乎不会对课堂笔记进行及时有效整理归纳,这些都极大影响了学生对儿科护理课程的学习。因此,我们一直在思索如何能找到一种便捷高效的笔记方法,让学生在不影响课堂听讲的前提下愿意记笔记并且在课后能够及时地归纳总结。众多的案例告诉我们,康奈尔笔记法是提高学习成绩的一个有效手段,是改进课堂教学和提高综合能力的重要途径。它起源于美国的康奈尔大学,发明者是 Walter pauk 教授,他指出不论是课后阅读还是课堂学习,应用康奈尔笔记法都可以获得不错的效果。鉴于此,我们尝试在高职"儿科护理"课堂教学中进行了初步应用并收到了一定的效果。

一、对象与方法

(一)对象

抽签法选择开设"儿科护理"课程的高职统招护理专业二年级 2 个班,一个为实验组(51 人),另一个为对照组(53 人),均为女生,两组的年龄、入学成绩、上学期成绩均衡可比(P>0.05),选用的教材、课程标准、教学师资都相同。

(二)方法

1. 教学方法

教材都选用浙江大学出版社出版、李美珍主编的《儿童护理》(第 1 版)。课程总学时 50,其中理论 36 学时,实训 14 学时。

①对照组

按照学生以往养成的听课习惯,教师不刻意要求学生记课堂笔记,也不刻意指导学生如何记课堂笔记。

②试验组

课前通知学生每人准备一本活页笔记本。将笔记本的页面按 4:1 比例划分成上、下两部分,上面部分再按左右大致 2:3 比例分成要点栏(区域 1 为课后总结课堂笔记的要点之处,课后复习时写)和笔记栏(区域 2 为课堂上听课时记录课堂笔记之处),下面部分为总结栏(区域 3 为下课后总结听课感悟与独立思考所得之处),如图 1。

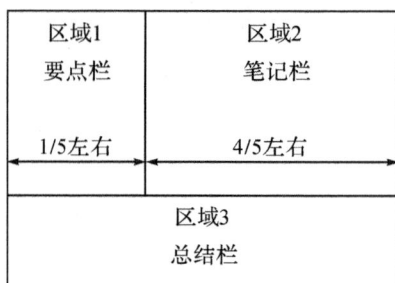

图1 康奈尔笔记页面规划

具体步骤以一个学生的"液体疗法"的康奈尔笔记为例,见表1:

表1 "液体疗法"的康奈尔笔记

要点栏(课后写)	笔记栏(课堂听课时记录)
1.小儿体液特点: 多、快、差、大 **2.常用溶液** ①非电解质 ②电解质液。 ③口服补液盐 溶液:温水调 配、少量多次 **3.液体疗法** 三定、分步走 定速:体重×每 小时输入液体 的 ml 数÷60分 钟×15 滴 = 滴 数/分钟	小儿液体疗法及护理 案例:课本案例分析题。 **1.小儿体液特点** 年龄越小,总量相对越多,水的交换越快,调节能力越差,水的需求相对越大。 (婴儿需水量:150ml/kg·d,儿童期每增加三岁减去 25ml) **2.常用溶液** (1)非电解质液、电解质液、混合溶液、口服补液盐溶液。 (2)常用混合溶液张力的计算:张力 =(生理盐水+1.4%碳酸氢钠)÷(生理盐水+5%或 10%葡萄糖+1.4%碳酸氢钠),例如 2:3:1 液张力 =(2+1):(2+3+1)=1/2 张 (3)常用混合溶液的配制: 配置过程:例如 2:1 液,需:0.9%氯化钠 334ml,1.4%碳酸氯钠 167ml。 需:10%氯化钠 ml=0.9×334/10=30.06≈30ml; 用:5%或 10%葡萄糖 ml=334-30=304ml 稀释。 需:5%碳酸氢钠 ml=1.4×167/5=46.8≈47ml; 用:5%或 10%葡萄糖 ml=167-47=120ml 稀释。 总共需:5%或 10%葡萄糖=304+120=424≈500ml。 **3.液体疗法基本方法** (1)口服补液一般用于预防脱水或轻至中度脱水。 口服补液盐Ⅲ,用量(ml)=体重(kg)×(50~75),4 小时内服完。 (2)静脉补液一般用于中度以上脱水。 定量:①轻度脱水:90~120ml/kg;②中度脱水:120~150ml/kg;③脱水:150~180ml/kg。 定性:分两步走: 第一步:累计损失量。低渗性脱水补 2/3 张液体;等渗性脱水补 1/2 张液体;高渗性脱水补 1/5~1/3 张液体。 第二步:继续损失量。1/3~1/2 张;生理需要量,1/5~1/3 张。 定速:累计损失量,8~12 小时完成;继续损失量与生理需要量,12~16 小时完成。 **4.护理** (1)遵循"三定""三先""三见"原则; (2)输液速度:输液泵。 (3)病情变化; (4)24h 液体出入量,"称尿布法"。

总结栏(课后写)

总体:液体疗法"一、二、三、四"

"一"指一个 24 小时补液计划。

"二"指二个步骤:第一步补充累计损失量(总量的 1/2),第二步补充继续损失量(丢多少补多少,10～40ml/kg)和生理需要量(60～80ml/kg)。

"三"指三个确定。

①定量②定性③定速

"四"指四句话。先快后慢、先盐后糖、见尿补钾、随时调整。

2.评价方法

(1)期末成绩

两组学生的课程期末考核试卷、评分标准、批阅教师皆相同,试卷卷面分 100 分,包括名词解释题、是非判断题、单项选择题、简答题、分析题 5 项内容。

(2)自主学习能力量表

该量表由上海交通大学姜安丽教授等编制。量表经检验有较好的内容效度和结构效度;由三个维度组成,分别为自我管理能力、信息能力和学习合作能力;共 28 题,每题采用 Likter5 级反应制,依次用 1、2、3、4、5 分赋值,得分越高,说明学生的自主学习能力越高。

3.统计方法

数据录入用 Excel,统计分析用 Spss13.0 统计软件。采用两独立样本 t 检验比较康奈尔笔记的实施对组间学生自主学习能力的影响;组内学生在康奈尔笔记实施前后的自主学习能力得分的变化用配对样本 t 检验比较;计量资料以 $\bar{x} \pm s$ 表示;$P < 0.05$ 为差异具有统计学意义。

二、结　果

(一)两组期末成绩比较

对照组和试验组学生期末成绩对照如表 2 所示。

表2　两组学生期末成绩比较($\bar{x}\pm s$)

组别	人数	总分
对照组	53	76.35 ± 3.54
实验组	51	80.05 ± 4.32

注：$t=6.071$，$P<0.05$

（二）两组自主学习能力得分比较

对照组和试验组两组学生自主学习能力得分比较比较如表3—表5所示。

表3　教学前两组学生的自主学习能力比较($\bar{x}\pm s$)

项目	实验组（n=51）	对照组（n=53）	t	P
自我管理能力	30.30 ± 5.25	29.98 ± 5.41	0.336	0.737
学习合作能力	22.76 ± 7.47	24.18 ± 7.06	0.998	0.320
信息能力	37.35 ± 5.76	37.88 ± 5.69	0.475	0.636
总分	90.45 ± 9.94	92.09 ± 11.49	0.760	0.449

结果显示两组自主学习能力可比性好，差异无统计学意义。

表4　教学后两组学生的自主学习能力比较($\bar{x}\pm s$)

项目	实验组（n=51）	对照组（n=53）	t	P
自我管理能力	33.45 ± 4.41	30.16 ± 4.43	4.927	<0.001
学习合作能力	25.94 ± 3.31	24.24 ± 4.32	2.119	0.037
信息能力	41.43 ± 3.78	8.96 ± 3.43	2.755	0.007
总分	100.82 ± 7.61	93.37 ± 7.08	5.165	<0.001

结果显示实验组（n=51）自主学习能力高于对照组（n=53），差异有统计学意义。

表5　教学前、后实验组自主学习能力得分组内比较($n=51$，$\bar{x}\pm s$)

项目	教学前	教学后	t	P
自我管理能力	30.33 ± 5.25	33.45 ± 4.41	3.771	<0.001
学习合作能力	22.76 ± 7.47	25.94 ± 3.31	2.460	0.017
信息能力	37.35 ± 5.76	41.43 ± 3.78	4.251	<0.001
总分	90.45 ± 9.94	100.82 ± 7.61	6.055	<0.001

结果显示教学后实验组学生的自主学习能力得分高于教学前,差异有统计学意义。

三、体会与思考

众多的案例显示,课堂上认真做好随堂笔记,课后及时整理归纳笔记,时常温习笔记,对提高学生的学习效果和自主学习能力有着非常重要的意义,这些都可以通过康奈尔笔记法记录体系实现。该体系包括 5 部分:记录(Record)、简化(Reduce)、背诵(Recite)、思考(Reflect)和复习(Review)五步。因此,又有人将康奈尔笔记法称为"5R"笔记法。

康奈尔笔记法的 5 部分具体以下述步骤逐步进行:①记录(Record):在课堂听讲时完成。在区域 2 内记录下教师课堂讲授的重要内容,如疾病的概念、临床表现、治疗要点、护理措施、健康教育等内容。记录的方法不一定局限于文字还可以用自己习惯的、方便的、实用的各种形式,比如流程图、表格、象形图、思维导图等记录以提高笔记效率。②简化(Reduce):在课后完成。在区域 1 完成对课堂记录的内容进行关键词提炼。例如小儿支气管肺炎:概念用肺部炎症概括;临床表现用热、咳、喘、绀、啰概括;治疗要点中抗生素的使用用早期、敏感、联合、足量、足疗程来概括等。③背诵(Recite):在课后完成。背诵时要求把区域 2 遮住,只看区域 1 的要点,对课堂内容进行复述。④思考(Reflect):在课后完成。在区域 3 把章节内容进行提纲挈领地归纳与总结。⑤复习(Review):每周或每半个月对之前的课堂笔记快速温习一次。

由此可见,在康奈尔笔记法体系中,学生记随堂笔记不是机械式地摘抄,只有在认真听讲,透彻理解所学内容的基础上,才能将教师传授的知识运用文字简明扼要地表述出来。在这样一个过程中不仅凝结了学生的听觉及视觉的反应,还加强锻炼了学生的独立思考能力和自主学习能力,而在课后的简化、背诵、思考、复习等过程中完成了对随堂笔记的提炼、总结、归纳,这也是促进学生有效利用笔记达到温故而知新的过程,从而能对学习效果的提高起到较好的促进作用。

本研究结果也验证了在高职护理专业的儿科护理课堂教学中应用康奈尔

笔记法可以提高学习成绩以及学生的自主学习能力。由表1可见,实施康奈尔笔记法教学后实验组期末成绩高于对照组且差异有统计学意义(P<0.05)。表3、表4结果显示实施康奈尔笔记法教学后两组学生的自主学习能力且差异有统计学意义(P<0.05),实验组自主学习能力三个维度的得分以及总分都高于对照组。因此,我们认为将康奈尔笔记法应用于高职"儿科护理"课程的教学是切实可行的,既能提高学习效果,也能提高学生的综合素质,促进学生自主学习能力的提高,值得进一步推广应用。

参考文献

[1] 周琦,刘颖昕,王慧娜.康奈尔笔记法在无机化学教学中的探索[J].广州化工,2015(8):250-251.

[2] 季敏.知识的流动方向与企业复合型学习工具[J].上海商业,2012(6):26-27.

[3] 王家蓉,李禄全.康奈尔笔记法在临床医学教学查房中的运用[J].中国继续教育,2017(9):38-39.

[4] 姜安丽,林毅.护理专业大学生自主学习能力的概念和构成研究[J].中华护理杂志,2005,40(2):128-130.

[5] 林丽跃,周梦选,潘培培.5R笔记法在心内科实习护生临床学习中的应用效果[J].护理与康复,2017(8):885-886.

[6] 雪莉.美国名校教你记笔记[J].中学生百科,2014,16(3):47-48.

◎基于"蓝墨云班课"的混合式教学实践

——以"幼儿园教学活动设计与指导"为例[①]

赵依蓉[②]

摘　要：在信息化高速发展的时代，高校教育模式面临改革，"蓝墨云班课"凭借其独特优势获得了广大师生的青睐。笔者遵循"以学生为中心"的教学理念，以活动设计相关理论为指导，依托"蓝墨云班课"平台设计并实施了混合式教学。实施结果表明：该模式能有效弥补传统教学模式单一化的不足，提升学生学习积极性、小组合作及批判性思维能力；背景数据实时导出，教师能及时分析学生学习情况；以量化方式进行过程性评价，在一定程度上使教学评价更客观全面。

关键词："蓝墨云班课"；混合式教学；教学实践

一、问题的提出

近年来，我国教育信息化呈现出迅猛发展的态势，2012 年 3 月，教育部颁布的《教育信息化十年发展规划（2011—2020 年）》要求在信息技术与教育深度融合的基础上，建立新型信息化教学环境，优化教育模式，推动教育改革；此外，文件还强调需进一步培养学生利用网络资源自学的能力，以及在网络环境下提出

①　2018 年宁波教育学院校级教改教研项目（NJJG201808）。
②　赵依蓉，宁波幼儿师范高等专科学校学前教育与艺术学院助教、硕士。

问题、分析问题和解决问题的能力。

当前,"以学生为中心"的教育理念已被越来越多的教师所接受,与信息技术深度融合的课堂教学改革也在各大高校如火如荼地进行。但目前高校教师科研压力大,对学生了解片面,许多教师受限于客观现实,在实际教学中仍无法做到真正的"以生为本"。教学改革是一项庞大的工程,而评估改革是决定改革成败的重要因素之一。因此,如何在"以学生为中心"的课程设计中客观、公正、全面地对学习过程进行记录与评价是本次改革的关键。

混合式教学(B-Learning)是传统教学(Face to Face)与网络化教学(E-Learning)优势互补的一种教学模式,也是目前高校教学改革重点尝试的方向之一。它试图打破以教师讲授为主的教学模式,利用网络拉近师生间的距离,在一定程度上能够发挥学生在学习过程中的主体地位的作用。

"蓝墨云班课"作为一个公共课程网络平台,将大数据、云计算、数据统计等先进的计算机技术与现代教育教学场景结合,为教师提供了全面的教学管理功能。因其模块多、功能强,可设计头脑风暴、案例分析、小组合作、线上抢答等一系列活动,有效激发学生学习兴趣,符合当前推进高校"以学生为中心"的课堂教学改革方向。与此同时,"蓝墨云班课"还能用经验值形式记录学生的学习过程,教师可利用后台导出并分析大数据,对每位学生做出更客观、全面的过程性评价。基于平台,教师能更好地开展混合式教学,真正完成"以教为主"到"以学为主"的教学转变,完成"以教师为中心"到"以学生为中心"的转变。

目前,笔者通过知网检索,发现诸多学者已对混合式教学进行了探索性研究,且在理论和实践方面成果颇丰。从已有文献资料来看,大部分研究偏向理论层面的探讨,混合式教学实践研究方面较少,没有系统构建一个详细、有操作意义的混合式教学模式。

综上所述,笔者以执教的"幼儿园教学活动设计与指导"为例,尝试运用"蓝墨云"平台开展混合式教学实践活动。主要解决两个问题:一是利用平台设计混合式教学活动;二是通过采集并客观分析学生学习过程的大数据,有效诊断教学活动效果,为进一步优化教学活动设计提供依据。

二、基于"蓝墨云班课"的混合式教学模式实践

(一)基于"蓝墨云班课"的混合式教学模式设计

以教学活动设计相关理论为指导,本研究构建了基于"蓝墨云班课"的混合式教学模式(见图 1)。该模式包括以下 3 个阶段:学生课前自主学习阶段、课中知识内化阶段和课后巩固学习阶段。其中,课前和课后阶段在"蓝墨云班课"中进行,课中阶段在"蓝墨云班课"与多媒体课堂混合的课堂中进行。

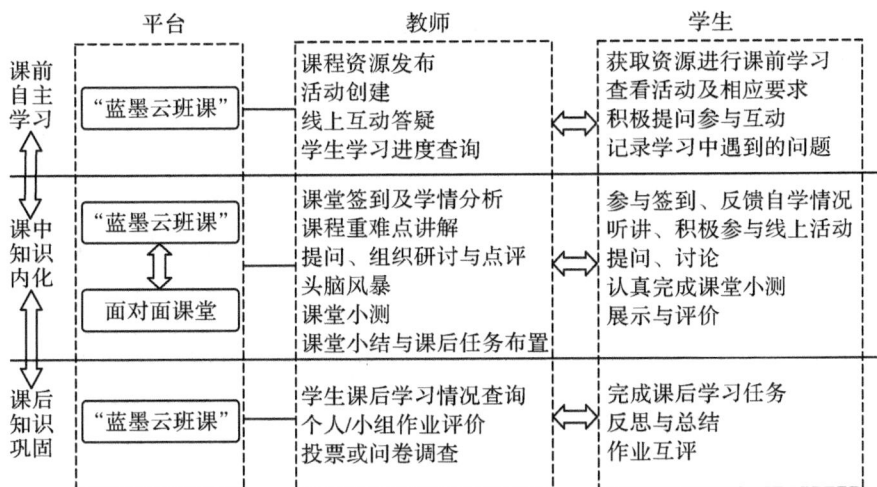

图 1　基于"蓝墨云班课"的混合式教学模式图

(二)基于"蓝墨云班课"的混合式教学模式实施

本研究按照事先设计的混合式教学模式,着重突出"蓝墨云"平台中学生的自主学习与小组合作能力提升。以 2018 级学前教育(职高)1—3 班学生为研究对象,共 152 人,开展为期一学期的混合式教学活动。在学期结束前两周,打开挂科预警,提醒经验值过低的学生;并利用问卷网制作问卷,调查学生对本学期课程的满意度及"蓝墨云"平台的使用情况,学生也可通过平台查询自己过程性评价的经验值最终成绩。

1.课前自主学习

混合式教学的课堂需要调动学生线上线下的学习积极性,因此对教师课前

备课提出了比较高的要求。这一阶段,教师需提前(至少两天)把准备好的课程资源上传至"蓝墨云"平台,如教学课件、录屏、案例、视频/音频/图片、文章链接等,让学生进行自主学习,并开展线上答疑讨论,学生可通过平台发表自己的学习心得,或提出问题,与班级同学、老师互动交流。教师于课前查看学生学习进度、反馈信息,重点问题可在课堂中解答。

2.课中知识内化

课中阶段是知识内化的重要环节,也是探索"蓝墨云班课"与课堂教学深度融合的阶段。首先,教师可根据情况进行快速签到,并集中解答学生课前的重点提问。此外,混合式教学课堂要充分利用在线平台的优势,让更多学生参与课堂活动。在具体实践中,课程理论教学板块与实践运用板块都在平台中开展了系列活动,并设置为小组互评模式。其中,头脑风暴与课堂小测是开展最高频的课堂活动,以"头脑风暴"为例(部分如图2所示),本学期,在3个班中均围绕"我眼中的教学活动设计""幼儿园教学活动设计中最重要的是什么""我眼中的设计意图""'以教师为中心'和'以幼儿为中心'的教学活动有什么区别""如何在幼儿园一日活动各个环节中,贯彻'一切为了儿童'的教育理念"5个活动进行。这种线上答题的模式打破了传统课堂中部分学生不愿思考和答题的僵局,

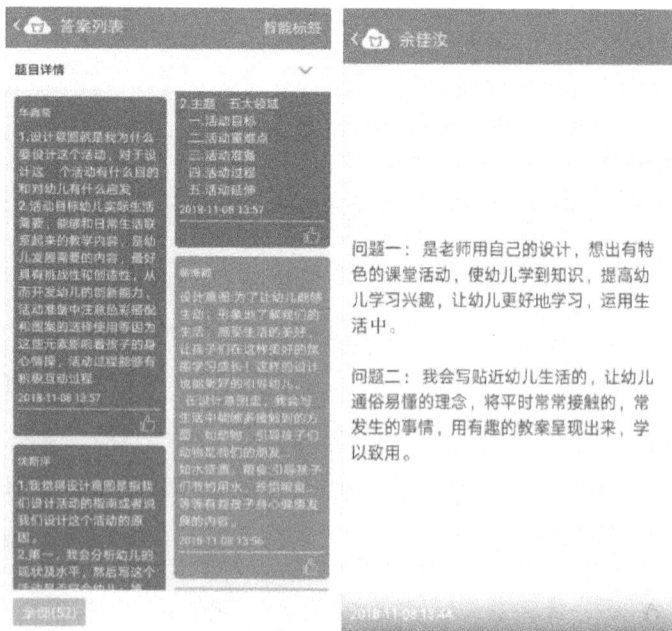

图2 头脑风暴与课堂投屏展示

提高了学生课堂学习的内驱力;答题后的课堂投屏模式更能激发学生相互交流的兴趣。随后,教师可利用"蓝墨云"平台中"举手"或"随机选人"的方式让学生进行课堂讨论与评价,完成知识内化,培养批判性思维。课堂最后,教师进行小结或在平台开展随堂小测并根据学生掌握情况布置课后任务。

3.课后知识巩固

学生课后主要通过完成作业与学习拓展资源巩固知识,为增强趣味性,教师宜采用视频、录屏等方式让课后学习不那么乏味。此外,学生需进行知识小结,完成活动中的小组评价或课后讨论。

4.学期活动实施小结

在本学期的教学活动中,笔者于每班班课中合计发布课程资源 21 个(含视频/录屏/链接等),签到 5 次,开展答疑讨论 4 次,头脑风暴 5 次,课堂小测 2 次,投票问卷 1 次,个人任务 6 个,小组任务 2 个。据后台数据显示,学生参与学习的大部分时间集中在晚上 7:00—9:00。课堂教学实施情况是混合式教学模式探索的关键,本次课程共在"蓝墨云"平台中开展活动 25 次,按照占比从高到低分别为个人任务(24%)、头脑风暴(20%)、签到(20%)、答疑讨论(16%)、小组任务(8%)、课堂小测(8%)、投票问卷(4%)。从平台显示结果来看,学生对活动的参与度较高,但小组活动的互评环节参与效果不佳。此外,"蓝墨云"是通过参与活动获取"经验值"的方式对学生进行过程性评价,通过大数据,反映个别学生评分低,触动期末挂科预警,是由于未能在规定时间提交作业,以及较少参与平台中的各类活动。

三、基于"蓝墨云班课"的混合式教学模式教学效果分析

为全面了解本学期基于"蓝墨云"平台开展混合式教学的成效,笔者于期末通过问卷网制作问卷,并让学生以扫码的方式在课堂中完成调查问卷。问卷内容主要针对课程教学满意度、平台满意度,形式为开放式和封闭式问题相结合。3 个班共有学生 152 人,其中参与调查的有 146 人,完成率约 96%。

(一)课程教学满意度

据混合式课堂教学满意度调查结果显示(见表 1),在 146 名参与调查的学

生中,约78.8%对基于"蓝墨云班课"的混合式教学模式表示满意,认为这种模式学习自主性更强,师生课后互动效果好;超过97%的学生认为在课程中运用"蓝墨云班课"开展教学是一个非常好的选择,活动形式多样,尤其是线上"头脑风暴",让其对一些概念印象更深刻,课堂知识内化率高;约82.9%的学生认为这种方式在一定程度上提高了学习积极性。由此可见,这种教学模式虽在具体实施过程中仍存在瑕疵,有待进一步优化,但还是得到了大部分学生的支持和肯定。

表1 "幼儿园教学活动设计与指导"课程应用"蓝墨云班课"满意度

问 题	项 目	人 数	百分比	满意的原因	不满意的原因
基于"蓝墨云班课"的混合式教学模式	满意	115	78.80	自主性更强;师生课后互动效果好	希望教师讲授更多一些,案例分析少
	一般	26	17.80		
	不满意	5	3.40		
"幼儿园教学活动设计与实施"课程中运用"蓝墨云班课"开展教学活动	满意	142	97.30	活动类型多样;课堂知识内化率高	没理解要求,不知道如何参与活动
	一般	3	2.05		
	不满意	1	0.65		
运用"蓝墨云班课"教学,能提高学习积极性	满意	121	82.90	更乐意参与线上讨论;手机查阅资源更便捷	教学过度依赖平台
	一般	18	12.30		
	不满意	7	4.80		

(二)"蓝墨云班课"App使用满意度

为了调查学生对使用"蓝墨云班课"App的满意度(见表2),笔者从用户体验、设置模块及功能满意度、学习过程记录满意度三方面进行问卷调查。在参与问卷调查的146名学生中,约75.3%的学生认为该平台使用体验基本满意,经过人工分析,发现用户体验差的原因集中在系统问题(如无法登录、App占内存、闪退、资源无法保存、作业无法提交等)以及个人习惯问题(为避免漏看消息需要一直关注班课App、不喜欢线上提交作业等);约76.7%的学生对平台的模块及功能基本满意,不满意的学生希望平台能开设更多功能,如教师课后线上直播、绑定微信提醒作业完成情况等;约78.1%的学生认可学习过程记录情况,从开放性回答中发现,部分不满意经验值赋分的学生认为系统无法对认真查阅和粗略查阅情况加以区分,略显不公平;此外,超过68.5%的学生希望经验值及排名可以设为私密,这主要由于当代大学生愈发重视个人隐私,不希望自己的成绩被公之于众。

表 2　学生使用"蓝墨云班课"App 满意度

问　题	项　目	人　数	百分比
"蓝墨云班课"App 用户体验	满意	110	75.30
	一般	28	19.20
	不满意	8	5.50
"蓝墨云班课"App 模块设置及功能	满意	112	76.70
	一般	19	13.00
	不满意	15	10.30
"蓝墨云班课"App 学习过程记录及经验值转换	满意	114	78.10
	一般	7	4.80
	不满意	25	17.10

四、结　语

基于"蓝墨云班课"的混合式教学不仅发挥了互联网的优势,还有效弥补了传统教学的不足,与时俱进,让课堂更加生动。对教师而言,这种基于移动端的教学模式给予了课堂更多可能性,活动多样,课堂气氛轻松,方式灵活;与此同时,资源共享与学生学习过程的量化记录,更是极大减轻了教学负担,使教师有更多精力投入备课与答疑。对学生来说,这种教学模式突出小组合作与讨论,让大家在协作与批判中成长,符合当代社会对人才的要求。但研究中也发现诸多不足,期望今后在以下几方面加以改进。首先,教师课前必须加强学生的学情分析,设计更贴合教学实际的平台活动;其次,没有最完美的课堂,唯有不断学习新知识,优化混合式教学模式,才能接近当下最优;第三,运用各种方式改变学生学习态度与观念,让学生把主动学习、小组合作与批判性思考当成一种习惯;第四,学校方面积极组织教师进行教学改革方面的学习与交流,并能出资逐渐完善"蓝墨云班课"平台相关配套。总之,随着信息技术的日新月异,只有将传统教学与新技术相结合,不断创新教学模式,才能在摸索中前进。

参考文献

[1] 余胜泉.推进技术与教育的双向融合——《教育信息化十年发展规划（2011—2020 年）》解读[J].中国电化教育,2012(5):5-14.

[2] 赵崴,姚海莹.基于蓝墨云班课的混合式教学模式构建与实践[J].中国现代教育装备,2018(23):12-15.

[3] 张其亮,王爱春.基于"翻转课堂"的新型混合式教学模式研究[J].现代教育技术,2014,24(4):27-32.

[4] 田富鹏,焦道利.信息化环境下高校混合教学模式的实践探索[J].电化教育研究,2005(4):63-65.

[5] 马小强,刘铭.国家开放大学"云教室"应用的现存问题及对策[J].中国电化教育,2016(5):72-77.

◎基于 CIPP 模式的高职学前专业课程质量评价指标体系构建研究

吴　凡　黄志兵[①]

摘　要:随着高校对教学质量重视程度的持续提高,高职学前专业课程质量愈发受到重视。但当前高职专业课程存在课程选取缺乏全局思考、课程方案制定缺乏科学依据、课程实施过程缺乏动态管理、课程评价形式单一等诸多问题。借鉴 CIPP 评价模式构建适用于高职学前专业课程质量评价的指标体系,是学前专业学生培育的质量保障与必然要求。

关键词:CIPP;质量评价;学前专业课程

本研究通过将 CIPP 评价模型引入学前教育专业课程质量评价中,结合学前教育专业特色和人才培养的特殊需求,立足于以学习为中心的教学评价理念,关注教学质量的生成过程,探索具有学前教育特色的专业课程教学评价体系和机制。

一、当前高职学前专业课程存在的问题

(一)课程选取缺乏全局思考

高职学前专业课程均是实践导向的课程,对于课程的选取需要考虑课程为

---

①　吴凡,宁波幼儿师范高等专科学校学前教育与艺术学院讲师;黄志兵,宁波幼儿师范高等专科学校副教授。

哪些学生服务,为哪些企业和行业服务,为哪些岗位服务,总目标是什么,具体目标是什么等。这就要求对于课程质量评估的源头——人才培养方案中专业核心课程、专业基础课、专业必修课等各种课程的选取进行全局思考。大多数高职院校均是拿同类院校的人才培养方案进行微调,也有很多高职院校常年不修订人才培养方案,或者只是象征性地进行修改,均缺乏对校情、学情、教师素养、学校资源与文化等进行综合的评估,致使在课程的实施过程中出现因人设课、课程内容脱离一线等诸多问题。

(二)课程方案制定缺乏科学依据

在依据校情、学情、教师素养、学校资源与文化等进行综合评估的基础上选定了课程内容,就需要对每门课程进行课程方案论证。需要考虑课程内容设置是否达到课程目标,课程标准是否规范完整,课程资源是否丰富等,从而选取最优课程方案。但是当前对于课程方案中的核心环节——课程标准的制定缺乏科学依据,大多数由制定者凭借个人感觉来进行制定,不是在大量问卷、访谈、调研和实地考察基础上得到的课程标准。

(三)课程实施过程缺乏动态管理

课程实施过程需要对教师教学组织、教学情境设计、教学方法和形式、项目任务的安排和执行、学生的课程学习表现和学生项目任务的完成情况等,进行实时动态管理。大多数高职院校有专业进度表,也有专门的教案要求如要求教师写好教学内容等,但是在实际课程实施过程中,存档备案的各类材料和实际的教学不匹配,学校缺乏常态的动态监管。

(四)课程评价形式单一

课程实施的对象是学生,课程评价也更加需要关注学生能力提升、知识获取等方面。但是当前对于学生的评价基本以教师评价和学生自评为主,缺乏行业专家和社会评价这2类关键评价。作为高职学前专业学生,她们大多数是要马上就业的,所以需要以社会和行业专家作为评价方,听取专业建议。

二、CIPP 模式应用于高职学前专业课程质量评价的意义

(一)核心概念内涵

1. CIPP 评价模式

20世纪60年代末,美国著名教育评价家斯塔弗尔比姆及其同事提出了CIPP评价模型。它由4种评价方式组成,并用这4种评价方式的第一个英文字母命名,即背景评价(Context evaluation)、输入评价(Input evaluation)、过程评价(Process evaluation)和结果评价(Product evaluation)。斯塔弗尔比姆认为,课程评价不应局限在评价目标达到的程度,课程评价应该是一种过程,旨在描述、取得及提供有用的资料,为判断各种课程计划、课程方案服务。[3]

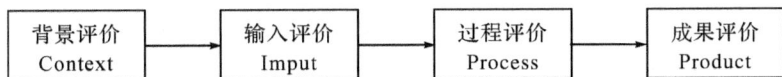

图 1 CIPP 评价模型

2. 质量评估

"质量评估"主要是质量管理中常用的一种方法手段,其主要目的是了解评估对象的质量现状,分析存在的问题状况,并根据其问题描述寻求原因,促进评估对象质量和效益的提升。

(二)CIPP 模式应用于高职学前专业课程质量评价的意义

1. 高职教学质量愈发受到重视

在专业认证、高校"金课"建设背景下,高校对于教学质量的重视程度持续提高,教学评价作为促进教学质量提升的重要措施显得更加重要,如何真实、有效、科学地评价教学质量成为各高校面临的重要问题。传统教学评价通常是基于教学结果的评价,对教学过程的评价欠缺,不利于学生形成创新思维和个性化发展,在一定程度上制约学校提升教育教学质量和培养社会需要的人才。

2. 课程质量的优劣与教学质量密切相关

2010年,我国《国家中长期教育改革和发展规划纲要(2010—2020年)》中

明确提出"把提高质量作为教育改革发展的核心任务","改革教育质量评价和人才评价制度。改进教育教学评价。根据培养目标和人才理念,建立科学、多样的评价标准"。高校教学评价改革处于新的转折点,众多学者、专家从各个层面,对我国高校教学评价的未来发展,进行了广泛的研究和讨论。高校教学评价要以高校为主体,评价的重心由外部向内部转移,树立以生为本的质量观,建立以学生发展为中心的高校内部质量评价体系。

3.学前教育专业课程值得重点关注

当前,中国特色社会主义进入了新时代,社会矛盾在学前教育发展中的体现,是在人民群众育儿行为与观念发生巨大变化背景下,大众对学前教育的需求与学前教育发展不平衡、不充分之间的矛盾的体现。我国实施的"全面二孩"人口发展战略使得我国学前教育在规模发展承受很大压力的同时,在质量发展上也承受更大压力和挑战。学前教育招生规模急剧扩张,在大批量扩张的大背景下,配套的师资质量、课程质量等能否满足学生的培养值得商讨。而学前教育专业是一个实践性很强的专业,需要安排大量的实操实训课程,传统的简单考试作为最终评价标准已经无法确切地评价学生的发展水平,因此需要制定有针对性的课程评价指标来促进教学,促进学生的发展。

三、基于 CIPP 模式的高职学前专业课程评价指标体系构建

基于 CIPP 模式理念和高职学前专业课程特点,结合相关文献资料与访谈,笔者试图构建适合高职学前专业课程评价的指标体系。该体系具体分为背景评价、输入评价、过程评价和结果评价四个一级指标及课程目标制定、机构设置、人员配备等 14 个二级指标,共 100 分,加上附加指标 110 分。具体如表 1 所示。

背景评价:主要是对课程目标的诊断性评价。课程总目标以培养未来幼儿园教师为主线,通过专业课程的教学,使得学生成为一名师德为先、能力为重、关爱幼儿、终身学习的未来幼儿园教师。尤其关注学生能力的养成与关爱幼儿的情怀习得。在背景评价中主要回答总体目标和具体目标是否符合本校特点,

是否符合人才培养方案,是否体现行业需求。主要通过文献研究法、访谈法、问卷调查法、专家咨询法等方法完成。

输入评价:主要是对课程方案实施的可行性进行评价。在对背景评价的基础上,回答是否具备完成课程目标所需的设施条件、师资是否到位、教学硬件保障是否健全,规章制度是否能保障课程顺利实施等。

过程评价:这一环节是CIPP评价模式的亮点,也是评价的核心工作。主要对教学过程进行不间断地监督、检查和反馈。其目的就是为了将课程实施过程中的信息进行详细记录并进行及时反馈,以便对课程方案进行调整。教学的主要参与者是教师和学生,他们也是这部分的评价主体。主要评价的内容是:对学校职能部门有没有将课程方案进行有效组织管理进行评价;对教师在教学方法、教学内容与态度等方面能否体现出课程特色,行为是否有效等进行评价;对学生参与课程的积极性、主动性、参与课程的广度与深度及教育实践时的态度与热情等方面进行评价;还有就是对教师的行为态度等进行评价。主要采取跟踪听课、现场观摩、问卷调查、访谈等方法。

结果评价:这是评价的最后一个阶段,对课程效果、所达到的目标和非预期的效果(方案预先没有设计的目标)进行评价,为新的课程教学方案的设计提供决策依据。主要包括:教学组织效果实现的程度;关注资源利用的程度;了解学生的学习训练质量和学习收获;了解教师的发展水平;了解各需要主体的满意度;了解课程是否达到了预设的目标。基于上述评价分析再对整个课程方案是否可以持续和推广做出评价。结果评价主要通过问卷、测评等方法来实现。

表1　基于 CIPP 模式的高职学前专业课程质量评价指标表

一级指标	二级指标	评价项目	权重系数 K_i	评价系数			
				A	B	C	D
背景评价	课程目标制定	1. 能体现学前专业特色 2. 能体现行业需求 3. 符合本校学生身心发展规律 4. 体现本校办学特色	5				
	实施计划	1. 计划内容具体翔实 2. 计划具有可操作性与有效性 3. 计划实施成效评价合理	5				

一级指标	二级指标	评价项目	权重系数 Ki	评价系数			
				A	B	C	D
输入评价	机构设置	1.设立了教育管理单位 2.有分管的校级领导 3.有分管的分院领导	2				
	人员配备	1.班级师生比不低于1:50 2.专任教师数与同年招收学生数之比为1:800到1:1000	5				
	师资要求	1.教师应具有高校教师资格证及硕士研究生以上学历或中级以上职称 2.教师应熟悉人才培养方案和所授科目教材,熟练运用现代化教学手段有效组织教学 3.教师应具有较强科研能力及指导学生开展课外实践相关活动的能力 4.鼓励幼儿园一线教师走进高校授课,但外聘教师授课比例不得超过总课时的20%	5				
	规则制度	1.学校有分管领导、专兼职教师分工明确、职责清晰 2.有教师考核制度 3.有教师进修培训制度 4.有教学管理制度	5				
	物资保障	1.有专门的学前教育专业课程建设经费 2.有配套的实践实训场所 3.保障教师的办公条件 4.有一定数量的图书资料	8				
过程评价	教学组织	1.教学管理、监督、协调到位 2.根据学生特开展不同形式的教学活动 3.与专业实践融合的课外实践教学 4.积极搭建校企园教育合作平台	15				
	教师教学	1.遵守教学规章制度,教学材料齐备规范 2.教学态度:精神饱满,为人师表,公平公正对待每位学生 3.教学内容:贴合教材,课件制作精彩,注重理论联系实际 4.课堂效果:突出学前专业特色,有效利用校内外资源,授课有吸引力,学生积极性高	10				
	学生学习	1.态度端正,出勤率高,纪律好 2.学习主动,积极参加校内外实践活动 3.善于小组合作	10				

一级指标	二级指标	评价项目	权重系数 Ki	评价系数			
				A	B	C	D
成果评价	教学管理效果	1. 按照人才培养方案完成教学任务 2. 教育实践活动安排合理,特点鲜明 3. 各项管理监控体系完善,多元评价机制运行良好 4. 对学生评价方式合理,突出能力考查	5				
	教研效果	1. 教师有较强的教学能力,教学业绩突出,学习能力强 2. 具有一定的科研水平 3. 依据课程标准高质量完成授课内容	5				
	学习效果	1. 符合人才培养方案中的培养目标 2. 学前专业理念、专业能力和专业知识齐全 3. 掌握该课程的核心知识	10				
	教学满意度	1. 学生学评教分数高,评价材料真实可靠 2. 校内专家对课堂教学效果评价良好,对教师认可度高 3. 行业对毕业生认可度高	10				
附加指标	建设特色	教学行政管理、课程建设、师资建设、设施保障、教学途径、评价机制、教科研水平等有创新和探索,形成了鲜明的管理特色,教学成效显著,社会满意度高,评估等级优秀	10				

说明:1.本方案采取定量评价与定性评价相结合的方法,以提高评价结果的可靠性和可比性。评价方案分为综合评估与特色评价两部分,采用百分制记分,满分110分。

2.评价总分计算:$M=\sum KiMi$(其中 Ki 为评分等级系数,A、B、C、D 的系数分别为 1.0、0.8、0.6、0.4,Mi 是各二级指标分值。

四、需要关注的问题

CIPP 模式是对课程的全过程进行评价,整合了诊断性评价、形成性评价、终结性评价,可以说发挥了教育评价的全部职能。但在系统运作中还有很多地方需要不断地改进和完善,还有些问题需要注意:

(一)要有独立的评价调研部门

评价调研部门可以独立设置,可从属于教务处或质量评估办。要对评价人员进行专业性培训,帮助评价人员掌握相关要领,从而增强评价的专业性。

(二)要确保相关人员的参与度

为了提高学前教育课程的教育质量,有利于促进课程发展,学生、相关职能部门(教务处、学生处等)、校外专家等的参与非常重要。每个评价环节都应有确保相关方参与的机制,并能进行良性互动,提高评价系统的有效性。

(三)注重提高系统的可操作性

由于评价系统比较复杂,需要的信息源多,因此对于信息收集、处理、决策的机构负责机制要清晰,程序要简明。

(四)注重系统的可变性

为了保证评价的真实有效,要及时了解学前教育政策的变动、学校管理制度的调整,以及学生、教师的心理变化及教材变革等内外多重因素的改变,以便对系统进行必要的调整。

(五)注重评价结果的运用

CIPP模式的目的是改进而不是证明,所以对学前专科课程质量的评价结果主要是为了课程进行改进而不仅仅是为了奖惩教师或学生。在数据分析过程中,了解学生、教师或教学管理等方面的问题,分析问题产生的原因,及时反馈并做出修正,最后对调整的结果进行再评价,如有必要对方案可进行再调整,形成良性循环反馈系统。由此将四个评价环节紧密联系在一起,使高职学前教育课程评价摆脱终结式、专家导向式的评价,向更健康有效的方式转变。

最后,要根据院校实际情况,在实践评价中,因地制宜,选择合理的权重确定方式。

参考文献

[1] 袁琴.CIPP评价模式在高职项目课程评价中的应用[J].中国职业技术教育,2013(5):53-57.

[2] 杨莉君,贺红芳.幼儿园保教质量评估指标体系建构研究[J].教师教育研究,2017(5):85-88.

[3] BOURDIEU. Reproduction in education,society,and culture[M]. London:Sage,1990.

[4] 葛高丰.基于CIPP模式的高职综合实践教学评价[J].教育与职业,2014(23):157-159.

［5］周欣.托幼机构教育质量的内涵及其对儿童发展的影响［J］.学前教育研究,2003(Z1):34-38.

［6］郭扬,郭文富.职业教育质量评价的政策需求与制度建设［J］.中国职业技术教育,2015(21):41-45.

［7］徐国庆.实践导向职业教育课程研究:技术学范式［M］.上海:上海教育出版社,2005.

［8］徐玉国,韩兆君.基于 CIPP 模型的高校创业型人才质量评价指标体系研究［J］.高教学刊,2017(7):53-54.

第三篇

高校人才培养模式研究

◎"新工科"背景下生物制药专业人才培养模式的探索与实践[①]

陈永富　尹尚军　王忠华　汪财生[②]

摘　要：在"新工科"与《中国教育现代化 2035》目标要求的背景下，一流人才培养的关键是人才培养模式。本文结合新工科建设要求与"工程认证"的理念，围绕人才培养的顶层目标，探索并实践了以学习者为中心，面向行业需求的生物制药专业开放融合，协同育人，学科交叉融合的"一核两翼五融合"人才培养模式，为新工科背景下人才培养模式的构建提供了借鉴。

关键词：新工科；生物制药专业；人才培养模式

随着时代的发展，高等教育的基础性、先导性、全局性地位和作用更加凸显。根据教育现代化的总目标，《中国教育现代化 2035》提出了推进教育现代化的 10 大战略任务，明确了未来人才培养与创新能力提升的总体方向和基本思路，其中之一是"一流的人才培养与创新能力是衡量教育现代化水平的重要标准"，而实现一流人才的培养，深化改革工程人才培养模式是关键，需要不断重塑教育形态，变革知识获取的方式和传授方式，变革教和学的关系，这是面向未来因势而动的必然趋势。但目前许多专业的人才培养模式有待进一步改革创

① 浙江省高等教育"十三五"第一批教学改革研究项目"'新工科'背景下生物制药专业人才培养模式探索与教学改革研究"(jg20180259)、宁波市 2019 年教育科学规划研究课题"'新工科'背景下生物制药专业产科教创融合实践教学模式的构建"(2019YZD017)。

② 陈永富,浙江万里学院副教授;尹尚军,浙江万里学院教授;王忠华,浙江万里学院教授;汪财生,浙江万里学院教授。

新,诸如:(1)基于研究型、探究式、综合性的面向学生综合能力培养的模式没有全面开展;(2)基于卓越工程师培养计划、项目学习计划的面向行业应用与实践的教育模式没有落实;(3)基于"互联网＋"多学科交叉融合的创新教育模式没有完善。借助"新工科"建设的契机,构筑工程人才培养新模式的先发优势,是实现中国从工程教育大国向工程教育强国的历史性转变。

浙江万里学院生物制药专业树立"学生中心、成果导向、持续改进"的人才培养理念,以"应用型和技术技能型"人才培养为顶层目标,围绕"以人为本、个性发展、开放融合"高水平人才培养体系核心内涵,根据生物制药产业发展对工程技术人才应具备的知识、能力和技能、职业素质等要求,确定人才培养目标和毕业要求,形成以学习者为中心、面向行业需求的生物制药专业开放融合、协同育人、学科交叉融合的"一核两翼五融合"人才培养模式(见图1),将创意、创新、创业能力贯穿到整个人才培养过程中,营造创新型工程师培养的生态系统,适应制药产业发展的工程教育得到不断发展,培养高质量的具有较强行业背景知识、工程实践能力、胜任生物制药行业发展需求的应用型和技术技能型人才。

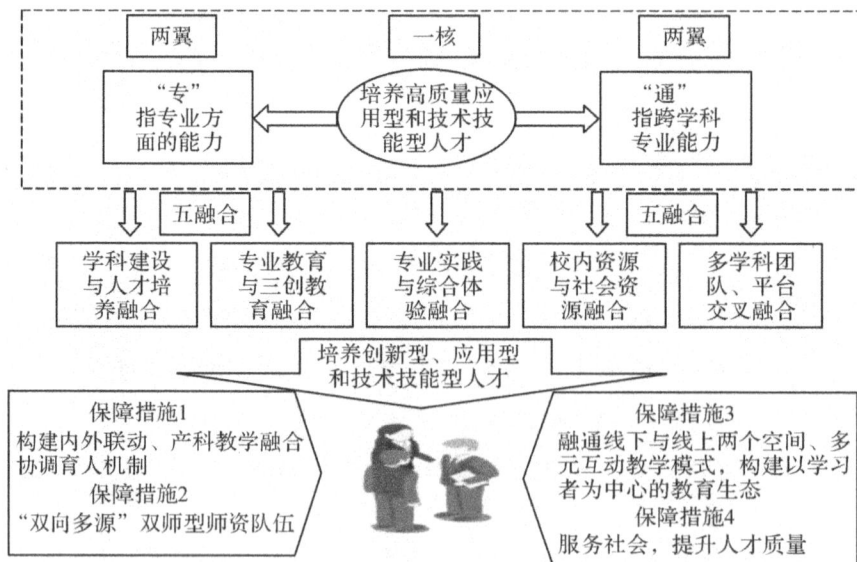

图1 "一核两翼五融合"人才培养模式示意图

一、一 核

"一核"是指以高质量应用型和技术技能型人才培养为核心。具体而言,是指培养具有较高综合素质、创新意识和国际化视野,较强的组织管理、人际沟通、团队合作能力和一定的创业能力,较强行业背景知识、工程实践能力,能胜任生物制药行业发展需求的高质量创新型、应用型和技术技能型人才。

二、两 翼

"两翼"是指"专"与"通"两方面的能力。"专"是指专业方面的能力,包括理论分析与抽象能力、问题理解与求解能力、设计能力与研发能力、管理能力与实践能力、持续学习与改进能力等。"通"是指跨学科专业的交流沟通能力、组织协调能力、经营管理能力、创新意识与能力等。

根据"专"与"通"的不同侧重,可以将人才培养目标划分为"I型""T型""Ⅱ型"三种类型。"I型"人才指具有坚实生物制药的专业知识、专业技能的人才,他们适合做技术工作;"T型"人才指除了具有生物制药相关的知识、技能以外,还具备其他的知识与能力,如企业管理、产品策划和研发、制药工艺和过程革新、药品质量管控、药品销售技术支持等方面知识,具有跨学科专业的交流沟通能力、组织管理与团队协作能力,这类人才非常受企业欢迎;"Ⅱ型"人才则是在"T型"人才的基础上,在具备生物制药行业的相关知识和能力外,具备优秀的身心素质、文化素质、社会素质、工程素质、精英素质、职业素养等,这类人才更容易成功。

三、五 融 合

依据建构主义理论("以学生为中心",强调学生对知识的主动探索、主动发现和对所学知识意义的主动建构)、三螺旋理论(政府、产业和大学形成了三种力量交叉影响的三螺旋关系),构建人才培养的"五融合",是指"学科建设与人才培养融合、专业教育与三创教育融合、专业实践与综合体验融合、校内资源与社会资源融合、多学科团队、平台交叉融合",共筑"全过程、多平台、分阶段、递进式、一体化"的大实践教学体系,重构"以学生为中心"的"大实践"教学观,实现实践教学体系由单一变多元、由封闭向开放、由孤立到协同的转变,全方位彰显了多元、开放、协同的鲜明特色,推动生物制药专业实践教学改革的深化和创新。

(一)学科建设与人才培养融合

将生物工程作为"十三五"浙江省高校重中之重学科的学科优势、科学研究与技术创新成果转化为人才培养优势,重组科教融合的教学内容,教学内容与学科前沿对接、与行业企业岗位对接。对于成熟的基础课程——讲精经典知识点与密切相关的学习方法论,基础实验技能强本固基,重点培养其操作规范、标准;对于产业发展引导的新模块方向课程——引进行业或企业最新技术、工艺与技术标准更新教学内容,并融入研究方法论教学;对于实验实训课程——通过指向产品化的技能集成性训练与技术经济可行性分析,真正使实验项目综合化,在强化学生技能训练的同时,增强学生的研究能力与产品研发能力,提高学生的应用性技术能力,培养学生的"专"。

(二)专业教育与三创教育融合

构建理论与实践并重的课程体系,将生物制药的行业需求融入人才培养,促进产业链与专业链、行业标准与课程内容、生产过程与教学过程对接,提高实践课比重,增加开放和创新实验;以学生"创意—创新—创业"综合素质提升为核心,将三创教育融入专业人才培养全过程,设置创新创业课程,开设创新思维、创业基础等通识课程,提升"产、科、教、学、创"融合课程的占比,构建体现生物制药行业特点,融入创新创业思维和方法的专业课程群,在学院的统一安排下,建设创业孵化基地和专业化创客空间,实现专业课程与三创课程的交叉、渗透与融合,实践课程有80%以上科教融合或产教融合的综合设计、研究创新型实验项目,并且每年都有更新,将创新精神、创业意识、创新创业能力列为评价人才培养质量的重要指标,以三创教育促进专业教育,以专业教育带动三创教育,实现专业教育和三创教育深度融合。

（三）专业实践与综合体验融合

以学科专业为依托，以培养学生的技术应用能力、创新能力与增强职业素质为核心，理论教学与实践教学实施不同的教学模式，培养学生的"专"与"通"能力。

1. 理论教学

实施"知识＋技能＋分析＋应用"体验模式，倡导教师开展案例教学、研究性教学、体验教学，形成系列综合体验的教学模式；以"融通线下与线上两个空间"为手段，创新教学方法，激发学习动力，构建以学习者为中心的教育生态。实现"以教为主"向"以学为主"的转变、"以课堂为主"向"课内外结合"的转变、"以结果评价为主"向"结果过程结合"的转变，增强学生的"向学力"，提高人才培养的质量。

2. 实践教学

建立健全"全过程、多平台、递进式、一体化"的实践育人机制，形成"专业技能＋素质拓展＋学科竞赛＋第二课堂＋行业实践＋创新创业"的综合体验链（见图2）。

①"全过程"：社会实践（大一）、行业调查（大一）、认知实习（大二）、专业志愿服务（大三）、生产实习（大三）、顶岗实习（大四）等全过程、不断线的实践教学体系。

②"多平台"：1个国家级实验示范中心、5个省市重点学科、7个创新平台与校企合作特色班。

③"递进式"：构建递进式的"基础实验—专业基础实验—专业综合实验—校企合作实训实习—学科创新平台"和25项体现"设计性、项目化、行业化、综合化"的实践教学训练项目。

④"一体化"：学生的创新创业项目、老师的科研项目与横向项目等引入实践教学，构建"练学研创一体"的训练模式。

80％以上的实践课程内容与企业、科研相关；所有的学生参与大实践全过程。每年有10多项创新创业项目；80％学生参与老师的科研项目。

在实践教学中，实施角色体验、过程体验和环境体验等多种形式，在第二课堂的社团活动、社会实践、志愿服务等活动中强调学科专业性，建成专业化、学科型的学生社团；聘请成功的创业者、企业家作为兼职导师开设创业课程，向大学生传授创业经验。毕业实习与毕业论文阶段,鼓励增加选题来源于企业正在研发的新产品、生产线亟须改进的工艺、未来的技术储备、项目方案、调查报告等企业、政府部门、机构、事业单位的实际项目或问题等"真题真做"数量,有实际应用价值的毕业论文,其成绩直接给予优秀,引导学生在教师指导下深入社会、深入企业培养和提高分析问题与解决问题能力,提高毕业设计(论文)的创新性、应用性,强化学生对行业一线的需求的综合体验,培养学生的"通"与"专"两方面的能力。

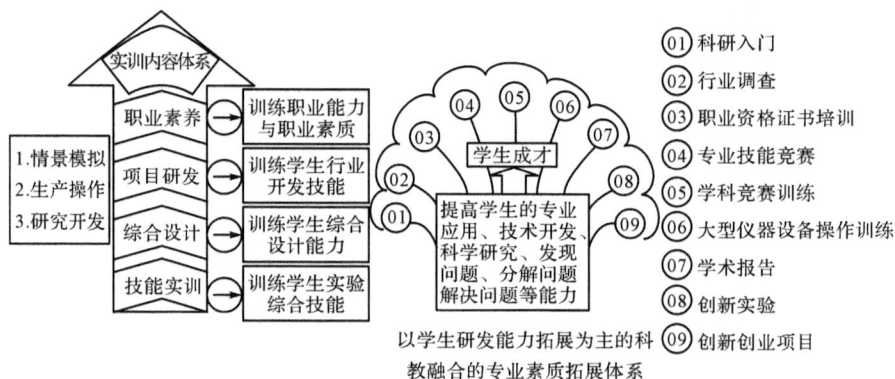

图2 全方位、全过程、一体化的实践育人机制

(四)校内资源与社会资源融合

打造专业教育开放融合新生态,汇聚校内科研优势与20来家紧密合作的制药行业优势资源,搭建科教结合、产学融合、校企合作的协同育人模式,建设教育、培训、研发一体的分阶段、递进式实践育人平台。在已有的与宁波美康生物科技股份有限公司建立"美康班"、与宁波易中禾生物技术有限公司建立的4年不间断实习平台的基础上,进一步加以优化,在人才培养方案中加以固化成为"行业企业定向培养模块"。利用国家海洋局项目"几种海洋生物来源医药用材料关键技术研究与示范""宁波海洋生物高值利用公共服务平台—海洋藻类资源高值化利用子平台""酶工程与生物催化产学研实训基地",与浙江华光胶囊股份有限公司进行校企合作生产空心胶囊,合作申报课题,培养人才;积极开展与宁波市周边企业如宁波海尔施生物医药股份有限公司、宁波中药制药股份有限公司等企业进行合作育人,这些校内外融合的资源,成为共享型协同育人实践平台。通过校内实验实训平台、校外实习实践基地、创新创业平台、项目研

究和学科竞赛平台等多个平台,将学生的基本技能、专业能力、创意创新创业训练分层次、分阶段、递进式进行4年不间断地培养,构建了集教学、科研、社会实践、创新活动、企业人才培养、学生就业、文化养成于一体的新型实践教学模式,实现专业链与产业链、课程内容与职业标准、教学与生产过程的无缝对接,全方位彰显了多元、开放、协同的专业教育开放融合新生态,提升学生的自主终身学习、沟通协商和技能应用能力,使学生的能力规格全面达到行业要求,培养学生的"专"与"通"两方面的能力。

(五)多学科团队、平台交叉融合

基于生物制药产业和技术发展的当前和未来需要,在互联网、生物学、化学、药学等之间出现前所未有的内在的逻辑关系,促使这些学科在生物制药专业的基础知识、专业技能等方面相互渗透、有机结合和相互融合。生物学作为多学科交叉融合的契合点、着力点和支撑点,按照实现生物制药专业培养方案中确定的课程目标的需要,学校组建跨学科教学团队、跨学科项目平台,由来自不同学科专业的教师组成多学科教学团队共同对相关课程进行交叉融合或开发全新的课程,这些课程教学内容进行相互渗透、整合、重组、优化、相互渗透,时时更新课程内容,建立"学科交叉综合训练"课程、跨越多个学科专业内涵的跨学科专业实验室综合体;同时通过提高选修课的比重以及不同课程的组合,推动生物制药专业的多学科交叉融合,推进跨学科合作学习,培养学生的"专"与"通"两方面的能力。

四、结　语

在推进教育现代化与新工科专业建设背景下,人才培养模式尤为关键,只有围绕"应用型和技术技能型"人才培养目标,持守"学生中心、成果导向、持续改进"的人才培养理念,形成以学习者为中心,面向行业需求的开放融合,协同育人,实施学科交叉融合的人才培养模式,创新工程教育方式与手段,打造工程教育开放融合新生态,提升高校工程教育人才培养品质,才能确保中国从工程教育大国向工程教育强国的历史性转变。

参考文献

[1] 中共中央,国务院.中国教育现代化 2035[EB/OL].(2019-02-23).http://www.xinhua-net.com/politics/2019-02/23/c_1124154392.htm.

[2] 韩文佳,杨桂花,陈嘉川,等."新工科"背景下工科专业实验教学体系的构建与实践[J].大学教育,2018(9):61-64.

[3] 中华人民共和国教育部高教司.新工科建设复旦共识[EB/OL].http://www.moe.gov.cn/s78/A08/moe_745/201702/t20170223_297122.html.

[4] 林健.面向未来的中国新工科建设[J].清华大学教育研究,2017(2):26-35.

[5] 陆国栋,李拓宇.新工科建设与发展的路径思考[J].高等工程教育研究,2017(3):20-26.

◎未来已来，教育何为？

——中外合作大学人才培养模式研究

赵风波[①]

摘　要：伴随着未来社会日益推进的数字化、网络化、智能化技术发展等实践进展，高等教育的未来发展也进入质量革命的深水区。因此，关注未来谋划中外合作大学人才培养也成为应有之义。中外合作大学是高等教育国际化的新型机构，面向未来办学需要建立从"未来教育"走向"未来学习"的思路，这也是这一类型的机构面对未来发展的智慧之举。研究发现，宁波诺丁汉大学是中国大陆第一所中外合作大学，自办学伊始就积极探索面向未来的人才培养模式，其本科生深度学习的创新实践变革正在发挥作用，以3C（Creation，Collaboration，Culture）为代表的能力训练是该校深度学习的品牌特色。具体来看，该校特别重视引导学生形成深度创造力、深度合作力和深度文化力。

关键词：未来；教育；中外合作大学；人才培养；宁波诺丁汉大学

一、引　言

关注未来向度——高等教育发展的考察维度。近些年来，日趋复杂的未来社会凸显教育新课题。一方面，数字化、网络化、智能化技术发展应用将成为全球产业分工新格局的"博弈改变者"。2008年，中国网民数量第一次超过美国，

---

① 赵风波，宁波诺丁汉大学中外合作大学研究中心副研究员、博士。

实现全球网民第一。从 1994 年到 2019 年,短短的 25 年间,中国互联网领域的发展状况和成就可谓翻天覆地。然而,面对未来发展,无论是中国互联网还是全球互联网都面临着巨大而深刻的挑战,其中包括互联网负面效应的不断扩大和治理机制失效的挑战,制定未来新社会的新规则迫在眉睫;另一方面,青年人的未来成长遭遇多元化的挑战,包括信息化技术所带来的人生困惑,如何处理信息化科技与人文伦理的关系以及如何定位未来学习方向的议题。近些年,数字化互联世界,5G 登场,人工智能赋能教育,新能源、物联网等词汇日益充斥在人们面前。我们还发现,尤其是伴随着 5G 及其网络技术的出现和普及,其必将成为新一代网络生活方式的载体。因此,在这样的未来社会发展态势下,研究者可能需要思考的是,时时处处、随时随地的高质量学习是未来教育的应有之义,而高等教育的未来发展也势必进入质量革命的深水区。应该讲,未来社会的发展动态将有可能引爆一场深刻的高等教育革命。因此,高等教育的核心任务就需要为构建服务学生终身学习和未来发展做好应有的准备。

二、关注未来的研究:中外合作大学人才培养的理论价值

(一)人才培养:中外合作大学办学的重要内容

人才培养在中外合作大学的办学当中占据十分重要的地位。从理论层面来看,人才培养模式会从根本上规定人才特征,是关于培养什么样的人才和怎样培养人才的有机整体。因此,高等教育国际化的人才培养可从如下两方面进行界定:(1)质量内涵,即培养什么样的人才,即大学培养什么规格、什么层次的人才,使之适应高等教育国际化的时代要求,这是培养目标问题;(2)技术路线,即怎样培养符合培养目标的人才,这是培养过程、培养途径和培养手段问题。生态学研究强调人才培养是学生这一生命主体在高等院校这一特定环境中的生态发展过程。我国出台的《国家中长期教育改革和发展规划纲要(2010—2020 年)》指出:"坚持以人为本、全面实施素质教育是教育改革发展的战略主题,其核心是解决好培养什么人、怎样培养人的重大问题。"各国大学的国际化面临诸多挑战,其中的两大挑战与人才培养密切关联,包括"文化理解"的挑战,

即不同环境中的大学教学所遭遇的多元文化理解挑战，以及"国际化管理"的挑战，即大学如何在自身国际化的环境中实现人才培养的具体工作。

(二)中外合作大学作为研究对象的价值

中外合作大学是我国高等教育国际化的特殊形态。作为一种新型的高等院校，中外合作大学在人才培养模式的诸多方面，形成了既不同于本土的大学，又不同于国外的大学的独特的人才培养经验，它具有自己的特点。尤其需要指出的是，这种新型的大学在中国大陆境内一直在面向未来寻求发展模式，它很年轻，充满活力，相对于传统大学而言没有历史的束缚。然而，由于中外合作办学项目在数量上的突出优势，对于具有独立法人资格这一类独立机构的研究也并不多见，从机构层面对人才培养进行深入研究更是比较少。进一步讲，目前对中外合作大学的质量评估主要是集中在合作办学的机制、体制上，对中外合作大学的直接受益者学生这一主体的关注较少。然而，学生是整个教育活动的直接和主要参与者。"以学生为中心"向来也是中外合作办学的核心育人理念。这就表明，重视学生的人才培养是中外合作大学办学的重要内容。此外，面向未来的发展，中外合作大学人才培养模式也遭遇到相关挑战。因此，选择未来视角尝试对中外合作大学人才培养进行研究具有重要的价值。

(三)案例研究的价值

面向未来的持续发展，作为代表性的中外合作大学——宁波诺丁汉大学是中国全面推进高等教育国际化、深度实施跨境高等教育的典范，它也是我国境内第一所具有独立法人资格、独立校园的中外合作大学。这一新型的高等教育机构彰显了大学丰富的文化多元、人员多样的特征。研究发现，宁波诺丁汉大学自办学至今的 15 年，一直致力于面向未来探索符合社会发展的"未来教育新思路"，包括学校的战略发展规划制定，对学生在校体验的调查研究等，无不透视着学校未来发展改革的基本思路。从人才培养的输出来看，该校办学 15 年所培养的本科毕业生普遍实现高质量就业或升学，用人单位及社会各界对该校毕业生的思维、视野、自信与表达能力均予以高度肯定。那么，其高等教育的人才培养模式如何适应未来社会的教育生态？是否有可供借鉴的经验？中外合作大学未来办学需要关注哪些命题？未来社会的发展新动态又将给大学生的学习和生活带来哪些机遇和挑战？本研究以中外合作大学人才培养模式作为切入点，以宁波诺丁汉大学为案例，聚焦于该校引导本科生"深度学习"进行深度探究，希望对未来高等教育的改革和发展提供借鉴。

三、从教育走向学习：中外合作大学未来人才培养的思路

（一）未来教育：中外合作大学人才培养的挑战

一方面，从教育生态来看，数字教育、智能教育、未来学校、未来课堂等术语日益频繁地出现在公众面前。通过人工智能技术重塑教育生态，发展智能教育已经成为当前甚至是未来的教育新议题。20世纪70年代、80年代、90年代，美国未来学家阿尔文·托夫勒（Alvin Toffler）"未来三部曲"（《未来的冲击》《第三次浪潮》和《权力的转移》）影响全球，尤其是其在《第三次浪潮》(1980)中所预测未来社会的信息化科技变革对社会结构和形态的革命性影响以及对国际社会产生的深刻影响，其中包括对教育系统的深刻影响。这位学者曾经的这些预测如今已经成为当下中国的客观现实环境，可以初步预测未来教育生态领域的这些挑战和机遇也会日益凸显。

另一方面，从办学机构来看，未来学校很有可能要转变为学习中心。研究发现，世界上第一所命名为"未来学校"的学校，是由微软集团与美国费城学区于2003年筹建、2006年建成的。其办学理念上主张建立多样化、弹性可变的学习空间，带孩子走出课堂，把世界带进教室。2016年，微软与北京大学附中签署了共建"未来学校"的协议。2017年，深圳宝安教育签收微软，意在打造全球样本的"未来学校"。此外，上海师范大学附中进行了"未来教室"的重建，其与传统教室的最大区别是突出了"互动""体验""高效"。北京中关村三小被称为"北京魔法学院"，作为信息时代学校的3.0版本，中关村三小最具创新之处就是学校的时空设计。整个学校的时空是立体的、开放的，是生长的、生活的，是有教育意义和文化意味的。混龄的班级组、跨年级的伙伴关系、家庭式的相处方式，不仅是接近真实社会、真实世界的一种真实学习，更是未来生活的一种方式。尽管这些方面的实践探索尚处于初级阶段，然而，从这些实践举措当中，我们不难看出在中外合作大学的办学思路中已经部分借鉴了其中的元素。尽管改革

的进程或许有诸多挑战,然而,面向未来,我们有理由相信这些未来社会的新趋势必定会对中外合作大学人才培养带来新的实践课题。

(二)学会学习:中外合作大学人才培养的未来方向

从历史维度来看,一方面,从国际层面来看,联合国教科文组织早在 1972 年出版的研究报告《学会生存:教育世界的今天和明天》就明确指出:"明天的文盲将不是目不识丁的人,而是不知道如何学习的人。"从此意义来看,面向未来社会发展的态势,大学期间的"学习"则更不是为了分数和知识的学习,更重要的是为了"学会学习"。20 世纪末,欧盟已开始"学会学习"能力监测研究,且已研制了"学会学习"的概念框架;另一方面,从国内来看,在中国古代社会,个别化是学习者的基本学习方式,"学"比"教"更早地被重视和运用。孔子对"学"的重视首先体现在对学习品质的重视。正因为"学"承载着重要的作用,所以,基于学习者内在的对"学"的诉求,是教育的第一要义。孔子对"学"的重视也体现在"学为本"的教育思想中。只是到了近代,中国传统的以"教"为中心的思想才得到体系化与制度化,进而成为学校的主导文化。需要指出的是,近代学校制度的建立,以 1902 年壬寅学制正式颁布为标志,传统的私塾教育被以班级授课制为特征的近代学校制度取而代之;之后,1904 年,中国首个正式在全国实行的《奏定学堂章程》亦称癸卯学制,其标志着新的教育体系初步形成,意味着赫尔巴特五段教学法的落实。

从现实的维度来看,引导大学生学会学习是未来成才之要。2019 年 11 月 30 日,中国教育部高教司司长吴岩在 2019 年教育部产学合作协同育人项目对接会上发表"融合发展协同攻坚——以产教融合推进'质量革命'"的讲话时指出:"全面振兴本科教育三部曲:抓领导、抓老师、抓学生,关键在于促学。教与学的范式,要从单声道模式转到双声道模式。"因此,高等教育机构应如何改革人才培养模式,以适应未来发展态势?从学习模式来看,诚如顾明远(2019)所指出的,从教师的教转变为学生的学。学生通过自我学习发现问题、提出问题,自己去探索,或者与同伴合作、探讨成为未来学习的主要方式。联合国教科文组织于 2019 年 3 月发布的《教育中的人工智能:可持续发展的挑战与机遇》报告指出,2021 年之前数字教育市场将每年增长 5%;2017—2021 年,人工智能市场将增长 50%。虽然教育领域人工智能公共政策的发展尚处于起步阶段,但这一领域很可能在未来 10 年呈指数级增长。人工智能技术为个性化的学习和自主学习提供了多种可能。因此,中外合作大学如何将人才培养与学会学习进行有机整合,是办学进程中特别需要关注的课题。

四、深度学习:宁波诺丁汉大学面向未来的探索

面向未来的人才培养模式要求大学所培养的人才具备更加突出的学习能力。大学是否能积极引导学生面向未来学会学习直接影响着人才培养的质量。宁波诺丁汉大学是中国第一所具有独立法人资格的中外合作大学,作为国际优质教育资源的实验区,自办学至今,一直以面向未来发展整合学校资源的思路进行学校教育改革,学会深度学习创新型实践变革正在发挥关键作用,以 3C(Creation,Collaboration,Culture)为代表的深度能力训练是宁波诺丁汉大学引导学生学会深度学习的品牌特色。

(一)深度创造力(Creation):从知识走向探究

从未来发展的角度来看,面对未来社会发展的变化性,形成探究能力对于宁波诺丁汉本科生学会学习具有重要意义。因此,宁波诺丁汉大学在面对未来的人才培养模式的实施层面会继续推进聚焦探究能力的深度学习和多元应用。

其一,自主学习模式:激励学生去发现问题。问题意识的培育,注重培养学生的科学预见能力和逻辑思维能力,让创新活动遵循技术进步的一般规律。具体来看,宁波诺丁汉大学的教师在课堂教学前,一般会要求学生发挥主动学习的精神,要求学生搜集各种资料并进行有效阅读和深度分析,特别强调发现问题的重要性。事实上,这一过程很好地推动学生的深度创造力。这一做法其实与 2017 年诺贝尔物理学奖获得者吉普·索恩在评价霍金的贡献时说的观点一致:"牛顿给了我们答案,霍金给了我们问题。霍金的问题本身将继续在几十年间产生,当我们最终掌握量子引力定律并完全理解宇宙的诞生时,这可能主要归功于我们站在霍金的肩膀上。"此外,宁波诺丁汉大学的教师特别鼓励学生在自主学习的过程中按照直觉去寻找与理论学习的差距。正如杨振宁所言:"每一个人都有很多直觉(Instinct),而直觉有许多是需要修正的。换句话说,如果你随时能够接受修正直觉的话,就继续在向前前进。向量的重要性就是那两天

发现的,直觉与书本知识冲突是最好的学习机会,必须抓住这个机会。"这些做法对于广大学生形成深度的创造力发挥着积极的作用。

其二,课堂教学模式:鼓励批判性思维能力。宁波诺丁汉大学的很多教师认为,唯有学会独立思考,广大学生才能应对错综复杂的问题,洞悉透视出问题背后的本质,而这种能力正是高等教育国际化环境赖以生存所需要具备的能力。因此,自建校至今,宁波诺丁汉大学的课堂教学在本科生一年级就设置专门的批判性思维课程。此外,在各个专业课学习领域,教师们也一直致力于引导学生形成本专业的批判性思维能力。事实上,从学理的渊源来看,西方人早在3000多年前就认为"学生的头脑不是一个用来填充知识的容器,而是一个待点燃的火种",牛津大学亦有句名言:"导师对学生不断喷烟,直到把学生头脑里的火苗点燃。"其实这个观点就特别强调教师对于学生形成批判性思维能力的重要价值。研究发现,在宁波诺丁汉课堂教学中,教师的职责不再停留于教学知识点,而是点拨学生的思维方式,引导广大学生积极思考和质疑批判。笔者曾以课堂观察的方式了解该校的教学情况,结果发现该校人才培养的成功奥秘之一就是能够通过各种途径激发学生的独立思考和批判性思维训练,要求其借助大量的读写、讨论分析、解决问题等活动将独立思考和批判性思维训练融合至学习过程。在课堂教学之后,任课教师一般还会要求学生带着某些研究问题去搜集、阅读大量材料。以学生递交的课程论文为例,教师重点关注学生批判性思维能力的发展情况。有教师谈及:"我们更欢迎学生的论文呈现创新的批判性的观点,允许学生对某个问题有独到的见解,只要能自洽,就是一篇好的论文。"应该说,这种方式激发着该校广大学生开动脑筋、主动学习、独立思考的积极性,更是有效推动着学生的深度创造能力提升。

(二)深度合作力(Collaboration):从思维走向团队

伴随着高等教育国际化的发展,学会与有多元文化背景的人开展团队合作是当今时代教育的实践命题,可见,深度合作力成了未来社会发展的重要能力要求。事实上,认同和理解多元文化,甚至学习与他人合作日益成为推动个体进行表达能力、情感控制能力、人际交往能力训练的重要路径,这也是数字化互联世界中的个体所需要重点培养的内容。关于这一点,联合国曾提出"学会共处"是21世纪教育的四大支柱之一,在《21世纪的高等教育:展望和行动世界宣言》也明确指出高等学校在多元化环境中理解和传播文化的使命。建构主义的学习理论则认为,知识不仅是个体在与物理环境的交互中建构起来的,而且社会性的交互更加重要。研究发现,在过去的15年,以宁波诺丁汉大学为代表的中外合作大学,除了加强本科生的批判性思维能力外,也十分重视其合作学习的实践训练,尤其重视合作学习作为课堂教学的应用,主要包括以下几点。

其一,大班课的合作学习。教师会按照合作学习的理念实施大班课堂教学并作为考评的依据之一。这一点诚如 Slavin 所强调的,合作学习是指学生在小组中从事学习活动,并依据整个小组的成绩获取奖励或认可的课堂教学技术。

其二,研讨课的合作学习。教师按照合作学习的模式来实施小班研讨课。具体而言,任课教师通常会在研讨课时将学生分成若干小组,并分配每组不同的研究选题,要求各小组在课外实施文献搜集、分析和整理工作,并最终在课堂中给全班同学分享其研究过程和结论。关于教学评价,教师则会严格基于整个小组的综合表现进行打分,再也不是评价某一个体学生能力的优秀。换句话说,如若某些学生仰仗个人学术能力出众,但却缺乏团队合作的意识和能力,这就很有可能导致该小组得到低分的结果。

其三,自发型的合作学习小组。教师鼓励广大学生自发组建持续稳定的学习小组。一般来讲,学生自发组织的学习小组,一般按照彼此志同道合或者居住地就近等维度组建,每组成员在3—5人,这一类合作小组往往会在日常学习生活中分享学习心得、经验和教训,促进彼此共同成长。应该说,这些不同类型的合作学习有助于将不同层次、不同风格的学生组合在一起,让其优势互补,互相帮助。可见,由于这类学习模式要求小组内的学生进行集体思考与分析,涉及分工和协商,因此学生在这样的过程中无疑提升了开展深度合作的实际能力。

(三)深度文化力(Culture):从校园走向全球

从理论层面来看,培养面向未来的人才要提升学生的全球胜任力。从跨文化体验中提出问题对于未来人才的培养显得日益重要。伴随着中外人文交流机制的推进,个体是否具有跨文化的人文交流能力,这对一个国家的对外关系发展起着越来越重要的作用,甚至成为推动国家关系发展的重要杠杆,对提高国家的文化软实力和构建"人类命运共同体"意义重大。此外,跨文化适应是国际化人才培养面临的重要课题。罗志雄等学者(2019)提出,大学生跨文化适应能力的培养措施包括：加强思想引领,构建学生跨文化适应的精神支柱;提高育人水平,构建学生跨文化适应的基础保障和国际机制等。

从实践层面来看,跨文化活动已日渐成为宁波诺丁汉大学等中外合作大学中帮助学生融合中西方文化的核心手段和主要载体之一。面对经济全球化和日趋激烈的国际竞争,大学培养的人才除了拥有批判性思考能力、团队合作能力,还必须具备开阔的国际视野,包括熟悉国际文化环境、拥有国际态度、具有国际活动能力。事实上,"国际理解"是联合国最早提出的一种教育理念。简单而言,就是广大学生需要从课堂走向校园,从校园走向世界。关于这一点,正如日本大谷大学前校长木村宣彰曾强调指出的:"生活在全球化时代的新一代人必须具有较高的素养和专业知识,更重要的是,作为世界大家庭的一分子,要学会与不同地域的人们共同生存。"近些年,学生的跨国流动作为高等教育国际化的路径之一,正在日益成为提升广大学生学会学习能力的必要路径。宁波诺丁汉大学自建校伊始就充分利用自身的国际资源优势,拓展本科生"学会学习"的机会,不仅引导广大学生充分利用校园的国际社区资源,而且为他们提供丰富的出国交流学习机会,推动多元层面的跨文化交流和体验,以此来增进学生的高文化力。有学生向笔者反映:"正是基于跟多元背景的同学的跨文化交流,我们更能体验到多元的文化和故事,并能用清晰理性的头脑分辨大是大非。"

综上所述,宁波诺丁汉大学,尽管在过去的 15 个办学年头取得了人才培养工作的进展,然而,面向未来,伴随着学校未来深度发展内在要求和未来社会发展的多元挑战,如何进一步在原有的办学基础上改革创新育人理念、内容和方法,使育人工作扎根于日常生活之中,成为未来办学所要面对的实践课题;同时也要面对的课题是如何将学会学习与学会成人进行有机整合,包括如何将课程思政、思政课程与生活思政进行有机的协作。

参考文献

[1] 国务院发展研究中心"国际经济格局变化和中国战略选择"课题组,宋紫峰.未来全球产业分工格局变化分析[J].中国发展观察,2019(12):31-38,43.

[2] 方兴东,陈帅.中国互联网 25 年[J].现代传播(中国传媒大学学报),2019(4):1-10.

[3] 唐魁玉.5G 登场:我们生活方式会发生怎样的变化[J].人民论坛,2019(11):25-27.

[4] 中国教育部.《关于深化教学改革,培养适应 21 世纪需要的高质量人才的意见》(教高

〔1998〕2号）［Z］,1998.

［5］李志义.谈高水平大学如何构建本科培养模式［J］.中国高等教育,2007(16):35,36.

［6］杨同毅.高等学校人才培养质量的生态学解析［D］.武汉:华中科技大学,2010.

［7］潘奇编译.经合组织视野下的2013年教育［J］//上海市教科院民办教育研究所.国际教育快讯,2013(1—2):12.

［8］陈慧荣.中外合作大学人才培养模式研究［D］.兰州:兰州大学,2016.

［9］陈宇,郭世飞.论高等教育中外合作办学辐射作用［J］.中国高等教育,2018(22):56.

［10］任友群,万昆,冯仰存.促进人工智能教育的可持续发展——联合国《教育中的人工智能:可持续发展的挑战和机遇》解读与启示［J］.现代远程教育研究,2019(5):3-10.

［11］王枬.未来学校的时空变革［J］.全球教育展望,2019(2):64-72.

［12］石旭.数学教学中"引导学生学会学习"的教学策略的实践与研究［D］.长春:东北师范大学,2002.

［13］鲍银霞.欧盟"学会学习"能力监测进展评介［J］.上海教育科研,2014(3):15-18.

［14］方展画,弓静."教"与"学":学校教育的博弈与回归［J］.教育研究,2018(10):93-97.

［15］顾明远."人工智能＋"正引起一场教育革命［N］.中国教育报,2019-08-12.

［16］李建中.人工智能时代的知识学习与创新教育的转向［J］.中国电化教育,2019(4):10-16.

［17］郑永春.做一个"有问题"的人［N］.解放日报,2019-05-11.

［18］杨振宁.选择有前景的研究领域 与中国科学院大学研究生谈学习与研究经历［J］.科学文化评论,2019(3):5-15.

［19］杨福家.漫谈中外高等教育之差异［J］.求是,2003(11):46.

［20］赵风波.中外合作大学的教学质量保障机制探析——基于宁波诺丁汉大学的分析［J］.中国高教研究,2014(6):80.

［21］王端庆.顺应高等教育国际化趋势 推进大学生英语学习改革——为尹富林著《大学生英语学习导论》作序［J］.安徽工业大学学报(社会科学版),2002(4):119.

［22］WILLIAM M, BURDEN R. L. Psychology for Language Teacher［M］. Beijing: Foreign Language Teaching and Research Press, 2000:30-38.

［23］SLAVIN R E. Cooperative Learning: Student teams［M］:2nded. Washington: National Educational Association, 1987:46-50.

［24］罗志雄,梁慧,张志新.大学生跨文化适应能力培养探析.教育评论,2019(6):38.

［25］韩彩虹.民办高等教育国际化发展策略研究［C］.郑州:第四届(GAUC)世界私立高等教育发展国际论坛论文集,2014.

◎"工匠精神"背景下应用技术大学人才培养的现实挑战与应对策略[①]

陈山漫　王　媛[②]

摘　要："工匠精神"的提出为应用技术大学人才培养带来了诸多的挑战，也提供了前所未有的契机。应用技术大学理应抓住机遇，实现学校的整体转型发展。具体来说，新形势下应用技术大学人才培养应定位于培养具备"工匠精神"的制造业人才。要实现人才培养目标，应用技术大学需要从理念、师资、课程等方面进行转型。

关键词：工匠精神；应用技术人才；制造业

作为高等教育大众化的主力，应用技术大学已成为高等教育体系中的重要组成部分，但由于起步晚，在学校建设方面又受到我国传统高等教育模式的影响，人才培养往往很难适合实际需要，故而存在重复建设的问题，浪费社会资源。加之目前我国处于产业优化升级阶段，需要大量的具有扎实理论基础的新型应用型人才，这对于应用技术大学而言既是挑战更是机遇。但目前，应用技术大学人才培养仍处于探索阶段，模式各异、类型众多，都不是很成熟。因此，本文尝试从"工匠精神"的角度，勾勒应用技术大学人才培养的新定位和实现策略。

---

①　浙江省社科联研究课题，供给侧改革背景下浙江省民办本科院校转型发展研究（2017Z07）。
②　陈山漫，宁波财经学院教务处讲师；王媛，宁波财经学院教务处讲师。

一、培养具备"工匠精神"的新型应用人才是"制造强国"的需求

《国家中长期教育改革和发展规划纲要(2010—2020)》明确指出:"不断优化高等教育结构,优化学科专业、类型、层次结构,促进多学科交叉和融合。重点扩大应用型、复合型、技能型人才培养规模。"这是高等教育人才培养工作对经济转型历史背景下人才需求做出的反应,也反映了国家政策层面对应用型人才培养工作的重视,更是"制造强国"实现的根本之路。但应用技术大学培养何种应用型人才?培养策略是什么?这些问题学术界均缺乏深入讨论。我们认为,2016年全国"两会"期间"工匠精神"的提出和强调为应用技术大学培养应用人才提供了更加清晰的定位思路。特别是央视纪录片《大国工匠》中所展现的8位能人巧匠,他们对于事业的精益求精、在事业中的奋斗和精神等都是他们能够成功的秘密。诸如此类的精神和素养值得我们高等教育学校深入思考。这种具备"工具精神"的人才理应成为应用技术大学人才培养的新目标。具体来说,与传统的人才相比,这种新型应用人才具备以下特征。

(一)精神气质不同

新型应用人才具备新型的精神气质,也就是"工匠精神"。韦伯在《新教伦理与资本主义精神》中指出,资本主义之所以在欧洲兴起,根本的原因就在于新教伦理精神促使人们拼搏向上。这种精神气质在德国制造业工人身上体现得淋漓尽致。有理由相信,这种精神气质也是德国制造业崛起的最根本原因。甚至可以说:"新教伦理把宗教的虔敬精神引入到了以往被忽视的世俗工作当中,并形成了德国具有浓厚的宗教特征的工匠精神。因此,德国的工匠精神受到基督教的极大影响,工作与宗教使命建立了联结,其勤奋、热忱、严谨、有序的工作态度无不体现着宗教追求,经过长期的历史发展,最后沉淀为德国人特有的工作习惯和文化心理。"当然,与德国不同,中国应该根据其固有的文化特质来定义"工匠精神"。

(二)知识基础不同

新型应用人才应该掌握前沿科技动态。行业基础知识在所有类型人才的

能力体系中居于基础地位,是能力生成和发展的基石,是构建人才能力体系的必要条件。不同的是,新型应用人才区别于学术型人才的优势在于宽口径、厚基础、强技能、乐创新。也就是说,他们不仅需要具备本专业的基础知识,还应该尽量扩宽知识口径,在更大的知识背景下去不断加深对本专业的理解,这不仅有利于增加就业面,增强职业变换适应能力,更重要的是能养成科学素养。进一步说,随着科技日新月异,国家之间科技竞争愈演愈烈,这不仅需要大量的科研人才,更需要一大批掌握前沿科技动态,并将其运用到制造业产品生产之中的新型应用人才。当然,这给应用技术大学招生和人才培养带来前所未有的挑战。

(三)综合素养结构不同

新型应用人才所具备的素养结构是开放且广泛的。具而言之,就是新型应用人才不应该是局限于单一的专业。其素养结构应该是广泛的,且是开放的。广泛指的是理应在掌握本专业的同时,兼具其他素养。譬如,具备强健的身体素质;具备国际视野,能熟练运用外语从而方便掌握国外的动态,并进行国际交流;具备坚强的毅力,能持之以恒地学习,这也是打造完美制造业产品所必须具备的素养;具有合作精神;等等。开放指的是,素养结构是在不断的学习和工作中得到完善的,这就需要新型应用人才有终身学习的意识。也就是说,需要建构全方位的、综合的,且适应时代需求的综合素养结构。这种素养结构的形成不单单依靠学校教育,还依靠学生的终身教育理念及相应的行动。

二、培养具备"工匠精神"的新型应用人才的现实困境

文化基因影响人才观念,我国传统"劳力者治于人"的观念依然制约着技术人才的评价与培养。在这种文化氛围下,必然导致盲目追求科研,特别是一大批应用技术大学追求高层次办学。这为新型应用人才的培养带来了诸多的困境。下面从观念、方式和现实条件3个方面进行详细的分析。

首先,人才培养:功利主义盛行。这种功利主义可以从两个方面来分析:一是现有的应用技术大学盲目追求高层次办学规格,特别是追求博士点的建设。这种追求原本没错,但国内普遍忽略了周期性这一前提。也就是任何办学规格

的上升都不能在短期内完成,都需要历史周期。这种功利和浮躁的观念导致人才培养定位的模糊和人才培养质量的下降。二是"工匠精神"提出的功利性。现实地说,"工匠精神"的提出是旨在完成国家制造业转型,而不是人才培养的本质需求导致的。这实际上是与"工匠精神"的内在规定性相悖而行的,"工匠精神"本质上可以说是一种精神、意志,甚至是一种境界。所以,浮躁的、功利的观念盛行给应用技术大学培养具备"工匠精神"的新型应用人才带来了根本的困境。

其次,人才培养方式:协同机制缺乏。具备"工匠精神"的新型应用人才的综合素养并非单一的学校就可培养,需要学校、企业和科研院所协同培养。然而,应用技术大学缺乏协同培养机制,导致人才培养的片面化,或者说,市场人才需求和学校人才培养并不能对接。市场需要越来越多的具备"工匠精神"的新型人才,而应用技术大学所培养的人才大都缺乏实践能力,且综合素养结构也不够完善。即使少部分学校存在协同培养策略,但大都停留在表面,无外乎学生到企业参与实习。另外,非常重要的是,新型应用人才需要掌握科技前沿动态,这需要加强与科研院所的协同培养,这也为国内应用技术大学所忽略,导致所培养的应用人才对前沿科技进展一无所知,甚至排斥。这直接制约了人才培养质量,也是应用技术大学培养新型人才不得不解决的重要问题。

最后,人才培养条件:保障体系缺乏。要实现培养具备"工匠精神"的新型人才的目标,必须具备完善的保障体系。现实中,应用技术大学不管是在"软件"还是在"硬件"上均不具备培养新型应用人才的条件。具而言之:在软件上表现为,校园文化浮躁、功利,且学生学习氛围不够浓厚;师资条件匮乏,尤其是教师队伍中博士学历者相对较少。另外,发展所需要的资金短缺,直接制约了应用技术大学人才培养的转型升级。同时,专业特色课程体系不够完备,这很大一部分是学校办学定位模糊、功利导致。特别是一批学校为升级办学层次,不断地追求普通课程和学术型较强课程,对具备特色的专业课程关注不够。这严重制约了新型应用人才培养目标的实现。

三、培养具备"工匠精神"的新型应用人才的实现策略

具备"工匠精神"的新型应用人才的培养不仅是市场的需求,国家战略的要

求,更是应用技术大学转型发展的机遇。但对于现阶段的应用技术大学来说,人才培养依然面临一系列的困难,必须做出整体转型方能实现目标。具体来说,除了加大资源投入和师资引进之外,还需从以下几个方面努力。

(一)人才观转型是前提

"人才观问题是人才理论与人才培养、使用和管理实践的根本性问题。"人才观念的转型是人才培养的前提,没有科学的人才观就没有科学的培养实践。之所以说人才观是人才培养转型的前提,是因为任何一项人才培养的措施或改革都是建立在一定的人才观的基础之上。可以说有什么样的人才观就有什么样的人才培养措施,从而就会培养出什么样的人才。

在"工匠精神"的背景下,应用技术大学培养新型应用人才面临的首要问题就是人才观问题。而人才观的核心就是怎么看待和理解人才,故应用技术大学人才观转型的核心问题就是把自身的定位与新型应用人才结合起来看待。这其中涉及两个方面,一个是应用技术大学的定位是培养应用人才,而不是通识人才,更不是为工厂培养片面发展的工人;另一个是,所培养的人才并非传统意义上的技术工人,是高端人才的一部分,能否培养足够数量的高端制造业人才关系到国家重大战略的实现。当然,要做到这两点,让这两点深入到学校管理者和教师的意识中还需要做很多工作。例如,学校管理者需要深入反思,学校管理者有了新的人才观才会有相应的制度性措施出台;多方面渠道促使新的人才观融入教师的日常教学生活和专业生活之中,教师形成新的人才观才会有高效、持续的人才培养实践。

(二)人才培养制度转型是关键

一般意义上的应用技术大学人才培养制度是一个总体性的概念,裹挟在人才培养的方方面面。本文提到的人才培养制度更多的是招生制度、教学制度和管理制度。

首先,调整招生结构。近年来,应用技术大学存在追求高学历人才培养的趋势,这方面是提高办学档次、争取学校发展资源的努力,但也造成了定位模糊的问题。新形势下的应用技术大学应该认识到其定位在于服务国家战略,尤其是服务于建造制造业强国的战略需要来培养新型应用人才,而不是培养传统意义上的高学历人才。故而,在招生制度方面,应该逐步减少研究生等高学历人才的招生,把资源和精力用在促进培养应用人才上面。

其次,引入协同的教学机制。具体来说,传统的人才培养主要局限在校内,而新型应用人才的培养必须引入校外机制,实现人才的协同培养。例如,可以在教学环节与企业建立协同的科技创新平台,加大教学环节科技创新活动的比例等。

最后,建立学生参与的管理制度。应用技术大学本质上是组织的一种,这其中必然涉及管理。那何种学校管理制度适宜于培养新型应用人才?上文提到,新型应用人才具有综合性的特征。而综合性特征的素养培养中的关键就是学生能积极主动学习和应对挑战。因此,必须改变旨在方便管理的学校管理制度,建立以学生参与为基础的学校管理制度。学生不只是管理和规训的对象,还应该主动参与到学校管理中。在这方面,西方国家有诸多的经验,譬如:"斯坦福大学1920年实行的'荣誉制度'鼓励学生增强自我信任意识,建立师生的双向互动机制;威斯康星大学史蒂文斯波因特分校的学生参与后勤管理制度等。"当然,学生参与学校管理机制的建立并非意味着学生可以肆意妄为,而是有限度地参与。

(三)学校文化转型是保障

学校文化就是内化在学校方方面面的传统和规则,它内在地制约了学校的人才培养、师生日常生活,甚至是学校的发展。需要指出的是,学校文化除了正式文化,还包括各种类型的亚文化,所以在学校文化转型研究过程中不能偏废其一。正式的、健康的,旨在培养高端制造业人才的学校文化应该具备以下几个特征。

首先,学习和生活中遇到的难题,形成合作意识;教师之间合作进行科研和教学创新活动;校内外合作培养人才的机制内化为文化,融入学校血液中。其次,高效。效率不仅是信息化社会的主要特征之一,而且是新型应用人才培养过程中的要求。新的学校文化必须建立在高效的基础上,形成高效的学习、教学文化。最后,荣誉感。这里包括三方面:一方面是身份自豪,新型应用人才是国家战略发展中的重要环节,学生应该为自己的身份感到自豪;第二方面,对学校自豪,应用技术大学在发展过程中有其特有的优势和特点,学生应该对学校感到自豪,这样才能在学校高效、快乐地进行学习和生活;第三方面,时代自豪,时代的高速发展给我们的人才培养、学习和生活带来了前所未有的挑战,同时这也是机遇,每个人都能在这个时代找到大展身手的平台。

参考文献

［1］庄华洁,周金其.应用型人才培养模式的研究与实践［J］.高等教育研究,2004(6).

［2］杜连森.转向背后:对德日两国"工匠精神"的文化审视及借鉴［J］.中国职业技术教育,2016(21).

［3］高宗泽.人才观的前提反思与当代变革［J］.东北师范大学学报(哲学社会科学版),2009(2).

◎百森商学院创业教育模式研究及其启示[①]

李　晴[②]

摘　要：培养具有创新精神和创造能力的人才，成为高等教育的关注重点，发展创业教育成为高校发展的必行之路。百森商学院创业教育模式在教育理念、课程设置、教学方法、师资队伍及教育支持系统等方面的成功经验，对我国创业教育模式的构建具有一定的现实指导意义。

关键词：百森商学院；创业教育模式；启示

一、前　言

创业教育作为一种新的教育理念，越来越受到国家、社会和高校的重视。创业教育是一项相对复杂的、教育效果呈现周期较长的社会工程，我国的创业教育起步晚，在发展过程中不可避免地存在很多问题。百森商学院在课程设置、师资培养、教学方法等方面的成功经验为处于起步阶段的我国高校创业教育提供了重要的启示和借鉴意义。

---

①　2019年度宁波市社会科学研究基地研究课题：国际知名商学院创业教育模式研究与启示——基于百森商学院的考察(JD19XJ-3)。

②　李晴，宁波财经学院助理研究员、硕士。

二、百森商学院创业教育模式研究

百森商学院创建于 1919 年,是美国顶尖的独立商学院之一,尤其在创业教育方面,是当之无愧的创业教育领导者,引领美国乃至全球创业教育的发展。

(一)具体化、特色化的创业教育目标理念

百森商学院注重培养学生的开拓精神,以造就"能创造巨大经济和社会价值的创业领袖"。

1. 以"为未来几代人设定'创业遗传代码'"作为教育理念

百森商学院重在培养企业家精神和创业者素质,特别是企业家精神和创业能力。其创始人蒂蒙斯认为,开展创新创业教育的目的就是为未来几代人设定"创业遗传代码",以造就最具有革命性的创业一代作为基本的价值取向,而不是培养速成的企业家。

2. 以培养学生的创业意识和创业行为作为创业教育目标

百森的教学过程把创业意识和创业行为贯穿于课程和课外活动当中,"把学生时刻浸泡在创业思想和创业行为中",通过理论教学和实践教学来激发学生的创业意识,获得创业技能,加强创业行动力。

(二)系统化的创业教育课程设置

百森商学院拥有系统、完整的创业教育体系。

1. 完善的课程体系

百森商学院实行分段式的本科生课程。将本科四年的创业课程分为"三段式",即发现(Discover)、探索(Explore)和聚焦(Focus)三个阶段,每一阶段都以为学生在课堂内外的成长和发展提供多方面的机会为宗旨。

2. 突出创业学和人文学科紧密结合的课程设置

百森本科培养中超过 60%的课程为文科类课程,使学生置身于创业经济的人文环境中,引导学生进行创业相关的经济、社会的思考,激发学生的社会责任感,让学生明白创业不仅是为个人财富的增长,更是为了社会的发展、经济的进步。

3.完整的课程评价体系

从课程内容、学生、教师出发,跟踪课程的教学和实施效果,根据调查结果,不断修改和完善课程计划。首先,专门的研究人员负责课程内容的开发、设计和实施;其次,通过问卷来调查接受创业教育课程学生的满意度和学习效果;最后,完备的教师激励机制,鼓励教师加强与企业界的联系,丰富课堂和教学。

(三)特色化的创业教育教学方法

百森强调创造一种"整合式的、体验式的学习环境",让学生"浸泡在其中",让学生在真实的创业过程中获得真实的创业体验。

1.实操式教学和实践教学让学生在实践中开启创业之旅

学院重视创业实践的作用,其创业教育的课程体系是按照实践到理论再到实践的认知思路来设计的。大一新生需要修读一年的创业实践类课程"管理与创业基础",课程采取"做中学"模式。学生有机会了解公司运营的各方面,全面进入真实的商业世界。

学院设计了丰富多彩的创业第二课堂。通过百森创业教育会、百森创业俱乐部电子大厦等多渠道创造逼真的创业环境,为学生提供实践的机会。

2."以问题为中心"和案例教学法引发学生深入思考

教师抛出诸如如何制定商业计划书、如何做出正确判断、如何激发团队潜能等创业过程中的现实问题,来引导学生进行深入思考。同时教师以自身为案例或展示自行整理的案例,让学生展开分析与讨论,达到启发学生思维、培养创业核心能力的目的。

3.项目教学增强学生创业体验

为了开阔学生视野,项目设置包含多门课程的知识。有针对有创业意向学生的"商业分析",针对正在创业学生的"成功跨代创业实践项目"。学生加入项目,要在教师团队的指导下,独立完成信息收集、计划制订、机会识别、方案实施和财务评估。这些项目让学生将所学的理论转化为实践,将构思转化为行动。

(四)多元化的创业教育师资队伍

多元化的师资队伍为百森商学院带来了丰富的智力支持和资源补充,推动了其创业教育的发展。

1.专职＋兼职的师资结构实现经验知识与实践运用的有效融合

百森商学院拥有一支高素质的师资队伍,有50多名教师、23名具有终身教职的教师和30多名兼职企业家,而且全职教师中87％拥有博士学位或同等学力,课程的开设由资深教师和富有创业经验的创业者共同执行。很多专职教授拥有创业经历,兼职教师队伍不仅拥有高水平的学术学历背景,而且还可以为学生带来丰富的经验、实践机会、资金支持、人脉资源。

2.完备的师资管理体系

对教学和研究进行集中管理。阿瑟·布兰克创业中心(The Arthur M. Blank Center for Entrepreneurship)是百森商学院创业教育教学、研究以及活动的中心阵地,为学生和诸多创业教育项目提供了广阔的发展平台,同时为教师教学和研究水平的发展提供了服务交流的平台。

明确入职标准,严把招聘关。百森商学院对专职教师的学历背景、教学能力、研究能力、实践经验有着严格的要求;招聘兼职教师时,高度重视其学历背景,看中学校内部职工和社会知名人士的推荐。

注重项目开展和师资培训。通过举办研讨会、内部培训班等来加强内部培训。加强与外部的合作,开展"普莱斯—百森伙伴项目"(Price-Babson College Fellows Program)、"工程教育教师培养项目"、访问学者项目(Visiting Scholars),加强师资培训。

制定科学的保障与激励机制。实行共同治理模式,建立教职工委员会(Faculty Senate),设立教师奖学金(Faculty Scholarship Awads)、院长奖励优秀教学奖(Deans' Award for Excellence in Teaching),制定科学的职称评定机制,制定公平、公正的奖评方案,为兼职教师制定灵活的时间安排制度,保障兼职教师创业教育的连续性,以此调动教师的积极性,鼓励教师主动参与创业教育的各项工作。

(五)良性互动的创业教育支持系统

创业教育是多方参与的系统工程。对百森商学院创业教育发挥重要支持作用的体系主要包括政府、校友资源、学院。

1.政府的支持是创业教育开展的坚强后盾

美国注重创业文化建设,为社会创业活动打下了基础。政府对百森给予的馈赠和荣誉体现了对百森创业教育的支持,社会的创业活动为万森创业教育提供了全方位支援。

2.校友资源是创业教育开展的重要牵引力

校友对百森创业教育的支持主要通过阿瑟布兰克创业中心、百森校友资源网络 BARN(Babson Alumni Resource Network)、百森创业经验实验室 EEL(Babson Entrepreneur Experience Lab)等展开,为百森提供创业教育交流、测试、实验、实施的场所。除此之外,校友资源还包括一些社会媒体资源,这些资源有利于帮助校友企业家扩大资源网络。

3.学校内部提供的各类支持是创业教育开展的有力保证

百森领先的创业教育与校园内部创业教育研究机构及各类资金的支持密切相关。内部创业教育研究机构主要包括信息管理研究中心 CIMS、女性领导中心、零售供应链学院、路易斯研究所、百森创业生态系统项目、创业行星、全球创业教育联盟 GCEE。

三、百森商学院创业教育对我国高校的启示

(一)正确定位创业教育

高校的创业教育应该是一种素质教育,以提升学生的创业意识、培养具有事业心和创业能力的创业型人才为目标,坚持以培养企业家精神为宗旨的创业教育理念。应该将创新创业作为一种生活态度,在社会形成一种创业氛围,培养具有创业意识的民众。

(二)创建合理的创业教育课程及非课程体系

创业教育是一个系统的工程。要把创业教育纳入高校教学体系,并贯穿学校教育的全过程;要立足现实,设置一套切实可行的创业课程体系;要设置创业模拟实践课程,让学生在真实的创业环境或情境中体验创业过程,获取创业经验;积极开创第二课堂,为学生提供更多的实践机会;创建浓厚的创业文化氛围,培养学生的创业意识和精神。

（三）实行特殊化的教学方法

创业教育是一种实践教育，要以实践教学作为创业教育的重要教学方法，让学生在真实的情境中寻找机会、发现机遇、分析挑战、解决问题，让学生体验创业的过程，达到启发学生深入思考、培养学生创业核心能力的目的；让学生在实战中将所学的理论转化为实践，将构思转化为行动，将所见所闻转化为创业的实践智慧。

（四）培养优秀的创业教育师资队伍

组织多形式的校内外培训，提高创业教育水平；利用社会资源增强师资力量，加强与企业、政府的联系，聘请理论与经验丰富的企业家、投资家、政府官员担任兼职教师，实现师资队伍的多元化；鼓励教师参加企业锻炼和社会兼职，选派教师到企业做兼职顾问，保持对创业领域发展和社会需求变化的敏锐洞察力；建立完善的考核评价体系和具有竞争力的管理和激励机制，增强师资队伍的稳定性；加大创业教育经费投入，完善创业教育实践条件，鼓励创业教育科研工作。

（五）建立"政府—学校—社会"良性互动的创业教育支持系统

创业教育是一项系统工程，需要多方共同参与、共同行动。要积极利用各种社会资源和校友资源，凝聚一批理论实践经验丰富的社会人士通过聘任或兼职等形式，形成稳定的创业论坛机制，并成为创业教育的组成部分；政府和社会也应该从资金、政策等方面提供支持，建立"政府—学校—社会"良性互动的创业教育支持系统。在此基础上，进一步加深联系，搭建一个大学生、企业、高校（技术转移机构）和创业研究组织紧密而有机地联合起来的创新创业综合服务公共平台。

四、总 结

百森商学院从创业教育战略理念、课程体系、教学方法、师资力量等多维度打造了一个高效的创业教育生态系统。在理念上，形成了具体化、特色化的创业教育理念和目标；在课程上，推行系统化的创业教育课程设置；在教学上，学院通过设计真实的创业情境,帮助学生获得真实的创业体验;在师资上,形成了具有多元化的创业教育师资队伍,构建了完备的师资管理体系;在支持系统上,积极凝聚校友资源。其成功的创业教育经验为我国创业教育的发展提供了借鉴意义。

参考文献

[1] Faculty and visiting scholars[EB/OL]. http://www. babson. edu/Academics/divisions/entrepreneurship/faculty-scholars/Pages/home. aspx,2017-03-12.

[2] Babson College. Thought leaders, Innovative teachers, Accessiblementors[EB/OL]. http://www. babson. edu/Academics/faculty/Pages/default. aspx,2017-07-15.

[3] 王翠娥,熊毅.世界顶尖商学院如何构建创业教育生态系统——百森商学院的经验与启示[J].攀枝花学院学报,2019(1).

[4] 宣葵葵.美国百森商学院创业人才培养范式探析[J].现代教育科学,2014(2).

[5] 张雅婷,姚小玲.高校创业教育模式的发展现状与路径优化[J].实践研究,2019(4).

[6] 海迪·内克,帕特里夏·格林,坎迪达·布拉什.如何教创业——基于实践的百森教学法[M].北京:机械工业出版社,2015.

◎职业教育有效课堂师生互动行为评价研究

田　犇　吴　菁[①]

摘　要: 职业教育50%以上的教学形式是"理论＋实践",FIAS原评价指标不能精准描述这类课堂的有效性。在不增加指标总数的前提下,通过合并、删减原指标,增设体现现代职业教育"理论＋实践"课堂指标,建立新指标体系。经过21节课堂测试,新指标体系下收集的数据能够比较清晰地反映"理论＋实践"课堂有效性。在对其中3节优质课具体分析中发现,新指标下的矩阵分析、曲线分析,能够体现课堂互动行为特征。新增指标9(操作行为),以及"4-9""5-9"等编码组合,能够比较清晰描述课堂实训活动状况。在21节课堂测试中新增指标8(质疑)未获得有效数据,在现阶段职业教育课堂上鲜见学生质疑、反驳等高阶互动行为。

关键词: FIAS;职业教育;有效课堂;评价指标

一、研究背景

(一)背景意义

高职课堂教学模式改革要解决的重要问题,即充分发挥学生的主体作用,引导学生积极参与课堂教学,使课堂教学由封闭型向开放型转化,提升课堂实

---

①　田犇,浙江纺织服装职业技术学院副研究员;吴菁,宁波职业技术学院副教授。

施的有效性。教育部高教司司长吴岩提出,"金课"的创新性表现为教学形式上的先进性和互动性。"金课"对课堂师生互动、生生互动提升了要求,课堂成为老师、学生之间和学生与学生之间互动的场所,师生之间讲究自由平等的交流,学生的主动探究、问题质疑被认为是课堂教学的高级阶段。

科学有效地开展高职课堂师生互动教学评价,运用一切恰当的技术手段,对教学过程中的师生互动进行测量,并给予价值判断,既可以起到诊断、评价课堂有效教学的作用,也可以激励、调动教师设计高效、合理的师生互动、生生互动课堂教学模式。

弗兰德斯互动行为分析技术(FIAS),简化了课堂教学师生互动行为分析的复杂性,同时提高了观察记录的科学性和准确性。但是,传统评价指标和分析技术仅仅适用于讲授型的理论课堂,职业教育更多的是"理论+实践"课堂,形式也变得多样,如翻转课堂、线上线下混合式课堂、项目化课堂等,因此需要改进弗兰德斯互动分析技术,适应职业教育课堂诊断与评价。

(二)研究现状

在对 FIAS 评价指标改进和中国化研究中,学者普遍认为,FIAS 的编码内容较为陈旧、狭窄,对教师语言行为的编码不够详细,编码中师生语言编码比例失衡,FIAS 并不能对我国课堂的教学特点做出全面准确的分析。宁虹等人对系统进行了改进,包括对编码过程的改进,通过绘制动态曲线描述课堂教学过程。顾小青等提出了将编码增加到 18 项。马丽从网络互动教学的视角提出了交互行为编码表。侯颖等人修订后将评价项扩展为 19 项。

国内 FIAS 大量应用于基础教育课堂的实证研究中,如杨承印等通过课堂语言行为互动分析系统对深圳市 GM 中学 10 位化学教师的课堂教学情况进行量化统计,分析课堂上师生语言互动行为,并在 10 位教师的课堂中评价出符合新时代课程理念的有效课堂。梁健敏以 2009 年广州市白云区举行的 21 节品德优质课例为样本,运用 FIAS 开展观察和数据采集。也有学者尝试研究高等教育课堂,如谢幼如等应用 FIAS 对国家级精品视频公开课的教学特征和师生行为进行分析,从选题内容、视频画面、教学设计和网络传播等方面形成研究结论和建设启示。近年来,职业教育领域开始有学者尝试应用该技术,如薛小明应用 FIAS 对某高职院校精品课程"特许经营实务"的课堂教学进行了描述、记录、编码和分析,并提出在高职课堂上全盘应用 FIAS,很难展示形式多样的高职课堂全貌。

二、研究方法和工具

(一)弗兰德斯互动行为分析技术

FIAS 主要以记录编码方式对课堂上的言语互动行为进行描述,课堂师生之间的互动行为关系被划分为 10 种类别。1—7 类指的是教师的言语行为,这方面包含教师传授知识、表扬批评以及提出问题等言语行为;8—9 类则指学生在课堂上的言语行为,包含了学生主动发言以及受到老师诱导做出应答;最后一类是指课堂中混乱或者沉默状态。弗兰德斯研究表明,学生的学习态度和学习效果都会受到教师在课堂教学中与学生互动行为的影响。针对每种言语行为,弗兰德斯都给出了具体的定义,以便帮助观察者进行编码记录。在 FIAS 中,观察者需要每 3 秒进行一次言语行为编码,然后根据相应指标记录下来,这种观察方法通过系统、规则以及特定的记录方法将课堂教学进行量化,能够确保对言语互动行为的调查是客观的。

(二)职业教育课堂互动行为应用系统开发

为有效开展职业教育课堂互动行为研究,我们开发了职业教育课堂互动行为分析系统 V1.1,并申请了软件著作权。软件运行模式如图 1 所示。借助职业教育课堂互动行为分析系统进行课堂实时采集或视频采集,大大降低了数据收集难度,提高了信息采集、分析处理能力。通过对数据采集、提炼与归类,系统可以进行矩阵分析、曲线分析,第一时间形成信息反馈报告。

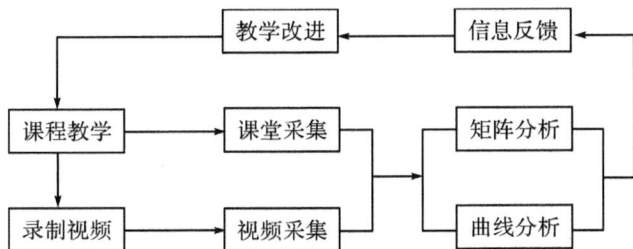

图 1　软件运行模式

三、"理论＋实践"课堂师生互动行为评价指标设置

与理论课堂不同,"理论＋实践"课堂在组织形式上穿插大量师生实训活动,教师和学生的操作行为占据课堂师生行为的一定比例。原评价指标无法描述实操活动的互动行为状况。课堂实训活动信息缺失,影响评价效果,无法清晰描述职业教育"理论＋实践"课堂师生互动行为特征。

国内研究者普遍认为传统评价指标无法准确描述现代教育课堂,力图通过增设指标方式弥补不足。经过实测检验,当指标数量增加、指标间语义区分度减少时,数据采集工作对采集者的理解力和执行力要求显著上升。当指标超过10个,部分指标代码必须用两位数字表示或者用16进制字母替代时,数据输入的操作难度显著提高。在数据采集中,增设指标的方式不可行。

(一)适度压缩原有指标

我们应用FIAS原指标实测课堂,发现在现阶段职业教育课堂上,可以通过合并、删减等方式,压缩原有指标,空余指标位,增设描述"理论＋实践"课堂的新指标。

1.合并原指标1、2

在原指标体系中,1代表教师表达情感,2代表教师鼓励表扬。与基础教育课堂情况对比,职业教育起始于高中阶段,在实测过程中,较少有教师应用"融入学生情感或表达自己情感"的言语。合并1、2指标,将"表达情感"与"鼓励表扬"用指标1表示,"采纳意见"作为指标2。用指标1、2表示教师间接言语,并不会导致有效信息的缺失。

2.删减原指标7

在原指标体系中,7代表教师批评维权。在职业教育课堂实际测试中,几乎没有出现过教师直接批评学生维护权威的现象。这种现象产生的原因,一是学生处在高中阶段,有一定的自我管理能力;二是当测试者在教学现场,学生和教师更多表现为积极行为。因为采集不到有效数据,指标7失去实际意义,因此在"理论＋实践"课堂师生互动行为评价指标中可以删减指标7。

(二)增设学生言语和实训活动指标

压缩原有指标体系,使指标数减少到 8 项,为"理论＋实践"课堂师生互动行为评价指标设置节省 2 个指标空间。

1.丰富学生言语指标

现代教育课堂学生主体地位凸显,课堂互动评价体系要更多体现学生参与度和课堂言语水平。按照教育部高教司司长吴岩提出的师生课堂互动的五重境界,学生课堂言语可以分成"应答""交流""质疑""反驳"4 个层次。为更清晰展现学生课堂言语水平,在原有指标体系学生言语指标中增加 1 项,一共 3 项,分别是:指标 6 代表"封闭应答",指标 7 代表"开放交流",指标 8 代表"质疑",即"学生对教师观点或教学内容产生疑问,能够提出自己的观点和想法"。

2.增加课堂实践活动指标

在"理论＋实践"课堂上,实践操作环节会出现长时间的静默。在这个时间段内,教师、学生进行着有意义的操作行为,同时会产生个体间的互动交流。原指标体系中指标 0 代表"沉默或混乱",无法诠释"理论＋实践"课堂这部分有价值信息,因此我们增设指标 9,并对指标 9 和 0 的含义重新进行了界定(见表 1)。指标 9 代表"操作行为",即"教师、学生进行演示操作(包括视频演示),以及学生个体或小组的实践操作";指标 0 代表"静默或混乱",即"课堂完全没有有效言语,或者出现现场失控、混乱状态,也包含教师为维护课堂使用批评或维护权威的言语(原指标 7 的含义)"。

表 1　FIAS"理论＋实践"课堂评价体系及其指标解释

分　类		指　标	内　容	解　释
教师	间接言语	1	表达情感、鼓励、表扬	教师以平和的心情融入学生的情感中,表达自己的情感,影响学生态度,或用语言信息缓解气氛、表达幽默,表扬或鼓励学生
		2	采纳意见	采纳学生的意见,重复学生正确的看法,教师做进一步扩展、延伸
	直接言语	3	提问	教师就课程内容提问学生,引发学生思考,期待学生回答
		4	讲授	陈述事实和观点,并做出解释和引用实例,通过语言单线传递信息
		5	指令	教师通过语言要求学生做出某些行为,发出学生能够遵从的指令

分　类	指　标	内　容	解　释
学生言语	6	应答	学生对教师的提问做出针对性的回答,在有限范围内封闭回答问题
	7	交流	学生就某问题自由地表述意见和想法,在师生、生生间平等交流
	8	质疑	学生对教师观点或教学内容产生疑问,能够提出自己的观点和想法,甚至有反驳言语
静默或混乱	9	操作	教师、学生进行演示操作(包括视频演示),以及学生个体或分组的实践操作
	0	无有效言语或维护混乱秩序	长时间无有效言语,课堂静默状态,或者课堂出现混乱,为纠正学生行为而批评学生,维持课堂秩序

四、"理论＋实践"课堂测试与分析

(一)课堂数据采集

1.数据来源

为验证 FIAS"理论＋实践"课堂评价体系的有效性,我们选取在 ZJFF 职业学院开展的"理论＋实践"创新课堂评优活动中的 21 节课作为研究对象,进行数据采集,并选择评优活动中评审专家主观评测的 3 节优秀课作为分析重点,进行多角度分析。3 节课用编码标识,分别为 LS1、LS2、LS3,编码顺序与课堂评价结果无关。

2.LS1 课堂情况及数据基本特征

LS1 是项目化课程中的一节课,教师带着企业的任务,指导学生完成实训任务。一节课 50％理论指导,50％实训活动,是较为典型的"理论＋实践"课堂。专家对该课堂整理实施效果评价很高,对课堂师生互动评价较高,认为"该教师注意调动学生的参与意识,学生听课热情比较高,教师实操演示熟练,动作规范"。

LS1 课堂教师言语占比 53％,其中直接言语占比 52％,间接言语占比仅

1％；学生言语占比 7％，都是封闭性回答，没有出现其他两类较高层次言语；教师学生实训操作占比 38％，静默或混乱占比 2％。

3.LS2 课堂情况及数据基本特征

LS2 课堂应用案例教学法，教师通过课前 5 分钟借助学生汇报引入一个经典案例，围绕案例展开课堂教学。课堂理论教学占比 80％，实践活动以小组形式开展，仅占 20％，属于非典型的"理论＋实践"课堂。专家对该课堂整体实施效果评价较高，对课堂师生互动评价较高，认为"该教师课前 5 分钟让学生介绍企业案例非常有效，对学生课堂提出的问题能清晰梳理，与学生沟通好"。

LS2 课堂教师言语占比高，达到 71％，特点是间接言语占比较高，达到 6％，这个占比高于大部分教师，直接言语占比 65％；学生言语占比也较高，达到 10％，其中出现短时间的自由交流占比 1％，主要发生在课前 5 分钟；课堂实训时间较短，占比 18％，静默或混乱不到 1％。

4.LS3 课堂情况及数据基本特征

LS3 是一节翻转课堂，教师在上一节课布置了任务，通过视频学习、小组作业，学生做好了上课准备。课堂前期由学生小组汇报，中间阶段教师评价作业、理论讲解，课堂后期各小组学生合作，共同完成作品展示。专家对该课堂整体实施效果评价较高，对课堂师生互动评价很高，认为"该教师、学生课前准备充分，教师上课有激情，以学生为主体，能充分调动学生的参与意识和热情，师生配合默契"。

LS3 课堂教师言语占比 57％，其中间接言语占比 3％，直接言语占比 54％；学生言语占比 7％，其中被动回答占比 3％，平等交流占比 4％；教师学生操作占比 32％，静默或混乱占比 4％。

（二）矩阵分析

FIAS"理论＋实践"课堂矩阵中的单元格、区域代表教师、学生的一些特定动作。矩阵对角线上的单元格代表教师或学生连续动作，如"4-4"代表教师连续讲解，"6-6"代表学生连续应答，"9-9"代表连续的实训操作。区域 A 代表教师主动交流行为，教师积极调动学生参与课堂活动。区域 B 代表教师主导教学的行为，教师用直接言语传递教学内容。区域 C 代表学生参与教学的行为，区域中 9 个格子分布反映学生参与度。区域 D 由 3 个小区域组成,代表了课堂实训活动,以及教师对活动的组织状况。区域 E 代表师生言语转换的频率。

1. LS1 课堂矩阵分析(见图 2)

指标	1	2	3	4	5	6	7	8	9	0
1	2	1	0	2	0	0	0	0	0	0
2	2	0	0	0	0	1	0	0	0	0
3	1	0	13	14	0	24	0	0	3	1
4	0	0	22	345	5	4	0	0	24	4
5	0	0	0	1	13	0	0	0	6	0
6	0	2	11	13	0	32	3	0	1	1
7	0	0	2	0	0	0	0	0	1	0
8	0	0	0	0	0	0	0	0	0	0
9	1	0	6	25	1	2	0	0	312	1
0	0	0	0	4	0	0	0	0	1	11
小计	6	3	56	404	20	63	3	0	348	18
占比	间接言语		直接言语			应答	交流	质疑	操作	混乱
	0.01		0.52			0.07	0	0	0.38	0.02
	教师言语		0.53			学生言语	0.07		静默	0.4

图 2　LS1 矩阵图

LS1 矩阵 A 区,采集到很少数据,表明该教师很少使用间接言语调动学生的积极性;B 区数据主要集中在"4-4",其他单元格也有分布,表明该教师习惯连续讲解。"3-4""4-3"单元格表明教师特别擅长自问自答的表达方式。C 区数据集中"6-6",表明学生在课堂上仅以"封闭应答"回应教师。D 区中"9-9"达到 312 项,表明课堂中出现长时间实践操作环节,D 区另外两个区域均有数据分布,表明教师在实训中通过提问、陈述、指令等多种言语方式指导学生操作。E 区数据显示该教师与学生言语转换频率较高,主要表现为封闭式提问和应答。

2. LS2 课堂矩阵分析(见图 3)

LS2 矩阵 A 区,采集到 43 项数据,相对于大部分教师,他(她)非常善于使用间接言语调动学生的积极性;相对于 D 区,B 区数据占比较高,实训活动占比低于 20%。B 区内所有单元格都有数据分布,表明教师的言语风格较丰富。C

指标	1	2	3	4	5	6	7	8	9	0
1	6	3	0	4	0	0	0	0	1	0
2	4	34	2	1	3	0	0	0	0	0
3	0	2	11	20	0	2	1	0	1	0
4	3	2	23	459	8	2	0	0	7	0
5	0	2	0	6	33	0	0	0	5	1
6	0	0	0	4	0	76	0	0	0	1
7	0	0	0	1	0	0	8	0	0	0
8	0	0	0	0	0	0	0	0	0	0
9	1	1	1	8	3	0	0	0	152	0
0	0	0	0	0	0	1	0	0	1	0
小计	14	44	37	503	47	81	9		167	2

占比	间接言语	直接言语		应答	交流	质疑	操作	混乱
	0.06	0.65		0.09	0.01	0	0.18	0
	教师言语	0.71		学生言语		0.01	静默	0.19

图 3　LS2 矩阵图

区数据达到 90 项,显示课堂上学生参与度较高,数据集中在"6-6""7-7",表明学生在课堂上某时间段连续回应教师问题,教师不会中途打断。D 区中"9-9"仅 152 项,表明课堂上实训活动较少。E 区数据显示教师与学生言语转换频率低,表明教师一般很少打断学生的连续陈述。

3.LS3 课堂矩阵分析(见图 4)

LS3 矩阵 A 区,采集到 16 项数据,表明该教师会有意使用间接言语调动学生的积极性,但不频繁;B 区数据集中在"4-4""5-5",教师直接讲授理论、指导操作,但言语变化不丰富。C 区数据出现在"6-6""7-7",表明学生在课堂上以多种形式参与教学,并且比较活跃,表现在"7-7"数据超过"6-6",达到 31 项,该指标明显高于其他课堂。D 区中"9-9"229 项,同时"5-9""9-5"各出现 45 项,表明学生的实训活动是在教师的指导下实施的,而且指导频率较高。E 区数据显示教师与学生言语转换频率较低,表明教师较少打断学生的连续陈述。

(三)数据曲线分析

曲线图的绘制一般以横坐标为时间轴,每分钟为一个间隔单位。以纵坐标标识四组编码(教师语言、学生语言、操作行为、静默混乱)出现的比例,将课堂

指标	1	2	3	4	5	6	7	8	9	0
1	5	2	0	4	0	0	0	0	1	0
2	3	6	0	4	0	1	0	0	0	0
3	0	0	9	2	0	4	1	0	1	0
4	2	3	5	359	6	0	2	0	9	4
5	0	0	0	5	41	0	0	0	45	3
6	0	2	2	0	0	27	1	0	1	0
7	1	1	0	2	0	0	31	0	0	0
8	0	0	0	0	0	0	0	0	0	0
9	1	0	1	8	45	1	0	0	229	4
0	0	0	0	6	2	0	0	0	3	22
小计	12	14	17	390	94	33	35	0	289	33
占比	间接言语		直接言语			应答	交流	质疑	操作	混乱
	0.06		0.65			0.09	0.01	0	0.18	0
	教师言语		0.71			学生言语	0.01		静默	0.19

图 4　LS3 矩阵图

观察记录表中的编码转换成坐标点图。将图上相邻的各点相连,可以形成一张师生互动行为随时间变化的曲线图。

1. LS1 曲线分析(见图 5)

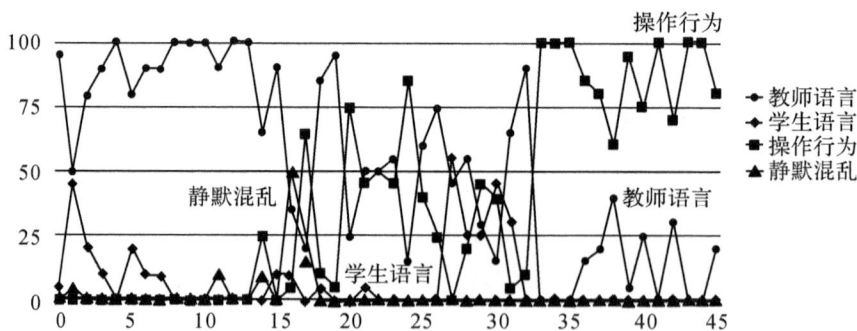

图 5　LS1 曲线图

根据 LS1 曲线图分析,这节课可以分为 3 个阶段。第 1 阶段,0—15 分钟,课堂以教师为中心,教师通过提问和应答调动学生参与课堂的积极性,频次不高;第 2 阶段,15—32 分钟,教师和学生频繁互动,其中还夹杂着大量操作行为,体现了教师边讲边做、学生边做边学的课堂状况;第 3 阶段进入学生实训阶段,可以看到教师应用指令性言语指导学生操作行为。曲线图 15 分钟左右值得关注,静默混乱出现了一次峰值,这是教师从理论讲解进入实操过程中,实验设备出现了问题,导致课堂出现间断。

根据曲线分析,LS1课堂15—32分钟师生互动频繁,选取其中2段实训活动的连续多编码进行特征分析。

第1段"……4-4-9-9-9-3-3-3-6-3-7-9-9-9-9-9-6-6-6-9-9-9-9-9-9-9-9-6-6-6-6-6-6-6-6-2-1-2-6-6-6-6-6-7-9-6-4-4……"这组编码序列对应的课堂内容是,教师讲解后选取一位学生做演示实验,边做边解释(课堂内容由视频回放获得)。这组编码序列可以分成2个阶段,第1阶段教师从讲解到准备操作演示。教师结束讲解,准备操作设备,并通过提问的方式引导学生关注操作细节。第2阶段,学生操作演示过程。一位学生演示实验过程,并解释自己采用的方法和实验细节,其间教师介入,引用了学生的观点,并对学生进行了表扬。这组数据从第1个"编码9"开始标志着进入课堂实训阶段,其中产生了"6-9""7-9""9-3"等编码组合,可显示实训阶段师生互动行为。

第2段"……3-3-6-3-6-3-6-3-6-7-3-6-6-3-3-6-6……",这是典型的封闭应答状态,即教师问,学生封闭式应答,主要表现为"是"或者"不是",其中只有短暂的3秒,学生表现出自由表达的状态。

2.LS2曲线分析(见图6)

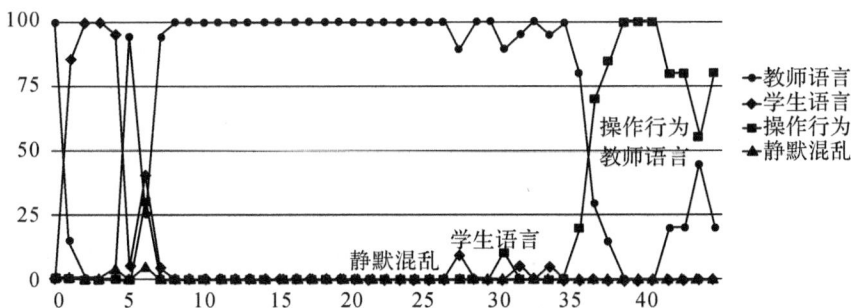

图6　LS2曲线图

根据曲线图分析,相比于其他两节课,LS2的曲线变化最平淡,表明师生互动频率不高。但是,评审专家为什么对这节课的直观印象较好呢?结合矩阵图,我们会发现虽然该教师5—35分钟长时间讲授,但是他(她)的言语形式变化丰富,特别擅长运用间接语言,曲线图中缺失了这部分信息。从曲线图中还能发现,教师控制课堂进程的能力强,很少出现静默混乱的负面数据。

LS2 课堂选取 2 段连续多编码进行特征分析。第 1 段,"……5-9-9-9-9-9-9-9-9-9-3-3-9-9-9-4-4-9-9-1-9-9-9-9-9……",典型的实训活动序列,教师发出操作指令,学生开始实训操作;在实训当中,教师通过观察提出问题让学生思考;在实训中教师对关键步骤进行说明,对表现突出学生给予表扬。

第 2 段"……4-4-3-7-7-7-7-7-7-7-7-4-4-4-4-1-1-2-2-2-2-2-2-2-2-2……",展示教师与学生精彩互动。教师讲解后提出问题,学生积极响应,自由交流,最后教师表扬学生,并应用学生的观点总结相关的知识内容。

3. LS3 曲线分析(见图 7)

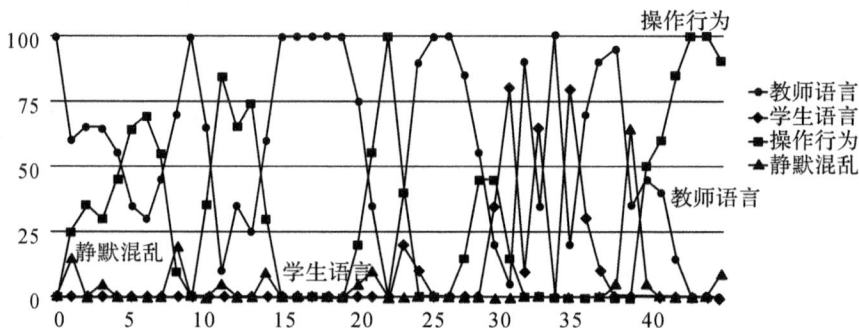

图 7　LS3 曲线图

LS3 曲线图给人的直观感受就是变化丰富,评审专家也对该课堂师生互动给予高度评价。从曲线上可以感受到教师不断改变着授课形式。仔细分辨,可以将 LS3 课堂分为 4 个阶段。第 1 阶段,0—15 分钟,教师边指导,学生边操作;第 2 阶段,15—27 分钟,这个阶段又可以细分 2 个阶段,15—20 分钟教师持续讲解,然后进入实操,24—27 分钟教师又一次持续讲解,第 2 阶段是这节课主要的理论讲解阶段;第 3 阶段 27—38 分钟,这个时间段是教师和学生言语互动频率最高的阶段,是师生言语互动的主要阶段;第 4 阶段,40—45 分钟,学生在教师的指导下最终合作展示了作品。

LS3 课堂选取 2 段连续多编码进行特征分析。第 1 段"……9-5-5-9-5-9-5-9-9-5-5-9-5-9-9-5-9-9-5-9-9-9……",典型的实训活动序列,按照实训步骤,教师一边发出指令,学生一边按步操作。

第 2 段"……3-6-6-6-6-7-7-7-7-7-7-7-7-7-7-7-7-7-7-7-7-2-2-1-4-4……",展示学生积极参与课堂教学,教师提出问题,学生回答,从封闭回答很快进入热烈讨论,然后教师借助学生观点总结、表扬,进入下个阶段的讲解。

五、指标合理性分析

(一)合并、删减原指标未导致课堂互动信息显著降低

合并原指标 1、2,在一定程度上影响教师间接言语的描述,但并不显著。在前期研究中发现,职业教育课堂起始于高中阶段,不同于低龄儿童课堂,教师很少或几乎不使用情感认同的言语,在"理论＋实践"这类专业课堂上更是鲜见。在此次测试的 21 位教师中,两项指标能够较准确显示教师积极引导学生参与课堂的表现。

删减原指标 7,并将"教师维持课堂纪律、维护自我权威"作为负面评价,丰富指标 0 含义,没有影响课堂信息的采集。一方面,职业教育课堂上学生年龄超过 16 岁,有一定的自我管理能力,教师维持课堂纪律、批评言语出现频次较少;另一方面,0 作为 10 项指标中唯一负面指标,更直观、清晰显示课堂不良状况。

(二)部分新增指标显示课堂实训活动中的互动行为

新增指标 9,特指课堂实训操作环节,对于"理论＋实践"课堂是必要的。课堂实训活动中出现的静默状态对于该类型课堂有着积极的正面意义,不应该与无意义静默或混乱混淆。在编码组合中出现"3-9""9-3""4-9""9-4""5-9""9-5"等组合,以及一些更复杂的与新指标 9 的组合,能够展示课堂实训环节师生互动行为特征。

新增指标 8,原设置目的是为收集现代课堂中学生高层次参与言语"质疑",但是在实际 21 节课堂测试中未收集到有效信息。

(三)FIAS"理论＋实践"课堂指标体系清晰展示课堂特征

应用 FIAS"理论＋实践"课堂指标体系评测 21 节课堂,经培训后的测试者能够顺利完成课堂测试,指标含义清晰,信息收集完整。在对 LS1、LS2、LS3 课堂分析中显示,指标体系能够清晰显示课堂师生互动行为特征,数据展示的课堂互动效果能够在一定程度上印证评审专家的主观评价。

(四)存在问题及指标修订设想

通过实地测试,此次指标设置中,指标8没有起到预想的效果。在现阶段职业教育一般课堂上师生互动高阶形式"质疑"很鲜见,指标7"交流"已可以体现一般课堂学生的积极参与度和主动性。因此,暂时删减学生"质疑"指标,在10项指标中空余1个指标位,用于收集实训活动指标,更具现实意义。

用指标8、9表示实训活动,指标8代表教师、学生个体的操作演示(包含视频演示),指标9代表全体学生的实训活动。这样的设置将会产生更多编码组合,清晰展示课堂实训活动。

基于此,我们进一步修订指标体系如表2。

表 2　FIAS"理论＋实践"课堂评价体系及其指标解释的修订

分　类		指　标	内　容	解　释
教师	间接言语	1	表达情感、鼓励、表扬	教师以平和的心情融入学生的情感中,表达自己的情感,影响学生态度,或用语言信息缓解气氛、表达幽默,表扬或鼓励学生
		2	采纳意见	采纳学生的意见,重复学生正确的看法,教师做进一步扩展、延伸
	直接言语	3	提问	教师就课程内容提问学生,引发学生思考,期待学生回答
		4	讲授	陈述事实和观点,并做出解释和引用实例,通过语言单线传递信息
		5	指令	教师通过语言要求学生做出某些行为,发出学生能够遵从的指令
学生言语		6	应答	学生对教师的提问做出针对性的回答,在有限范围内封闭回答问题
		7	交流	学生就某问题自由地表述意见和想法,在师生、生生间平等交流
操作行为		8	个体操作演示	教师、学生个体进行操作演示(包括播放视频演示)
		9	集体操作行为	教师组织班级全体学生进行操作行为
静默或混乱		0	无有效言语或维护混乱秩序	长时间无有效言语,课堂静默状态,或者课堂出现混乱,为纠正学生行为而批评学生,维持课堂秩序

参考文献

[1] 教育部高教司司长吴岩：中国"金课"要具备高阶性、创新性与挑战度[EB/OL].［2018-11-29］.http://www.moe.gov.cn/s78/A08/moe_745/201811/t20181129_361868.html.

[2] 侯颖，祝佩，王文.FIAS师生语言互动编码系统本土化研究——基于"以学生为中心"的视角[J].成都师范学院学报，2016(9)：7-11.

[3] 宁虹，武金红.建立数量结构与意义理解的联系——弗兰德互动分析技术的改进运用[J].教育研究，2003(5)：24-28.

[4] 顾小清，王炜.支持教师专业发展的课堂分析技术新探索[J].中国电化教育，2004(7)：17-20.

[5] 马丽.基于课堂互动技术系统的课堂互动教学的案例研究[J].科技信息，2011(10)：530-531.

[6] 杨承印，闫君.对课堂教学中师生互动语言行为的研究[J].基础教育，2010(1)：47-51.

[7] 梁健敏.Flanders课堂师生言语互动分析系统的测评与应用[J].教育测量与评价（理论版），2014(9)：39-46.

[8] 谢幼如，王芹磊，彭丽丽，等.精品视频公开课的教学特征与师生行为研究[J].电化教育研究，2013(10)：91-97.

[9] 薛小明.弗兰德斯互动分析系统在高职教学中的应用——以某高职学院《特许经营实务》课堂教学为例[J].高教学刊，2017(13)：51-53.

◎浅谈中外合作办学模式中
导师制如何发挥其作用与特色

——以"FASHION VISUAL MERCHANDISING"
课程为例进行分析

杨舒敏[①]

摘　要:针对在高校时尚创意类课程教学中,学生无法通过传统式教学授课方式开拓思维的问题,本文以浙江纺织服装职业技术学院中英时尚设计学院"时尚视觉营销"课程为例,探究如何在中外合作办学过程中发挥导师制教学在高校教学中的作用,因材施教,鼓励学生自主开发创意性思维,调动学生的学习积极性。

关键词:导师制;中外合作办学;教学形式;考核方式

中外特色办学模式加强导师制的建立与实行,加强了学生对中西方不同文化的了解和创意性思维的养成。该制度的实行既符合了中国高等教育的特点及高校学生的成长规律,又能够深入了解学生特性,对学生的思想进行合理的引导与教育,帮助树立科学的价值观与世界观;能不同程度地根据学生的个性、特点,有效地调动其学习的积极性;中英双方教师通过不同的角度对学生创新和探究的能力进行培养,指导学生养成自我发现问题与自我解决问题的能力。但是,在中外特色合作的教学模式中,如何真正地实行并发挥导师制的作用仍然是一个值得研究的问题。本篇文章将以"FASHION VIS-

---

① 杨舒敏,浙江纺织服装职业技术学院中英时装管理专业专任教师、助教。

UAL MERCHANDISING"课程为例,简析如何从以下 3 个方面有力地发挥导师制教学的作用。

一、任课老师须明确导师的职能

"FASHION VISUAL MERCHANDISING"课程教学中,无论是中方教师或是英方教师,都需清楚地明白导师制教学的主要职能为引导学生与熏陶学生,致力于培养思想与专业水平同时拥有的学生。因此,在教学过程中,中英双方指导老师不应该避重就轻其中任何一方面。在帮助学生树立正确思想及正确政治观、价值观的同时,通过专业知识熏陶、学习方法引导、研究问题的解决等途径充分调动其自主学习的积极性,而非限制学生创新性想法和开拓性思维。

二、发挥导师制作用必不可少的前提条件

中英双方教师都应在教学目的十分明确的基础上,合理并有效地制定一门课的教学大纲及上课教材内容。只有如此,才能更有利地进行切合学生个体实际发展特色的教学,将导师制教学与课堂授课内容相结合,进行因材施教。"FASHION VISUAL MERCHANDISNG"课程的教学大纲及课程标准由中英双方教师共同制定。学生于该门课程的初始阶段明确被交代该门课程的教案、课程大纲、课程目的、评分标准等。通过引导启发等教学手段,对不同类型的学生进行分类教学,由导师带领不同类型的学生群组,结合学生自身的特点,使学生在思想道德、审美观念等多方面受到教育和熏陶,以达到该门课程的教学目的(见表 1)。

表 1 "FASHION VISUAL MERCHANDISING"课程大纲与课程目的

Assessment Brief 2019/202

Programme	Fashion Management
Module Title	Fashion visual merchandising
Level	4（Year 2）
Module Leader	
Module Teachers	
Assessment Title	Fashion visual merchandising
Submission Date/Time	Presentations：8 AM 25TH December Submission：Room 109
Module Aims	1. To enable students to investigate the relationship between fashion theory and practice. 2. To give students a basic understanding of fashion visual merchandising and fashion trend forecasting from the business point of view. 3. To equip students with basic knowledge of fashion visual merchandising in different dimensions，i. e. theme, space, graphic, display, media, music, colour, etc. 4. To provide an basic understanding what techniques and abilities students should have for a fashion visial merchandiser in the fashion industry. （research, summarize, creative, analysis, trend forecasting, etc. ） 5. To provide an opportunity for students to take responsibility for the management and implementation of their project. 6. To apply advanced knowledge, skills and methodologies for the resolution of complex design problems.
Assessed intended learning outcomes	Knowledge and Understanding On successful completion the student will be able to： 1. Realize and understanding the different aspects of fashion visual merchandising. （theme, space, graphic, display, media, lignting, colour etc. ） 2. Realize and understanding the basic requirement & design methods for fashion merchandising. 3. Realize and understanding for basic research and skills of analysis. Creative minding & skills of arrange inspirations from mind map. 4. Insight into fashion and could do the prediction and analysis of trends and characteristics of fashion merchandising with basic sense.

注：本表由本文作者编制

三、学生的教学成绩评估反馈表贯穿整个
课程项目及课程结束后针对性总结辅导的教学方式
能够进一步推动导师制在教学中的作用

中英合作办学是一个受到多方面影响且复杂的教学过程。如何实现课程教学大纲的要求和如何通过课堂引发学生学习的兴趣，不仅仅是通过巧妙并合理处理45分钟的课堂教学就能解决的问题。英国的导师制教学特色旨在要求学生清楚地发现自己、了解自己、研究自己、探索自己，明白自己的优势和不足，帮助学生尽可能激发可能性，培养创新意识和探索精神。所以，为每个学生制定其课程针对性的评分表和评语建议并进行个人辅导是导师制教学中推波助澜的举措。在中英合作办学的教学方面，还有一个特殊的要求，即要求学生拥有一定的英语听、说、读、写等语言基本理解与运用能力。学生由于语言水平的限制，在课堂上无法完全听懂、理解教师所传授的内容，通过每周的导师个人教学实践有助于学生提出疑问和困惑，以达到该门课程的教学目的。

"FASHION VISUAL MERCHANDISING"课程的学生个人反馈表由中英双方教师严格按照英方合作院校教学体系中的教学大纲、评分标准，结合中方办学的实际情况编制。我们将教学实践过程中的教学反应，层层分解，逐项定制，综合分析，定制评分标准，从而构成"视觉营销"这门课程简明有效的教学评测目标体系。遵照中英双方教学的可行性原则，在结构上，我们把"FASHION VISUAL MERCHANDISING"这门课的教学过程分为四大项目（即 RESEARCH BOOK，FASHION CHANGING，WINDOW DISPLAY 和 PRESENTATION & EXHIBITION），每个项目制订出若干条因素定值，将评判价值分为"EXCELLENT，VERY GOOD，GOOD，PASS，UNSATISFACTORY，INADEQUATE，POOR，LIMITED ABILITY，VERY POOR，EXTREMELY POOR"10个等级，通过权衡价值后，每个等级均标出各项因素权重后的赋值。各个因素的得分相加后的平均值，便得出项目分。各个项目分的总和便是学生该门课程取得的最后成绩。评分表还设置了意见栏，提供给课程指导老师对于该生的评语和反馈，能较全面地体现学生在这门课程中的优势与不足之处（见表2、表3）。

表 2 "FASHION VISUAL MERCHANDISING"课程学生反馈表正面

SINO-UK Fashion & Design College
Studnent Feedback Form 学生反馈表
Module Feedback 课程反馈
For use to Sino-UK Programmes

Module Title：Fashion VisualMerchandising Student：Students Name -Mark
（学生姓名   -分数）

Totor(老师)：SHUMIN YAN, LIA		Prog(专业)：Fashion Management	
Level(年级) 3	Semester(学期) 1	Credits(学分) Credits	Academic Yr(学年) 2019—2020

Module Learning outcomes（These are the things you are meant to be able to do at the end of the module）

学习预期成果（这些是你需要在课程结束时掌握的能力）

1. Realize and under standing the different aspects off a shionvisual merchandising.（theme，space，graphic，display，media，lignting，colour etc.）	You have achieved the module learning outcomes.
2. Realize and understanding the basic requirement & design methods for fashion merchandising.	You have achieved the module learning outcomes.
3. Realize and understanding for basic research and skills of analysis. Creative minding & skills of arrange inspirations from mind map.	You have achieved the module learning outcomes.
4. In sight into fashion and could do the prediction and analysis of trends and characteristics of fashion merchandising with basic sense.	You have achieved the module learning outcomes.

Totor Comments(老师反馈)

注：本表由本文作者编制

表 3 "FASHION VISUAL MERCHANDISING"课程学生反馈表（反面）

Feedback by Assessment Form（评分表）

Research Book(20%) Assessment Criteria （考核项目）	Excellent	Very Good	Good	Adequate(Pass)	Unsatisfactory	Inadequate	Poor	Limited Ability	Very Poor	Extremely Poor
Writtern Communication	90									
Visual Communication		87								
Enquiry and Use of Sources			73							
Creativity				69						
Total										

Project 1-Fashion Changing(35%) Assessment Criteria （考核项目）	Excellent	Very Good	Good	Adequate(Pass)	Unsatisfactory	Inadequate	Poor	Limited Ability	Very Poor	Extremely Poor
Written Communication	90									
Visual Communication		87								
Creativity			73							
Teamwork				69						
Total										

Project 2-Window Display(40%) Assessment Criteria （考核项目）	Excellent	Very Good	Good	Adequate(Pass)	Unsatisfactory	Inadequate	Poor	Limited Ability	Very Poor	Extremely Poor
Written Communication	90									
Visual Communication		87								
Enquiry and Use of Sources			78							
Technical Skills			73							
Creativity				69						
Total										

Presentation & Exhibition (5%) Assessment Criteria （考核项目）	Excellent	Very Good	Good	Adequate(Pass)	Unsatisfactory	Inadequate	Poor	Limited Ability	Very Poor	Extremely Poor
Visual Communication	90									
Oral Communication		87								
Creativity				69						
Total										

注：本表由本文作者编制

四、结　语

通过中外合作办学的建设和实践,"FASHIONVISUALMERCHANDIS-ING"这门课程的教学内容、导师制的教学方式、考核形式得到了学生的广泛认可。课程在培养学生视觉理论、基本视觉设计技能的基础上,促进了学生根据自己的优势拓展创意性思维和提高自主学习、自主解决问题的能力,对培养既有正确思想价值观又有创新实践能力的国际化复合应用型人才具有重要的意义。

参考文献

[1] 姜岩.服装专业双语教学课程建设实践[J].纺织服装教育,2014,29(1):34-37.

[2] 李彦峰,周先进,曾建国.新课程背景下课堂教学组织形式的构建[J].教育探索,2009(4):42-44.

[3] STENHOUSE L. An introduction to curriculum research and development [M]. London:Heinemann,1975.

[4] 孙可可.对服装专业双语教学的思考[J].纺织教育,2008(6):53-55.

◎高职微商创业与创业教育"课程思政"的实证研究[①]

张兆英 陈传宣[②]

摘 要：微商是高职学生创业的主要方式，其产品质量问题很棘手。本文以浙江G职院为例，从高职微商创业者和创业教育"课程思政"两个角度进行了实证研究。一方面，采用TRIZ质性研究和定量分析，找到高职学生微商产品质量改善的6项策略：严格保障产品品质、快速提升把控质量的综合素质、巩固与顾客的强粘性关系、利用低成本方式进行质量宣传、增加优质供应商和走规范化经营之路。另一方面，探究出高职创业教育"课程思政"的5条路径：提升师资队伍"课程思政"的综合素质、树立创业教育的正确育人观、构建"一核心三平台六模块"的创业"课程思政"课程体系、强化课程管理和营造创业育德育人好环境。

关键词：高职；微商；创业教育；"课程思政"；TRIZ理论

在大众创新、万众创业的热潮下，微商为小额投资者，尤其是高职学生"打开了微商创业那扇窗"。微商从2013年兴起，截至2016年底，从业者近3000万人，销售额为5000亿元。浙江是中国电商经济的沃土，微商活跃在大众生活的方方面面，高职学生微商创业者日渐趋多，各种海淘、代购层出不穷。虽然微

---

① 浙江省教育厅一般课题"财经类高职女生微商创业模式探索——以G职院为例"（项目编号：Y201636497，主持人：张兆英）；浙江省教育厅一般课题"基于TRIZ的跨境电商与制造业集群协同演化的研究"（项目编号：FX2018095，主持人：张兆英）。

② 张兆英，浙江工商职业技术学院讲师、硕士；陈传宣，浙江医药高等专科学校讲师、硕士。

商从业者众多,交易规模庞大,已经成为不可忽视的社会经济现象,但是社会主流依然排斥它。这与微商中存在众多问题密切相关,电商法的实施将带来行业"大洗牌"。浙江 G 职院是位于浙江宁波的全国高职高专人才培养工作水平评估优秀学校、浙江省示范性高等职业院校。该校传承和发扬百年商贸教育和宁波商帮的优良传统,逐步形成了"传承宁波商帮精神,培育现代商帮人才"的一所工商并重,对接地方经济和产业发展需求的现代化高等职业技术学院,被誉为"宁波商帮文化的摇篮"。该校的全日制在校生 9800 余人,成教学生 5000 余人,学生创业者众多,其中微商创业者比例已高达 90%。所以本文将以浙江 G 职院为例,探究在实施电商法背景下高职微商创业质量和高职创业教育"课程思政"的改善很有必要。

一、高职微商、创业教育"课程思政"及 TRIZ 的理论基础

(一)高职微商

微商是以微博、微信等社交平台为基础发展起来的一种零售商业模式,是一种移动社交电商模式。它不需要为虚拟店铺付租金。基于不同的经营主体,微商有利用微信公众号经营的"B2C 微商"和通过"朋友圈"分销的"C2C 微商"。由于 C2C 微商进入时间早、范围广、发展速度快、参与者多、经营更灵活和更具特色。所以本文研究的高职学生微商确定为 C2C 微商。微商的相关研究集中在以下方面:(1)微商的优劣势分析。微商具有信息传播高效、低成本、时间灵活、目标顾客精准、传播方式多样、支付便捷灵活等优势,当然也存在"暴力刷屏"、诚信问题等。(2)微商在不同行业的研究。如微商在服装、化妆品和农特产品等行业研究。(3)微商的问题研究。目前微商热点的问题主要为法律和质量问题。在法律监管缺位的状况下,存在各种"专烧熟人""穿上马甲的传销"等。其法律问题在电商法实施后能得到改观。相对线下产品,微商产品问题更棘手。它体现为"四高",即抽查不合格率高,假冒伪劣比例高,质量安全风险高,消费者投诉率高。海淘用户们由早期最关注性价比,现在也显著关注产品质量。微商产品质量的问题已经引起很多学者的关注,但研究其改善的却很少。(4)微商的研究理论。目前常见微商研究理论有 SWOT 分析、O2O 模式、

碎片化思维等,关系嵌入理论虽然进入微商研究视野稍晚,但它更值得重点关注。Granovetter 认为经济行为的社会化程度有低度与过度社会化两类,其经典框架包括关系嵌入。关系嵌入聚焦于双向连接,主要维度衡量为互动率、感情强度、亲密度和互惠互利。关系嵌入强调直接联系,获取的是基于亲密关系带来的优质精确信息。微信朋友圈的强连接互动手段多样,互动层次深,且经常化。在熟人圈子经营微商,利用强连带的信任度削减了朋友对商品质量的关注,但却加剧了微商的产品质量问题。综上所述,微商作为一种全新的网络营销模式,能实现分享经济,促进经济大力发展,但它暴露出的产品质量问题很值得重视。所以本文将以关系嵌入为研究理论,来探讨高职学生 C2C 微商因产品质量改善带来的创业质量提升。

(二)高职创业教育"课程思政"

2016 年 12 月,习近平总书记在全国高校思想政治工作会议上强调,要坚持把"立德树人"作为高校工作的中心环节,发挥课程教学的主渠道作用。从思政课程到课程思政,将教育实践中的价值引领和知识传授、智育与德育、认知与行为统合起来,从"思政教育"的"内核"出发,用价值引领的"魂"贯穿思想政治理论课、通识课和专业课各类课程,充分发挥课堂主阵地、主渠道作用,通过显性教育和隐性教育相融通,实现知识传授与价值引领并重。这是高校思想政治工作因事而化、因时而进、因势而新的体现,是对"满足人的需要"这一现代思想政治教育逻辑起点的回归。"课程思政"实质是一种课程观,不是增开一门课,也不是增设一项活动,而是将高校思想政治教育融入课程教学和改革的各环节、各方面,实现立德树人、润物无声。高职创业人才的培养目标是培养具有创业意识和能力的高素质技术技能人才。其培养规格是学生具有创新意识、创新思维,养成创新人格,锻炼创新能力;使学生具备必要的创业知识和技能,通过训练其市场开发和经营能力,锻炼培养其创业心智,并努力使其具备企业家的综合素质,实现自主创业或岗位创业。高职"课程思政"的主要目的是教育引导学生理解掌握党的路线方针政策、提升品德素质、遵纪守法,规范学生日常行为,形成正确的世界观、人生观和价值观。由此可见,由于微商已是高职生创业的主要方式,高职院校通过创业教育"课程思政",有助于解决学生微商创业中的法律、质量和诚信等问题。所以,探索高职创业教育"课程思政"路径很有必要。

(三)TRIZ

TRIZ 是俄文 Teoriya Resheniyva Izobretatel'skikh Zadatch 的英译首字母缩写,即"发明问题解决理论"(中文译为"萃思"或"萃智"),是苏联发明家 Genrich Altshuller 等对大量专利的总结分析得来的理论。它是发明创新的质性研究方法体系,是基于知识系统原理的问题发明解决方法,是一种能有效描述新技术、新系统发展的方法体系。传统 TRIZ 理论包括技术演变的 8 个模式、40 条发明原理、39 个技术参数、冲突矩阵等。TRIZ 理论已经在工程技术领域取得了突飞猛进的发展,同样适用于商业管理领域。它的技术及独特思维,将为商业管理提供高效能的结构化问题解决过程。它也是一种系统化的创新方法,能让使用者透过系统、规则的方式,精准地发现创新过程中可能碰到的各种问题,同时发现改善前后的冲突关系。其中的根源冲突分析(RCA+)是一种结构化和系统化的问题处理方法,是 TRIZ 理论中的重要分析方法。但 TRIZ 较为复杂,它需要与其他专业理论结合使用才能取得极好的创新效果。

因此,鉴于 TRIZ 有系统化创新的优势,本文将以浙江 G 职院为例,在关系嵌入理论下,以 TRIZ 理论作为主要研究方法并配以定量分析,来探究高职学生 C2C 微商产品质量改善和高职创业教育"课程思政"的路径。

二、高职学生微商产品质量的改善探究

本文的研究数据来源于项目组成员所在的浙江 G 职院学生中的 350 名学生微商创业者和 50 名微商顾客(他们只是纯消费者,因为很多微商店主同时也兼具微商顾客身份)网络调研,同时在微商店主中选取了 50 名学生进行了深度访谈。访谈对象中有 35 人为微商达人,其余则为微商创业成效不理想者。调研内容主要涉及在微商创业和消费中的各种质量问题及其原因等。调研对象涉及行业包括美妆、针织、母婴、大健康和农特行业等,基本代表我国微商行业缩影。本文以下内容是根据以上调研相关数据进行的后续研究。

(一)运用 TRIZ 质性研究,找到创新解决方案

1.根源冲突分析

本项目针对高职学生微商创业的产品质量问题,采用根源冲突分析,逐层

找出其因果关系和冲突情况,分析结果如图1所示。

从图1可以看出,造成高职学生微商产品质量问题的直接原因主要有两种可能:产品质量无保障和难保障。前者的直接原因在于三无产品和假冒伪劣产品泛滥,其直接原因又来自微商平台的监管不足,让从业者鱼龙混杂;店主有盈利压力或无职业操守或店主产品质量把控不严。然后再逐层深入推导下去就可找到根本原因。产品质量难保障也可同理推导。高职学生微商创业的产品质量问题通过根源冲突分析后,可以找到产生各问题之间的因果关系,最后得出其根本原因在于店主产品质量观点严重失当和店主把控产品质量综合素质能力不高。图中不可逆转的微商监管平台的宏观问题,在电商法实施后将会逐步得到有效解决。所以本文的关注焦点是从高职学生微商创业者自身和创业教育角度来解决产品质量问题。

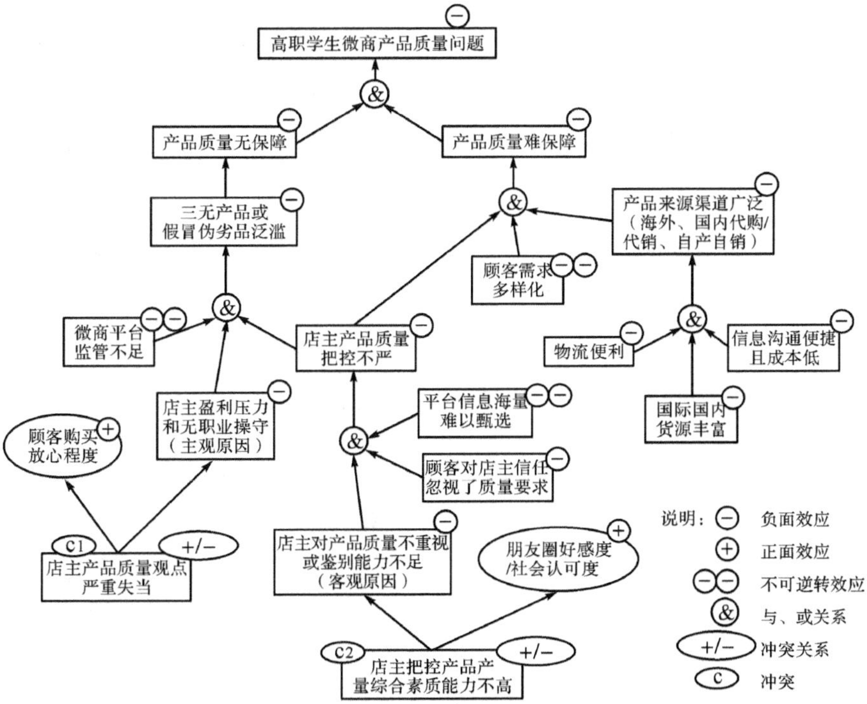

图1　高职学生微商创业的产品质量问题的根源冲突分析(RCA+)

2.冲突分析

因为某一原因所造成的结果同时兼具负面性和正面性,就形成了冲突。由根源冲突分析看,本项目已经找出了两个冲突 C1 和 C2,见图1中左下角的粗线框的内容标识。(1)冲突 C1 分析。从图1中可看出,由于店主的产品质量观点严重失当的原因,将产生顾客购买放心程度和店主的盈利压力和无职业操守之间的一对冲突。如果高职学生微商创业者的质量价值观合法合规,将增加顾客购买放心度(正面效应),同时它也将带来店主在改变无职业操守的情况下,增加盈利压力,即阻断了靠三无产品和假冒伪劣产品的挣钱财路(负面效应)。(2)冲突C2分析。从图1中也可看出,由于店主的把控质量综合素质能力不高的原因,将产生朋友好感度或社会认可度,与店主对产品质量不重视或鉴别能力不足之间的一对冲突。若高职学生微商创业者要提升朋友好感度与社会认可度(正面效应),同时也增加他们对产品质量的重视和提升产品质量的鉴别能力,店主就必须为此付出时间和精力,带来了学习的压力(负面效应)。下面将用商业管理的冲突矩阵来寻找解决办法。

3.由商业管理冲突矩阵,找到适用发明原理来解决冲突

商业管理参数是在Altshuller开发的40个发明原理基础上的扩展版本,后来被用于解决商业管理问题。冲突C1中的正面性改善结果为顾客购买放心程度(购买放心度)对应的改善参数是商业管理参数29客户压力;负面性结果为无职业操守而带来盈利的压力(盈利性)的恶化参数对应商业管理参数1活动效用;冲突C2中的正面性改善结果为好感度、认可度对应商业管理参数18外部风险;负面性结果为增加产品服务质量学习时间(学习成本)对应商业管理参数4活动时间。下面将冲突C1和C2对照商业管理冲突矩阵表,可找到解决它们的适用对应发明原理,如表1的管理冲突矩阵表所示。其中冲突C1和C2后的对应数字分别对应40个发明原理的不同代码编号。

表1 管理冲突矩阵表(部分)

恶化参数(一) 改善参数(十)	1 活动效用 (盈利性)	4 活动时间 (学习成本)
18 外部风险(好感度、认可度)	—	冲突 C2:31,37,40,27
29 客户压力(购买放心度)	冲突 C1:11,39,24,27	—

备注:管理冲突矩阵表只选取了冲突C1、C2的对应部分。

4.由发明原理创新解决方案

由表1中两个冲突的对应发明原理代码,将分别产生如表2所示的高职学生微商产品质量改善解决方案表。

5.创新解决方案的整合

本项目通过管理冲突矩阵,由对应发明原理可以产生丰富的创新改善方案。由于方案之间存在相似或相关性,可将其进行整合。如发明原理11事先补偿/预防产生方案中"确保产品质量,稳定货源,与供应商签订长期合约"与发明原理39钝性(惰性)环境产生方案中"与产品质量信得过的本地知名不高的供应商合作"、发明原理31孔洞和网络产生方案中"多与有良好产品质量信誉的本地不知名的生产商或供应商合作",可以合并为"与质量信誉良好的本地知名度不高的供应商长期合作"。上述所有方案经过整合简化后,还余15项。

表2　由发明原理产生的高职学生微商产品质量改善解决方案表

序　号	发明原理编号及名称	创新解决方案
1	11事先补偿/预防	1.确保产品质量,稳定货源,与供应商签订长期合约 2.建立退款制度,防止恶意退货 3.增加消费知情权,减少顾客疑惑投诉
2	39钝性(惰性)环境	1.经营不易变质的产品,如衣物、小饰品等 2.经营保质期长的产品 3.改变经营区域范围,将海淘改内销 4.与产品质量信得过的本地知名不高的供应商合作
3	24中介物或媒介	1.多举办一些质量主题活动 2.让第三方调解质量纠纷 3.在产品包装和运输过程中,多采用隔层或中介物,减少产品变形、变质等
4	27廉价与短期	1.经营价格不太高的产品,减少质量投诉必要性 2.经营使用周期短的产品 3.使用编界、小年糕、抖音等无成本或低成本软件平台,制作宣传公告
5	31孔洞和网络	1.多与产品质量信誉良好的本地不知名的生产商或供应商合作 2.多接触不同网络社交群体,增加顾客群或优质供应商
6	37相对变化	1.通过讲座、模拟、在线学习、教学影片等方式,进行质量相关的培训 2.将个人经营改为公司经营模式 3.根据顾客反映意见,采购新产品、开发新产品与服务 4.增加对产品质量的学习时间和质量把控的环节
7	40组合结构	1.将个人经营改为团队经营,团队成员具有异质互补性 2.使用富媒体传播(如视频,包含文字、图片和声音等)信息,增加产品感染力 3.开展线上线下互动营销,鼓励顾客多体验,多分享

（二）采用定量分析，进行方案比较

对于高职微商创业者而言，如要完全采纳以上方案，不合实情。本文将采用定量分析，对方案进行逐步筛选，找出更适宜有效的改善方案。如衡量一个方案对高职学生微商创业成功的影响程度，可采用创业绩效的 QQCT 模型，即质量（Quantity）、数量（Quality）、成本（Cost）和时限（Time）。前三者可合并为方案的有效性，时限则为时效性。本文将分别从这两个维度来进行比较。

1. 方案的有效性比较

多指标决策是指在同时考虑多个互相排斥且不可替代指标的情况下，对有限个备选方案进行排序和选择。下面将用它来对改善方案进行有效性比较。①指标选择。本项目共简化出 5 个有效性指标来衡量高职微商创业的经营效果，指标尽量符合 SMART 原则。它们分别为质量投诉减少 10%（质量）、营业额增加 5%（盈利性）、成本增加不超过 10%（成本），考虑到高职学生微商创业的特殊性，增加了两项指标：不需改变营销平台（环境适应）和提升朋友圈好感度（管理创新）。②指标权重设定。考虑到各指标对高职微商创业在经营效果上的重要性差异，分别给予相应的权重分值。为方便计算，取 0—10 分的整数分值为来区分，本项目分别设定五个指标的权重分值为质量 10 分、盈利性 9 分、环境适应 7 分、成本 5 分和管理创新 3 分。③相关性。相关性强弱有 3 个情况，方案的执行可能带来指标的不同改善，正相关（1），反之为负相关（-1），无影响则为无关（0）。所有方案按照以上要求，得出其在有效性比较中的得分和排名，如表 3 高职学生微商产品质量创新改善方案的有效性比较表所示。

表 3　高职学生微商产品质量创新改善方案的有效性比较表

方案编号	创新解决方案	指标及权重（分值）					得　分	排　名
		质　量	盈利性	环境适应	成　本	管理创新		
		10	9	7	5	3		
S1	与质量信誉良好的本地知名度不高的供应商长期合作	1	1	1	1	1	34	1
S2	建立退款制度，防止恶意退货	0	1	1	-1	1	14	11
S3	增加消费知情权，减少顾客疑惑和投诉	1	0	1	-1	1	15	9

续　表

方案编号	创新解决方案	指标及权重(分值)					得　分	排　名
		质　量	盈利性	环境适应	成　本	管理创新		
		10	9	7	5	3		
S4	经营的产品保质期长或不易变质,减少投诉	1	1	1	1	0	31	2
S5	改变经营区域范围,将海淘改内销	1	−1	1	1	1	16	8
S6	多举办质量主题活动	0	1	1	−1	1	14	11
S7	让第三方调解质量纠纷	1	0	1	−1	1	15	9
S8	在产品包装和运输过程中,采用隔层或中介物保护	1	−1	1	−1	1	6	13
S9	经营价格不太高的产品,减少质量投诉必要性	1	−1	0	1	0	6	13
S10	使用无或低成本软件平台,制作富媒体类质量宣传	1	1	1	−1	1	24	4
S11	多接触社交群体,增加顾客群或优质供应商	1	1	1	−1	1	24	4
S12	增加各种质量相关的渠道学习和质量把控的环节	1	1	1	0	1	29	3
S13	将个人经营改为团队或公司经营模式	1	1	1	−1	1	24	4
S14	根据顾客反映意见,采购新产品或增加新服务	0	0	1	−1	1	5	15
S15	开展线上线下互动营销,鼓励顾客多体验与分享	1	1	1	−1	1	24	4

备注:方案的有效性得分和排名是根据多指标决策的计算结果而定。

2.方案的时效性比较

每个方案不应只考虑有效性,还必须考虑到每个方案在见效上的所需时间。方案预计实施见效所需要的时间不一致,对经营效果的时效性影响不同。现对时效性以周、月为区分,所需时间越短,则方案见效时间越快。所有方案的时效,按照方案编号对应分别为 S7 和 S15 对应 1 周(0.25 月),S10 和 S12 对应 2 周(即 0.5 月),S4 对应 3 周(即 0.75 月),S1、S2、S3、S6、S8、S9、S11、S13 和 S14 对应 1 月、S5 对应 2 月,S4 对应 3 月。

3.方案的综合性比较

方案综合性是指同时考虑方案的创业绩效有效性和时效性。下面以方案的有效性得分为纵轴、以方案预计实施有效时间为横轴,绘出高职学生微商创业的产品质量创新改善方案的综合比较矩阵图,见下图2所示。图2中方案越靠近矩阵的左上角部分,即表示方案的有效性评分越高和预计施行见效时间越短,如S1、S12和S13等。在左上角部分的方案有效性和时效性兼具优势,右上角方案则只有有效性优势,左下角则只有时效性优势。限于解决方案的时效并非立即急迫性,因此,较佳方案的排序以总分分数高低为主,时间仅为辅助参考。

(三)创新改善方案的选择

所有方案在经过综合性比较后,图2左上角的S1、S12、S15、S10、S11和S13兼具有效性和时效性的优势,将作为高职学生微商产品质量的创新改善的最终选择方案,见下表4所示,此六项解决方案属于相对满意方案。

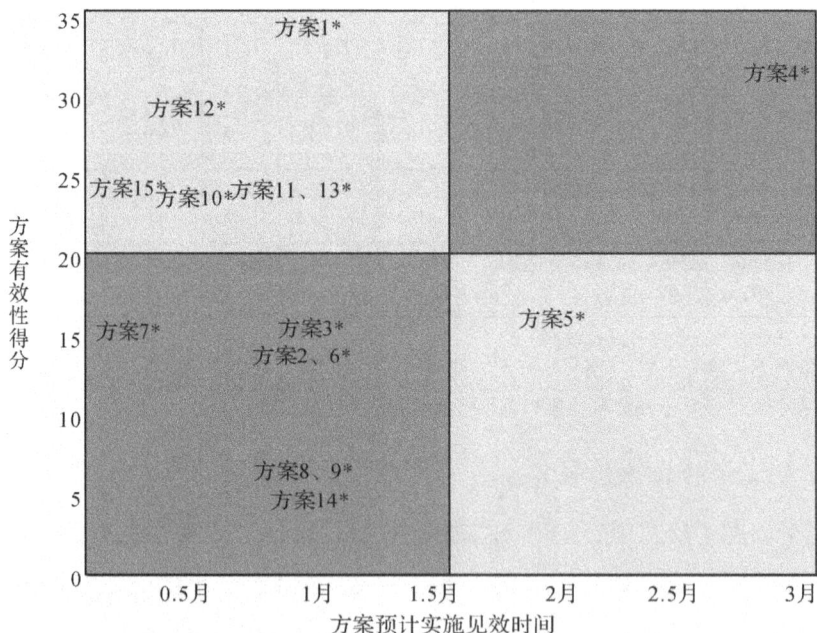

图2　高职学生微商创业的产品质量创新改善方案的综合比较矩阵图

说明:1.图中方案 * 的横坐标位置对应该方案的时效性,纵坐标为该方案的有效性;

2.两个并列的方案则是它们的时效性和有效性相同。

表 4　高职学生微商产品质量的创新改善方案

序　号	相对满意的创新解决方案
1	S1 与质量信誉良好的本地知名度不高的供应商长期合作
2	S12 增加各种渠道进行质量相关的学习和质量把控环节
3	S15 开展线上线下互动营销，鼓励顾客多体验与分享
4	S10 使用无或低成本软件平台，制作富媒体类质量宣传材料
5	S11 多接触社交群体，增加顾客群或优质供应商
6	S13 将个人经营改为团队或公司经营模式

　　方案 S1 在总体指标上最满意。即严格保障产品品质，产品定位差异化。高职学生微商创业的产品质量若要有保障，必须要有正确的产品质量观念。产品质量先要从货源抓起，在商品甄选上就做到产品是国内国际正品，或地方珍品；但产品选择要区别于 B2C 或纯电商，最好差异化。高职微商创业者若选择与质量信誉良好的本地知名度不高的供应商长期合作，不但产品品质有保障且增加成本不多。它既能为微商创业者带来良好的经营效果，同时也宣传了国内或省内的特色产品。这对当地制造业的升级、农特产品的销售、促进区域经济发展有积极推动作用，也和国家大力推动产业升级、发展农村电商、打造特色小镇的政策方向一致。地方政府也可适当引导和强化其合作关系。S12 高职学生微商创业者要通过各种渠道，快速提升自身把控质量综合能力素质。高职微商经营区别于 B2C 或普通电商，一般没有经营团队，所以只能自己学习产品服务质量等方面的重要知识和关键技能。S15 和 S11 充分体现了微商的社群营销特点。微商是朋友圈的共享经济、嵌入式的体验营销。朋友圈的生意需要为顾客营造出线上线下的友人或亲人般的友爱消费环境，体现强黏性的"友品"营销。体验营销、口碑营销是巩固微商与朋友兼顾客的强粘性关系的有效方式。创业者在巩固顾客忠诚度、保持"友品"营销的基础上，多接触不同社群，扩大顾客群。高校学生微商创业通常采用低成本的运作模式。S10 高校微商创业者可以采用无成本或低成本软件平台，诸如火山、抖音、编界、小年糕等易学好用的制作平台或 App，制作出形式多样、信息丰富、宣传效果好且成本低的富媒体类质量宣传材料。微商已度过了初期的野蛮成长期，现正逐步规范化，纳入政府管理、公众监督的市场经济管理范畴。S13 正是在电商法实施下高校学生微商创业的海淘、代购的转型之路。将个人经营改为团队或公司经营模式，利用团队

成员互补优势,走规范经营之路,建立健全质量管理体系,提升用户信任度。

高职学生微商产品质量的创新改善方案的实证结果和改善策略。项目小组针对上述改善方案,再次对浙江 G 职院的 50 名微商创业者的访谈对象进行回访,调查证实 35 名微商达人们在前五项方案中都做得很成功,目前有些微商学生正在进行团队或公司经营模式的转型。经营不成功的微商创业学生在 S1 和 S2 上都有些不足,或在经营技巧上存在或多或少的缺陷。因此,高职学生微商产品质量的改善策略可概括为:严格保障产品品质、快速提升把控质量综合能力素质、巩固与顾客线上线下的强粘性关系、利用低成本方式进行质量宣传、增加优质供应商来源和走规范化经营之路。

三、高职院校创业教育"课程思政"改善的实施路径

上述高职学生微商创业质量的改善策略是从创业者的角度,针对产品质量的系统创新改善。但如果从"做生意成功其实是做人的成功""立德树人""教书育人"的高职教育的角度,针对在校高职生的创业教育,以浙江 G 职院为例,则可引申出高职创业教育"课程思政"改善的实施路径。

(一)提升创业师资队伍"课程思政"的综合素质

创业课程教师是创业教育"课程思政"建设的关键实施者。传道者自己首先要明道、信道。高职院校要坚持教育者先受教育,努力成为先进思想文化的传播者、党执政的坚定支持者和学校商帮精神文化的传承者,才能更好地担任学生健康成长的指导者和引路人。浙江 G 职院校的创业教师构成一般分为校内教师和校外专家。

1. 强化校内创业师资的"课程思政"意识,传承宁波商帮和工商精神,提高思政教学水平

首先,加强校内创业课程教师的"课程思政"培训。学校通过开展"课程思政"的专题讲座与研讨、精品课观摩等活动,如"商帮文化大讲堂",强化教师在创业课程中主动探究思政元素,将创业知识、技能和素养与社会主义核心价值体系、学校的校训和工商精神的"爱国爱校、矢志不渝的教育情怀,艰苦创业、开拓创新的精神追求和尊师重教、师生为本的办学宗旨"相结合,增强教师从教学

理论角度把控"课程思政"的实践路线,做到课程目标、课程活动、教学情境和教学反馈与评价的一致性。其次,鼓励校内教师外出参加社会各界组织的"课程思政"的学习交流,参加重走"百年工商路""红色文化之旅"活动等,开拓思政眼界,结合地方和学校的思政特色,强化教师的育德意识,努力提高思政教学能力和水平。

2.聘请校外思政企业家、政策专家作为创业导师或兼职教师

浙江G职院校可根据课程教学需要,聘请德高望重成功人士来校开展讲座或做创业导师,让他们对学生起到德育榜样作用。学校定期或不定期邀请政策专家和宁波商帮的优秀企业家来校进行创业方面相关法律法规和商帮文化与精神传承宣导。校外优秀创业思政行家的加入将整体提升高职创业师资的思政教学水平。

高职创业教育"课程思政"应充分体现每一位创业教师的育人责任、每一门相关课程的育人功能,改变教师"只教书不育德"的现象。

(二)树立高职创业教育的正确育人观

1.坚持"立德树人",牢固把握社会主义核心价值观的正确方向

党的十九大首次明确将"社会主义核心价值观"与培育"时代新人"紧密结合在一起。高职创业"课程思政"就是要"立德树人""以文化人",建设社会主义精神文明,培育和践行社会主义核心价值观。高职创业课程必须坚持"立德树人",引导学生牢固把握社会主义核心价值观的正确方向,有效推进社会主义核心价值观的弘扬与践行。

(1)端正高职学生创业意识,树立正确的创业观。创业财富要取之有道,高职学生从事微商不能因为存在盈利压力而将产品以次充好或发布虚假信息和"专烧熟人"。高职创业"课程思政"要培养学生不惧艰险,审时度势,在创业过程中体会社会主义核心价值观的荣誉感和使命感,端正创业意识;培养他们符合社会主义核心价值观要求的创业观。

(2)培养高职学生良好的创业素质。创业成功是一个复杂而艰辛的过程。在多元化价值观的影响下,很多创业者社会责任淡漠,急功近利,为达到成功铤而走险。高职学生创业,只有诚实劳动、合法经营,才能被社会认可。违法经营既严重影响他们的形象,又破坏正常的市场秩序。所以高职创业教育"课程思

政"需要培养学生符合社会主义核心价值观要求的吃苦抗压、勇敢顽强、合法守规的良好创业素质。

（3）突出"以人的发展"为根本目的。在人的全面发展中，思想道德素质是核心和灵魂。社会主义核心价值观为创业人才的培育奠基了科学的价值导向，明确了创业人才的基本道德规范。高职创业课程应把社会主义核心价值体系纳入创业素质培养中，从道德、认知、心理等多个层面，全面提升学生政治思想素质。

2. 树立高职微商创业的"三品"经营理念

在社会主义核心价值观的要求下，微商创业需传承宁波商帮和工商精神，树立"三品"经营理念。浙江G职院校教育学生需立德从商。高职学生微商产品质量及创业绩效的改善，从根本而言应回归到创业者的经营观。微商创业者必须树立"三品"经营观。"三品"即为人品、产品和友品。首先是"诚实守法"的人品观，高职微商创业者应是诚实守信、依法守规的人，挣钱要取之有道。其次是产品观，产品要为"正品、真品"或地方"珍品"，最好和B2B差异化。最后因微商是做朋友圈的生意，要有"友品"。朋友圈生意要充满友爱和亲情，经营者要不断巩固朋友兼顾客的强粘性关系。高职学生微商创业只有真正做到"三品"经营，才可快速改善产品质量，改善经营效果，提升创业质量，改变微商的负面形象。

（三）构建"一核心三平台六模块"的"课程思政"的课程体系

做好创业教育"课程思政"的顶层设计，需要设计好创业课程体系。浙江G职院在以高职创业教育课程思政培养目标为核心的前提下，构建了创业基础教学、创业模拟实训、创业综合实战三个平台，各平台对应两个模块内容的"一核心三平台六模块"的创业"课程思政"的课程体系，如图3所示。该课程体系的"课程思政"要求如下。

1. 创业基础教学平台——做好"四个结合"

此平台包括创业基础和专业的知识模块。创业基础知识模块包括创业学院开设的一系列公共平台课程，如公共必修课"创业基础""职业生涯规划""宁波商帮""地方经济模块"等，各分院开设的"解读商帮""团队管理"等选修课程。创业专业知识模块包括"小企业创办""基础会计"等课程；特别增设了互联网＋

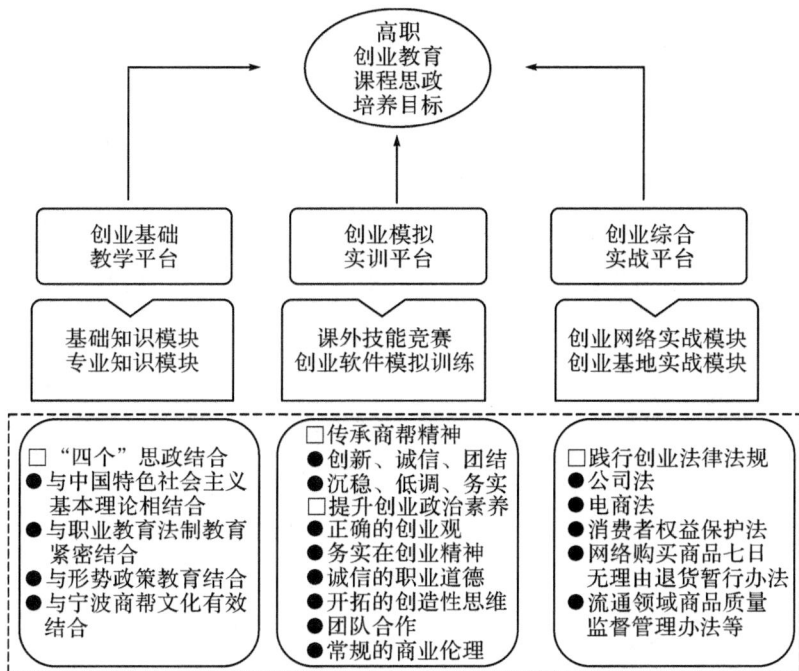

图3　"一核心三平台六模块"的创业思政的课程体系

的选修课,如"互联网创业""新媒体营销"等和一些社会优质网络课程。

创业基础教学平台的"课程思政"要做好以下"四个结合",具体如下所示。

(1)与中国特色社会主义基本理论相结合。良好的思想道德素质是高职学生创业必备的最基本条件。创业基础课程中导入社会主义核心价值观,有助于增强创业的实效性。中国特色社会主义基本理论教育有助于培养高职学生分析问题、解决问题的能力,提升辩证思维,有助于塑造良好的创业品质和心理,对他们未来创业成功大有裨益。

(2)与职业教育法制教育紧密结合。在法治中国,创业和就业都离不开法律意识和法律思维,它们是职业素质的必备要素。如"创业基础"中植入《公司法》《消费者权益保障法》等,"职业生涯规划"中植入《劳动法》《劳动合同法》等,"基础会计"中植入《会计法》已经成为课程思政的必要内容。高职创业学生必须具备良好的职业修养和法律素质,只有真正做到知法懂法守法护法,在保障自身合法权益时,才能不损害他人和社会利益。

(3)与形势政策教育结合。借助形势政策的思政元素,如创业课程中导入"学习强国"的相关内容,将有助于增强创业教育的时效性。国家和地区先后出台若干关于鼓励大学生创新创业的政策法规和地方文件,作为创业课程教师,要及时把握这些文件政策的精神,及时宣传和教导给学生。在加强形势政策教育的同时鼓励学生去创新创业,引导他们将个人理想与国家和地方政策、个人价值与社会价值紧密结合。

(4)与本地宁波商帮文化等有效结合。宁波商帮是中国传统"十大商帮"之一,它在推动中国工商业近代化、民族工商业的发展中做出了重要贡献。弘扬与传承"宁波商帮"的创新、诚信、团结、沉稳、低调与务实精神,是"传承宁波商帮精神,培育现代商帮人才"的浙江G职创业课程教师义不容辞的教育使命。浙江G职是一所有着百年历史的商业老校。学校的创业教育必然要传承和发扬百年商贸教育的"爱国爱校、矢志不渝的教育情怀,艰苦创业、开拓创新的精神追求"等。浙江G职的创业教育同时对接地方经济和产业发展需求,以培养符合地方和社会经济发展的现代化商业人才。

2.创业模拟实践平台——传承商帮精神,提升创业素养

此平台包括课外技能竞赛和创业软件的模拟训练。课外技能竞赛主要对应第二课堂(公共素养与技能,如论坛、讲座、志愿活动等)与第三课堂(各学科对应的专业技能竞赛)。缺乏社会情怀与责任感是很多高职学生创业难以成功的重要因素。浙江G职院开展了"老字号走进高校"等系列讲座活动。宁波老字号是宁波商帮文化发展的重要见证,如东福园、赵大有、缸鸭狗等。学校邀请宁波老字号协会会长、宁波东福园餐饮管理有限公司的掌门人张空来校做专题讲座"宁波商帮与老字号",让师生领略百年老字号东福园深厚的文化底蕴,感受百年老字号的企业家精神和社会情怀。浙江G职院创业软件的模拟训练主要有"创业之星""ERP沙盘模拟""跨专业综合实训"等,它们可强化高职学生正确的创业观、务实的创业精神、诚信的职业道德、开拓的创造性思维、团队合作与商业伦理。创业模拟实践平台的思政教学有助于弘扬宁波商帮精神和非遗文化,提升学生创业政治素养和综合素质。

3.创业综合实战平台——践行创业相关法律法规

此平台包括创业网络和创业基地的实战模块。创业网络实战模块的主要布局在浙江G职院求真楼三楼的电商创业工作室、图书馆三楼的创客中心、博学楼四五楼的众创空间,各分院内还备有一些专业工作室。创业基地实战模块

主要对应浙江 G 职院宁波江北校区的电商创业园区,主要为跨境电商创业。浙江 G 职院学生的创业项目都是属于微创业类,绝大部分都是微商创业。这些综合性的创业训练,让学生熟知并践行各自创业项目所属行业领域的相关法律法规。如跨境电商创业训练中,加入《公司法》《电商法》《消费者权益保护法》等。高职创业学生必须具备良好的职业修养和法律素质,诚信守法经营,才能保证自己的创业合法合规和可持续经营。

通过将社会主义核心价值观植入创业知识、技能和综合素质教育的全过程,通过将法律法规体系植入学习,融入宁波传统商业文化的传承与发展,筑牢学生实践养成的根基,让其弘扬与践行落在细节与实处。

(四)强化课程管理并将思政效果作为重要监测点

高职创业教育"课程思政"建设的基础在"课程",切实强化课程建设管理是根本。这要求高职院校在创业教学建设、运行和评价等管理环节中将育德理念落到实处。浙江 G 职院校在人才培养方案、教学大纲等重要教学文件的审定中要考量"知识传授、能力提升和道德品行"同步提升的实现度;在课程评价标准(学生评教、督导评课、同行听课)的制定中设置思政效果重要监测点。

(五)营造创业育德育人好环境

浙江 G 职院非常重视创业的育德环境建设。其主要体现在以下方面:一是重视创业氛围的影响作用。学校电商创业工作室、创客中心、众创空间的环境设计均别具特色,充分体现了社会主义核心价值观、鲜明的宁波商帮文化,将创业创新和传承商帮文化提升到为社会创造财富,鼓励创新和崇尚创业。二是重视创业活动的引导作用。浙江 G 职院改变以往创业模拟实践只重视学生创业能力的培养和比赛名次的获取等;创客中心和众创空间的重点放在了硬件的提供、创业咨询指导和创业资金提供等。目前浙江 G 职院已经高度重视德育教育,大力宣传德才兼备的创业成功校友的案例,协调和利用各类校内外资源,开展创业德育主题活动,举办和参与创业赛事活动等。三是重视创业挫折,积极干预和宽容失败。创业挫折相比创业成功更容易影响高职学生创业德育观念,且多数是消极和负面的,甚至会造成创业终止。浙江 G 职院创业导师时时关注学生的创业动态,及时引导和干预学生的创业挫折,重视对学生创业综合素质的锤炼。另外,政府和社会也应形成鼓励创业、尊重创业、宽容失败的社会新风尚。

由此可见,本文以浙江 G 职院为例,从系统的角度,创新性地探索出高职学生微商创业如何通过产品质量的改善来提升创业质量,并由此引申到高职创业教育的"课程思政"改善的实施路径。高职微商创业质量及创业教育"课程思政"的改善不但与高职的创业者和教育者转变观念、提升技能等有关,还与政府和社会各组织共同营造良性的创业经营环境密切相关。

参考文献

[1] 2016—2020 年中国微商行业全景调研与发展战略研究[EB/OL].[2018-8-20]. http://www. wswsws. net/zhengce/2016/1230/3253. html.

[2] 2017 年中国微商行业研究报告[EB/OL].[2018-10-15]. http://report. iresearch. cn/report/201705/2985. shtml.

[3] 俞华.我国微商新业态发展现状、趋势与对策[J].中国流通经济,2016(12):47-56.

[4] 李芳.微信营销优势浅析[J].全国商情(经济理论研究),2014(18):17-18.

[5] 魏琳琳.服装微信营销的几点探讨[J].辽宁丝绸,2014(4):42-43.

[6] 鲁常海.微商营销法律规制研究[D].沈阳:沈阳师范大学,2018:17,37.

[7] 董婉歆.微商困局原因探析及对策[J].市场周刊(理论研究),2018(1):83-85.

[8] 艾媒咨询:《2018—2019 中国跨境电商市场研究报告》.[EB/OL].[2018-10-20]. http://www. 100ec. cn/detail--6501317. html.

[9] 贺松兰,张增勇,曾云翔.互联网背景下电商产品质量监管法律机制探析[J].价格月刊,2017(10):86-89.

[10] 刘迎春.以 O2O 模式来突破微商的发展瓶颈的探索[J].价值工程,2015(28):71-72.

[11] GRANOVETTER M. Economic action and social structure:the problem ofembeddedness [J]. American Journal of Sociology. 1985,91(3):481-510.

[12] 黄晓治,梁敏华,刘得格.参与强度与顾客体验间的调节机制研究——基于集体参与视角[J].商业经济与管理,2018(9):76-85.

[13] 王兴芬,杜惠英.基于买家评论文本分析的 C2C 电子商务推荐信任研究[J].中国流通经济,2018(11):22-30.

[14] 习近平在全国高校思想政治工作会议上强调:把思想政治工作贯穿教育教学全过程 开创我国高等教育事业发展新局面[N].人民日报,2016-12-09(1).

[15] 董勇.论从思政课程到课程思政的价值内涵[J].思想政治教育研究.2018(5):90-92.

［16］高德毅,宗爱东.从思政课程到课程思政:从战略高度构建高校思想政治教育课程体系
　　　［J］.中国高等教育,2017(1):43-46.

［17］丁伟.课程思政视角下的创新创业教育课程建设［J］.东华大学学报(社会科学版),2018
　　　(4):242-246.

［18］张东生,张亚强.基于 TRIZ 管理创新方法［M］.北京:机械工业出版社,2015:45,
　　　89-91.

［19］ALSTSHULLER G S. Tk Innovation Algorithm［M］. New York:Technique Innovation
　　　Ctr,1999:76-77.

［20］邵云飞,王思梦,詹坤.TRIZ 理论集成与应用研究综述［J］.电子科技大学学报(社科
　　　版),2018(2):1-10.

［21］SOUCHKOV V. Application of Root Conflict Analysis (RCA＋) to formulate inventive
　　　problems in the maritime industry［J］.Scientific Journals of the Maritime University of
　　　Szczecin,2017,51 (123): 9-17.

［22］40 Inventive Principles for Business［EB/OL］.［2018-11-3］.https://triz-journal.com/
　　　40-inventive-business-principles-examples/.

［23］任静.提高多指标决策客观性的赋权方法［J］.管理评论,2012(5):160-169.

［24］王胜利.试论创新创业为重要载体的高职院校思想政治理论课教学改革［J］.思想理论
　　　教育导刊,2017(3):132-135.

［25］韩震,王临霞.以社会主义核心价值观培育时代新人的历史演进与现实路径［J］.东北师
　　　大学报(哲学社会科学版),2019(3):22-28.

［26］严交笋.高职院校专业课程思政的实现策略［J］.职业技术教育,2018(35):69-71.

◎"三全育人"视域下高校协同创新科研育人的模式研究

方　磊　　何军邈[①]

摘　要:科研育人能促进高校全员育人、全过程育人、全方位育人。面对科研育人远离教学、形式陈旧、设计零碎等问题,高校科研育人工作需要运用协同创新的思维,本着"全员性、全过程、全方位"的原则,更新育人理念,创建以"科技讲堂"为起点,以"科研课堂"为抓手,以"科技活动"为练习,在"科研导师"的引导下,以"科技协同"为载体,在"科研市场"完成科技成果应用,实现学生科学知识学成、科学精神养成、科研素养育成、正确科学价值观树成、自信严谨科研品格形成的高校协同创新科研育人新模式。

关键词:三全育人;协同创新;科研育人模式

科研育人在高校育人实践中地位非常重要,受到教育部和各个高校的重视,各高校学习贯彻落实科研育人工作,并在不断创新相关理论和实践做法。"科研育人"成为《高校思想政治工作质量提升工程实施纲要》(教党〔2017〕62号)的"十大育人体系"之一,有其必要性和必然性。从育人工作外部而言,国家中长期发展规划早已要求高校培养高素质创新型人才,面对国际竞争的严峻挑战,时代造就了科研育人重要的战略地位;从育人工作内部而言,科研育人是我国高等教育工作目标的应有之义,也是落实高等教育培养目标重要着力点的点睛之笔。从育人思政工作角度而言,科研育人正是体现了思政教育的时代性,

---

①　方磊,浙江医药高等专科学校研究实习员;何军邈,浙江医药高等专科学校教授。

遵循了思政教育的规律性,充实了思政教育的创造性,从内容扩展、责任增强、方法创新等层面增强思政教育的时效性,增强教育方法的新颖性。从目前已有的文献看,研究内容大多以科研育人的内涵、作用、方向、途径为主。部分高校开展了关于科研育人的积极探索实践,推动科研育人工作向前发展。谢维和应用"育人是大学科研的重要任务"理念推动清华大学科研育人工作的良好发展;山东大学、西安交通大学积极实践探索科研育人的方法,如实行全员导师制,本硕联动,积极探索团队育人模式。但科研育人作为一项系统性、战略性工作,其在"三全育人"体系下的内涵、创新模式等一系列重大应用问题缺乏系统性的思考和研究,影响科研育人的实际推进。可见,探索创新科研育人的模式和机制是做好科研育人工作的重要内容,是完善"三全育人"体系的基本要求。高校科研育人工作取得了一定成绩,但在内涵、模式、考核上仍存在进一步凝练的空间。本文旨在对"三全育人"十大育人体系中"科研育人"的内涵进行梳理,分析高校科研育人中存在的问题,并从协同创新角度研究科研育人的新模式。

一、"三全育人"视域下"科研育人"的内涵

作为新时期高校重要的职责和使命,科研育人是教育的重要内容。张德江将科研育人定义为高校科研工作者帮助学生从事科研工作,形成积极的引导,以达到培养学生综合素质和创新能力的目的。陆锦冲认为科研育人就是引导学生科技创新、激励学生生产成果、提升学生动手能力、增强学生科研信心的行为导向机制、教育模式和活动体系。李炎认为科研育人就是教师指导学生实施科研活动,培养健全人格和优良品格的过程。曹威认为科研育人就是指导学生开展研究式的学习,通过科学研究获取知识、锻炼意志、造就品格。不同学者对科研育人进行了不同的诠释,但存在一个共同点,即通过引导学生从事科学研究,学习科学知识,提升自身素养,形成优良品格。不论科研育人的理论是萌发阶段还是到成熟阶段,都始终保持着这个共同点。

为避免就事论事地分析"科研育人",作为"三全育人"——全员育人、全过程育人、全方位育人的十大育人体系之一的"科研育人",要将"调动全员、设计

好全程、从科研的全方位"融入"科研育人"理论中去。我认为,"三全育人"视域下"科研育人"的内涵就是在引导学生从事科学研究前,设计好科研育人的全程模式,在从事科学研究中和后,调动全员参与传授科学知识,全方位培养学生的科学精神和素养,锻炼科学研究的坚韧意志,形成自信、严谨的科研品格。

二、高校科研育人中存在的问题

科研实力的竞争在高校竞争中一直处于核心地位,高校对科研工作的热情一定程度上掩盖了对教学的重视,这对教学形成了一定的冲击,但又避免不了科研育人自身形式陈旧和设计零碎的弊病,导致科研育人在人才培养体系中的作用越来越微弱。

(一)科研育人远离教学

教学与科研相辅相成,两者结合是高校育人工作的理想模式。然而,教学与科研的剥离是不可否认的客观存在。究其原因,一是高校教师对科研的重视远超教学,科研过程中的科研精神、科研方法、科研成果很少传授给学生。二是国家对高校科研工作的重视在科研经费和平台建设的投入力度方面得到了充分的体现,但同时也下达了严格的科研工作任务。这使高校教师在承担科研工作时,也承担了巨大的压力,对教学工作难免投入不足,导致科研的教育功能逐渐淡化,科研与教学形同陌路,这是 Clark"科研漂移"理论的具象化。事实证明,高校科研工作在迅猛发展的进程中,与教学工作产生了剥离,科研的育人功能渐渐淡出高校视野。

(二)科研育人形式陈旧

高校科研育人普遍存在形式陈旧、缺乏创新的问题。目前,为贯彻落实国家"双创教育"和"三全育人"的工作要求,各高校以讲座、竞赛、项目等形式积极推动科研育人工作,但并未真正充分激发起学生参与的意愿。如举办学术讲座,学校调动众多资源邀请领域专家为学生讲课,传播学术前沿信息,但效果不佳,原因在于学术讲座忽视了学生自身的实际需求,无法充分激发学生的主观能动性。

(三)科研育人设计零碎

部分高校对科研育人的认知理解不深入,未从学校育人的整体高度思考科研育人这一课题,对科研育人的设计多为科研、学工等职能部门自发设计,较为零碎,全局意识在科研育人工作中体现不够。如很多高校在科技创新驱动理念的指导下,培养学生在科研工作中取得了一定成果,但前端缺少基础输入,中端缺少系统训练,后端缺少应用,科研成绩始终停留在学校科研数据的增长上,并未给学生个人、学校整体、社会发展带来实质性的贡献和积极效应,学生在科研工作上的获得感和成就感不强。

三、基于"三全育人"理念的协同创新科研育人模式构建策略

针对上述科研育人现实问题,协同创新科研育人是一种既符合新常态下高校育人规律,又可落地的新型科研育人模式,具体育人模式建构如下。

(一)基于"三全育人"理念的协同创新科研育人模式建构原则

1."全员性"原则

协同创新科研育人模式育人内容结构复杂,模式衔接要求较高,需要学校内部包括教学、科研、团委、宣传、学工等部门与二级学院和学校外部协同创新体系中的其他高校、研究院所、企业的齐心协力共同参与,需要整个学校甚至整个协同创新体系形成联动,为学校的科研育人工作贡献力量。这是对以往"三全育人"中"全员性"的新解读和新延伸。

2."全过程"原则

协同创新科研育人模式的"全过程"体现在育人的"全过程"和协同创新的"全过程"。育人的"全过程"意在育人的每个环节都非常重要,前中后期都有各自的培养目标,都服务于人才培养的最终目标,需要环环相扣、做好衔接。协同创新的"全过程"是指在各个时期的协同创新体系都为科研育人提供了资源和平台,前期提供专家进行讲学,中期提供评委专家、教学场所、教学资源,后期提供导师、行业前沿知识、科研实践平台、成果转化的出口。可以说,协同创新为"全过程"提供了新活力。

3."全方位"原则

孟庆男认为,人的发展需要知识、能力、价值观,三者缺一不可。协同创新科研育人模式坚守"全方位"原则,不仅提供学生科学基础理论知识的增长,而且提供学生科研技能素养的进步,更提供科学精神的培养和正确科学价值观的树立。从校企合作的角度看,高校应根据企业需求,找准科技创新切入点,与企业寻求长期战略合作伙伴关系,强化"产—学""研—用"两个环节,可以说"全方位"原则正是强化了这两个环节的衔接。

(二)基于"三全育人"理念的协同创新科研育人模式建构

协同创新科研育人模式以"科技讲堂"为起点,在前期起到科学知识普及、科学精神培养、正确科学价值观树立的作用;以"科研课堂"为抓手,在中期激发学习主动性、提升自学研究能力,培养探索精神,并承接"科技活动"进行训练,进阶科研技能;在"科研导师"的教授和引导下,以"科技协同"为载体开展科研实践,最终在"科研市场"的平台上促成科技成果的应用,实现人才科研素养的育成和学校与协同创新体系的共同高质量发展。

1."科技讲堂"模式

"科技讲堂"模式是科研育人体系的主要抓手,是发挥科研育人功能的起点。在内容设计上主要有"科学发展历史""科技理论进展""行业前沿探索"等,在结合学校学科特色的前提下,邀请协同创新体系中的高校、研究院所、企业分别根据自身的优势,发挥普及科学通识、传授科技理论、传播科技应用的功能。这一模式主要应用于学生学习科学知识的初期,目的在于传播科学知识,使学生对科学研究有理性认识并产生兴趣,理解科学精神、科技伦理、学术道德,为以后守住科研道德和树立正确的科学价值观奠定基础。

2."科研课堂"模式

"科研课堂"模式的形式主要有研讨、翻转、融合等,在课堂下自行研习,在课堂上翻转进行师生答疑互动,围绕教学难点重点,将源自协同创新体系又与课程相关的科研成果融入教学内容,以分组研讨这一科研重要开展形式进行教学。同时,可开设"科研基础课"引导学生初步探索科研,进一步充实"科研课堂"的饱满度。优化培养方案,将科研课堂安排在协同创新体系的任何相关场所,利用协同创新体系的资源,将部分协同创新体系优势项目引入课程设置,开展实践教学,并配套以科技创新和实践能力学分比重的上浮。这一模式主要应用于学生学习科学知识的中期,目的在于通过课程与协同创新体系紧密结合内容的学习,发挥学生学习的自主性,提升自学能力、研究能力,培养学生的探索精神、科研热情。

3."科技活动"模式

"科技活动"与"第二课堂"相呼应,具体是指学生参加学校组织的一年一度的"论文写作竞赛""科研技能比拼"等科技活动,进行科研技能的训练和交流。这一模式主要应用于学生学习科学知识的中期,目的在于培养学生敢于探索质疑、勇于展现自我的科学创新精神和科研勇气。科技活动人员涉及各级教育主管部门、学校组织部门、来自协同创新体系和校内外的评委专家及指导教师、学生本人,这正是"三全育人"中"全员、全方位"的生动写照。

4."科研导师"模式

"科研导师"模式通过为每个学生安排协同创新体系中其他高校、研究院所或企业的导师,开展学术文献检索、文献综述撰写、调研方法学习、实验方法练习等科研技能的训练,参与导师科研项目,动手进行研究实践,每周固定安排学生与导师之间进行汇报交流。甚至可采用导师兼职班主任、学校企业双导师等形式,使导师更贴近学生。这一模式主要应用于学生学习科学知识的后期,目的在于通过科研实操提升学生科研能力和开阔科研视野,并在一定研究领域进行深入挖掘,开启产生科研成果的进程。一方面,不同背景的科研导师能为学生带来不同的技能知识;另一方面,学生也能为科研导师分担一部分科研工作,可实现双赢。

5."科技协同"模式

"科技协同"模式是让学生进入协同创新中心、重点实验室、科技产业园等平台学习工作,通过对接"平台导师",完成一定科研任务或借助协同创新体系孵化原创创新创业项目,并鼓励其积极对接市场。同时,设立大学生专项科研项目基金,帮助学生尽快融入科研生产活动。这一模式主要应用于学生学习科学知识的后期,目的在于在平台建设过程中,提升学生学习总结研究方法和技巧技能,提高研究创新能力,尤其是在科学研究和实际生产的过程中解决问题的能力,提高团队凝聚力。一方面,协同创新体系的各类平台需要新鲜血液,这是培养筛选科研人才的机会;另一方面,学生有了在协同创新体系各类平台学习工作的经历,对科研的认知变得更深入,对科研精神有更直观的体会。

6."科技市场"模式

"科技市场"模式具体包括"科技集市""科技应用对接洽谈会"等。"科技集市"以每月一次校内举办为主,旨在为学生的科研成果提供展示的平台,并为发掘和推介优秀的科研成果进行产业化做准备。"科技应用对接洽谈会"以每学期一次对外举办为主,旨在将优秀的学生科研成果向以协同创新体系为主的行业企业演示推介,对企业的实际需求进行收集和对接。如"科技市场"的规模达到一定程度,为进一步顺畅人才培养和企业需求的对接,可考虑建立科技企业。这一模式主要应用于学生学习科学知识的后期,目的在于为学生与行业企业之间搭建沟通平台,使教师、学生较快地了解到企业需求并调整研究方向,浸润在科技成果转化的良性循环氛围中,升华学生科技成果转化的热情。一方面,使学生科技成果走出校园,服务于协同创新体系,服务于社会发展,社会得益;另一方面,学生见证了自己所学的知识转化为生产力的过程,对自己的科研能力和科研精神进行自我确认,学生得益。

在新时期高素质应用型人才培养背景下,在科技驱动创新的国家发展背景下,在日益激烈的高等教育竞争背景下,高校需要拓宽思维,根据自身特点优势,明确自身发展方向,创新育人模式。协同创新科研育人模式充分体现了高校及其协同创新体系"三全"育人的要求,建构了联动协同创新的新型育人体系,以新颖的方式发挥了科研育人的功能,对"三全育人"视域下的高校科研育人理论进行了拓展延伸,为高校提供了一种新型科研育人理念和方案。

参考文献

[1] 中共中央,国务院.国家中长期教育改革和发展规划纲要(2010—2020年)[EB/OL].
    [2010-07-30] http://www.hprc.org.cngsglzggk/guijiajg/xiangguanwenjian/201007/
    t20100730_56482.html.

[2] 国务院.关于印发实施《国家中长期科学和 技术发展规划纲要(2006—2020年)》若干配
    套政策的通知[EB/OL].[2006-2-7] http://www.gov.cn/gongbao/content/2006/con-

tent_240246. htm.

［3］陆锦冲. 高校科研育人：内涵·方向·途径［J］. 高等农业教育，2012(9)：3-5.

［4］潘广炜，赵亚楠. 关于"科研育人"对提升研究生思想政治教育质量的思考［J］. 学校党
　　建与思想教育，2019（1）：69-71.

［5］宋喆. 科学研究对人才培养的贡献力思考［J］. 艺术百家，2013(8)：408-409.

［6］曹威. 高校科研育人的作用及发展方向探析［J］. 现代交际，2018（22)：189-190.

［7］邹文，陈茂华. 高职院校科研与人才培养融合发展探析［J］. 科技经济导刊，2019，27
　　（13)：100,131.

［8］谭红，吴男，姜云龙. 科技创新视阈下工科大学生科研育人路径研究［J］. 辽宁广播电视
　　大学学报，2018（3)：12-13.

［9］李炎. 试论高校科研育人［J］. 山西科技. 2018，33(5)：79-82,85.

［10］杨萍. 新时代高校科研育人问题与途径探析［J］. 宁波教育学院学报，2018，20(4)：
　　　27-30.

［11］程序. 研究生科研能力培养激励机制刍议［J］. 学校党建与思想教育，2018（10)：
　　　89-91.

［12］薛娇. 育人是大学科研的重要任务——访清华大学副校长谢维和教授［J］. 中国高校科
　　　技，2011(11)：11-13.

［13］张德江. 论科学研究的育人作用［J］. 中国高校科技,2012(Z1)：17-19.

［14］徐延宇. 高校教师发展：基于美国高等教育的经验［M］. 北京：教育科学出版社,2009：
　　　21-22.

［15］孟庆男. 思想政治课程与教学论［M］.北京：北京大学出版社,2011：106.

［16］胡坚达，方磊. 高职院校科技创新服务平台构建初探［J］. 才智，2013（16)：96-97.

◎现代学徒制企业师傅标准 建设路径探究①

何　勇②

摘　要:现代学徒制的企业师傅是新时代职业教育深化产教融合、校企合作、工学结合的重要保证。党和政府重视,且行业企业、职业院校和学徒都需要企业师傅参与现代学徒制。而在实践现代学徒制过程中,存在企业师傅聘任随意、师傅素质参差不齐、带徒兴趣不高、培养质量良莠不齐等问题。分析得出企业不愿深度参与、师傅带徒经验不足、师资队伍不能保持稳定、缺少带徒身份认证等原因,据此提出建立现代学徒制企业师傅制度和企业师傅资格认证标准,设立企业师傅职称等级认证标准和企业师傅培训认证基地,构建企业师傅继续教育体系和企业师傅考评激励机制,完善现代学徒制法律体系,建立专业教学标准与认证体系,探寻中国特色现代学徒制的企业师傅标准建设路径。

关键词:现代学徒制;企业师傅;资质标准;建设路径

《国家职业教育改革实施方案》(国发〔2019〕4号)指出"将标准化建设作为统领职业教育发展的突破口",加快"构建职业教育国家标准,完善教育教学相关标准"。实施教师专业标准,提升职业院校教学实践能力。职业院校试点现代学徒制是深化产教融合、校企合作,推进工学结合、知行合一的有效途径。现

---

①　浙江省教育厅一般科研项目,产教融合的酒店专业现代学徒制企业师傅教学效度研究(Y201840186)的研究成果。
②　何勇,宁波城市职业技术学院副教授、硕士。

代学徒制在全国的推广,开启了职业教育发展的新篇章。现代学徒制的顺利开展、作用的充分发挥,既需要外部环境的支持,也需要内部基础条件的支撑。其中,师资队伍是决定教育效果的关键,企业师傅在现代学徒制中占据着一半的教学时间,承担着职业技术技能实训的教学培养任务。企业师资成为现代学徒制实施的必要条件。然而,长期以来我国职业教育师资培养以关注学校专业教师为主,缺少对作为现代学徒制双主体之一的企业师傅的重视和培养。因此,如何为现代学徒制的发展提供数量充足且资质合格的企业师傅,成为当前职业教育现代学徒制发展亟须探究与解决的问题。

一、现代学徒制离不开企业师傅参与

现代学徒制是将传统的学徒训练与现代学校教育相结合的一种企业与学校合作的职业教育制度,这是到目前为止认同度比较高的一种定义。现代学徒制企业师傅是指校企合作开展现代学徒制实践的企业里专业技能强、岗位实践经验丰富、社会资源充足,由职业院校聘任,可兼任专业课、实习指导课教师的专业技术人才或管理人员。通过到现代学徒制企业实践、师傅访谈、问卷调查和文本分析得知,现代学徒制的开展各方都离不开企业师傅的参与。

(一)党和政府鼓励企业师傅参与现代学徒制人才培养

自2014年教育部推行现代学徒制试点以来,中共中央、国务院、教育部非常重视,在印发的多份文件中多次提到企业师傅,相关文件整理见表1所示。

表 1　鼓励企业师傅参与现代学徒制的政策文件

发布日期	文件名称及编号	与企业师傅相关的规定
2014 年 5 月 2 日	《关于加快发展现代职业教育的决定》(国发〔2014〕19 号)	完善企业工程技术人员、高技能人才到职业院校担任专兼职教师的相关政策,兼职教师任教情况应作为其业绩考核评价的重要内容
2014 年 8 月 25 日	《教育部关于开展现代学徒制试点工作的意见》(教职成〔2014〕9 号)	现代学徒制的教学任务必须由学校教师和企业师傅共同承担,形成双师傅制。合作企业要选拔优秀高技能人才担任师傅,明确师傅的责任和待遇,师傅承担的教学任务应纳入考核,并可享受带徒津贴

续　表

发布日期	文件名称及编号	与企业师傅相关的规定
2015 年 7 月 24 日	《人力资源社会保障部办公厅、财政部办公厅关于开展企业新型学徒制试点工作的通知》（人社厅发〔2015〕127 号）	企业选拔优秀高技能人才担任学徒的企业导师。承担带徒任务的企业导师享受导师带徒津贴，津贴标准由企业确定，津贴由企业承担
2017 年 1 月 19 日	《国家教育事业发展"十三五"规划》（国发〔2017〕4 号）	允许高校和职业学校设立一定比例的流动岗位，吸引具有创新实践经验的企业家、高科技人才及各类高级专业人才兼职任教
2017 年 12 月 25 日	《国务院办公厅关于深化产教融合的若干意见》（国办发〔2017〕95 号）	支持企业技术和管理人才到学校任教，鼓励有条件的地方探索产业教师（师傅）特设岗位计划。允许职业学校和高等学校依法依规自主聘请兼职教师和确定兼职报酬
2018 年 2 月 12 日	《职业学校校企合作促进办法》（教职成〔2018〕1 号）	开展校企合作企业中的经营管理人员、专业技术人员、高技能人才，具备职业学校相应岗位任职条件，经过职业学校认定和聘任，可担任专兼职教师，并享受相关待遇
2018 年 1 月 20 日	《关于全面深化新时代教师队伍建设改革的意见》（中发〔2018〕4 号）	建立企业经营管理者、技术能手与职业院校管理者、骨干教师相互兼职制度。大力引进行业企业一流人才，吸引具有创新实践经验的企业家、高科技人才、高技能人才等兼职任教
2018 年 3 月 28 日	《教师教育振兴行动计划（2018—2022 年）》（教师〔2018〕2 号）	允许职业学校、高等学校依法依规自主聘请兼职教师，支持有条件的地方探索产业师傅特设岗位计划。高校与企业采取双向挂职、兼职等方式，建立教师教育师资共同体，企业师傅人才库
2018 年 10 月 12 日	《人力资源社会保障部财政部关于全面推行企业新型学徒制的意见》（人社部发〔2018〕66 号）	企业应选拔优秀高技能人才担任学徒的企业导师。承担带徒任务的企业导师享受导师带徒津贴，津贴标准由企业确定，津贴由企业承担
2019 年 1 月 24 日	《国家职业教育改革实施方案》（国发〔2019〕4 号）	建立健全职业院校自主聘任兼职教师的办法，推动企业工程技术人员、高技能人才和职业院校教师双向流动

以上这些党和政府有关部门印发的教育文件，对产教融合、校企合作的现代学徒制育人模式加以肯定，给予政策支持，表明对参与现代学徒制的企业师傅的高度重视。

（二）行业协会需要企业师傅加盟

行业协会代表着所在行业全体企业的共同利益，是联系政府与企业的桥梁和纽带。从国际职业教育的比较来看,行业协会在学徒制人才培养中发挥着难以替代的功能,如调研本行业未来发展对人才需求的情况,参与职业资格标准的制定,并负责行业考试的组织与实施,代表本行业企业同教育、人社等主管部门和其他机构就学徒培养进行协调、磋商等。

行业协会最熟悉和了解本行业的人才需求状况。一支技术精湛、品德高尚的企业师傅队伍,能有效提升行业企业员工的整体素质,降低现代学徒制的运行成本,实现高效运行,加速产业进步。强化行业协会育人功效,将有效降低交易成本。

(三)职业院校需要企业师傅加入

职业院校的专任教师大多是从学校到学校,缺乏生产经验,上课内容主要依靠教材,而教材或由于编写者专业知识的局限性,或内容的滞后性,导致教师讲解的教材知识过时。因此,作为推行现代学徒制办学主体之一的职业院校,无论其课程设计如何改革、专业师资如何培养,也只能教给学生通用性知识与基本技能,无法让学生获得岗位所需要的知识、技能与特殊经验,这些有赖于企业师傅的参与指导。企业师傅来自生产服务第一线,了解行业企业的岗位技能和岗位未来发展趋势,他们不仅站在行业的前沿,而且洞察现实的经济政治与社会环境,对行业未来的发展有一定的预判,他们加入现代学徒制人才培养的教师队伍,既可以弥补学校专任教师知识结构上的不足,又能给学生提供准确的职业指导,从而能有效弥补在校教师的缺陷,提升学生培养的质量。

(四)合作企业需要企业师傅参与

现代学徒制中的校企合作有两层含义:一是校企合作以企业的需求为目标;二是要利用企业在学徒培养中设备先进、场景真实、文化熏陶的优势。一个企业的成长必须依赖于掌握了精湛技术的一批专业骨干。企业作为现代学徒制人才培养的另一主体,更关注学生是否具备企业所需要的知识、技术与品行,而这些素质的培养,除了依靠学生在校培养,还需要企业有经验的师傅指导,以便缩短学生的见习适应期,及早投入到工作岗位上去,为企业带来直接利润,故参与现代学徒制人才培养的企业更迫切需要企业师傅的参与。同时,企业派遣企业师傅参与现代学徒制不但可以扩大企业的知名度和美誉度,而且还可以培养锻炼本企业的技术骨干队伍,更可以发现和招收到优秀的储备员工,收到一举多得的效果。

(五)学徒学生喜欢企业师傅授课

职业院校聘请企业师傅参与现代学徒制人才培养,能提升学生学习专业课程的积极性。有些企业师傅专业技术精湛,实践经验丰富;有些企业师傅在社会行走多年,阅历丰富;有些企业师傅有创业成功的经历,了解企业生存法则,语言沟通和社会交际能力强,他们在讲授专业课程的同时融入个人经历和实践故事,使课堂变得生动有趣,师生互动频繁,提高了学生的学习积极性。另外,通过企业师傅对专业的讲述,学生对专业会有更深层次的理解和想法,从而坚定今后毕业从事该行业的信心。

(六)企业师傅有意参与现代学徒制

笔者通过与企业师傅的访谈,得知多数企业师傅愿意参与现代学徒制教学带徒活动。一方面,企业师傅承担企业技术人才培养的义务和责任。企业师傅大多是企业中的高级技工或管理人员,是企业生产管理一线的稀缺智力资源,也是企业的骨干力量,他们将在产品设计、操作流程、设备维护、生产服务、人际沟通等方面拥有的技能管理类隐性知识,传授给学生,也是为企业培养人才,传承技艺。另一方面,企业师傅在为企业培养高素质技术技能人才的同时,能感受到人生价值的体现,增添成就感和荣誉感。

二、企业师傅带徒存在的问题与原因分析

虽然企业师傅在现代学徒制人才培养中发挥着不可替代的基础作用,但是由于国家政策、行业规范、学校管理、企业效益、师傅自身等因素的影响,企业师傅在带徒过程中也存在一些突出问题,需要认真对待,分析具体原因。

(一)企业师傅带徒面临的问题

1.企业师傅聘任随意

关于现代学徒制企业师傅的聘任,《教育部关于开展现代学徒制试点工作的意见》(教职成〔2014〕9号)、教育部等六部门关于印发《职业学校校企合作促

进办法》的通知(教职成〔2018〕1号)和其他关于职业教育的文件都有相关规定。到目前为止,国家有关部门对于现代学徒制企业师傅的聘任只是有粗线条的要求,没有具体规定和标准,行业协会也没有规范,职业院校只能是根据自身已有的企业信息资源选聘企业师傅,经常是一个班级30—40多名学生,即使平均每3位学徒配备一位师傅,也要聘请近10多位,很多企业根本不具备充足的师傅人选,只能矮中选高、差中选优。有些企业师傅的选聘,是相关领导拍脑袋决定的,存在较大的随意性。在实践中,学生也认为有些企业师傅是"形式大于内容",专业指导效果不明显。

2.师傅素质参差不齐

企业师傅制是职业教育现代学徒制产教融合、校企合作的基础。职业院校能聘请到能工巧匠、技术骨干、行家专家、服务大师等参与学徒培养当然非常理想,但是,不同院校,不同专业,所处的区域位置差别,专业的影响力大小,基本决定了现代学徒制合作企业的资源选取的优劣。企业的规模大小,分布的地域性,经营管理水平的差异性,导致企业的管理人员、技能人才,也存在岗位分布的不均衡性;同时一些企业因为人手有限,会聘请工作1—2年,甚至是实习期刚满的新员工做学徒师傅,因此,企业师傅的专业技能和职业经历存在巨大差异,师傅自身素质差异明显。

3.师傅带徒兴趣不高

当前,职业院校学徒培养缺乏权威的考核标准,培养周期长短不一,管理较为混乱。学徒学习时间长的2—3年,短的2—3个月。一方面,一些学徒学习目的不明确,学习动力不足,工作表现得过且过,不能完成师傅要求的学习任务,达不到学习要求;另一方面,一些企业出现了学徒短期培训后就"出师"的现象,有些师傅会有"教会徒弟饿死师傅"的感觉,意识到学徒培养对其地位构成严重威胁。很多"独门绝技"就藏着不教给学徒,从而严重影响学徒培养的积极性,最终导致师徒关系无法构建,影响到企业师傅的带徒积极性。

4.带徒质量良莠不齐

基于现代学徒制企业师傅的个人素质差异,教学经验不足,能力欠缺,加之职业院校教学监管不到位,缺乏有效的奖惩机制,企业师傅的教学质量存在明显的差距。职业经验丰富、技术水平精湛、管理能力强、责任心强的企业师傅教学认真,内涵丰富,学徒成绩优秀,学生认可度高;而一些工作时间短,技术水平一般,管理能力较弱、经常调换课、教学方式单一、自我要求不高的企业师傅,其教学和带徒的成效就明显不高,学徒颇有怨言。

(二)企业师傅带徒存在问题的原因

1.合作企业不愿深度参与

虽然企业参与现代学徒制可能会受益,但是企业是以盈利为目的的组织,企业参与现代学徒制需要在设施设备、工作场地、人员管理等方面增加投入,同时需要派遣一大批优秀的技术人员和管理人员参与,这无形中给企业增加支出成本。目前,我国的教育部等六部门关于印发《职业学校校企合作促进办法》的通知(教职成〔2018〕1号)第二十二条指出:"县级以上地方人民政府对校企合作成效显著的企业,可以按规定给予相应的优惠政策;应当鼓励职业学校通过场地、设备租赁等方式与企业共建生产型实训基地,并按规定给予相应的政策优惠。"虽有文件,但没有具体实施细则,企业很难得到税收减免、资金投入等实惠;同时对学徒在学成之后是否留在企业没有十足把握的情况下,也不愿意在资金、设备、人员等方面加大投入,对企业师傅的派遣和考核也多是工作层面的应付了事。

2.企业师傅带徒经验不足

现代学徒制是一种有计划的产教融合、校企合作、工学结合的教学模式,企业师傅的角色需从企业师傅转变成教育行业的参与者,作为现代学徒制教育主体的执行者,企业师傅需要具备基本的培训能力、教学能力,然而,我国的现代学徒制2014年9月才开始试点,学校和企业都没有对企业师傅的教学能力和带徒技巧进行针对性培训的经验和做法可以借鉴,大家都是摸着石头过河,整体处于探索阶段。企业师傅在技能传授、学徒管理方面基本上还处于自我把控阶段。

3.师傅队伍不能保持稳定

现代企业人力成本高,员工流动性大,技术工人短缺,企业人力资源管理不像学校师资稳定性强,一些企业特别是旅行社、酒店等服务类企业,员工流动比例高达30%—40%。现在高星级酒店如雨后春笋般地竞相开业,需要大批管理人员,稍有一定实践经验的员工就跳槽走人,另谋高就,因此,一些企业的学徒师傅稳定性不强,企业师傅在企业里的流失及变动不仅影响师徒关系的稳定,而且会造成技艺传承的"断代"现象,不利于学徒知识与技艺习得的完整性与连贯性。

4.师傅缺少带徒身份认证

政府没有标准。这几年,政府部门虽然出台了多项政策措施推进现代学徒制的试点,但对担负着为学徒传授技术技能、参与实践教育教学的企业师傅,其任职资格与执教标准和规范,都没有明确的规定,更没有实施标准。

行业没有规范。目前,我国职业教育对行业组织在职业教育中的主体地位未做明确规定,仅停留在"鼓励""倡导"层次,因而对行业组织参与职业教育的约束力不强。行业组织参与职业教育缺少外界的激励和强化,多数处在职业教育体制之外,至今没有颁布行业参与现代学徒制的实施规范,更没有发布指导企业师傅教学和带徒的指南。

企业没有细则。一些企业对师傅参与授课和带徒还存在认识误区,企业更加看中的是当前的效益。一方面企业没有足够的师资和精力,对带徒师傅在教育教学能力及带徒技巧等进行系统培训;另一方面企业也很少对参与带徒的师傅制定明确的选拔标准、对带徒效果进行科学考核和奖励。

三、现代学徒制的企业师傅标准建设路径

德国、英国、瑞士等西方国家的实践证明,现代学徒制推行成功的国家都有着非常完善的企业师傅制度,这是职业教育人才培养质量的重要保证。因此,现代学徒制的推行需要建立与教师制度一样严格的企业师傅制度,才能保证学徒培养质量。

(一)建立现代学徒制企业师傅制度

实施现代学徒制培养学徒,主要依靠学校教师和企业师傅,负责对学徒的教育教学落实。企业师傅主要承担专业技能和岗位实践的培训。名师出高徒,企业师傅的品德修养、技能水平和职业意识等都会潜移默化地影响着学徒,决定着学徒培养的质量。国家应对校内专任教师有严格的准入资格、教学管理、

工作考核制度,并建立有职业提升培训体系。现代学徒制的推广实施也需要建立企业师傅制度,明确师傅的任职资格、承担的责任、拥有的权利、享受的待遇,以及职业发展的培训等内容,从而建立稳定的企业师傅队伍。

然而,在我国目前的学徒制企业中,企业师傅管理制度还处于空白状态。现代学徒制试点院校对企业师傅的聘请,也只是学校的个体行为,还没有形成一种国家制度层面的行为。与企业本职工作相比,企业师傅参与带徒任务只是其附属工作。因此,没有国家制度层面的激励与约束,企业师傅就会缺乏担任师傅的积极性,对他们的管理也是形式大于内容。

(二)建立企业师傅资格认证标准

根据人社部门专业技术职称晋升要求,据统计分析,我国培养一个高级技工一般需要 8—10 年,技师需要 12 年,高级技师则需要 15 年。一个企业员工到了 40 岁才可能有一定的专业技能和知识储备量,并有望成为行业专家。因此,企业"师傅"这一称号来之不易,也并非人人皆可称为师傅。师傅应该是企业对技能和管理能力卓越人才的一种肯定和嘉奖。通过对"师傅"这一称号的严格把控可以实现一种潜在的激励,来提高师傅参加学徒制的积极性。因此,企业需有师傅担任标准,构建一套选拔、任用和评价的完整体系。

可以借鉴德国、法国现代学徒制企业师傅资格认证制度,结合国内职业教育的实际,广泛征求行业协会、合作企业、职业院校、企业师傅和学徒的意见,参考已颁布的职业教育专业教学标准、专业顶岗实习标准、高校教师资格证的内容及要求,探讨设立职业院校企业师傅资格证申报标准。标准需充分体现申报者的思想品德、公民国籍、资格履历、教育学历、专业背景、工作年限、教学能力等内容,同时,兼顾到企业师傅的专业性;对教育教学理论方面的要求可适当放宽,对符合一定条件的专业人员也可免除理论考试和技能检测。

现代学徒制对于企业师傅调离企业、学校之后师徒关系能否继续维系,在相应的制度体系中也需要做出明确规定。

(三)设立企业师傅职称等级认定标准

根据现代学徒制人才培养的需求,分析不同行业领域不同岗位和工种的企业师傅所应该具备的专业知识和技能要求,将企业师傅知识技能水平进行分级选拔,可以参照教师职称序列划分为初级、中级、高级,不同级别的师傅标准可以参考人社部门专业技术职称晋升标准拟定,不同级别的师傅分别指导不同程度的学徒。对于企业师傅每年的工作绩效、带徒人数、带徒成效、技术革新、管理改进、科研创新等成果作为其职称晋升的主要依据。对于已获省部级及以上的专业技术称号的人才可以直接聘任为高级师傅。

(四)创立企业师傅培训认证基地

国家教育行政部门可以借助现行的省、市、县教师培训中心对企业师傅进行教育教学能力培训,也可以依托本科重点院校或高职院校,建立企业师傅教育教学培训基地,企业人士在通过企业师傅资格认证中心基本条件审核后,需要参加教育教学能力培训,培训内容主要包括:职业教育法规及政策、职业学校教学管理工作流程、职业教育基本育人理念、学生管理、课堂教学、多媒体运用、教案设计、讲课实训,等等。企业师傅培训结束,参加教学能力考核,通过之后,再参加专业类培训考核。同时,培训基地还可以负责企业师傅职称提升的教学培训。

对专业知识与技能的培训,教育行政部门可以联合行业协会制定各个岗位的资格认证标准,在每个行业里选取规模、管理、标准领先的龙头企业建立培训考核基地,对企业师傅进行培训,最后由行业协会依据考核标准组织鉴定。同时该培训基地还负责企业师傅职称提升的专业培训。对于培训产生的费用由学员先行垫付,待考试合格后,再由参与现代学徒制的合作企业专项经费报销。

(五)构建企业师傅继续教育体系

现代学徒制不仅要求企业师傅具备良好的岗位技能操作能力,还应拥有学徒指导能力。学徒指导能力是一种综合运用能力,包括企业师傅对学徒现有的知识结构、技术技能、职业道德及职业发展潜力做出科学合理的评估,进而按照学校的要求,结合企业实际制订科学合理的学徒培训计划,再联系具体的工作过程或岗位对学徒进行知识讲解和实践训练,最后从技能水平、职业素养等方面对学徒做出评价。对于师傅而言,其知识结构、职业技能、学徒指导能力等也需要与时俱进,因此,需要建立师傅继续教育体系。职业院校与合作企业定期对师傅职业能力开展培训,不断提升师傅的职业能力,使其教育好学徒。

(六)建立企业师傅考评激励机制

应对企业师傅建立一套考核评价激励机制。一方面,给指导新学徒的企业师傅发放津贴,作为辛勤劳动的补偿,定期开展对优秀师傅的评选工作,作为企业师傅以后升职加薪的一个考核项目;另一方面,实行淘汰机制,淘汰一些连续排名靠后或考评不合格的师傅,吸收一些专业技能强、指导能力强、具有高度责任感的骨干担任学徒师傅,真正发挥企业师傅的作用。同时,对于师傅带徒的数量也需要做出合理的限制,对于带徒弟数量多且质量高的师傅,职业院校和学徒企业给予适当的物质补偿和精神奖励,提升师傅的带徒积极性。

(七)完善现代学徒制的法律体系

西方的德、法、英等国的现代学徒制之所以能够顺利推行,离不开完善的法律制度体系做支撑。我国的职业教育要想更好地进行现代学徒制改革,实现工学结合的教育目标,也必须建立起一整套法律法规制度。目前,我国还没有建立推行现代学徒制的法律体系,只有部分教育法规条款涉及现代学徒制的某些方面。政府部门对开展现代学徒制的指导约束多是以政策文件的形式发布,这其中还存在诸多不合理的地方。尤其是职业教育试点现代学徒制以来,国家法律层面的缺失已成为重大缺陷。尽管近年来,为显示出国家对于现代学徒制试点的重视,教育和人社等部门先后出台了一些政策文件,但在国家立法层面并未对现代学徒制的法治地位进行明确界定,对参与现代学徒制校企双主体的责权缺乏清晰的阐述。对此,可以借鉴西方发达国家现代学徒制的成功经验,尽快完成《中华人民共和国职业教育法》的修订工作,构建现代学徒制的法律体系,完善相关法律建设,实现对现代学徒制的法制治理,保障企业师傅的合法权益。

(八)建立专业教学标准与认证体系

国家层面需尽快建立职业院校专业教学标准。目前,修订后的《中等职业学校专业教学标准》已经发布,《高等职业学校专业教学标准》还在修订中。建议在新修订的专业教学标准中,增加对现代学徒制学徒培养效果的鉴定内容,将职业院校的培养标准与企业的培养标准分开,同时与人社部门合作建立学徒培养认证体系,探索具有行业标准的"1+X"专业证书。德国、瑞士、日本等国在20世纪90年代已完成了国家专业教学资格框架的建设,所以能在21世纪大力推进现代学徒制建设,在这当中有许多经验值得我们借鉴。

专业教学标准与认证体系是职业教育有效运行的基础,可以对学徒培养的质量起到鉴定作用,使企业和师傅对学徒培养的责任得到保障,而不是将学徒作为企业廉价的劳动力使用。

四、总　结

当前,国家提出"形成适应发展需求、产教深度融合、中职高职衔接、职业教育与普通教育相互沟通,体现终身教育理念,具有中国特色、世界水平的现代职业教育体系"的目标。要实现这个目标,企业师傅在现代学徒制中的重要作用要得到更加清晰的认识,在现代学徒制由试点到全面铺开,再走向深入的过程中,师资有着举足轻重的作用,企业师傅是现代学徒制的中坚力量,也是现代学徒制人才质量的保障。只有名师才可以带出高徒来,才能为社会输送高技能人才。将标准化建设作为统领职业教育发展的突破口,完善职业教育体系,为服务现代制造业、现代服务业、现代农业发展和职业教育现代化提供制度保障与人才支持。

参考文献

[1] 徐红.现代学徒制企业师傅资质问题及其发展探究[J].机械职业教育,2016(10):57-59.

[2] 徐国庆.我国职业教育现代学徒制构建中的关键问题[J].华东师范大学学报(教育科学版),2017(1):30-38.

[3] 刘根华,胡彦.行业组织参与职业教育的问题及路径研究[J].高等工程教育研究,2016(4):146-150.

[4] 关晶.当前主要国家现代学徒制的制度分析[J].职教论坛,2016(16):81-84,88.

[5] 仇梦华,陈明昆,周玉婧.现代学徒制中师傅带徒弟激励机制研究[J].中国职业技术教育,2018(21):28-32.

[6] 周琳,梁宁森.现代学徒制建构的实践症结及对策探析[J].中国高教研究,2016(1):103-106.

[7] 杨信.英国现代学徒制发展的历史沿革、特征及启示[J].教育与职业,2018(19):94-100.

◎教育期盼视域下高职院校 责任文化育人探索[①]

吴丽红[②]

摘　要:全国教育大会明确指出,要努力办人民满意的教育,培养德智体美劳全面发展的社会主义建设者和接班人。高职院校可以通过责任文化建设与学校发展定位、专业建设和办学特色相结合,与学校历史传统和人文精神相结合,与学校人文环境和自然环境相结合,逐步形成具有学校独特个性的理念文化、VI视觉文化、环境文化和行为文化,进而形成思想道德高尚、学术氛围浓厚、人文底蕴深厚、校园环境幽雅的具有一定文化品位的高等职业院校。

关键词:理念文化;VI视觉文化;环境文化;行为文化

校园文化是引领高职院校发展的灵魂,以此为核心搭建责任文化载体,形成"全员、全过程、全方位"的责任机制,建立师生对学校负责、学校对师生负责、学校与师生共同对社会负责的责任体系,促使学校责任管理的制度和要求内化为师生的自我需求,内化为师生自我发展中不可缺少的自觉意识和责任行为,从而把责任文化延伸、拓展到学校管理的各个环节、各个部门,以文化的导向、凝聚、激励功能为学校发展提供强有力的支撑。

---

① 宁波城市职业技术学院2017年校级重点科研项目"进一步推进责任文化建设实施方案设计"(课题负责人:吴丽红)。

② 吴丽红,宁波城市职业技术学院讲师。

一、主体之盼:高职院校责任文化育人意义

(一)高职院校责任文化育人是家长和学生对教育的期盼

缺乏责任感的技术型人员是灵魂不全的"空心人"。国家的富强、时代的发展赋予了"人才"更丰富的内涵,评价人才不再仅仅指学习成绩,更包含了显性的硬技能与隐性的软素质。通过教育,孩子成为"有德之成人""有用之英才",可以说是所有家庭对教育的期待,这就要求高职院校秉承教育之根本、时代之要求,从"责任"视角出发,积极培养融个人成长与国家发展相统一的高素质技能型人才,以适应瞬息万变的社会形势。

(二)高职院校责任文化育人是学校和教师对教育的期盼

美国著名教育家柯尔伯格指出,学校文化作为教育中的隐性课程,比正规课程更加有力。以责任为引领的高职校园文化,是学校良好形象与品位的体现,它以隐性德育课程的形态,让师生视线所及之处,都带有教育性,并对广大师生从思想素质、价值观念、行为表现等方面产生深远影响,是学校发展的基础与灵魂,是学校核心竞争力的关键所在,也是促进学校发展进步的原动力。

(三)高职院校责任文化育人是社会和企业对教育的期盼

人才资源是评价国家实力的重要指标。大学生是十分宝贵的人才资源,是民族的希望,是祖国的未来。国家正经历"强起来"的历史关键时期,高职院校只有积极开展责任教育,使大学生正确认识社会发展规律,认识国家的前途命运,认识自己的社会责任,中华民族伟大复兴的中国梦才能得以实现,社会经济发展和人类文明进步才会有源源不竭的人力支持。

二、缺失之憾:高职院校责任文化育人现状

当前高职院校责任教育现状存在诸多问题,人才培养"产出"未能满足社会对于具有高度责任感、高水平技能的高职毕业生需求。近年来,高职院校大发展过程中,责任文化建设普遍存在理念淡薄、形式单一、内涵匮乏的现象,形势不容乐观。

(一)高职院校责任文化育人理念之淡薄

当前很多高职院校将文化育人仅仅局限于学生管理和思想教育层面,而未将其放在学校整体办学理念、学校特色和发展目标定位层面上进行统筹。部分高职院校也制定了文化建设的规划,但往往流于形式,规划缺乏系统性和前瞻性,具体执行缺乏连贯性和整体性。与此同时,人员、经费、制度保障匮乏,评价考核指标不明。在这样的大背景下,高职院校很难培育出具有独特识别、能让全体师生产生共鸣和社会公众广泛认同的责任文化教育品牌。

(二)高职院校责任文化育人形式之单一

高职院校责任文化育人主要通过思想政治教育来实现,大都只停留在理论教育层面,形式较为单一。简单的"一对多"灌输式的教育方式仍是现在大部分高职院校责任教育的主要手段。教育形式未能与时代接轨,缺乏创新,直接导致教育效果低下。一些运用于实践教育且较为形象生动的教育方式,也往往因学校实践教育的忽视而未能普遍运用。同时,如"隐蔽课程""第二课堂""社会实践"等教学效果好、适用性强的教学方式也未被纳入责任教育的方法体系。

(三)高职院校责任文化育人内涵之匮乏

当前,高职院校责任文化育人未能结合自身人才培养的特色与学生的特点,开展有针对性的责任教育,内涵比较匮乏,层次相对较低,内容流于世俗,载体运用相对简单,严重削弱了文化的育人功能。主要体现在:第一,通俗文化占据校园文化的主导,高雅文化等层面的文化内容较为鲜见。第二,迎合学生口味的娱乐型活动成为部分高职院校文化育人的"新宠",提升高职生技能水平的"比武类"活动相对较少。第三,很多高职院校把主要精力集中在显性的物质文化建设上,如校园扩建、改建等提升校园硬件水平,但对于物质文化内在育人功能的运用不足,缺乏环境育人的意识。

三、重塑之美:高职院校责任文化育人方略

要实现中华民族伟大复兴,关键是提升人力资源的素质,以凝聚人心、完善人格、开发人力、培育人才、造福人民为目标,培养广大青年把个人发展融入国

家发展中的高度责任感与使命感。高职院校要积极贯彻党的教育方针,主动适应社会发展,以责任为引领,通过理念文化、VI视觉文化、环境文化和行为文化的建设,培养学生责任感,办人民满意的教育。

(一)坚持价值引领,树立责任文化育人理念

习近平总书记指出:坚持四个自信其本质是建立在五千多年文明传承基础上的文化自信。高职学校要发展,也同样要形成符合学校发展、特色鲜明的责任文化体系,使之成为全校师生员工共同追求的价值取向。

1.深度发掘校史资源,传承学校优秀文化

发展中的高职院校,其历史的记载与留存尤为重要。校史馆记录着一所学校从无到有、从有到优的历程,弥漫着浓厚的历史文化气息,做好校史文化的传承与更新任重道远。重视校史馆的建设、日常管理与维护,及时更新展出内容,设立特色展览区域,定期推出专题展览,如师生优秀艺术作品展、智能制造模具展、园林技术盆栽绿植展等。以"全、要、新、特"的要求,编纂学校年鉴,载入学校发展史册。加强对解说员的培训,开展校史校情教育。

2.加强品牌活动建设,传播责任主体文化

校园活动是校园文化的重要表现形式,优质的、深得人心的活动具有丰富的育人内涵,有利于学生提高思想修养,形成正确的世界观、人生观、价值观。民心是最大的人心,高职院校要充分利用新中国成立70周年、"两个一百年"等历史节点,做好师生爱国荣国思想教育;要积极借助学习贯彻习总书记在全国高校思想政治工作会议重要讲话精神的东风,将优秀社会资源引进校园,让有信仰、有深厚文化底蕴、富有人格魅力的校内专业教师,通过"课程思政"传播理想信念,引领塑造责任品质;加强校园学科技能建设,延展学生专业技能,培育具有责任意识的职业精神;拓宽社会实践和青年志愿者服务活动等平台,丰富提高学生专业技能的"实践课堂教学活动";建设突出学术技能、志愿服务,鼓励学生培养兴趣爱好,开展提升学生素质的"社团品牌活动";鼓励二级学院围绕学校责任文化建设,形成一院一品的"文化品牌"。

(二)注重形象展示,构建责任文化育人VI视觉识别

文化识别是一所院校区别于其他院校的文化记号与象征。将融合校训、校

歌、办学理念、发展远景等精神层面的元素,通过"视觉系统"进行校园标识与社会展示,可以反映出这所学校的文化气息与情怀。

1. 完善校园标识系统,发挥导向指示功能

完善学校视觉形象识别系统。积极开发既体现学校精神理念和文化特质又具有自身个性特色的文化作品。规范学校办公用品的格式、标识,规范学校各类门牌、宣传橱窗、楼层牌、道路指示牌等的规格与设计,规范学校楼栋名称和道路名称设计等,使各种文化元素协调一致。

2. 加强社会形象展示,提升文化隐育作用

重视学校对外宣传和公共形象展示。加强对学校媒体的管理,拓展对外宣传工作的渠道。利用校际交流、学科技能竞赛、招生宣传、产学研联盟等重大活动,借助媒体、师生、校友、企业展示学校形象。将新生入学第一课、学生毕业最后一课等重大活动流程进一步规范,巩固具有学校特色的重大庆典活动。积极向社会推介学校 VI 视觉文化识别系统,提升学校社会影响力和美誉度。

(三)立足实用有效,营建责任文化育人环境

环境文化是高职院校校园文化内涵与品位的重要表现形式,是一种显性文化。应本着"绿色、高雅、开放、和谐"的原则,持久积淀,为师生创造有利于学习、工作、生活和娱乐的优美环境,让校园里的每一面墙壁都会说话,每一处景观都能育人。

1. 知行合一,建设彰显专业特色的实训场所

高职院校的最大特点是职业性,以用人标准培养学生品质,将校园文化与企业文化有机融合,建设仿真实验实训室,让学生在实验实训过程中,体验职业环境,练就职业技能,培育职业精神,从而缩短毕业环节的职业磨合期,为社会、企业、家庭培养具有高度责任感的高素质、高技能人才。

2. 格物致知,建设富有深厚底蕴的人文景观

加强校园规划和建设,使校园的楼、路、树、草等达到使用功能、审美功能和教育功能的和谐统一。按照主题突出、特色鲜明的要求,全面系统地规划校园人文景观,如主题墙、阅读角、文化廊、成长阶等,在浓厚校园人文氛围上下功夫,打造"精致校园",创设育人环境,做到每处景观都是精品,每处景观都有故

事;充分利用楼道、过道、大厅、转角等场所,打造"非正式学习空间",展示富有专业特色的师生书画、器物、主题雕塑、绿植景观、自制模型等作品,用于校园装扮,充分彰显师生专业水平与学校专业特色,体现文化气、育人气。

3.憩在校园,建设体现精致惬意的自然场所

在教学区域着重打造集休闲与功能于一体的"庭院"空间,供师生工作、学习、交流、休憩与举办活动;在生活区着重打造集交流与分享于一体的"休闲"空间,很多高校在生活区都有内河,可沿河道设木栈道、阳伞、桌椅、露天舞台等河岸线景观设施,吸引有音乐才艺的学生驻足演绎,吸引普通同学走出寝室、分享交流、愉悦身心。

(四)实施闭环管控,落实责任文化育人行为

行为文化是校园文化的落脚点。以培养社会所需的高素质高技能人才为目标的优良教风建设,以激发学生学习能动性为目标的优良学风建设,以服务广大师生教学共长为目标的优良作风建设,是推动学校持久发展的原动力。

1.落实以师德师风为引领的优良教风建设

加强教师思想政治教育,引导教师规范自身言行,严把课堂纪律、恪守学术诚信,以"四有"教师标准立德树人。一要大力推进"课程思政"建设。让专业课程与思政课程同向发力,守渠种田,发挥课堂在育人中的重要作用,努力培养社会发展所需高素质人才。二要积极对接行业企业。鼓励教师下企业实践锻炼,将课程标准与行业标准相对接,校内课堂与企业现场教学相呼应,人才培养与用人标准相统一,努力培养社会发展所需高技能人才。高职院校要以师德师风为引领,促进优良教风建设,让好老师教出好学生。

2.落实以分类培养为途径的优良学风建设

以学生多元发展为目标,加强新生入学后的生涯规划与分类指导,帮助学生选择适合自己的分类培养路径。根据学生不同类别制定挖掘学生潜能的方案与培养措施,分类制定人才培养标准,构建与之配套的人才培养模式。通过分类培养、分层教学,激发学生学习动能,进而营造良好学风,促进学生多样成才。

3.落实以"最多跑一次"改革为载体的优良作风建设

2018年11月浙江省教育厅率先出台《浙江省教育厅关于推进全省高等学

校"最多跑一次"改革的实施意见》,梳理并公布教师、学生、家长和社会人员到学校各部门办事"最多跑一次"事项清单,全面落实教育领域"最多跑一次"改革工作要求。这是一个信号,更是一盏明灯,高职院校应站在"以人民为中心,办人民满意的教育"的高位,积极回应师生关切、急切的事项,着力根治"办事难、办事慢""多头跑、来回跑""表格多、重复报"等突出问题,努力解决好师生最关心最期盼的关键"小事",切实增强师生获得感,以精细管理、协同推进、优质服务的良好作风引领学校高质量发展。

"做一个负责任的人"是师生终身发展的必备品质与核心素养。以责任文化统领高职院校办学、育人等各项工作,构建融理念文化、VI视觉文化、行为文化和环境文化于一体的责任文化育人体系,是实现"以责任育人,育责任之人"的有效途径。

参考文献

[1] 李长平.提升师德水平 展示师魂形象——学习习近平总书记在学校思想政治理论课教师座谈会上讲话的体会[J].社会主义论坛,2019(4):26-27.

[2] 李东,张忠臣,纪玉超.创业教育是我国高校理想信念教育新领域[J].中国冶金教育,2010(12):7-10.

[3] 张永君.打造绿色文化 构建特色校园——甘肃林业职业技术学院以绿色文化滋养校园文化发展,促进年学生健康成长[J].青年与社会,2019(10):103-104.

◎从供给侧结构性改革角度看"1＋X"制度中"1"与"X"的关系

沈励铭[①]

摘　要:"学历证书＋若干职业技能等级证书"制度是 2019 年国务院印发的《国家职业教育改革实施方案》中重要的改革举措之一,也是职业教育从人才供给侧进行结构性改革的一项重要举措。其中"职业技能等级证书"即"X"证书与"毕业证书"的关系,既并列又相互补充,同时"X"证书还能将行业岗位技术能力进行纵向的层次划分,从而打通纵向提升和横向复合的人才需求与职业教育人才供给的关系。深入理解两者关系,能更快推动高职院校行业企业互融,培养更多能实干、能创新、能发展的行业技术能手。

关键词:"1＋X"证书制度;职业教育;人才结构

2019 年 1 月,国务院印发的《国家职业教育改革实施方案》指出,从 2019 年开始,在职业院校、应用型本科高校启动"学历证书＋若干职业技能等级证书"制度试点,即"1＋X"证书制度试点工作。3 月,教育部确定了首批"1＋X"证书制度试点的老年照护等 5 类职业技能等级证书和标准。4 月 4 日,李克强总理在深化职业教育改革电视电话会议中指出,职业教育应完善人才评价激励机制,持续推进职业技能提升。一系列举措,立场鲜明地指出了未来职业教育评价体系改革的方向——"1＋X"。教育部职成司先后发布了《关于在院校实施"学历证书＋若干职业技能等级证书"制度试点方案》(教职成〔2019〕6 号)以及

---

①　沈励铭,宁波卫生职业技术学院高职研究所副所长、副研究员。

《关于做好首批"1＋X"证书制度试点工作的通知》(教职成司函〔2019〕36号)等文件,各院校也启动了"X"证书试点申报工作。这一项举措将对院校人才培养以及行业企业识人用人带来什么影响,目前仍然存在认识不统一的情况,毕竟"X"证书对于当前的职业教育而言,属于一种创新,尚在探索过程中。但我们首先需要搞清楚的应该是"1"和"X"两者之间的关系,这是理解这一项重大改革举措、抓住发展机遇的前提。

一、从人才个体知识结构来看:"1"和"X"是并列关系

首先,"1"和"X"的实施主体不一样。"1"是学历证书,是由教育部门负责,院校通过制定并落实人才培养方案,学生通过相应的课程学习并获得相应的学分,可以拿到"1"也就是"学历证书";"X"是职业技能证书,是由培训评价组织作为职业技能等级证书及标准的建设主体,对证书质量、声誉负总责,并协助试点院校实施证书培训,职业技能等级标准更多是行业组织牵头进行开发,按照相关规范,联合行业、企业和院校等,依据国家职业标准,借鉴国际国内先进标准,体现新技术、新工艺、新规范、新要求等,这更符合行业对于学生今后岗位能力的要求,代表着行业企业对学生职业能力的认可。因此,学生可自主选择参加职业技能等级证书培训与考核,院校不能将其作为毕业的限制条件。

其次,"1"和"X"的考核对象不一样。"1"的考核对象只能是在校生,也就是获得学籍的职业院校的学生;"X"的考核对象除了职业院校的在校生,也可以面向社会人员开展培训。根据《关于在院校实施"学历证书＋若干职业技能等级证书"制度试点方案》(教职成〔2019〕6号)的规定:试点院校在面向本校学生开展培训的同时,积极为社会成员提供培训服务。社会成员自主选择证书类别、等级,在试点院校内、外进行培训。

二、从人才个体能力结构看:"1"和"X"是相互补充关系

首先,"1"和"X"可以实现学生学习能力和就业能力相互补充。根据《关于在院校实施"学历证书＋若干职业技能等级证书"制度试点方案》(教职成

〔2019〕6 号）的规定：职业院校学生和社会成员在按规定程序进入试点院校接受相关专业学历教育时，可按规定兑换学分，免修相应课程或模块，促进学历证书与职业技能等级证书互通。考核站点一般应设在符合条件的试点院校，也推动了院校课程和行业职业岗位的对接，这就要求院校在专业课程设置上要多考虑职业岗位技能要求，推动课证融合。因此，通过学习积累和学分转化，"1"和"X"在学生学习能力和就业能力上可以实现相互补充、相互促进。

其次，"1"和"X"可以实现专业课程和培训课程的相互补充。"1"的证书首先要通过制定人才培养方案，确定课程体系，让学生通过课程学习获得取得证书的资格。职业院校在课程设置和教学内容安排上注重对接"X"证书技术等级标准。为了适应"X"证书要求，考核站点一般应设在符合条件的试点院校，院校还要根据社会、市场和学生技能考证需要，对专业课程未涵盖的内容或需要特别强化的实训，组织开展专门培训，当然院校应具备自己的专业优势，课证融合是提高培训质量、提高"X"考证通过率的基础。

再次，"X"可以补充提升"1"的含金量。"X"是学生职业能力的体现，学生在获得"1"证书的同时，可以根据职业发展要求考取多个"X"证书，提高自己的就业能力。作为院校而言，要进一步分析专业所对应的岗位能力要求，通过专业集群建设，推进产教融合，对应产业链上的不同岗位设置专业人才培养规格，提高学生的职业对应度，通过"X"证书提高专业和行业岗位的对接融合的深度，提高学生就业能力，提升学生就业质量，也就是提高"1"的社会声誉，对于提高"1"所对应的专业内涵建设质量具有积极作用。

最后，"X"的职业技能可以促进"1"对应专业技能的补充完善。一个专业的产教融合是建立在专业匹配行业所对应的岗位的适应度上，通过"X"可以进一步提炼和聚焦专业的岗位，对接岗位完善专业的核心技能，提高学生在行业内不同岗位的职业适应度，完善专业的人才培养规格，提高专业服务行业的能力，也就是促进了专业的建设发展，提高了人才的行业就业能力。

三、从人才群体结构看："X"是"1"基础上的层级关系

"1"体现的是学生在职业院校的学习能力的体现，没有等级划分，主要根据

课程学习的成绩予以确定,是学生在校学习的基本培养要求,学生获得"1",也就是具备了某种层次的学习经历并且考核合格。"X"体现的是行业岗位能力上的层次能力认定,也就是说把行业岗位能力进行了纵向的层次划分,岗位对应的职业技能可以有不同层次不同要求,企业可以根据实际岗位能力需求确定人才就业层次,技能人才可以通过考核"X"证书提升他的就业能力。"X"证书充分体现了职业教育的终身性。

四、结束语

可见,"1+X"证书制度作为教育部2019年重点推出的一项职业教育供给侧结构性改革举措,使行业企业从实际用人角度出发,联合第三方制定职业技能等级标准,打通纵向提升和横向复合的人才需求与职业教育人才供给的关系。对职业院校来讲,这一制度推动了院校的人才培养主动融合行业发展,坚持走"产教融合、校企合作"之路,有利于实现教育链和产业链的全面对接、专业集群和行业岗位集群全面对接。对行业企业来讲,这一制度将进一步发挥其在职业技术人才培养中的主体作用,从技能评价、实训基地、双师队伍建设、职业素养培养等全方位介入,培养能实干、能创新、能发展的行业技术能手。对社会来说,一方面为广大人民群众提供更多的就业机会和职业水平提升的可能,另一方面让大家看到了职业教育的地位和潜力,必将吸引更多的有志之士愿以"一技之长"服务社会,成为大国发展中微小但必不可少的一颗"螺丝钉"。

◎海峡两岸健康管理人才培养比较研究[①]

张秀娟[②]

摘　要:本文研究目的是寻找推进祖国大陆健康管理人才培养的思路;研究方法是收集公开获取的网络资源,分析海峡两岸健康管理人才职业培训和学历教育现状,发现问题并借鉴经验。结果表明,我国大陆健康管理专业人才培养刚刚起步,无论是数量还是质量都无法满足行业需求。职业培训起步早但欠规范,学历教育处于摸索阶段。我国台湾地区健康管理人才培养紧贴行业发展需求,定位清晰、精准、务实,值得学习。研究结论建议我国政府部门应从基层卫生服务机构健康管理岗位设置、健康管理师职称规范和健康管理师职业培训等方面着力,学术界应加强健康管理学科理论研究,高校可学习借鉴台湾地区务实做法及与行企紧密合作,共同育人。政府、学术界、行业、高校应协同合作,推进人才培养工作。

关键词:海峡两岸;健康管理;人才培养;比较研究

健康管理作为一个新兴行业,具有长远的发展前景,但巨大的人才缺口严重阻碍了其快速发展,加快人才培养是当前发展健康管理服务行业的重中之重。2011年国家卫生部印发的《医药卫生中长期人才发展规划(2011—2020年)》(卫人发〔2011〕15号)以及2013年国务院出台的《关于促进健康服务业发展的若干意见》(国发〔2013〕40号)等对健康管理人才的培养提出了要求。鉴于

---

①　教育部行业指导委员会资助项目(20171311);浙江省"十三五"特色专业建设项目(20172954)。
②　张秀娟,宁波卫生职业技术学院健管学院副院长、副教授。

我国台湾地区健康管理理念传播、理论研究及人才培养实践均早于大陆,且两岸同根同源,具有相同的文化背景,学习借鉴的可行性较高。笔者对海峡两岸人才培养现状进行梳理比较,尝试发现问题、寻找经验并提出人才培养的建议。

一、资料与方法

(一)资料来源

我国大陆地区的资料来自中国知网、普通高等学校本科专业设置与服务平台、全国职业院校专业设置管理与公共信息服务平台和高校官方网站等。台湾地区的资料为笔者2016年上半年赴台研修期间,在当地职能部门和高校官方网站收集获取。

(二)研究内容与方法

本研究采用定性研究方法分析我国大陆和台湾地区健康管理人才培养职业培训和学历教育的现况,归纳提炼经验与启示,并思考改进的路径。

二、我国大陆健康管理人才培养现状及存在的问题

(一)现状

我国大陆健康管理专业人才培养刚刚起步,无论在数量还是质量上都无法满足行业需求。职业培训起步早但欠规范,学历教育还处于摸索阶段。

从职业培训层面来看:2007年《健康管理师国家职业标准》颁布实施并开启职业培训。2017年前,由人力资源和社会保障部与原卫生部职业技能鉴定中心分头开展培训。前者社会培训机构多而杂。以"健康管理师培训""健康管理师报考"为关键词在百度上能搜到7万多条链接,"包过"承诺随处可见。后者报名相对严格、培训相对规范、通过率相对低,且只在部分地区有试点,2016年停办,2017年11月重新启动。两种证书在使用上没有差别。

从学历教育层面来看:2015年,普通高等学校高等职业教育(专科)专业目录在医药卫生大类中增设了含健康管理专业的"健康管理与促进类"专业群。2016年本科专业目录中增设了"健康服务与管理"专业,归属于管理类。2016

年,大陆高校掀起了健康管理专业人才培养的热潮。截至 2017 年 7 月,大陆有 24 所本科院校开办健康服务与管理专业,分别有 53 所、28 所和 57 所高职院校开办健康管理专业、老年保健与管理专业和幼儿发展与健康管理专业,总计办学规模 14460 人。开办健康管理专业的高校中不乏非医学背景者。

(二)存在的问题

1. 供给不足

我国大陆健康管理人才培养规模和层次类型都无法满足行业用人需求。一方面,产业体量预期有十万亿级,而高校的办学规模年仅万余名;另一方面,仅有高校开展学历教育,提供的人才层次也无法满足行业需求。与多数行业领域一样,健康服务业发展需要多层次的人才支撑,包括高端管理人才、本科层次的从业人员和从事具体操作的应用型人才。健康服务业的发展对从业人员的需求必然越来越大,对其质量的要求也越来越高。

2. 质量不高

一方面职业培训不规范。培训机构"保过"滋生花钱买证书现象,证书含金量不高。近十年来,社会上涌现出一大批持有证书但并不具备专业能力的"健康管理师"。另一方面学历教育不完善。首先行业不成熟、岗位不清晰,导致人才培养定位困难;其次,学科体系不成熟增加了教学实施难度,无统一课程体系、缺少规划教材和专业师资队伍等。任建萍和朱晓卓等学者分别对本科和高职院校健康管理专业人才培养方案进行了比较研究,发现高校基本是根据自身对学科和行业的理解,结合本校优势设置课程,课程体系个性有余但共性不足。2016 年 7—8 月,笔者开展的"健康管理专业毕业生和用人单位满意度调查"的结果显示,学生普遍感到在学校学到的专业知识、技能与岗位需求有一定差距,尚不能完全满足工作需要;用人单位认为学生综合素质和专业素养水平还有待提高。

三、我国台湾地区健康管理人才培养现状及特色

(一)现状

1998 年,我国台湾地区开始探索健康管理专业人才培养。截至 2016 年底,已有 36 所高校开办健康管理相关学系,有健康管理学会、健康产业协会、健康

促进暨卫生教育学会三个社会团体开展健康管理师（士）和健康促进管理师培训工作。

1. 职业培训

在台湾地区，健康管理相关的职业培训共有三种，由协会或学会组织，证照考试情况见表1。

表1　我国台湾地区健康管理证照考试情况

证照名称	主办部门	考试资格	培训内容	培训学时	培训费用（台币，万元）
健康管理师（士）	台湾健康管理学会	参加该学会培训者	医学数据判读、食品安全管理、保健医学、疾病管理、健康风险管理与评估、健康照护、运动、心理	48	1.4
健康管理师	台湾健康产业协会	高中学历，无需医学背景	健康产业、营养与保健、运动与健康、认识健康检查、心理健康	60	2.2
健康促进管理师	台湾健康促进暨卫生教育学会	1. 照护或相关学系 2. 行业内工作背景	基础理论课程 场域健康促进课程 实地参访（医院、社区） 实务应用课程（大众传播、心理健康促进、老人健康促进）	40	1.0

台湾地区的医院、体检中心和健康管理中心一般是由个案管理师提供专业健康管理服务。个案管理师以病人或客户为中心，工作内容包括评估需求、帮助医生与病人的联系、病人的随访与管理等，任职要求之一是持个案管理师证照。具有2年以上临床工作经验的护理师可考该证照。个案管理师最早应用于肿瘤病人的管理，以后外推到慢性病人，再推广到健康管理中心的体检客户。上述健康管理岗位是由具有护理专业背景者进行再培养后来承担。健康管理相关证照无竞争优势。

2. 学历教育

1998年，台北市立大学开办休闲运动管理学系，开创了健康管理相关人才培养的先河。2002年康宁大学开办健康照护管理学系，2004年义守大学开办健康管理学系，2010年高校掀起了举办运动休闲健康管理学系的高潮。到2016年底，设有健康管理相关专业的学校共有36所，其涵盖健康管理相关学系的学校分布、人才培养目标、课程理学系、健康事业管理系、运动休闲健康系/健康休闲管理系和高龄健康管理系/银发族健康管理学系等。在内涵上，我国台湾地区的学系与

大陆的专业可对应。健康管理相关学系的学校分布、人才培养目标、课程设置等
情况见表2。

表 2　我国台湾地区健康管理相关学系基本情况

学系名称	学系方向	培养定位	学系方向课程	共性课程	办学高校数量（所）		
					大学	科技大学	合计
健康管理学系	健康促进	职场、社区、医院、卫生单位及相关健康产业的健康促进人员	健康行为、慢性病防治、营养评估、自我健康照顾	基础医学、临床医学、预防医学、健康管理学、管理学、心理学、营养学	1	0	1
	健康产业管理	健康产业相关机构内部管理人员	健康组织行为、环境卫生与管理、企业健康管理				
健康事业管理系	照护管理	长照管理中心、日间照顾中心等工作人员；照护管理专员、健康促进管理师	营养保健概论、健康指标与健康管理、长期照护、个案评估与沟通	基础医学、公共卫生学、健康社会学、管理学	3	7	10
	医务管理	医院内部管理人员	医院组织与管理、健康资讯管理、病例资讯管理、保险申报				
	服务管理	健康产业相关机构内部管理人员	服务业管理、商业心理学				
运动休闲健康系/健康休闲管理系	运动休闲	运动休闲产业管理、行销企划和指导人员	电子商品、健康产品行销休闲游憩概论、温泉游憩实务等	统计学、领队与导游实务、旅游医学	7	14	21
	健康促进	运动指导、运动保健、休闲保健专员	基础医学、公共卫生学、健康促进				
高龄健康管理系/银发族健康管理学系	高龄健康促进	高龄者福利基金会、相关协会；专案企业、活动设计、健康指导专员	高龄者体适能、普通心理学、照护管理	基础医学、高龄者基本照护学、高龄者健康照护学、老人学导论、高龄者活动设计与安排等	2	2	4
	高龄健康照护	长照管理中心、日间照顾中心、服务关怀据点等工作人员；照护管理专员、个案管理师、健康促进管理师、居家服务督导员	辅助与另类疗法、居家照护与技巧、健康保险与支付制度、失智照护				
	高龄相关产业	行政管理、行政人员、辅具设计行销人员、养生产品服务人员	办公室套装软件与应用健康照护资讯应用、健康产业危机管理与企业诊断				

健康管理相关学系根据就业岗位定位开设学系方向供学生选择。以健康管理学系为例。该系有健康促进和健康产业管理两个学系方向,分别对应于健康促进人员和健康产业相关机构内部管理人员两个就业方向。学系方向由学系方向课程模组来支撑。学系方向课程模组是在共性课程基础上设置的一组个性化方向课程。该系两个方向课程模组共性课程有基础医学、临床医学和预防医学等7门,健康促进方向有7门、健康产业管理有3门个性化课程。各学系课程设置上有两个共同点:一是强调医学背景知识,各学系均设置了医学相关课程;二是定位于培养健康促进人员,涵盖社区、医院、卫生单位、休闲场所、长照管理中心和日间照护中心等职场场景。健康管理学系的人才培养目标、课程体系与大陆的健康管理专业最接近。

(二)特色

我国台湾地区健康管理专业人才培养的特色是务实。一是细化了健康管理内涵,二是精准进行人才培养定位。

1.细化健康管理内涵

在我国台湾地区,健康管理的内涵被界定为两个方面,分别是针对人的健康和健康服务机构。人的健康管理层面,又分为针对"非病人"的健康促进和"病人"的个案管理两类。在该思想指导下,高校开办了两大类健康管理相关专业,一类是针对健康机构管理的即健康事业管理系,一类是针对人的健康管理的如运动休闲健康系、健康休闲管理系、高龄健康管理系等。

2.精准人才培养定位

与大陆一样,无论是传统还是新兴的健康服务机构,行业更青睐于有护理背景的人员。高校适应市场需求,把人才培养的目标定位于新兴健康产业。以健康促进人员培养为例。台湾地区健康管理相关学系均开设健康促进方向,只有一个学系(健康管理学系)的培养定位广泛分布在职场、社区、医院、卫生单位及相关健康产业,97.2%的学系均细化了人才培养定位,如运动休闲健康系/健康休闲管理系定位于培养运动休闲行业的运动指导和运动保健人员,高龄健康管理系面向长照机构培养高龄者健康照护人员。2004年台湾义守大学开办了健康管理学系,多年来无一所高校仿效,一直以来增幅明显的是运动休闲和银发族健康管理。

四、健康管理人才培养的启示与建议

海峡两岸健康管理人才培养异中趋同。职业培训和学历教育开展的先后顺序、职业培训的内容和时长、学历教育的人才培养定位和课程等均不同；相同之处在于两岸高校人才培养均处于热情高涨的摸索阶段，我国大陆和台湾地区的办学高校年增幅分别达 39％和 20％。笔者认为，健康产业快速发展是院校人才培养热情高涨的环境因素，健康管理学科尚不成熟是两岸人才培养处在摸索阶段的深层次原因。针对我国大陆健康管理人才培养中存在的边界不清、岗位不清、认识不清等问题，笔者建议政府、学术界、行业、高校协同合作，推进人才培养工作。

（一）政府创造支持性环境

我国 2017 年颁布的"国家职业资格目录"中，健康管理师被保留了下来。健康管理师人才队伍建设需要支持性环境，如引导人才就业的岗位设置、支撑人才发展的职称通道和合理评价人才水平的证书管理办法等。一方面，政府应尽快出台针对基层医疗卫生服务机构健康管理服务岗位设置安排、健康管理师资格证书的具体要求、职称系列等配套政策；另一方面，职能部门应加强职业培训监管。各地方人力资源和社会保障部门对承担职业培训的机构须做好过程管理，包括资格审批、培训及考试组织过程各个环节的监督检查与指导，并将检查结果与相应的惩处措施结合，一旦发现违规行为应取缔相应机构的培训资质。建议职能部门借助社会力量，委托第三方推动建立创新健康管理人才培养机制。

（二）学术界提供理论支撑

造成健康管理人才培养存在的课程设置不统一问题的根本原因是健康管理学科体系不成熟。成熟学科理论体系边界清晰，比如临床医学、护理学、预防医学、康复医学领域中任何一个专业人才培养都不存在课程设置不统一问题。健康管理学已经成为我国第五大学科创新体系之一，其知识体系具有拼盘的特点，属于一门交叉融合的学科。2009 年学术界达成了《健康管理概念与学科体系中国专家初步共识》,但健康管理学科体系还不够完善,理论边界尚不清晰,相关方法和技术可操作性不强。从人才培养的角度看,高校亟待学术界划清健康管理相关理论、方法和技术的界线,从而能正确界定健康管理学科的内涵与外延,为人才培养提供理论支撑。

(三)高校与行企紧密合作共同育人

一是岗位设置及开发的研究。据笔者在浙江省的调研,90%的健康服务机构均未设置健康管理岗位。岗位不清晰,是院校系统培养人才的一大困境。由于人才培养具有前瞻性,院校要与行业、企业联手进行岗位设置的研究并且进行岗位开发工作。东部沿海经济发达地区,健康服务业发展快速,院校应发挥理论研究优势,与行业企业共同进行岗位设置及开发的研究,以学科建设引领行业发展。二是开展标准和规范化建设。先行开展健康管理人才培养探索的院校,借助全国行业职业教育教学指导委员会专业建设平台,聚集各方力量,群策群力,牵头进行专业建设标准及配套教学资源的开发,用标准和规范引领后续院校的人才培养工作。三是人才培养定位细化。健康管理行业作为一个新兴行业必然经历大发展、规范化和细分化的过程。可以借鉴我国台湾地区的经验,对传统的健康服务机构、新兴健康行业在岗位研究的基础上,对人才培养定位进行细化。专业细分、培养专业化的专项人才是大势所趋,如专业的营养健康师、儿童健康师、医疗行政助理等。为了支撑健康服务业健康发展,应当坚持以院校培养为主、以职业培训为补充的原则,做好人才培养工作。

参考文献

[1] 王烨,秦博文,董振花.健康管理类技能型人才培养构想[J].护理实践与研究,2012,9(4):112-113.

[2] 中华人民共和国教育部.普通高等学校本科专业设置与服务平台[EB/OL].[2017-7-20].http://www.bkzy.org.

[3] 全国职业院校专业设置管理与公共信息服务平台[EB/OL].[2017-7-20].http://www.zyyxzy.cn.

[4] 蔡旺,李文源,艾育华.健康管理师职业挑战与对策[J].中华健康管理学杂志,2015,9(6):466-468.

［5］任建萍,王玮珏,李林蔚,等.我国健康管理专业本科人才培养方案比较研究[J].中国高等医学教育,2016(12):27-28.

［6］朱晓卓,米岚,赵凌波等.高职院校健康管理专业人才培养方案的现状分析[J].中国卫生事业管理,2013,30(2):141-143.

［7］中华医学会健康管理学分会,中华健康管理学杂志编委会.健康管理概念与学科体系的中国专家初步共识[J].中华健康管理学杂志,2009,3(3):141-147.

［8］陈瑞菊.关于培养健康管理专业化人才的思考及路径研究[J].环渤海经济瞭望,2015(5):45-47.

◎职业院校网络学习空间改进策略研究[①]

沈励铭　朱　宁[②]

摘　要：网络学习空间的建设是新常态下"互联网＋教育"的重要抓手，是推进学生个性化学习、构建现代新型教育体系的有效途径。本文通过分析目前全国职业院校专业教学资源库和各校本网络学习空间的建设优势和不足，以及外部环境的挑战和机遇，从教学资源建设、平台技术支持、空间管理制度三个方位提出相关改进策略。

关键词：职业院校；网络学习空间；个性化学习

随着信息技术的快速发展，信息化潮流对社会各领域形成了巨大冲击，也给教育界带来了新的机遇和挑战。对现在的学生来说，网络已成为他们的另一个生存空间，比起课堂上面对面的传统教学，他们更喜欢从网络学习知识、在网络上通过游戏或任务的方式进行操作训练。

而高职学生与本科生相比，生源渠道多样，知识层次、学习能力差异更大，传统的教学模式只能照顾中间层面的部分学生；同时职业教育本身强调"教学练做"的一体化学习模式，如何保证班上每个学生都能得到相应的关注、指导和练习，是高职教师遇到的最大难题。

网络学习空间是"互联网＋职业教育"的主要抓手，现代化信息技术的发展，为职业教育人才培养质量难题的解决提供了最佳的时机。但是，与现在雨

---

①　宁波市教育科学规划课题（2013YGH-136）。

②　沈励铭，宁波卫生职业技术学院讲师、硕士；朱宁，宁波卫生职业技术学院硕士。

后春笋般冒出的商业化在线课程平台、普通教育课程在线学习平台相比，职业教育网络学习平台有影响力的不多。教育部在 2010 年起推进建设的全国职业院校专业资源库目前也处于使用率、点击量难以提升的发展瓶颈期。

显然，职业院校网络学习空间建设虽然已正式起步，但还需要结合空间的内在优劣势和外部机遇挑战，全方位思考如何改进和推广。

一、网络学习空间的概念与建设意义

(一)网络学习空间的概念

教育部《网络学习空间建设与应用指南》中指出，"网络学习空间人人通"是"三通两平台"的重要组成部分，是构建网络化、数字化、个性化、终身化的教育体系与推动教育教学模式创新的有效途径，是由教育主管部门或学校认定的，融资源、服务、数据为一体，支持共享、交互、创新的实名制网络学习场所。

本文所指的职业院校网络学习空间主要包括两种情况，一是教育部牵头建设的全国职业院校专业教学资源库，还有一种是院校在原精品课程、天空教室等基础上建设发展的校本学习空间。

(二)职业院校网络学习空间的建设意义

从教育技术发展的角度来看，网络学习空间是综合运用信息技术解决教育实际问题的有效载体，是破解教育信息化 1.0 状态下出现的大量信息孤岛的重要手段，也将成为教育信息化公共服务的基本配置。

从职业院校人才培养角度来看，网络学习空间：一是能更好地适应高职院校学生的个性化需求。高职院校的生源，有基于高考的批次招生，有中高职贯通培养的学生，有基于技能考试的中职招生，还有学校自主招生等，学生前置学情差异很大。二是更适应高职院校学生技能型、应用型的培养需求。学生可以通过虚拟社区、虚拟职场的网络空间学习环境进行浸润式学习和操练，无须担心实训室预约等问题，同时也能更好地培养职业岗位素养、职业精神。三是适应职业教育服务社会发展的需求。既要为技能型人才的终身性学习服务，还要为促进行业进化发展服务。

显然,网络学习空间可以丰富高职院校的课程内容和教学手段。通过课堂教学的网络化、数字化、智能化,为高职院校学生营造开放、共享、交互、协作的学习环境,已是新时代教育教学大势所趋。

二、职业院校网络学习空间建设现状分析

教育部从 2010 年起正式启动职业院校专业教学资源库建设,各院校也在近几年纷纷启动校本网络学习平台建设,有的借助信息公司的技术力量,有的自主研发,逐渐形成了各有特色的网络空间 1.0 版。

表 1 职业教育网络学习平台建设现状

内部优势	外部机遇
1.大规模集成的优质职业教学资源 2.大量的校企合作平台	1.政府大力促进职业教育信息化发展 2.人工智能、自适应搜索引擎等新技术的开发完善
内部劣势	外部挑战
1.职业院校教师信息化水平的局限 2.高职院校学生学习能力和素质的局限 3.产教融合的不足	1.国际化、商业化开放对教育的冲击 2.新形势下职业教育人才培养的要求

(一)内部优势

1.大量的优质职业教育资源

从教育部牵头建设的专业资源库来看,目前建设项目达 109 个,现有课程 1810 门,资源数达 340 万以上,在线教师 26 万余人,在线学生达 460 余万人。大规模的职业教育在线课程资源已具备一定影响力。各院校的校本网络平台在原精品课程、共享课程等建设项目的基础上,也基本形成高职院校网络学习空间 1.0 版,翻转课堂、泛在学习的授课和学习习惯正在逐渐养成。

2.大量的校企合作平台

大量的校企合作平台是职业教育独有的优势和资源。高等职业教育质量年报专栏显示,近三年企业参与职业教育质量年报的从 2017 年的 469 家,到 2018 年的 866 家、2019 年的 1139 家,呈现持续增长趋势。可见在政府引导、行

业助推的形势下,学校与企业的合作育人模式更成熟、更紧密,专业链与产业链的衔接贯通模式正在逐步形成。大量快速发展的合作企业与职业院校在人才培养上形成了互相促进互为供需的人力资源供给链。

(二)内部劣势

1.职业院校教师信息化水平的局限

从现有网络空间资源来看,课程设计传统居多,未能结合实际工作过程,技能训练弱化与实践创新缺失;同时资源呈现方式较死板,大部分微课视频为教师授课视频片段或者授课 PPT 播放,表现方式单一,有些就是简单地把课程视频碎片化以后直接上线。另外资源上线后,缺乏互动和调整,更新慢,学生反映使用感不佳。导致这些问题出现的主要原因就是大部分教师存在着运用信息化技术能力不强的问题,同时上线时间紧张、设计不充分也是其中的重要原因。

2.高职学生学习能力和素质的局限

高职学生学情结构复杂,很多学生学习主动性不强,课题组去年做的一个调查发现,有 1/3 以上的学生选择传统教学,理由是"上课不累"。而愿意学习的那部分学生,往往缺乏有效的自我学习方法,需要老师实时关注和个性化指导;还有不少同学学习难以坚持,容易放弃,自主学习效率低。这些学情为职业教育的改革和发展带来相当大的阻力。

3.产教融合的不足

虽然职业院校有大量的校企合作平台,但网络学习空间的建设基本上是,以学校为主,企业大多只是作为被推广的对象——完成用户注册和资源查看学习等,未能在课程设计、资源建设、教学管理上共同参与,有些校本空间甚至不对企业导师开放。

(三)外部机遇

1.政府推进,大力促进职业教育信息化发展

2017 年初,国务院印发《国家教育事业发展"十三五规划"》,提出拓展教育新形态,以教育信息化推动教育现代化,积极促进信息技术与教育的融合创新发展,努力构建网络化、数字化、个性化、终身化的教育体系,形成人人皆学、处处能学、时时可学的学习环境,鼓励学校利用大数据技术开展对教育教学活动

和学生行为数据的收集、分析和反馈,为推动个性化学习和针对性教学提供支持。国家政策的纷纷出台,为职业教育信息化带来广阔的发展空间。

2.人工智能、自适应搜索引擎等新技术的开发完善

最近几年,国家全面实施战略性新兴产业发展规划,加快人工智能等技术研发和转化,国家政策支撑人工智能迅速发展并取得了丰硕的成果。中国人工智能企业数量从2012年开始迅速增长,截至2018年6月,中国人工智能企业数量已达到1011家,位列世界第二,从2013年到2018年第一季度,中国人工智能领域投融资占全球的60%。搜索引擎技术是互联网的核心技术,自适应搜索引擎能通过采集用户对搜索结果的选择来生成反馈信号,从而根据用户使用的实际情况进行自适应调整。这些互联网新技术的迅速发展,为职业教育网络学习空间的进化完善提供了技术可能。

(四)外部挑战

1.教育商业化开放的冲击

中国在线教育行业在2017年借助"直播"实现了规模化变现,2018年市场规模达2517.6亿元,付费用户达1.35亿人,高等学历教育和职业培训是市场主体,占比达80%。虽然目前中国在线教育行业在教育行业中仅占10%左右,政府也在2018年出台了相关制约政策,但企业受到的冲击依然不可小觑。

2.新形势下高职院校网络学习平台建设要求

从新形势下高职院校学生培养要求来看,高职院校网络学习平台应具备以下几个特点:一是知识的应用性。职业教育与普通教育是两种不同类型的教育,职业教育更加强调知识的应用性,强调基础、成熟和适用的知识,学习是为了今后岗位的实际应用。所以在教学内容和知识点的设计上,应该从岗位实际需求出发,围绕着一线生产的实际需要加以设计,知识结构需要重新搭建。强调以一线生产的实际需要为核心目标,在能力培养中特别突出对基本知识的熟练掌握和灵活应用,实现线上线下的学习相通。二是个体的发展性。网络学习平台的学生个人空间同时也应该是准员工的个人空间,能够呈现特有的职业教育成长轨迹,能够实现专业教师、企业导师、思政辅导员等的交叉协同育人,能够给予学生个性化的指导和服务,还能够保证随着学生走上工作岗位后学习的

持续性,实现终身教育。三是实践的创新性。网络学习平台不单单是学生学习和练习的场所,更应该是了解岗位、琢磨技能、创新设计的校企一体育人、协同发展的场所。

三、职业院校网络学习空间改进策略

(一)教学资源建设改进策略

1. 线上教学资源组织管理的结构化

从教学内容结构来看,先讲理论再讲应用的方式已很难吸引职业院校现在的学生。应该从实际应用出发,从浅到深、从易到难设计任务或者项目,并将理论知识贯穿在任务设计中。同时不能简单地把课程学习资源划分为视频学习资料和练习两类,而是应该多采用贯通式学习的方法:学生每观看一段视频,然后需完成一个或多个练习,对操作要点或者知识点进行巩固,接着讲解练习要点,强化知识应用,然后再接入新的内容,继续观看,进入下一个学习环节。一节课学完以后,可以配套安排一个"问题设置"的环节,比如一个线下实践活动或者课后思考作业。学生完成配套作业或者项目后,再开启下一次课程的学习。这样将原来相互独立的学习资源转化成一整套结构化的组织管理模式,将课程的短视频、随堂练习或测验、线下实践活动等有机连接起来,形成一个流畅而贯通的学习路径,即学习链,学生可以边学边练边巩固,顺利完成课程的学习。

2. 线上教学资源形式的游戏化

"直播"是目前最受青年人欢迎的网络沟通方式之一,中国互联网络信息中心(CNNIC)发布的第41次《中国互联网络发展状况统计报告》显示:2017年,中国网络直播用户规模达到4.22亿,年增长率达到22.6%。适当的"直播"教学能加强与在线学生的交流,让每一个学生都能实时发表意见、建议和疑问,从而更好地促进教与学的交互发展。同时,还可以针对企业一些工作现场开展直播活动,让学生和社会人员更直观、深入地了解职业岗位工作和成果。

现有的课程微视频中则可通过设置特殊场景、典型实例动画或表演、实时互动问答等方式展示知识点,使学习过程游戏化,尽量避免大段的复杂冗长的讲解,营造轻松活泼的课堂氛围,增加学习乐趣,配合职业院校学生的性格特点,提高学生的学习效率。

3. 职业技能等级证书模块的拓展

2019年1月,教育部发布《国家职业教育改革实施方案》,强调要把职业教育摆在教育改革创新和经济社会发展中更加突出的位置,启动"学历证书+职业技能等级证书"制度试点工作。作为毕业生、社会成员职业技能水平的凭证,拓展职业技能等级证书的线上资源建设模块,一方面可以促进书证融通、育训结合,通过人才评价模式改革带动职业教育质量提升;另一方面也可大大提高职业教育网络学习空间的使用率。

(二)技术支持改进策略

支持层是个性化学习平台(空间)运作、发展、服务的核心,需要由学校信息技术管理部门、教学管理部门和信息技术服务公司共同配合完成建设。

1. 个性化服务的技术支持

自适应技术、移动技术等的快速发展使个性化学习有了可靠的技术支持,美国高等教育信息化协会创新学习组织将"自适应学习"作为2016年教与学的关键问题之一。随着可穿戴技术、智能技术的快速发展,平台可以将学习全过程的数据链作为分析源,对学习者的学习过程、学习行为和学习效果进行大数据计算分析,建立基于人工智能与用户之间的互动关系的需求——反馈机制。通过对学习资源建模、用户特征建模和个性化引擎等提供个性化服务的技术支持,为学生提供精准的个性化服务和教学资源推送服务。

2. 虚实结合的学习环境技术支持

网上学习环境要与现实学习环境无缝对接,对高职教育来说,主要指建设完善技能操作训练环境和知识能力学习环境。

一是技能操作训练环境的虚实结合。互联网的核心就是"个体独立,万物互联",通过物联网技术,将学生线下的练习数据与虚拟训练无缝对接,实现职业教育技能操作训练的全方位数据集成。

二是知识能力学习环境的虚实结合。学生通过学校各类专业资源库或"云课堂"等教育 App 随时在不同环境下进入自己的学习空间进行学习,从而使学生能主动掌控自己的学习进度、学习时段,提高学习效率。线下课堂将主要解决学生知识向能力的迁移与创新思维、批判性思维、问题解决等能力的培养,实现学校教学模式的全面改革。

(三)平台管理运行制度改进策略

根据平台运作特点、提供服务要求以及进化目标,由学校信息技术和教学管理部门制定相关管理制度,如网络学习空间管理办法、用户政策、数据管理制度等,落实《中华人民共和国网络安全法》等相关法律法规和政策要求,保障平台运作安全流畅。

根据线上学习特点,由学校教学管理部门制定相关教学要求,如微课建设标准、教师和学生使用手册、课程考核要求等,同时大力推动建立教师和学生的信息化培训制度、课堂教学质量大数据画像制度等,使职业教育网络学习空间等使用常态化、规范化、活跃化。

"技术引领学习变革,学习回归教育本真。"互联网、大数据、人工智能等技术广泛应用的新技术时代,要求教师尊重学生的个体差异,激发学生的个性潜能,落实"以学生为中心"的教育观,创新教育服务供给,提升教育管理水平,大力开展新形式的职业教育,加快推进职业院校网络学习空间的建设与改进,为社会主义经济发展提供大量的优秀的技术技能型人才。

参考文献

[1] 教育部. 网络学习空间建设与应用指南[EB/OL]. http://www. moe. gov. cn/srcsite/ A16/s3342/201805/t20180502_334758. html.

[2] 国务院. 国家教育事业发展"十三五"规划[EB/OL]. http://www. gov. cn/zhengce/content/2017-01/19/content_5161341. htm.

[3] 艾瑞咨询. 中国在线教育行业发展研究报告(2018 年)[R/OL]. http://report. iresearch. cn/report/201902/3336. shtml? s=enable.

[4] 中国互联网络信息中心. 第 41 次中国互联网络发展状况统计报告[R/OL]. http:// www. cac. gov. cn/2018-01/31/c_1122347026. htm.

[5] 国务院. 关于印发国家职业教育改革实施方案的通知[EB/OL]. http://www. gov. cn/

zhengce/content/2019-02/13/content_5365341. htm.

[6] 刘明月,白如江,于纯良,等.基于人工智能的科技情报需求自动感知研究[J/OL].情报理论与实践.网址? http://kns. cnki. netkcmsdetail/11. 1762. g3. 20190508. 1105. 002. html.

[7] 张进良,郭绍青,贺相春.个性化学习空间(学习空间 V3.0)与学校教育变革——网络学习空间内涵与学校教育发展研究之五[J].电化教育研究,2017(7):32-37.

◎基于"三方联动"视角的高校创新创业教育生态体系的构建与改革研究[①]

王青迪[②]

摘　要：当前国外发达国家的大学生创新创业生态教育已经形成了相当完善的体系。我国大学生创新创业教育还存在文化氛围缺失、创新创业教育体系及创新创业教育支持体系不完善等多方面的问题。生态体系不完善是制约我国大学生创新创业教育发展的现实瓶颈；国内大学生创新创业教育"生态体系"研究刚刚起步，相对薄弱。高校、政府、企业联动培养创新创业型人才，有利于发挥各育人主体的资源优势，激活资源存量，放大资源效能，实现联动方利益最大化。文中分析了国内外大学生创新创业教育生态体系的现状，并对比目前中国基于"三方联动"视角的高校创新创业教育生态体系的现状及存在的问题，提出高校创新创业教育生态体系的构建与教育改革的必要性。

关键词：联动培养；创新创业；生态体系；教育改革

一、引　言

在大众创业、万众创新的大形势下，我国大学生创新创业教育生态体系的构建也势在必行，此次研究的基于"三方联动"视角的高校创新创业教育生态体

---

①　2019年浙江省教育科学规划研究课题（2019SCG110）；2018宁波教育学院校级科研项目（NJY201805）；2016年度中国高校创新创业教育改革研究基金项目（16CCJGO1Z005）。

②　王青迪，宁波幼儿师范高等专科学校助理研究员。

系的构建与改革研究具有很重要意义。教育部在《关于大力推进高等学校创新创业教育和大学生自主创业工作的意见》中指出：在高等学校开展创新创业教育，积极鼓励高校学生自主创业，是教育系统深入学习实践科学发展观，服务于创新型国家建设的重大战略举措；是深化高等教育教学改革，培养学生创新精神和实践能力的重要途径；是落实以创业带动就业，促进高校毕业生充分就业的重要措施。《2017年中国大学生创业报告》显示，中国大学生的创业意愿持续高涨，26％的在校大学生有强烈或较强的创业意愿，高职院校大学生更是踊跃创业，敢于创新。

《2017中国高等职业教育质量年度报告》指出，2016年高职毕业生毕业半年后自主创业比例与2015年持平，为3.9％，与2012年相比提升了1个百分点，高校"双创"教育成效显著。同时，社会对高校创新创业教学与人才培养提出了更高的要求和更多的挑战。大学生创新创业教育生态体系的核心功能不是仅"培养创业者"，而是要切实体现国家关于创新创业教育"面向全体、结合专业、融入人才培养全过程"的要求，有效提升学生的创新创业意识与能力。研究"大学生创新创业教育"是建设创新型国家、提升高等教育质量的时代诉求；大学生创新创业教育"生态体系"研究是国际性的前沿热点问题；联动育人的关键是加强大学生创新创业教育研究；构建大学生创新创业教育生态体系是现阶段开创高校创新创业新局面的紧迫任务。因此，有必要尝试建立政、校、企三方联动的高校创新创业教育生态体系，并促进高校创新创业教育全面发展，培育具有中国特色的创新创业人才，把高校建设成为支撑经济社会发展、破解科技难题、引领创新驱动发展的创意高地、创新中心、创业沃土。

二、"三方联动"视角的高校创新创业教育生态体系现状研究

（一）国内研究

创业教育生态发展薄弱是我国高校创新创业教育生态体系建设的现实困境，亟待突破的瓶颈是创新创业师资相对匮乏、课程体系设置与具体实践脱节、创新创业教育与专业教育融入不够、创新创业教育的协同机制和外部支持体系

不完善等问题。如何充分发挥高校、政府、企业行业在创新创业教育中的优势，需要政府强化引导、企业积极参与、高校推进实施。目前中国大学生创新创业教育生态体系建设，必须强调树立新的创业教育观。教育生态发展观，强调创业教育目标是整个创业教育生态体系的基础，强调要突出高校的主体地位，强调应该分类实现创业教育的生态化培育，强调必须突出创新创业教育体系建设的"本土化"。根据麦可思研究发布的《2018年中国高职高专生就业报告》数据，图1为2015—2017届大学生毕业半年后自主创业的比例变化趋势。从中可以看出，2017届大学毕业生半年后自主创业的比例是2.9%，与2016届（3.0%）、2015届（3.0%）基本上是持平的。因此，从近三年的趋势可以看出，大学毕业生自主创业的比例比较平稳。

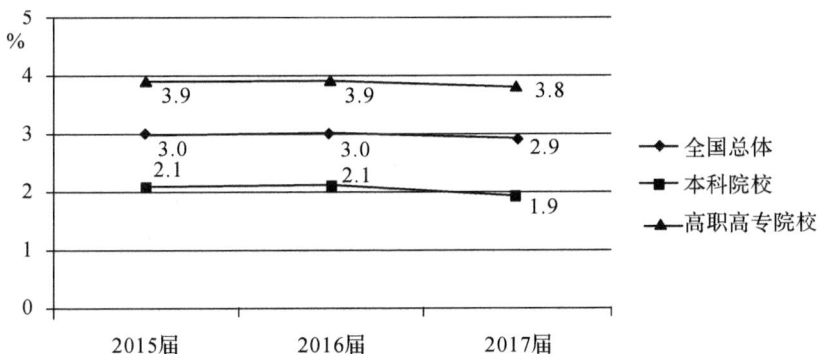

图1　2015—2017届大学生毕业半年后自主创业的比例变化趋势

数据来源于麦可思—中国2015—2017届大学生毕业培养质量的跟踪评价

由于我国大学生创业服务发展时间较短，创业服务中存在着很多不完善的方面，具体有以下几点：

（1）政府方面：忽视公众需求、服务水平不高、缺乏战略性规划；

（2）高校方面：理念认知不明确、创业指导服务定位不清晰、创业指导服务研究不够深入；

（3）社会方面：社会资源整合力度不够、市场创业资源配置不合理、缺乏良好的社会创业生态；

麦可思研究院发布的《2016年中国大学生就业报告》蓝皮书显示，近三年来，中国大学生毕业半年后就业率基本持平，保持在92%左右的就业率。在经济下行压力增大的形势下能够取得如此成绩，其中很大一部分贡献来自大学生自主创业。提高大学生创业指导服务，既能够提升高等教育服务社会的能力，加快科技成果转化和产业结构优化升级,同时也能够发挥以创业带动就业的倍增效应,借此改善和保障民生,激发全民族的创新潜力,建设创新型国家。因此,加快完善大学生创新创业教育生态体系,为大学生创业营造良好的创业环境,释放大学生的创业活力,提高大学生的创业能力和成功率,是各级政府、高校以及社会企业共同的责任。无论是从"大众创业""万众创新"体系的整体布局来看,还是从高校引领创新创业角度来讲,建立大学生创新创业教育生态体系势在必行。

(二)国外研究

1. "三螺旋"关系模型

1995年,亨利·埃兹科维茨(Etzkowitz)首次提出了"大学—产业—政府"三者互动、螺旋上升的"三螺旋"关系模型,解释了创业型大学的发展模式。

2. 邓恩的"创新创业生态体系"论

2005年,凯瑟琳(Katharine Dunn)在分析麻省理工学院的创新创业教育时提出,"该校已形成创新创业生态体系",分析了其构成及运行机制。

3. 创业方盒理论

2007年,卡尔(Carl J. Schramm)认为由四大机构构成创业生态体系,分别是创业型企业、传统企业、高等院校和政府部门,为创业教育生态体系的构建带来了全新的借鉴和启迪。

4. 世界经济论坛的"三要素"结构论

2009年,世界经济论坛(WEF)强调高校创业教育作为一个生态体系,以个体和中间人为中心,创业学术机构、商业企业和政府围绕中心形成支撑。

5. GEM的创业生态体系框架理论

包括融资渠道、政府政策、政府创业规划、创业教育、研发转移、商业和法律基础、市场开放性、物理基础设施以及文化和社会规范等9个方面。

6. 菲特斯的创业教育生态体系建设的"成功要素"论

菲特斯提出了基于大学的创业生态体系,认为强有力的院校支持、持续的财政资源、合适的组织模式是保障创业教育生态体系的重要因素。

7. 斯坦格勒的创业生态体系活跃度理论

斯坦格勒 2015 年提出创业生态体系活跃度的 4 大指标,分别是密度、流动度、关联度和多元性。

国内外学界都已开始重视创新创业教育的生态体系建设研究,尤其是在对国外相关案例研究与启示借鉴方面,有较好的探索与积累。但中国有着特殊国情、特殊文化、特殊的教育体制和政策环境,不能照搬国外。如何按照这些特殊性实际,建设符合中国实际的、与创新创业型人才培养目标紧密结合的、更具操作性的大学生创新创业教育生态体系,仍有很大的研究空间。例如:需要加强理念与制度、要素与结构等基本理论问题的研究,需要对高校创新创业教育生态体系建设进行全面调研分析,需要建立多维的中外高校创新创业教育生态体系综合比较,需要深入研究顶层设计、主体协作、体制机制等关键问题。

三、"三方联动"视角的高校创新创业教育生态体系存在的问题

中国大学生创新创业教育是指大学生在大学期间参加过的创新创业教育,包括"创业辅导活动""创业教学课程""创业竞赛活动""创业实践活动""其他"。大学生可以选择参加多类教育。大学生进行创新创业教育后,会再评价该类教育对其工作或学习是否有帮助。创新创业教育有效性=参加过该类教育并表示有帮助的人数/参加过该类教育的人数。图 2 是 2017 届高职高专毕业生接受母校提供的创新创业教育及认为其有效的比例。可以看出,2017 届高职高专毕业生接收母校提供的创新创业教育主要包括创业教学、创业辅导活动以及创业实践活动(分别为 44%、41%、34%),其有效性分别为 65%、69%、78%。

我国高校的创新创业教育起步比较晚,正处于探索阶段,创新创业教育开展的主要是理论课程。然而,这种传统的教育方式离理想的预期目标还有一定距离,且存在着诸多的问题。一是定位不够科学。一些人认为开展创新创业教育是因为就业困难,所以需要鼓励毕业生自主创业。而他们自己的学校就业情况好,并不需要开展创新创业教育。还有一些人认为只有少数毕业生会选择自主创业,开展创新创业教育的需求和意义并不大,所以没有积极性。很多高校

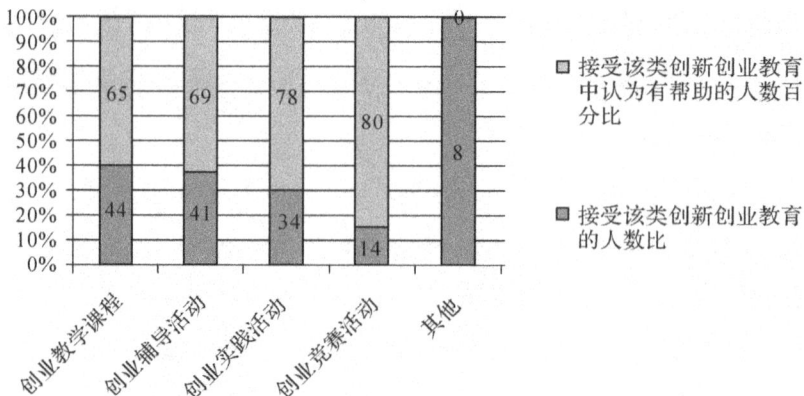

图2 2017届高职高专毕业生接受母校提供的创新创业教育及认为其有效的比例

数据来源：麦可思—中国2018届大学毕业生培养质量跟踪评价

的创新创业教育处于"正规教育"之外的"业余教育"或"精英教育"。由于基础设施方面的投入不足，无法满足教学需要，很多创新创业教育课变成了教师的演示课。谈合同，跑市场，办企业，也只是老师在黑板上演示而已。二是师资不够专业。创新创业教育要求教师具有较高的创新意识和拓展能力，既要求有相关学科的理论知识，又要求具备一定的创新创业经验。但是，这两种综合素质都具备的老师目前还十分紧缺，能够洞察学科前沿的专家型创业者则更少。大多数高校创新创业教育教师缺乏创业实践的经验，甚至没有在企业就业的经历，因此在对学生进行创业实践指导时常常显得力不从心。虽然一些学校也聘请了一批企业工作者作为客座教师，但是大多以讲座的形式进行，所以在授课内容上也没有成体系。三是课程体系不够系统。目前很少有高校具有完整的创新创业教育课程体系，不具备将创新创业教育纳入学校的教学计划或有针对性地指导学生进行创新创业活动的能力。对以理工科为主的学校进行调研，结果显示：约有1/3的学校开设了创新管理类的课程，仅有1/20的学校开设了创业类教育课程，极少有学校将这两者结合起来。

（一）要克服形式主义

"双创"中的形式主义主要表现为口号大于行动，注重场面热闹而无实质性行动；或用运动式思维对待"双创"，创业、创新一阵风，水过地皮湿，走过场。一些地方把一些低端产业园区甚至菜市场简单改造后一夜之间就挂上创客空间的牌子；一些地方用跑马圈地的方式建立"双创"园区或"双创"基地,用招商引资的方式引进一些创客或创业创新平台,看上去很热闹,但由于没有真正落实国家有关政策,没有建立创业、创新生态,使基地、园区难以维持运营;一些地方急着树典型、出业绩,把一些没有实质性效益的项目包装为成功案例,宣传虚假创业、创新成效。出现形式主义的原因在于没有深刻领会"大众创业、万众创新"的精神,存在"一哄而上""大炼钢铁"的运动思维,或者是无所作为、消极应付的懒政思维作祟。这种形式主义的东西在"双创"未来发展中必须杜绝。

(二)盲目创业容易走向失败

一提起创业,很多大学生的脑海里可能都会浮现出那些成功人士,想到自己在不远的未来可以开着法拉利出入高级场所就非常兴奋。但实质上,这些都是假象,每个人创业成功的故事背后都会有一些不为人知的经历,这些经历,也不是每个人都可以承受的。很多大学生往往把自己的未来想得很简单,认为只要自己想干就一定可以成功,但是往往在筹备了一些资金之后,便以失败告终。对于刚开始创业的人来说,很难找到最佳的创业平衡点。

(三)忽视市场的需求,缺乏相关的策略

很多创业失败的大学生在创业的初期都是一腔热情地相信自己的产品,并没有考虑到市场的需求。因为没有市场的需求就没有收入来源。仅仅有一些设计的模型是不够的,那样的创业计划只能"流产"。虽然创业者愿意付出时间和精力让梦想变成现实,但是绝大部分的创意都不可能成为真正的商业机遇。

四、"三方联动"视角的高校创新创业教育生态体系构建与改革

以国内外创新创业教育生态体系为研究对象,以基本理论问题研究为前提,在现状调研和国际比较基础上,重点破解制约高校创新创业教育生态体系建设的顶层设计、主体协作和体制机制三个核心难题,构建高校大学生创新创业教育生态系统及其实践路径,并研究大学生创新创业教育生态系统的联动机制。

(一)高校创新创业教育生态体系建设的理论依据

1.理论基础

生态系统的概念是由英国生态学家坦斯利(A.G.Tansley,1871—1955)在1935年提出来的,指在一定的空间和时间范围内,在各种生物之间以及生物群落与其无机环境之间,通过能量流动和物质循环而相互作用的一个统一整体。随着对生态系统及社会组织结构认识的不断深入,人们发现,人类社会的组织、运转和生物学意义上的生态系统极为类似,并将"生态系统"这一概念大量引入到社会科学领域。"双创"生态系统作为新理念衍生于商业生态系统相关研究,国内外研究人员对"双创"生态系统开展多项研究形成了"双创"生态系统理论基础。我国学者徐阳提出了"创业教育生态发展体系"的概念,即包括高校、政府、企业、家庭、学生等多个子系统在内的,相互影响、相互作用、协同发展的生态系统。

2.核心概念

高校创新创业教育生态体系由高校、政府、企业等多元主体和课程、项目、资源、政策等多种要素构成,是具有鲜明内生动力性、互利共赢性、自我调节性、可持续发展性的育人体系,是落实创新驱动发展战略、推动高等教育综合改革、提升创新创业人才培养质量的必然要求,国家高度重视、多年发展基础、国内外理论和实践上的共识等决定其具有可行性。

(二)高校创新创业教育生态体系建设的顶层设计

按照党和国家关于高等教育的新理念新思路新观点,在国家发展总体视域中生成中国特色的生态体系,推动注重单一资本逻辑导向的创业教育走向价值逻辑与市场逻辑的统合,发挥其在涵育社会主义核心价值观、加快"双一流"建设、创新人才培养等方面的重要作用。当前高校开展"双创"工作面临师资不足,缺乏企业管理经验、融资渠道等诸多问题,主要原因是传统高校的社会分工并不包含这些内容。因此,高校"双创"工作不应该局限于高校内部,需要走出去吸引政府、孵化器、风险投资等社会资源来不断丰富高校"双创"工作内涵。通过政府、企业、高校联动,整合各类资源,构建全方位大学生创新创业教育的生态体系是有必要的。"双创"生态系统以技术、资本和信息的生产、转移为中心,其中高校提供技术、人力资源,企业提供资金、管理经验、场地,政府提供交流合作平台、政策支持。借助"双创"生态系统,高校与企业、政府之间进行频繁互动,突破学科界限,逐步将创新创业教育延伸到各个领域,最终促进高校科研成果的资本化和产业化。综上所述,"双创"生态系统结构,如图3所示:

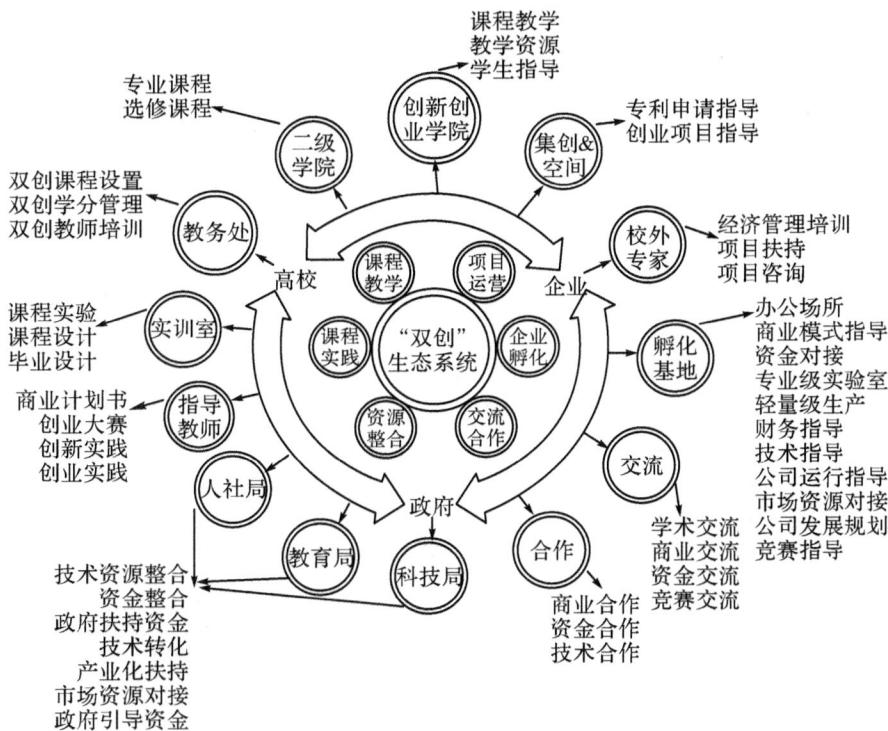

图3　"双创"生态系统图

(三)高校创新创业教育生态体系的课程改革

目前社会对大学生创新创业教育的热门话题,主要趋向于两个问题:大学生创新创业教育定位和对高校"双创"环节中的定位与功能。在广谱式教育中,培养学生创新创业理念和意识越来越被认可。课题组前期研究"三阶递进式"、层级式教育,得到其他高校的实践运用,即要搭建"创新创业知识普及—创新创业项目团队训练指导—创新创业竞赛—创新创业成果转化"的立体互通式大学生创新创业实践体系。"广谱式"创新创业教育是我国高校创新创业教育发展的主要趋势,创新创业教育的基本目标是"全覆盖""分层次""差异化"。高校在政、校、企三方联动基础上,去更好地完善课程体系建设,这里结合"广谱式"和

"三阶递进式"两种目前被社会认可的创新创业教育模式来构建,即学习、模仿、实践3个阶段的"教学—练习—实践"三位一体的高校"双创"教育课程体系,提高学生的参与度和体验度。其中在学习阶段学习者主要学习本专业的理论知识,掌握实践技能,了解行业发展和新技术,以及"双创"相关知识,主要包括专业基础课程、技术基础课程、选修课程、双创基础课程等4个课程模块;在完成学习阶段的内容后,部分学习者会产生创意,希望可以尽快开始创业实践,通过创业模拟阶段,编写商业计划书、参与模拟路演、社会实践、双创竞赛活动等;将学习者之前学习的内容应用于实践,积累经验,同时通过讲座、培训等形式帮助创业者解决各类问题。最后,创业团队经模拟后可以进入实践阶段,通过"双创"基地、众创空间、孵化器注册企业等完成从学习者向创业者的转变。具体见图4"三位一体"的高校"双创"教育课程体系。

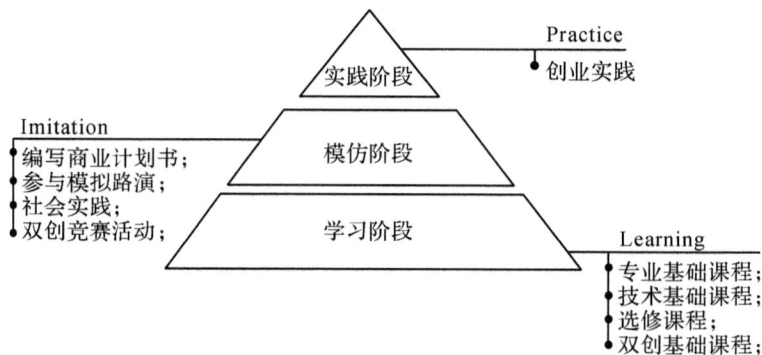

图4 "三位一体"的高校"双创"教育课程体系

五、结 语

在高校开展创新创业教育,不仅关系到大学生毕业后的就业,更关系到我国建设创新型国家战略的实施进程。面对现阶段高校创新创业教育中存在的诸多问题,当务之急是构建大学生创新创业教育的培训系统,打造像生态系统一样的良性循环体系,从而全方位地支持大学生参与创新创业教育以及项目实践。再通过实践,举办个性化的创新沙龙,将课堂延伸到实践,真正实现"三方联动",激发和增强不同学科、不同领域的学生创业者的交叉融合,最终通过"三方联动"的教学改革为学生提供个性化指导服务。

参考文献

[1] 王青迪. 基于政、校、企联动的大学生创新创业教育生态体系建设[J]. 宁波职业技术学院学报,2019(2):66.

[2] 麦可思研究院.2018 年中国高职高专生就业报告[M].北京:社会科学文献出版社,2018:125.

[3] 王京生.中国双创发展报告(2017—2018)[M].北京:社会科学文献出版社,2018:34.

[4] 王青迪,林聪伶,单正义. 高职院校"三阶递进式"模式构建的研究与探索[J].浙江工贸职业技术学院学报,2017(3):73.

◎网络自主学习环境下大学生英语学习策略与学业成绩的元分析[①]

蒋　红[②]

摘　要:本文采用元分析方法对国内网络自主学习环境下非英语专业大学生学习策略与英语学习成就之间关系强度进行探讨,并进一步探讨自主学习策略分类及学习内容等变量对两者关系的调节作用。经筛选,共有33篇论文154项学习策略与学习成绩的相关研究符合元分析标准(N＝4368)。元分析的结果表明,网络自主学习环境下学习策略与学习成就存在显著的中等相关,在所有学习策略中,元认知策略与学习成绩的相关性最高,英语听力成绩与非认知学习策略呈较为显著的相关关系,学习成绩测试类型、学习策略量表类型是调节学习策略与学业成绩关系的潜在因素,出版类型的调节效应不显著。

关键词:元分析;自主学习;学习策略

一、引　言

随着教育信息化的加速推进及信息技术与教育教学的深度融合,基于网络环境的自主学习已成为当代大学生重要的学习方式。网络自主学习模式能充

————————————

　　①　本研究为浙江省教科规划课题"基于 MOOC 数据的学习者学习行为分析研究——以某学院 MOOC 公选课为例"(2018SCG118)的阶段性成果。
　　②　蒋红,宁波幼儿师范高等专科学校学生处副处长、副教授。

分满足学习者的个性化学习需求,有传统教育模式不可比拟的优势,但网络自主学习环境下的学习效果很大程度上取决于学生自主并积极参与学习过程的能力,需要学习者利用学习策略进行有效调节与控制。在教育部的推动下,以计算机和网络技术为支撑的自主学习教学模式在英语学科得到了广泛应用,教育部《大学英语课程教学要求》文件明确将学习策略作为英语学习内容之一,并将提升学习者的自主学习能力作为教学模式的改革目的之一。在这种形势下,研究网络自主学习环境下学习成绩与学习策略的关系,以及如何在网络环境中培养学习者的自主学习能力和提升学习策略水平就尤为必要。然而并未有研究者对网络自主学习环境下的学习策略与英语成绩进行整合分析,且尚未得出一致结论。本文以网络自主学习环境下的非英语专业大学生英语学习为例,通过分析国内网络自主学习环境下大学生学习策略与英语成绩的关系,以期得出学习策略与学习成绩间的整体效度,并尝试找出导致各研究结果之间差异的原因,为网络自主学习环境下的英语教学实践提供参考。

二、相关研究

(一)网络环境下的自主学习

网络环境下的自主学习是指学习者在以网络技术为支撑的教育和管理环境下,主动地运用和调控各项学习策略从而自主完成网络课程的学习。相对于传统的教学环境,在基于网络环境自主学习模式中,自主学习及自主学习能力的培养被放到更为重要的地位。学习者由传统的课堂教学转变为网络环境下的自主学习,必须发挥主动性和创造性完成各项学习任务。而有效的学习策略是促进学习者自主学习能力提升的关键,学习策略研究在帮助学生提高学习成绩的同时,提升学生自主学习的能力,使学生真正成为有效的学习者和终身学习者。因此,网络环境下的自主学习研究应结合学习策略的研究。

(二)学习策略

学习策略是指学习者在学习活动中有效的学习规则、方法、技巧及调控方式。学习策略是促进自主学习能力提升的关键,自主学习能力的培养必须要有一定的策略作保障。不同研究人员对语言学习策略有着不同的定义和分类。O'Malley 等人把学习策略定义为学习者用以帮助理解、学习和记忆新信息的想法或行为,把学习策略分为元认知策略、认知策略和社交/情感策略三大类。该分类是目前最为广泛接受的分类。其中认知策略是指学习者用以加工信息的策略,如重复、推理和分析,元认知策略是与学习过程相关的策略,如组织、计划和监控,社交/情感策略是指与他人相关的策略,如与同伴合作、澄清问题等。

(三)学习策略与学习成绩关系

已有学者对传统教学环境下学习策略与学习成绩的相关性进行综合分析,如张正厚等人使用元分析方法对国内外语言学习策略与英语成绩的相关性进行整合研究,研究认为国内外二语成绩和学习策略均为正相关。

国内研究者也广泛开展了网络自主学习环境下学习策略与学习成绩间的相关研究,但对两者间关系的研究结果不够统一。首先是研究结果差别较大,相关系数大小从负数到 0.9 都有人报告。即使在同一个研究中,不同学习策略的相关性有正有负,如孙祎通过皮尔逊相关分析得出认知策略、元认知策略等与听力成绩呈显著正相关,而情感策略与听力成绩呈显著负相关。较大多数研究者关注学习策略与整体学习成绩的影响,也有不少研究者单独对英语听力、写作或口语等英语技能学习进行实证研究,得出不同结果。

基于此,本文用元分析方法对网络自主学习环境下学习策略与英语成绩的相关性进行全面梳理,主要关注以下问题:网络自主学习环境下的英语学习成绩和学习策略是否相关? 又有哪些变量会对两者关系产生调节作用?

三、研究方法与过程

元分析是一种研究方法,能对特定研究领域的众多研究结果加以客观量化和整合,以弥补单个研究的偏倚和特殊性,并可检测导致研究结果分化的调节变量。本研究借助元分析方法对非英语专业大学生在网络自主学习环境下的学习策略和英语学习成就间相关性展开分析,并围绕学习策略与学习成绩相关性的总体效应量、调节变量下的效应量展开研究。

（一）文献检索

为找出研究国内网络自主学习环境下非英语专业大学生学习策略与英语学习成绩相关的论文，笔者在中国知网上借助专业检索工具，检索表达式为：SU＝（'自主学习'＋'自我调节学习'＋'自我定向学习'＋'自我管理学习'＋'自我监控学习'＋'元认知'＋'自我效能感'＋'焦虑'＋'监控'＋'动机'＋'支持'）AND SU＝（'网络'＋'在线'＋'MOOC'）AND SU＝（'大学生'）AND SU＝（'英语'）AND AB＝（'学习成绩'＋'学业成就'＋'学习效果'）AND FT＝（'相关'＋'皮尔逊相关'），检索主题为"自主学习"或"自我调节学习""自我管理学习""自我监控学习"，并且主题为"大学生网络"或"在线学习环境下的英语学习"，且摘要中出现"学习成绩"或"学业成就"或"学习效果"，并且全文中出现"相关"或"皮尔逊相关"的论文。检索后再通过文献回溯法进行滚雪球式的检索。

（二）文献筛选

初步检索到61篇论文，通过文献筛选后符合条件的为33篇，筛选标准及过程如下：（1）研究的是非英语专业大学生进行网络自主环境下英语课程的学习；（2）研究类型为实证研究；（3）须提供自主学习策略与学习成绩的相关系数 r 或者可以转化为 r 的统计值；（4）学习策略须为单一策略而不是策略的整合；（5）数据重复发表的只取其一。如果学位论文被改成论文发表在学术刊物上且报告了相同数据，则以发表的期刊论文为准，否则使用学位论文里的数据。经过筛选最后有33篇文献符合上述筛选要求。

（三）文献编码

在进行元分析之前，还要对每项研究进行编码。主要包括以下编码项目：（1）文献信息，包括作者及出版年份；（2）论文信息，期刊或者学位论文；（3）学习策略类型；（4）研究样本信息；（5）量表工具信息；（6）学业测量形式信息，如大学英语四级（CET-4）或者课程成绩；（7）英语学习技能（口语、听力、写作、阅读、综合）。

共有33篇文献154个独立样本符合元分析标准（N＝4368），具体信息见表1。前后相隔1个月进行独立编码，并对两次结果进行比对，编码结果的一致性超过85%。为确保编码效度,在出现前后编码不一致的时候,与该领域的专家进行讨论,一直持续到达成共识。最后将这些编码数据输入 CMA 2.0(Comprehensive Meta Analysis)软件,采用相关系数指标,并依据 Cohen's d 标准对元分析结果进行分析。

表1 纳入元分析的论文

	作者及年份	语言学习技能	出版类型	样本量	量表工具	学业成绩
1	尚建国(2016)	综合	期刊	268	MSLQ	英语四级
2	孙秋丹等(2010)	综合	期刊	238	SILL	英语四级
3	邓海龙(2011)	综合	期刊	325	其他	课程成绩
4	贺子夜(2008)	听力	期刊	47	MRS	课程成绩
5	孙祎(2007)	综合	学位论文	40	SILL	课程成绩
6	李晓玲等(2012)	综合	期刊	164	其他	课程成绩
7	李蓓蓓(2015)	综合	期刊	285	其他	江苏省三级
8	李京肽(2012)	综合	期刊	30	其他	英语四级
9	陈亚轩(2007)	综合	期刊	31	其他	课程成绩
10	邬易平(2001)	口语	学位论文	21	其他	英语四级
11	李晓玲等(2013)	综合	期刊	62	其他	课程成绩
12	杨东焕(2014)	综合	期刊	284	其他	课程成绩
13	王小梅(2006)	听力	学位论文	80	MRS	课程成绩
14	陈雪华(2011)	阅读	学位论文	31	MRS	英语四级
15	房君(2011)	综合	学位论文	177	其他	英语四级
16	元燕(2012)	综合	学位论文	162	其他	英语四级
17	熊苏春等(2014)	综合	期刊	232	SILL	课程成绩
18	熊苏春(2015)	综合	期刊	232	其他	英语四级
19	邓志伟(2010)	综合	学位论文	80	SILL	课程成绩
20	王萌(2016)	综合	学位论文	264	其他	英语四级
21	姜敬(2008)	听力	学位论文	54	SILL	英语四级
22	李晓燕(2010)	听力	学位论文	61	MRS	课程成绩
23	杨臻(2009)	听力	学位论文	151	其他	英语四级
24	凌茜等(2012)	听力	期刊	60	SILL	英语四级

	作者及年份	语言学习技能	出版类型	样本量	量表工具	学业成绩
25	王晓龙(2014)	听力	期刊	60	MRS	课程成绩
26	刘姗(2006)	听力	学位论文	94	SILL	课程成绩
27	殷小娟等(2016)	综合	期刊	101	其他	课程成绩
28	杨安文(2011)	听力	期刊	65	MRS	课程成绩
29	龚维国(2011)	综合	学位论文	160	其他	英语四级
30	马秀华(2009)	听力	学位论文	76	MRS	英语四级
31	何明霞(2012)	综合	学位论文	356	MRS	英语四级
32	刘敏娟(2011)	听力	学位论文	47	MRS	英语四级
33	陈立波(2010)	听力	学位论文	30	其他	课程成绩

注:MSLQ指Pintrich的学习动机与策略量表,MRS指O'Malley和Chamot的自主学习策略量表,SILL指Oxford的语言学习测量量表,其他包括徐锦芬的非英语专业大学生自主性英语学习能力调查量表或自编量表。

(四)出版偏倚与同质性检验

在元分析研究中,需要先识别是否存在出版偏倚检测(Publication Bias),才能确保元分析研究结果的科学性。一般用效应量分布漏斗图(Funnel Plot)对称性检验和Egger's检验等方法进行评价。通过绘制研究样本的效应量分布漏斗图,大部分效应量分布在漏斗图的中上部分区域,且基本对称分布在漏斗图的平均效应量的两侧,同时Egger's回归检验结果表明偏倚不显著($p > 0.05$),结果均表明本次元分析存在出版偏倚的可能性较小。

对154个独立样本进行同质性检验后,得出Q值为2355.607($p < 0.001$),I-squared值为93.505,表明独立样本间存在显著的异质性。因此在计算总体效应量时要采用随机模型(Random Effect Model)。

四、研究结果与分析

(一)学习策略与学习成绩相关总体效应量

网络环境下非英语专业大学生的自主学习策略与学习成绩间的相关估算结果见表2所示。不管是固定效应模型还是随机效应模型,相关数据一致表明网络环境下的自主学习策略与学习成绩间的相关关系呈现显著的正向影响($p < 0.001$)。

根据前文异质性检验结果，表明样本间存在显著的异质性，故选择随机效应模型。通过给样本设置不同权重，避免元分析结果被其中某些研究过分影响。随机效应模型下本次元分析的总体效应量为 0.351。根据 Cohen 对相关性效应量的判断标准，效应量为 0.1、0.3、0.5 分别代表小、中、大效应。可见，网络自主学习环境下学习策略与学习成就存在显著的中等相关($p < 0.001$)。

表 2　元分析基本数据统计

模　型	效应量(ES)	95％置信区间	双尾检验		研究数量
			Z 值	p 值	
固定效应模型	0.325	0.312—0.337	46.314	<0.001	154
随机效应模型	0.351	0.300—0.400	12.565	<0.001	

(二)不同学习策略与学习成绩间关系的效应量

学习者应该根据学习环境和学习任务的具体特点来灵活选择合适的学习策略，以达到最佳的学习效果。因此，学习策略类型可能是相关性的一个调节变量。根据 O'Malley 和 Chamot 学习策略分类框架，对纳入元分析的 154 个独立样本中用到的学习策略进行归类，如表 3 所示。其中学习动机、学习态度、自我效能感、培养兴趣、减轻焦虑等策略，参照何明霞论文归为情感调控策略，属于社交/情感策略类型。

表 3　相应的学习策略类型

学习策略	样本中用到的学习策略
认知策略	预测、推理、新旧知识联系、做笔记、翻译、迁移、重复、利用资源、归纳总结、听要点、批判性思维、精细加工、记忆、组织
元认知策略	语言意识、计划、监控、评估、提前准备、集中注意力、事先练习
社交/情感策略	培养兴趣、减轻焦虑、合作学习、澄清问题、时间/环境管理、努力程度的管理、同伴学习、寻求帮助、教师监控、学习动机、学习态度、自我效能感

不同学习策略与学习成绩间关系的结果如表 4 所示，学业成绩与这三类学习策略都表现出显著的相关性，并且三者之间差异显著($p < 0.05$)。其中，元认知策略与学业成绩间关系的效应量最高(ES＝0.438)，认知策略其次(ES＝0.319)，社交/情感策略的效应量最低(ES＝0.290)。

表 4　不同学习策略与学业成绩间的关系分析

学习策略	k	效应量（ES）	95％置信区间		Z 值	p 值
			下限	上限		
认知策略	57	0.319	0.230	0.403	6.739	＜0.001***
社交/情感策略	46	0.290	0.204	0.371	6.393	＜0.001***
元认知策略	51	0.438	0.347	0.521	8.536	＜0.001***
Total between					Q＝6.100(p＝0.047)*	

*代表相关性在 0.05 水平（双尾）上显著，***代表相关性在 0.001 水平（双尾）上显著，下同。

（三）不同语言学习技能与学习成绩间关系的效应量

基于以往学习策略与英语学习成绩相关性的实证研究，语言学习技能（听力、口语、写作、阅读等）会对研究结果产生影响。语言学习有不同的学习内容，如听力、阅读、写作等。由于语言学习技能易受认知发展水平及非智力因素的多重影响，因此所使用到的学习策略类别也会不同。语言学习技能可能是影响研究结果的一个调节变量。

为了解不同学习技能与学习策略之间的相关性，在元分析软件中将英语学习技能作为调节变量，主要有听力、阅读、写作、口语及英语综合成绩。结果如表 5 所示。

表 5　不同英语学习技能与学习策略间关系分析

学习策略	k	效应量（ES）	95％置信区间		Z 值	p 值
			下限	上限		
口语	1	0.795	0.553	0.913	4.603	＜0.001***
听力	86	0.333	0.285	0.379	12.828	＜0.001***
写作	6	0.139	0.088	0.190	5.266	＜0.001***
阅读	10	0.131	0.050	0.209	3.174	＜0.001***
综合	51	0.414	0.311	0.508	7.222	＜0.001***
Total between					Q＝59.992(p＜0.001)***	

从表中可以看出，不同英语学习技能与学习策略间关系均呈统计性显著的正向相关，且组间差异显著（p＜0.001）。按照研究数量排序，86 个独立样本研

究听力与学习策略间的相关关系,51个独立样本研究的是英语综合成绩与学习策略间的相关关系,阅读、写作和口语的研究样本量不足(k<=10),在后面将不被展开分析。从研究效应量来看,综合的效应量为0.414(p<0.001),听力的效应量为0.333(p<0.001)。

(四)研究特征效应

英语水平测试方式多种多样,有的采用标准化测试(如大学英语四级考试)进行,也有直接采用课程成绩作为衡量学习成绩的方式,语言水平判定方式及标准可能会影响到相关性研究结果。根据以往研究经验及方法论专家的建议,论文发表类型和学习策略调查量表也可能会影响研究结果。本文考察了测试类型、出版类型、量表类型3个研究特征的调节效应。

表6 不同调节变量下的效应量

调节变量	比较项	k	效应量（ES）	95%置信区间		Z值	p值	Q统计量
				下限	上限			
测试类型	英语四级	76	0.373	0.317	0.427	12.074	<0.001	2268.083*** (p<0.001)
	课程测试	75	0.319	0.237	0.397	7.265	<0.001	
出版类型	期刊论文	81	0.365	0.290	0.436	8.843	<0.001	0.509 (p=0.475)
	学位论文	73	0.331	0.271	0.388	10.234	<0.001	
量表类型	MSLQ	9	0.664	0.399	0.827	4.152	<0.001	20.587*** (p<0.001)
	MRS	61	0.346	0.286	0.403	10.691	<0.001	
	SILL	56	0.235	0.185	0.284	8.889	<0.001	
	其他	28	0.410	0.315	0.497	7.763	<0.001	

根据上表所示,研究主要采用英语四级标准化测试(k=76)和课程测试(k=75)的结果作为相关性分析的依据,还有3项采用江苏省三级考试作为测试工具,由于样本量不多,不做调节变量分析。因此将独立样本根据测试类型分成英语四级和课程成绩划分成两组,结果表明,英语四级和课程成绩这两组组间差异显著(p<0.001),表明测试类型调节效应显著。不管是在英语四级还是在课程测试都对研究结果产生较大影响(p<0.001),英语四级与学习策略间的效应量(ES=0.373)大于课程测试成绩的效应量(ES=0.319)。

结果显示纳入元分析的论文分成期刊论文和学位论文两类,期刊论文和学位论文的效应量(研究样本数目)分别为:0.365(k=81)、0.331(k=73),研究效应量和研究数量值差不多,且两者之间效应量差异不显著(p>0.5)。可见出版类型效应不显著。

根据使用的学习策略量表,将研究分成 4 组:MSLQ 学习动机与策略问卷量表(k=9),MRS 自主学习策略量表(k=61),SILL 语言学习策略量表(k=56)和其他组(k=28)。4 组的效应量大小依次为 MSLQ(ES=0.664)、MRS(ES=0.346)、SILL(ES=0.235)和其他(ES=0.410),SILL 语言学习策略量表所报告的效应量较其他三组相对较低。同时组间两两比较显示,各组间差异显著(p<0.001),表明量表类型调节效应显著。

出版类型的调节效应不显著,期刊论文所报告的效应量与学位论文所报告的效应量几乎没有差异,说明纳入此次元分析的论文对出版偏倚影响较小。

五、分析与讨论

本文采用元分析方法探讨了网络自主学习环境下学习者学习策略与学业的相关性,并进一步研究了网络环境下自主学习策略类型及学习内容等变量对两者关系的调节作用。具体研究结果分析如下。

(一)网络自主学习环境下学习策略与学习成绩呈显著的中等正向相关

国内网络自主学习环境下学习策略与学习成就存在显著的中等正向相关(ES=0.351,p<0.001)。该研究结果与美国学者 Quince 的研究结论一致,Quince 研究显示自主学习策略对网络课程学习成绩产生显著正向影响。以学习者为中心的网络自主学习模式削弱了教师的中心地位,需要学生成为独立自主的学习者,成为认知加工的主体和知识意义的积极建构者。恰好,学习策略能帮助学习者以结构化和方法论的方式获取和保留知识,并鼓励学生寻找、确立以及最终实现自主学习目标,从而提高他们的自主性和自我调节学习能力。由此可见,学习策略的使用有利于网络环境中的自主学习者调控学习过程。本研究认为网络环境中的自主学习需要学习策略的强有力支持。教师应注重培养学生的自主学习策略,在网络自主学习前,应根据网络学习内容(听力、口语)进行学习策略的介绍、指导和帮助,使学生明确各种策略的特点、方法及用途,

自发自主地选择学习策略并合理地运用到网络学习中,从而提高网络环境下的自主学习成绩。

(二)在所有学习策略中,元认知策略与学习成绩的相关性最高

组间分析结果显示,元认知策略、认知策略和社交/情感策略三者之间差异显著,效应量分别为0.438、0.319、0.290。与认知策略、社交/情感策略相比,网络环境下元认知策略与学习成绩的相关关系更为显著。元认知学习策略是指学习者通过计划、监控、评估、调整等行为,持续控制、调整其认知行为的学习策略。研究证明,不管是传统学习环境还是网络自主学习环境下,元认知策略虽不直接参与语言学习的认知活动,但其通过监控和管理整个学习过程,是高于认知学习策略的管理策略。因此,在网络自主学习环境下,学习者有效的自主学习离不开元认知策略。学习者通过自我计划从而明确网络学习目标,通过自我监控从而监督与控制网络学习过程,通过自我评估从而调整网络学习行为、完善网络学习成果。在网络环境中,元认知学习策略的使用有利于学习者调整学习目标、调控学习过程,并协调其他学习策略的使用。本研究认为,培养网络环境下学习者的元认知策略是提高网络环境下自主学习效果的关键,帮助他们成为具备自我管理能力的自主学习者,是实现学习者网络自主学习的重要途径。

(三)英语听力成绩与非认知学习策略呈较为显著的相关关系

听力理解是语言学习的关键,也是大学英语教学的重点。亚组分析结果显示,网络自主学习环境下的听力成绩与元认知策略、社交/情感策略、认知策略均显著相关,效应量分别为0.407、0.328、0.268。除了元认知策略效应量最高外,社交/情感策略的效应量排在第二位,这与元分析总体效应量结果有所不同。网络自主学习环境下的听力成绩与元认知策略和社交/情感策略具有更高的相关性。众所周知,听力理解是一个复杂而动态的心理过程,容易受语言知识、文化背景和心理因素等影响。听力成绩不仅与学习者本身的语言能力水平有关,还与非语言因素有关。研究认为,网络自主学习环境下,听力理解水平与非认知学习策略(元认知、社交/情感策略)更为相关。研究还发现学生较多使用元认知策略中的提前准备、集中注意力、语言意识等策略,社交/情感策略中的减轻焦虑、澄清问题策略。所以在网络自主学习环境下,通过培养学习者的元认知策略,帮助他们在听力学习前做好相应准备、在听力前制订计划和目标、

在听力过程中尽力减少翻译、集中注意力。另一方面,网络学习环境会对听力学习者产生一定的影响,学习者在陌生的网络学习环境下或者学习资源易用性和可用性不高的学习环境下,容易产生紧张不安的消极情绪。因此,本研究认为在进行网络学习之前,为学习者创设真实的网络化教学环境,提高网络学习资源的易用性和可用性,在此基础上为学习者提供网络学习环境的适应性培训,降低其在陌生网络学习环境下的学习焦虑,在最大程度上强化其积极的学习态度,促使其听力理解水平的提升,进而提高学习者的网络自主学习效率。

(四)学习成绩测量类型、学习策略量表工具对研究有调节作用

研究特征效应结果表明,学习成绩测量类型、学习策略量表也是调节学习策略与学业成绩关系的潜在因素。大学英语等级考试是目前全国范围内统一进行的标准化测试,大量研究证明,大学英语等级考试的信效度较高,且元分析结果显示,四级成绩与学习策略的相关性较高,因此将大学英语四级考试作为研究工具具有很高的权威性和解释力。另外,使用学习动机与策略问卷量表(MSLQ)的效应量比其他三种量表类型的效应量要高,且不同学习策略量表下的效应量差异显著,说明使用不同的学习策略量表有可能得到不同的结果。值得注意的是,使用学习动机与策略问卷量表(MSLQ)得到的高相关有着不稳定性,这在一定程度上可以归结于使用该量表的样本量小(k=9)。

六、结　语

本研究结果表明,网络自主学习环境下所有学习策略与学习成绩呈显著正相关,包括元认知策略、认知策略、社交/情感策略与学习成绩之间亦是如此,研究结果支持在网络环境下的大学生英语自主学习中开展学习策略培训。同时,根据网络环境下的学习成绩与学习策略的相关性排序,大学生元认知策略水平与英语学习成绩相关性最高。对网络环境下的听力学习而言,元认知策略、社交/情感策略与学习成绩为正向相关。另外,网络环境下学习者学习成绩的判定方式、学习策略量表均对研究结果有影响,而研究样本的出版类型不会对研究结果有影响。研究结果对提高新形势下的网络环境中的自主学习效果提供了实证支持和参考。

参考文献

[1] WANG C H, SHANNON D M, ROSS M E. Students' characteristics, self-regulated learning, technology self-efficacy, and course outcomes in online learning[J]. Distance Education, 2013, 34(3):302-323.

[2] HOSENFELD C, O'MALLEY J M, CHAMOT A U. Learning Strategies in Second Language Acquisition[J]. Overseas English, 1990, 67(10X):126-127.

[3] 张正厚,谭霞,吕磊. 国内外学习策略与英语成绩关联性研究的元分析[J]. 外语与外语教学, 2013(5):40-45.

[4] 孙祎. 自主学习环境下大学英语听力策略教学的研究[D]. 长春:吉林大学, 2007.

[5] 孙秋丹,黄芳. 多媒体网络自主学习环境下大学英语四级成绩与学习策略的关系研究[J]. 北京第二外国语学院学报, 2010(2):62-68.

[6] 尚建国. 网络环境下大学生自我调节学习策略与英语学业成就之关系研究[J]. 外语研究, 2016(4):57-62.

[7] 陈亚轩,陈坚林. 网络自主学习成绩与自我效能感的相关性研究[J]. 外语电化教学, 2007(4).

[8] MARK W L, WILSON D B. Practical meta-analysis[M]. Thousand Oaks, CA: Sage publications, 2001.

[9] COHEN J. Statistical power analysis for the behavioral sciences Lawrence Earlbaum Associates[J]. Hillsdale, NJ, 1988:20-26.

[10] Teng, Zhaojun, Y. Liu, & C. Guo. 2015. A meta-analysis of the relationship between self-esteem and aggression among Chinese students. Aggression and Violent Behavior: 45-54.

[11] 何明霞. 基于网络环境的大学英语自主学习监控理论与实践研究[D]. 上海:上海外国语大学, 2012.

[12] CARD N A, Applied Meta-Analysis for Social Science Research[M]. 2012.

[13] QUINCE R, BIANCA C. The effects of self-regulated learning strategy instruction and structured-diary use on students' self-regulated learning conduct and academic success in online community-college general education courses[J]. Dissertations & Theses-Gradworks, 2013.

[14] 刘文宇,高荣涛. 元认知策略培训对中国学生英语写作影响的元分析研究[J]. 外语教学, 2011, 32(2):60-63.

第四篇

产教融合助推高水平大学建设研究

◎基于知识形态构建的产教融合本质及其实施途径研究

江春华①

摘　要:产教融合是在社会大融合的环境下应运而生的,是教育发展规律的应然产物,是教育与产业深度合作的动态演化过程。从本质上来说,产教融合是基于知识自由流动、知识形态相互转化的知识融合,目的在于为创新人才培养服务。产教融合过程中构建的复合型知识形态,是一种协作式知识形态、一种环境适应性强的知识形态、一种兼具基础性和应用性的知识形态、一种混合学习的知识形态。推进实施产教融合必须充分依托"互联网＋人工智能"的技术环境,紧密依靠强有力的组织变革,大力培育"双师型"教师团队,以及持续深入推进教学改革。

关键词:产教融合;复合型知识形态;知识融合;实施途径

从 2017 年 12 月出台的《国务院办公厅关于深化产教融合的若干意见》(国办发〔2017〕95 号),到 2019 年 10 月印发的《国家产教融合建设试点实施方案》(发改社会〔2019〕1558 号),产教融合逐步从教育政策上升到国家战略。作为政策话语的产教融合经历了漫长而坎坷的演变过程,但学术界不少学者的研究仅限于职业技术教育领域。而事实上,产教融合已经成为现代职业教育发展、应用型本科高校转型、"双一流"建设的共同举措和突破窗口。从推进实施上来说,产教融合不是一朝一夕、一蹴而就的,而是经历了一个持续深化的过程。不

---

①　江春华,宁波大学教师教育学院高等教育学硕士研究生。

可否认,连续性的政策对实施产教融合起到了非常重要的促进作用,但产教融合绝不只是政策推动、规划制定的结果,而是在社会大融合的环境里,在产业融合、科教融合、教技融合等等的支撑下孕育新生的,特别是在市场经济、知识经济的影响下加速融合而发挥突出作用、迸发巨大能量。具有广泛社会基础的产教融合是顺应了教育的外部关系规律的应然产物,但从内部基础认识产教融合的本质内涵及其内在机理,更是值得深入研究的关键问题。所谓产教融合生发的内部基础,即是知识的流动与转化,并贯穿于产教融合全方位、全过程。产教融合依托于各类教育组织,知识又是教育组织的内核与基础性构件,也是服务人才培养的起点。所以,从知识的视角研究产教融合的生发与实施是十分必要的。

一、产教融合的本质是知识融合

(一)产教融合的根本目的是服务于人才培养

事物的本质即事物固有的根本属性与内在联系。要想认识事物的本质,就需准确理解事物的发生目的。产教融合涉及面极为广泛,不单单是教育系统和产业系统的二重奏,政治、经济、文化、科技等社会子系统也是深度参与其中,共同演绎一曲大合唱。尽管产教融合对社会方方面面都会产生显著影响,但更多的仍然是给教育领域带来深刻变革,这不仅仅局限于职业教育、高等教育,而是包含教育全领域的各个层次。产教融合发生于教育领域、作用于教育领域,无论是对知识形态的重构,教育组织的重造,还是对人才培养模式的重塑,都表明了教育领域是产教融合的主阵地。所以,产教融合的目的应是促进教育的发展。

即使是发展教育,学界对产教融合根本目的的研究也是各执己见。王丹中(2014)、陈志杰(2018)和夏张琳、马丹(2018)都认为职业教育再社会化是产教融合的本质。也就是说,推动教育走向市场、回归社会是产教融合的重要指归。张磊、李俊峰(2017)则认为协同育人是产教融合的核心,产教融合的本质要求在于高校与企业的共同融入,全方位地介入人才培养的每一个环节,培养现代化人才。胡昌送、张俊平(2019)认为推动产教融合的根本目的在于提高知识生产能力,这是从知识生产方式的视角提出的,所以他们认为产教融合的本质是社会化知识生产的系统化制度安排。郝天聪、石伟平(2019)基于组织社会学的研究认为职业教育产教融合问题的本质在于处理好职业院校与企业之间复杂的组织关系。以上学者从不同视角所做的研究帮助我们更全面地认识产教融合的本质内涵,但笔者认为产教融合的根本目的是服务于人才培养,特别是复合型创新人才的培养。众所周知,人才培养是任何教育类型、所有教育层次的根本与核心,发展教育就是培养人才。人才培养也始终是各类学校安身立命的"根"与"魂"。在后工业社会以及知识经济浪潮的深度席卷下,传统封闭且单一的人才培养模式已经落后于社会变革的迫切要求,而以互联网信息技术、人工智能技术为代表的新一轮科技革命与产业变革,加之科学技术发展的高度交叉与深度融合趋势,对以人才培养为核心的教育领域提出了更大挑战和更高要求。产教融合更是解决人才培养供给侧和社会需求侧之间结构性矛盾的有力手段。所以,教育创新发展必须突破教育领域自身,从社会全局系统变革教育模式,在深度融入社会各行各业,充分吸收借鉴产业系统、科技领域、文化界等的先进发展经验和创新活力的过程中,共同服务于高质量人才培养。例如跨界跨领域的创新型人才、研究水平与应用能力兼备的复合型人才,以及快速适应变化、善于捕捉新机遇的引领型人才。这才是产教融合真正赋予的职责使命和价值所在。

(二)产教融合过程实质是基于知识形态转化的知识融合过程

产教融合是为人才培养服务的,而人才培养是一个复杂的长期过程。众所周知,学生的学习活动是人才培养过程的重要一环,促进学生学习是提高人才培养质量的重要抓手。学生学习是以知识为中心的,知识学习一直被视为学生学习活动的主要内容。而知识有着强烈的依赖性,它依附于人、依赖于组织而存在。所以,学生学习过程实质上是知识转化、吸收、运用的过程。基于此,笔者从知识形态转化的视角探讨产教融合的本质内涵。

1. 知识形态的分类及其转化

知识绝不是凭空而来或者自然形成的,也不可能是真空状态下的产物,而是产生于人类社会生产实践活动中。知识是人类认识和生活经验的共同成果,随着人类认识过程的变化——实践、认识、再实践、再认识……而得到不断地补充、更正、完善。英国学者杰勒德·德兰迪(Gerard Delanty)曾指出:"知识是在社会的和文化的环境中产生的,它是一个与社会相关联的体系。"迈克尔·吉本斯(Michael Gibbons)教授研究的知识生产模式Ⅱ也表明了知识是在应用环境中生成的,强调其更显著的社会作用。依据知识生产的需要和社会发展的需求,知识一直处于动态演化的过程中,到了一定程度或者达到一定要求,其形态就会发生分化。此外,人类生存的需要和社会的分工也促使了知识的分门别类,而形成一个个知识领域,也代表了知识的进化程度和发展水平。每一门知识就是对每一类实有物质认识的反映。正如加拿大哲学家马利奥·邦格(Mario Bunge)所言:"一个知识领域是人类活动的一部分,目的在于获得、传播、利用某种知识。"知识形态的相互转化表明了知识领域的交叉融合,其转化程度决定了知识领域的融合深度。

自迈克尔·波兰尼(Michael Polanyi)(1958)首先提出"隐性知识"这一概念,并论证了它的存在后,J. C. Spender(1993),伯顿·克拉克(Burton Clark)(1993),野中郁次郎(IkujiroNonaka)(1994),Jon-ArildJohannessen(1999),Scharmer(2000)等学者也相继对隐性知识做了深入研究,特别是在隐性知识的特性和作用以及隐性知识和显性知识的关系上有大量的研究成果。此外,野中郁次郎(IkujiroNonaka)和竹内弘高(Hirotaka Takeuchi)(1995,2000)提出了知识转化所经历的SECI(社会化—外显化—组合化—内隐化)过程,并构建了知识创造的螺旋运动模型,揭示了知识转化与知识创新的内在机理。从知识依赖环境的角度看,知识形态可以分为教学环境知识、科研环境知识和工作环境知识。不同环境中知识的特征和转化方式不同。教学环境中的知识具有稳定性和权威性,一般接近于客观真理,主要通过教师讲授来传递,知识量有限且以输入式转化为主;科研环境中的知识波动性和模糊性大,主要通过师生讨论、科学实验来传递,输入与输出式转化并存,知识量巨大并依靠探索研究来挖掘和共享;工作环境中的知识实践操作性强,主要通过学习手册、经验传授来传递,以输出式转化为主,但依赖于知识主体之间的关系。从知识依附组织的视角看,知识形态也可以分为学校知识和工厂知识。学校知识主要以教学环境知识和科研环境知识为主,以课程、课本、课题为中介,以师生之间的讲授、讨论为主要传递方式,旨在学习知识和探索知识,这实际上也是学科性知识即以学科为基础的知识,因为学校是以学科分类为基础的组织;工厂知识主要以工作环境知识为主,以手册指南、机器设备为中介，以师徒之间的传授、讨论为主要传递方式，旨在学习技术和应用知识，这实际上就是生产性知识即以生产为基础的知识，因为工厂是生产产品的组织。总之，知识离不开人，人离不开组织，在知识从教师转化到学生、从学校场所转化到工厂场所、从企业组织转化到教育组织的过程中，既促进知识生产与创新，也推进组织变革与重生。

2. 基于知识形态转化的知识融合过程模型

知识形态转化只是产教融合内部过程的第一步，更为重要的是知识融合。知识形态转化是知识融合的前提和基础，促进知识融合又是深化产教融合的根本。在基于知识形态转化与知识生产的知识融合过程模型中，主要分为资源层、开发层和应用层三个层次，对应层次中的知识也分别处于潜伏态、激发态和应用态。该模型中，知识形态转化主要集中在第一层即资源层中，因为该层蕴藏海量的知识资源，知识转化的机会很多，成本也较低。从"显性知识与隐性知识""学校知识与工厂知识"两组知识形态的相互转化过程中，可以看出知识形态转化的途径很多，并且构成了转化的内循环。但是，知识形态的转化不仅仅是知识自身的转化，还需要突破组织边界，清除组织障碍，使得组织内部与外部的知识都能够自由流动、相互转化甚至融合，知识形态转化的内循环和外循环得以顺利联通，这将极大拓展知识资源层的容量，促进知识交互创新。在开发层和应用层中，知识融合主要通过多种多样的知识生产和知识应用方式来进行。开发层是通过知识获取、知识调配、知识挖掘、知识加工、知识转移等知识生产环节，提供知识整合和知识创造的中间层服务，主要有两条途径：一是对原有知识的集成优化、充分利用；二是对新知识的生产创造。应用层主要通过知识传播、知识交易、知识服务、知识评估、知识共享等手段，促进用户之间、组织之间的交流学习、互利互惠。这两层中的知识形态不再是孤立分散的，而是通过与外界环境、外部组织持续的相互联系、相互作用，促进不同知识形态之间、不同组织主体之间的交流学习、互惠共享，知识融合由此延伸到整个知识系统。从整体来看，知识融合过程模型（如图1所示）的三个层级都以知识为核心，相互联系、相互支撑，在知识自由流动、知识形态相互转化的过程中，知识融合得以最大限度地进行，知识的作用也得以最大限度地发挥。产教融合的内部基础逐渐成熟。

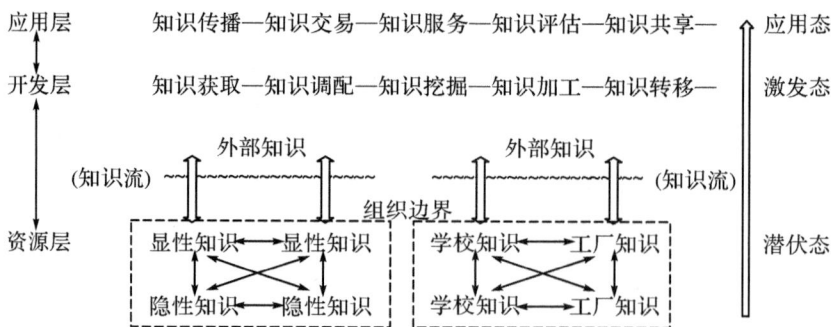

图1　基于知识形态转化的知识融合过程模型

总而言之,产教融合是在知识经济、社会大融合环境下,教育系统与产业系统深度合作而共同服务于人才培养,其本质是基于知识自由流动、知识形态相互转化的知识融合过程。

二、产教融合过程中的知识形态构建

(一)适应产教融合的知识形态构建

产教融合最根本的特征就是融合,以求达到相互依存、彼此支撑的状态。在融合过程中,知识因其自身的特性,是难以直接契合组织需求的。而且,在知识形态转化过程中,由于知识的不确定性、知识供需错位、知识冲突对立等因素,有些知识形态是不易转化的,同时也可能出现一些新型的知识形态,例如交叉学科知识、全新的科技前沿成果等。这都给知识融合增加了难度。基于此,笔者期望构建一种复合型知识形态,能够快速进行知识融合,适应产教融合的现实要求。如图2所示,以知识来源和知识场所为依据构建的复合型知识形态模型中,“理论”与“实践”分别作为横坐标的两端,“学校”与“工厂”分别作为纵坐标的两端,这样形成四种模式,即学校里的实践模式——“实习见习”,学校里的理论模式——“课堂教学”,工厂里的理论模式——“实验研究”,工厂里的实践模式——“生产操作”。复合型知识形态则位于模型居中,既来源于理论,又来源于实践;既能够适应学校场所需求,又能够适应工厂场所需要。它有效突破了知识界限和组织边界,知识内容更为丰富,契合度更高,灵活性更强,知识融合的程度更深、范围更广。在产教融合过程中也可称之为产教融合型知识形态。

学校

课堂教学　　　　　　　实习见习

理论 ←　复合型知识形态　→ 实践

实验研究　　　　　　　生产操作

工厂

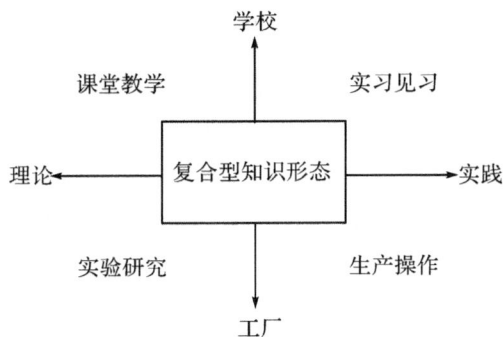

图 2　基于知识来源和知识场所的复合型知识形态构建

(二)复合型知识形态的内涵

1.一种协作式知识形态

复合型知识形态是由多个主体共同建构的知识形态,具有多主体性的鲜明特征。从知识构建主体上来说,是一种协作式知识形态。协作知识形态的构建关键在于知识主体的协同,它的目标是形成具有共同价值的知识形态,建立知识共同体,它关注的是公共知识的建构和完善,而不是个体知识的建构和提高。正如 Monika Hattinger 和 Kristina Eriksson(2018)所指出的,"知识的共同建构对于个人和协作以及工作场所的转变都是进步的。"在知识生产模式(Knowledge Production Mode)、开放式创新(Open Innovation)、三螺旋(Triple Helix)与四重螺旋模型(Quadruple Helix Model)、创新社区(Innovation Community)、创新生态系统(Innovation Ecosystem)等研究范式的影响下,笔者认为,大学教授、企业家、政府管理者、中介服务机构、用户都是复合型知识形态的构建主体,他们在建构知识的过程中实际上形成了一种促进网络,促使各个知识主体协同开展知识建构与共享、价值增值等活动。协作知识形态的构建也可理解为是在建构过程上的协同,Linda Harasim 最早研究了协作知识建构的 6 个过程,Gunawardena、Hansen、Stahl、Fisher 等学者也提出了协作知识建构的过程要素,充分论证了协作知识形态的构建是一个循环的动态过程。所以,从构建主体和构建过程上来讲,复合型知识形态都是一种协作式知识形态。

2.一种环境适应性强的知识形态

复合型知识形态是为应对复杂环境而生的,它在不同组织环境间的流动阻力小,应用范围广泛,能够适应复杂环境、不同场所的实际需要,体现出强适应性的显著特征。从知识所处环境的视角来看,是一种环境适应性强的知识形态。我们知道的是,知识的环境依赖往往都是同质的环境、单一的环境,例如课堂环境的知识与工厂环境的知识就有很大差异。课堂环境知识是显性存在的,且依赖于课堂的物理设施而存在,它在工厂环境下难以有效转化和发挥作用,所以课堂环境的学习一般都是正式的、有计划的学习,也被看作是习得某种知识、掌握某种方法、创设某种课程或某种教学形式;而工厂环境知识是隐性存在的,且依附于有经验的工人手中,比较分散,没有统一完备的知识体系,它在课堂环境下难以显现和学习接受,所以工作环境的学习一般都是非正式学习和非结构化学习,涉及从其他人那里学习和从个人经验中学习的结合,往往被描述为创造新的行动模式、新的做法、新的程序和新的产品。但是,两种环境中的知识并不是不可调和的,两个场所内的学习也不是冲突对立的。Päivi Tynjälä(2008)指出工作场所学习的性质既不同于学校学习,也与学校学习相似。他强调教育场所与工作场所之间建立紧密的合作关系对于在这两种环境中加强学习至关重要。也就是说,两类组织场所要建立一种互动性平衡,通过共同建构复合型知识形态,适应不同环境下的学习要求。

3. 一种兼具基础性和应用性的知识形态

传统的知识形态要么是理论研究的基础知识,要么是实践经验的应用知识,理论与实践互相脱节,导致理论知识难以运用、实践知识难以深化。而复合型知识形态既来源于理论,又来源于实践,既有理论依据,又有实践基础,是一种理论与实践相结合的知识形态。以教师教学为例,无论是课堂教学还是工厂教学,理论课有现实案例作辅助,实践课有科学理论作支撑,学生能够更容易地理解知识、更快速地生产操作。这种教学过程中的复合型知识形态就是一种理论教学与实践教学相结合的知识形态。从基础知识和应用知识的知识分类上来说,复合型知识形态是一种基础型与应用型交叉的知识形态,或者称之为应用基础型知识形态。实际上,这类知识形态早已存在,美国著名学者 D. E. 司托克斯(D. E. Stokes)(1999)研究的"巴斯德象限"(Pasteur's Quadrant),刘则渊、陈悦(2006)研究的新巴斯德象限(New Pasteur's Quadrant)即技术科学象限,都表明了基础研究与应用研究之间彼此互动、相互支撑的内在联系,应用基础研究生成的知识形态更是一种典型的复合型知识形态。所以,此类应用基础型知识形态也就是理论与实践有机结合、兼具基础性和应用性的复合型知识形态。

4.一种混合学习的知识形态

复合型知识形态是为学生学习服务的,力求优化学习体验,提升学习效果,培养学生创新能力。从学生高效能学习的角度来说,这是一种混合学习的知识形态。混合学习在世界范围内已经相当盛行,曾被(美国)人才发展协会(Association for Talent Development,ATD)列为知识服务行业最为重要的十大趋势之一,也是连续6年(2012—2017年)被美国新媒体联盟(New Media Consortium,NMC)发布的《NMC地平线报告(高等教育版)》(NMC Horizon Report:Higher Education Edition)预测高等教育采纳的六项关键技术趋势之一。我国学者(何克抗,2003;李克东,2004;陈卫东,2010;等)也对混合学习进行了深入研究,特别是关于"什么是混合学习""混合什么""怎么混合"三个方面的研究。实际上,不管混合的维度(学习主体、学习理论、学习环境、学习流程、学习内容、学习形式、学习资源、学习媒体等)有多少,混合学习本质上都是多个维度、多种要素的总和,是一种合作学习,目的是优势互补,获取学习的最佳效果和最大效益。融合是混合学习的终极目标和价值追求。混合学习的知识形态也即是一种融合不同学习模式及其知识形态的复合型知识形态。近年来,职业教育强调的工学整合学习就是一种典型的混合学习模式,它有机结合了工厂学习和学校学习的优势与特征,并将工厂知识形态和学校知识形态有效融合在一起,形成复合型知识形态。

三、基于知识融合的产教融合实施途径

(一)充分依托"互联网＋人工智能"的技术环境

2015年,在国务院政府工作报告里首次提出"互联网＋"行动计划,随后国务院发布《关于积极推进"互联网＋"行动的指导意见》(国发〔2015〕40号),其中的11项重点行动之一就是"互联网＋"人工智能,并提出"深化互联网领域产教融合,加快复合型人才培养"。孔原(2015)提出基于互联网思维拓展产教融合,推进产教融合模式创新。"互联网＋"实质上就是促进互联网与社会各领域的

深度融合，汇聚创新要素，激发创新活力。而人工智能作为 20 世纪和 21 世纪世界三大尖端技术之一，它的发展是不可阻挡的时代大潮。潘云鹤（2018）认为人工智能正从 1.0 走向 2.0，并且对教育的影响将是广泛而深入的。联合国教科文组织（UNESCO）总干事奥德蕾·阿祖莱（Audrey Azoulay）也表示："人工智能将为教育带来深刻变革，包括教学工具、学习方法、知识获取和教师培训等等。"在美国苹果公司教育副总裁约翰·库奇（John Couch）所著的《学习的升级》（Rewiring Education）一书中，人工智能同样被认为是具有无限潜力的新兴技术来改变教育体验，释放终身学习者的潜能。我国《新一代人工智能发展规划》（国发〔2017〕35 号）中就明确提出要发展"智能教育，建设人工智能学科"。2019 年 5 月，国际人工智能与教育大会成果文件《北京共识——人工智能与教育》也提出："推动人工智能与教育、教学和学习系统性融合"。Luckin R.，Holmes W.（2016）和闫志明等（2017）以及王运武等（2018）学者还提出了教育人工智能（Educational Artificial Intelligence，EAI）的概念，并阐述了其本质内涵、应用案例和未来发展趋势。总而言之，国内外学界和政策研究都表明了：无论是互联网还是人工智能，都将持续推动教育变革与融合创新。产教融合要纵深发展必须依托"互联网＋人工智能"提供的技术支撑环境。

（二）紧密依靠强有力的组织变革

产教融合依赖于组织实施，特别是大学组织和企业组织：一方面，大学和企业不仅是经济社会发展的轴心组织，也是知识生产与服务的核心主体；另一方面，大学是传统高等教育服务的提供者，企业也逐渐成为教育服务的供应商。所以，推进实施产教融合必须依赖大学和企业的组织变革，建立适应知识融合的组织，即融合型大学组织和融合型企业组织。大学组织变革最鲜明的体现就是基层学术组织变革，学科作为最典型的基层学术组织是大学的基础性结构和核心构件，学科的逻辑也就是大学组织变革的基础。建立融合型大学组织也即是建立融合型基层学术组织，发展学科交叉融合。事实上，市场经济中的大学，以传统学科、专业为代表的单一、孤立、封闭的基层学术组织正在向"学科—专业—产业链"即一系列相关学科、专业与产业链之间的相互联系、相互作用的联结体形式的融合型基层学术组织演变。它是知识转化与融合驱动下必然的组织产物，旨在打破传统孤立学科、专业的分散状态，建立与产业链深度耦合的学科、专业。这其中少不了企业的深度参与，所以建立融合型企业组织迫在眉睫。2019年3月，国家发改委和教育部联合发布《建设产教融合型企业实施办法（试行）》（发改社会〔2019〕590号），深化引企入教改革，推动数以万计的创新企业成为支撑高质量发展的"学习工厂"。产教融合型企业从市场需求端倒逼教育改革，共同推进实施产教融合，促进产业链对教育发展的牵引作用，提升人才市场竞争力。

（三）大力培育"双师型"教师团队

教师一直被视为渊博知识、高深学问的代表，自然是知识融合的核心主体。同时，教师也是产教融合过程的中坚力量，教师的贡献一定程度上决定了产教融合的发展水平。然而，由于教师个体的知识结构与能力结构不够匹配，缺乏专业技术指导和实践操作经验，大多只能进行理论教学；教师群体与工人群体又是互相分离的，没有形成稳定的学习交流机制。所以，实施产教融合亟须培育建设一支高水平的"双师型"教师团队。早在1990年，王义澄教授就提出要建设"双师型"教师队伍。所谓"双师型"教师，简单地说就是既能够开展理论教学，又能够进行实践教学，具备基础理论知识和专业实践技能的双重素质与能力的教师。2018年，我国高职院校共有专任教师49.8万人，其中"双师型"教师19.14万人，约占38.43%。《国家职业教育改革实施方案》（国发〔2019〕4号）明确提出："到2022年，'双师型'教师占专业课教师总数超过一半"，还要"建立100个'双师型'教师培养培训基地"。总体来看，我国"双师型"教师队伍规模还需进一步扩大，但更为重要而紧迫的是提高教师育人水平。现有的"双师型"教师是否能够真正做到理论教学与实践教学相结合，是否能够真正提升人才培养在理论学习和实践操作上的质量，还难下结论，有待时间和实践的检验。但可以肯定的是，必须首先提高"双师型"教师认证和培养的标准和要求，规范认证和培养的程序和制度，严守"入口关"和"出口关"，才能切实提高"双师型"教师的能力与水平，才能切实保障人才培养的整体质量。从科学研究及其成果转化的角度讲，理论研究、技术开发、应用推广是一个完整的链条，缺一不可。"双师型"教师实际上也是理论研究水平和实践应用能力兼备的复合型人才，培育"双师型"教师团队也就是要建立一支集理论研究、技术开发、应用推广于一体的复合型人才队伍，这将为深化实施产教融合源源不断提供充足而强劲的人力资源力量保障。

(四)持续深入推进教学改革

教学活动是知识转化过程和产教融合过程必不可少的有效途径,推进教学改革也是提高人才培养质量的有力措施。教学活动的实施不能局限于学校、课堂,而要走向社会、走进行业,开展案例教学、项目模拟教学、情境教学等实践性强的教学活动。美国学者詹姆斯·R.戴维斯(James R. Davis)和布里奇特·D.阿伦德(Bridget D. Arend)研究了基于七种学习方法的教学范式,以实现目的更明确、更高效、更有趣的教学。20世纪初,哈佛大学法学院院长克里斯托弗·哥伦布·兰德尔(Christopher Columbus Langdell)坚定推行实施判例教学法,以真实案件作为课堂教学的内容,直接促进了教学质量的提升和法学教育实践的转变,更在理论层面将美国法学教育从规则研究转变为程序研究。此外,随着学生主体性的觉醒,主体共同参与教学成为课堂教学新的风向。正如Hennel(2006)曾指出的:"高等教育的任务是创造一个建构主义学习环境,学生在设计、进步和评价过程中都有发言权。"例如师生共同设计、实施课程,以翻转课堂的形式共同教学,共同开展教学过程评价和结果评价等,这些参与式教学模式强调了师生之间的主体平等关系,以学习者为中心,凸显了学生本位,也体现出教学过程中的交互性、协作性和融合性。教学方法与教学模式的创新是教学改革的重要内容,也为推进实施产教融合提供了有力手段。

参考文献

[1] 王丹中.基点·形态·本质:产教融合的内涵分析[J].职教论坛,2014(35):79-82.

[2] 陈志杰.职业教育产教融合的内涵、本质与实践路径[J].教育与职业,2018(5):35-41.

[3] 夏张琳,马丹.新时代职业教育产教融合的本质及其实现路径[J].湖北工业大学学报,2018,33(6):61-64.

[4] 张磊,李俊峰.论推动产教融合发展的内生动力[J].中国成人教育,2017(24):43-46.

[5] 胡昌送,张俊平.高职教育产教融合:本质、模式与路径——基于知识生产方式视角[J].中国高教研究,2019(4):92-97.

[6] 郝天聪,石伟平.从松散联结到实体嵌入:职业教育产教融合的困境及其突破[J].教育研究,2019(7):102-110.

[7] 江春华.融合视域下大学基层学术组织形态变革研究[J].浙江教育科学,2019(4):15-19.

[8] 杰勒德·德兰迪.知识社会中的大学[M].黄建如,译.北京:北京大学出版社,2019:26.

[9] 陈洪澜.知识分类与知识资源认识论[M].北京:人民出版社,2008:131.

[10] 马利奥·邦格,张金言.什么是假科学?——只有检验许多特征才能明确区分假科学与科学[J].哲学研究,1987(4):46-51.

[11] IKUJIRO N,RYOKO T,NOBORU K. SECI,Ba and Leadership:a Unified Model of Dynamic Knowledge Creation[J]. Long Range Planning,2000,33(1):5-34.

[12] MONIKA H,KRISTINA E. Co-construction of Knowledge in Work-Integrated E-learning Courses in Joint Industry-University Collaboration[J]. International Conference on E-Learning in the Workplace,2018,11(1):10-16.

[13] HARASIM L. Online Education:A New Domain[M]. In Mindweave:Communication, Computers and Distance Education, eds. R. Mason and A. Kaye,Oxford:Pergamon Press,1989:50-62.

[14] PäiviTynjälä. Perspectives into learning at the workplace[J]. Educational Research Review,2008,3(2):130-154.

[15] D. E. 司托克斯.基础科学与技术创新:巴斯德象限[M].周春彦,等,译.北京:科学出版社,1999:63.

[16] 刘则渊,陈悦.新巴斯德象限:高科技政策的新范式[J].管理学报,2007(3):346-353.

[17] 国务院.国务院关于积极推进"互联网+"行动的指导意见[EB/OL].[2015-07-01].http://www. gov. cn/zhengce/content/2015/07/04/content_10002. htm.

[18] 孔原.基于互联网思维的产教融合模式创新与实践[J].职教论坛,2015(8):62-65.

[19] 潘云鹤.人工智能 2.0 与教育的发展[J].中国远程教育,2018(5):5-8+44+79.

[20] UNESCO. How can artificial intelligence enhance education? [EB/OL].[2019-02-12]. https://en. unesco. orgnewshow-can-artificial-intelligence-enhance-education

[21] 国务院.国务院关于印发新一代人工智能发展规划的通知[EB/OL].[2017-07-08].http://www. gov. cn/zhengce/content/2017/07/20/content_5211996. htm

[22] 教育部. 国际人工智能与教育大会在京闭幕[EB/OL].[2019-05-18]. http://www. moe. gov. cn/jyb_xwfb/gzdt_gzdt/moe_1485/201905/t20190518_382468. html

[23] LUCKIN R,HOLMES W. Intelligence Unleashed:An argumen for AI in Education [EB/OL].[2016-11-24]. https://www. pearson. com news/blogs/Company Blog/2016/ 03/intelligence-unleashed-anargument-for-ai-in-education. html.

[24] 闫志明,唐夏夏,秦旋,张飞,段元美.教育人工智能(EAI)的内涵、关键技术与应用趋势——美国《为人工智能的未来做好准备》和《国家人工智能研发战略规划》报告解析

[J].远程教育杂志,2017,35(1):26-35.

[25] 王运武,张尧,彭梓涵,等.教育人工智能:让未来的教育真正拥有"智慧"[J].中国医学教育技术,2018,32(2):117-125.

[26] 王建华.学科的境况与大学的遭遇[M].北京:教育科学出版社,2014:105-107.

[27] 胡赤弟.论区域高等教育中学科—专业—产业链的构建[J].教育研究,2009,30(6):83-88.

[28] 教育部教师工作司."双师型"教师队伍建设有关工作情况[EB/OL].[2019-02-19].ht-tp://www.moe.gov.cn/fbh/live/2019/50294sfcl201902/t20190219_370020.html

[29] 国务院.国务院关于印发国家职业教育改革实施方案的通知[EB/OL].[2019-01-24].http://www.gov.cn/zhengce/content/2019-02/13/content_5365341.htm

[30] 詹姆斯·R.戴维斯,布里奇特·D.阿伦德.高效能教学的七种方法[M].陈定刚,译.广州:华南理工大学出版社,2014:27-28,201.

[31] 江春华,胡赤弟.行业组织对美国法学教育的影响研究[J].宁波大学学报(教育科学版),2018,40(6):61-66.

◎地方高校"工学四合"产教融合机制创新研究[①]

叶任泽[②]

摘　要：产教融合是地方应用型本科高校提高人才培养质量的有效途径。当前我国地方应用型本科高校在产教融合实施过程中，存在以下一些问题：制度保障不够完善、企业参与热情不高、校企合作不够深入。为此，开展产教融合机制创新研究迫在眉睫。宁波工程学院杭州湾汽车学院基于汽车产业园的区位优势，创建了具有区域特色的"工学四合"产教融合模式，形成了一套"三园融合、协同育人"的产教融合创新机制。

关键词：产业园；应用型本科；工学四合；产教融合

一、引　言

党的十九大报告指出"深化产教融合、校企合作"。同年，国务院办公厅出台《关于深化产教融合的若干意见》，将产教融合上升为国家高等教育改革的重要制度，体现了产教融合的重要战略意义。当前，我国正处于经济社会转型升级的重要时期，社会需要大量的高素质应用型人才。产教融合引领着教育生态体系优化升级，为地方本科高校与政府、企业、行业协会深度融合提供良机。[2]

---

①　本文系 2018 年浙江省教育科学规划课题"汽车城背景下应用型本科高校'工学四合'产教融合机制创新研究"（2018SCG105）研究成果。

②　叶任泽，宁波工程学院讲师、硕士。

宁波工程学院杭州湾汽车学院充分发挥当地汽车产业资源优势,提出"工学四合"产教融合协同育人理念,激发学校办学活力,增强服务社会能力,深化课程教学改革,创新人才培养模式,培养出一批高素质的应用型人才。

二、地方本科高校深化产教融合面临的问题

(一)制度保障不够完善

2017年12月国务院出台的《关于深化产教融合的若干意见》,从具体内容来看,更多的是宏观方面的指导,缺少操作性强、适用性广、强制性硬的配套制度,地方政府在落实文件精神时,无法规范行业协会、企业的参与行为,无法明确高校、企业、行业协会等主体的权利义务和责任分工,导致政府难以发挥较强的组织协调作用。此外,产教融合的法律法规制度建设相对滞后,导致各主体间的权益无法得到有力维护,难以维持长久合作关系。

(二)企业参与热情不高

产教融合过程中学校的社会效益和企业的经济利益要做到彼此兼顾难度较大,部分学校无法满足企业提出的实际需求,不少企业在参与产教融合过程中无法获得预期收益,导致企业的积极性下降。要改变"学校热、企业冷"的不良局面,须突显出企业在产教融合中的主体作用,把企业的利益诉求和学校的人才培养目标两者有机结合起来,让企业被动参与变为主动融入,为校企双方全方位合作奠定基础。

(三)校企合作不够深入

一方面,不少中小微企业在快速发展中,他们注重眼下企业的发展,更愿意把资金和精力投入到生产一线和内部员工培养上,为企业带来直接的经济效益。大型企业需要技术创新、工艺改进,不断研发新产品,而不少地方本科高校满足不了大型企业这些刚性需求。另一方面,部分地方本科高校办学特色不够鲜明,专业优势不够突出,合作举措不够有力,学校的人才培养、学科建设、师资队伍建设等方面与企业的生产实际未能紧密结合起来,导致产业对接教育遇到困难,校企合作多半浅尝辄止。

三、推进"工学四合"产教融合机制创新的思路

宁波杭州湾新区经过多年快速发展,已形成从汽车研发、试制、制造、检测到人才培育的全产业链,汽车整车规划年产能达 150 万辆,着力打造世界级汽车产业集群。2014 年 9 月,宁波工程学院杭州湾汽车学院落户宁波杭州湾新区,先后与吉利集团、上海大众等 30 多家知名汽车企业建立校企合作关系,积极探索"工学四合"产教融合的育人模式。

(一)教育与产业结合

这是指人才培养与产业发展紧密结合。地方本科院校应主动与政府、行业协会和企业建立合作关系,要紧密围绕当地产业发展需求来确定办学方向和发展目标,充分利用产业资源,探索"资源共享、人才共育、过程共管、互利共赢"的人才培养模式,使人才培养与产业发展对接,与技术创新契合,使学校成为产业生态体系的重要组成部分。

(二)学校与企业结合

这是指学校与企业深度融合协同育人。地方本科高校应不断提升自身办学层次,将企业放在校企合作的重要地位,发挥自身人才、智力优势,吸引优质企业参与人才培养工作,积极鼓励企业高级工程技术人员参与课堂教学、毕业设计管理和创新创业活动,大力支持学校教师为企业提供产品研发、技术改造、工艺改进、程序开发等技术服务。

(三)教学与生产结合

这是指学校教学与企业生产活动紧密对接。地方本科高校与当地企业共同开发教学软件,共建校外实习实训基地,学校根据企业生产实际开展实践教学活动。同时,成立由行业主管部门领导、行业专家和校内专家组成的教学指导委员会,共同分析各工作岗位所应具备的核心能力、专业知识和基本素养,修订完善人才培养目标、教学体系。

(四)学习与就业结合

这是指在校学习和社会就业无缝衔接。地方本科高校邀请企业工程师、行

业专家担任学校兼职教师,把行业前沿信息、企业生产实际带入课堂教学中,将职场元素融入专业教育中,帮助学生提前接触职场,增强职业生涯规划意识,提升自身就业竞争力。同时,学校安排实习实训环节,帮助学生增强对就业岗位的认知,促进学生成长成才。

四、推进"工学四合"产教融合机制创新的路径

(一)开创"三园融合"办学模式,启动产教融合新引擎

宁波工程学院杭州湾汽车学院充分发挥独立校区办学优势和杭州湾新区汽车产业资源,作为宁波市十大试点特色学院,积极探索政产学研"四位一体"办学模式,致力于打造校园、产业园、研发园"三园融合"的汽车行业特色学院。把吉利企业大学引入校园,充分依托校企双方人才、智力和科技的优势,搭建区域汽车产业人才培养平台。校企双方组成的校园成为人才培养、文化传播和工程教育的大平台,进一步扩大校企合作领域、创新合作模式。以吉利、大众整车企业和汽车零部件企业组成的产业园,成为学校政产学研"四位一体"办学支点。学校积极融入汽车产业园区,打造优势学科与特色专业,建立汽车技术公共服务平台。以中国汽车研究中心、吉利汽车研究院和杭州湾汽车研究院组成的研发园,成为学校产教融合、科教融合、产研融合的新高地。杭州湾汽车研究院作为校级研究机构,开展各种车辆、新能源汽车、动力总成系统以及各种零部件的 NVH 性能研究及 CAE 设计开发,成为汽车行业企业间、校企间合作交流的重要平台。"三园融合"办学模式促成产教融合多元主体共同搭建合作平台,努力为中国汽车龙湾培育高素质应用型人才。

(二)成立联合办学教育理事会,打造产教融合生态圈

宁波工程学院杭州湾汽车学院与杭州湾新区管委会、宁波市教育局、上海大众宁波分公司及浙江吉利汽车有限公司共同建立教育理事会,强调优势互补、资源共享和互利共赢,建立政校企合作共同体,促进资源的集成和共享,推进产业与教育深度融合,依托区域优势、产业资源和人才储备,进行实质性合作。理事会的成立不仅优化高校创新人才培养模式、提升服务地方经济的能

力,而且促进企业提高产品技术含量、提升自身核心竞争力,推动政校企多方在校企合作、科研服务、社会服务等方面开展合作共建。作为理事会深度合作的典范,政校企联手共同建设汽车 NVH 研究所和 CAE 研究中心,为汽车产业减噪难题提供雄厚的技术支持。学校坚持"依托产业办专业、办好专业促产业"的办学理念,将产业资源转化为教学资源,将前沿技术与课堂教学深度融合,将企业工艺与实践教学深度融合,将企业工程师与学校教师深度融合,构筑出四大功能模块,即协同育人、专业建设、师资共享、技术研发;实现了四个对接,即学校对接行业,专业对接企业,课程内容对接职业标准,职业教育与终身学习对接,最终形成循环有序、互利共赢的产教融合生态圈。

(三)形成区域特色人才培养体系,深化产教融合育匠人

首先,围绕学生核心知识、核心能力和核心素质等三方面要求构建新的课程体系,通过校企合作平台,通过将企业先进的技术和真实的项目载体引入课堂,培养学生的知识应用能力和创新意识,增加实践教学和实验课程的比例、增加校外实践课时、增多企业工程师讲授课程的数量、提高选修课的质量,真正实现专业课程与企业需求完美对接。其次,根据特色专业建设目标,构建多层次、多模块、多途径的教学体系。多层次是指基础能力层次、专业能力层次和综合应用能力;多模块是指教学体系中的不同专业方向设置的课程模块;多途径是指利用校内、校外途径等开展教学培养。利用该教学体系,拓宽专业课、整合公共课、强化实践课,开放全校各专业精品课程供学生自主选择,逐渐形成一个"通用能力、专业能力和综合能力"螺旋上升式人才培养路径。最后,以产业对接人才需求为导向,以培养工程应用能力和综合素养为主线,实施"第一课堂、第二课堂、第三课堂"的实践育人理念,建立基于真实工作环境的产学研一体实践教学基地,构建"多元融合、分层递进"的实践教学体系。即"课内与课外""校内与校外""教学与科研"以及"能力与素质"的多元融合,"实验教学、专业实训、创新实践、企业实践"四位一体的递进式实践教学体系。形成一套"课程共研、方案共制、学生共培、师资共担、基建共建、成果共享"的人才培养机制,深入推进产教融合,校企协同共育"工匠"人才。

五、结束语

宁波工程学院杭州湾汽车学院坚持以服务地方产业发展为导向,以人才培养质量为核心,通过"工学四合"产教融合机制创新,加快推进与政府、企业、行业的融合发展,采取开放、包容的办学态度,继续深化校企合作,促进产教融合,不断提升学生的就业质量,越来越多的毕业生选择在杭州湾新区工作,为千亿级汽车产业提供高素质应用人才和技术支持。

参考文献

[1] 李北群.产教融合试验区的创新与实践[J].中国高等教育,2017(8):25-26.

[2] 夏建国.深化产教融合:加快建设高水平工程应用型大学[J].中国高等教育,2018(2):25-26.

◎创新型工程人才专创融合产学协同培养与实践[①]

张丽靖　李丽君　沈昊宇[②]

摘　要： 将专业教育融入创新创业教育，在课程教学中融入创新实践元素，促进学生创新创业素养培育与专业学习的融合，促使教法改革向学法改革的转变，是新时代创新型工程人才培养的重要方向。本文以浙江大学宁波理工学院创新型工程人才专创融合产学协同培养模式构建为例，介绍了产学合作协同育人的实践途径、具体举措和初步成效，供同行交流批评。

关键词： 创新型工程人才培养；专创融合；产学协同育人

一、引　言

随着建设创新型国家的时代要求，中国制造正逐步走向中国创造，经济发展方式转变加快，产业结构深度调整，实体经济迅速壮大，社会对人才的规模、类型、质量需求均发生了新的变化，对高等学校服务经济社会发展能力也提出了新的要求。创新型国家呼唤创新型人才，实现中华民族的伟大复兴，也需要创新型人才，提升学生创新创业能力是建设创新型国家和通过"创新驱动"促进

① 宁波市教育科学规划重点资助项目（2018YZD011），浙江大学宁波理工学院特色专业建设项目。
② 张丽靖，浙江大学宁波理工学院讲师；李丽君，浙江元美环境科技有限公司总经理；沈昊宇，浙江大学宁波理工学院教授、博士。

经济发展和产业转型升级的时代需求。在"中国制造2025"的发展蓝图中,工程人才的需求是主要需求,工程教育必须深度参与到新工业革命。如何提升学生的创新创业能力,使人才培养不再落后于工业界的需要,高校的工程人才培养正面临着新的机遇与挑战。探索培养模式、创新培养路径、培养创新型工程人才,成为高校必须思考的人才培养问题。

自2010年实施"卓越工程师教育培养计划"以来,中国的工程教育进入工程范式下的工程教育模式,强调科学教育、人文教育、工程教育的有机统一,并在理论和实践两个维度追求平衡,实现知识、能力、素质的全面发展。随着全球经济大环境的改变,工程师需要具备更扎实的专业理论基础知识,同时对学科交叉的知识掌握和工程创新提出了更高的要求,这也是工程教育所面临的新的目标导向。

教育部《关于全面提高高等教育质量的若干意见》等文件中多次提及,鼓励高校探索与行业企业联合培养人才的模式,提高学生的专业实践能力和创新创业能力。党的十九大报告也明确提出要深化产教融合、校企合作、培养创新人才。高校作为创新型人才培养的组织者和实施者,应着力构建创新教育的"四个课堂"。第一课堂主要进行理论教学;第二课堂是在第一课堂外的时间进行的与之相关的教学活动,源于教材又不限于教材,在教室外但仍在校内进行的教学活动,包括学生社团、各类培训、考证考级、自主实践、学科竞赛与科技活动等;第三课堂是指在校外进行的各项教学活动,主要有社会调查、参观访问、志愿者活动以及专业实习等;第四课堂指的是网络社会化课堂、境外交流等。

在《中国制造2025》发展五大工程和十个重点领域中,我校生物与化学工程学院现有生物工程、高分子材料与工程、化学工程与工艺等专业,涵盖了新材料、生物医药等领域。浙江省这些新兴领域的产业在国内处于领先地位,对相关行业人才需求与日俱增。鉴于此,我们通过在"四个课堂"中植入产学协同育人理念,将创新元素和企业导师引入理论研讨课、实验教学以及竞赛培训、科研训练、专业实习等诸多环节,为创新型人才培养提供一种探索途径,重点解决工科人才培养中学生创新创业意识不足、工程实践与行业产业接轨不够等突出问题。

二、创新型工程人才专创融合产学协同培养模式

搭建产学合作协同育人平台,企业导师走进第一课堂,通过案例教学等方法在创新创业课堂教学中实现产学协同育人;企业导师参与指导专业社团训练、大学生化学竞赛、学科专业竞赛、各级创新课题等第二课堂的创新科技活动,通过实践教学实现产学协同育人;企业建立实习实践基地,通过社会实践、认识实习、生产实习等第三课堂实现产学协同育人;企业提供网络社会化课堂等第四课堂,开展逐级递增的科研与创新实践,培养学生在主动学习、创新思维、科研能力以及团队协作等方面的能力,延伸创新创业的空间维度。高校从专业人才培养方案出发,凝练专业课程体系的创新元素,以"第一课堂"即课堂创新教学为主渠道,发挥"第二课堂"即大学生人文素质教育的主阵地和"第三课堂"即校外实践、专业实习、志愿者服务等主载体作用,搭载"第四课堂"即网络教学的主平台和国际交流活动,把教学内容创新元素贯穿在四个课堂之中,并共同纳入学分制管理的轨道,将"课前课后""线上线下""理论实践"有机结合,打造以学分为纽带的四个课堂互动的"四个课堂良性互动"人才培养框架(如图 1 所示),实现创新型工程人才专创融合产学协同培养与实践。

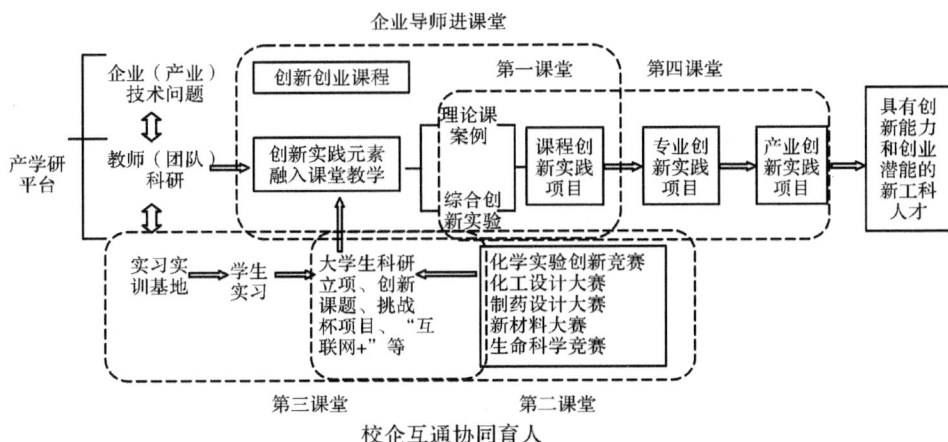

图 1　创新型工程人才专创融合产学协同培养实施路径

三、创新型工程人才专创融合产学协同培养实践

(一)优化培养方案,突出专创融合

创新创业教育、科研训练贯穿本科四年,创新创业教育融入专业教育,加强学生基本知识、基本理论的掌握,锻炼学生的基本技能。在短学期中分别进行认识实习、生产实习、课程设计等实践;然后将学生派到企业,进行工程项目训练,再结合企业的生产工艺和科研开发,由学校与企业共同指导学生的创新工程实践,最终完成毕业论文或毕业设计;逐步完善应用型人才的联合培养模式。根据社会、行业、学校和学生各个层面的需求确定培养目标,在此基础上形成毕业要求指标点,并指导建立课程体系;通过教学评价体系的建立实现教学校内外循环,最终形成与时俱进、成果导向的教学大纲,并指导教学。

(二)深化产教融合,促进创新应用

深化产学研结合,校企合作培养应用型人才。在前期大量工作的基础上,依托我们已经建立的"教学研"一体化建设的经验(如图2所示):坚持吸收学生参与教师的科研项目、社团活动紧扣专业实践、将创新创业贯穿大学始终,深化产教融合,有效推进科研成果教学内化、行业技术实践固化,实现科研的教育功能,促进学生的创新意识培养和应用能力提升。

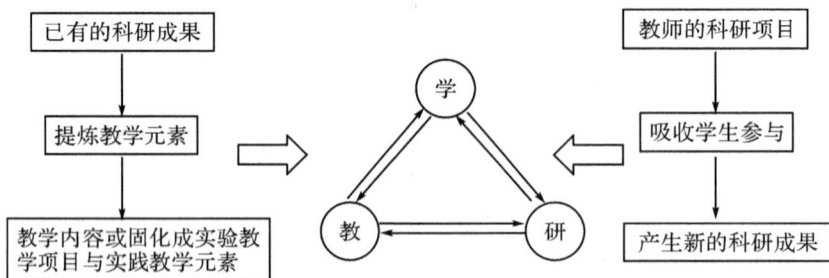

图2 "教—学—研"一体化实现途径

四、成果成效

以我校化学工程与工艺专业人才培养为例。该专业创办于 2006 年,2008 年通过浙江省教育厅新建专业中期检查,2011 年获得专业学士学位授予权,2012 被确定为学校"十二五"重点特色建设专业,2018 年被确定为学校"十三五"优势专业,是宁波市高校仅有的两个化工本科专业之一。主要人才培养方向为绿色有机化工、石油化工、新材料的研发与合成、精细化学品的合成等领域。近年来通过采用"5G+5S→2A"的化学工程与工艺专业人才培养模式,对接宁波市产业需求,围绕绿色精细化工领域,依托浙江省一流学科"化学工程与技术"和学校"高分子与绿色化工"优势特色学科,专业建设与创新创业人才培养取得了长足的发展,优势特色日趋明显,已经形成了以学生工程设计能力和创新实践能力为主线的人才培养的特色与优势,多年来教学质量优秀,得到毕业生的高度认可。

(一)工程设计能力人才培养的特色

在专业课程设置中设有"化工设计""化工制图"等,每个学生可以通过参加专业实践训练并结合创新课题与各类专业竞赛提升实践创新能力,学生参与度达 100%。学校近年在全国和浙江省大学生化工设计竞赛中获得一等奖等优异成绩;多名毕业生在上海化工设计院等化工设计公司工作,已成为专题设计组的组长等,成为化工设计院的技术骨干。

(二)创新实践能力人才培养的特色

在专业课程设置中设有"化工过程开发""综合化学实验"等,建立了"教学研"一体化的创新实践人才培养体系,通过深化产教融合有效推进了科研成果教学内化、行业技术实践固化,促进学生的创新意识培养和应用能力提升。学生累计参加各级创新创业项目 50 余项;获得浙江省挑战杯二等奖,以第一作者发表 SCI 收录研究论文 22 篇。

近年来学校专创融合改革成效显著,共承担省级教改项目 1 项、市级教改项目 2 项、校级教改项目 10 余项。学校在 J. Chem. Edu. 等 SCI、EI 收录的国内外杂志上发表教改论文近 20 篇；获得浙江省教学成果奖一等奖、宁波市教育研究成果一等奖、浙江大学教学成果一等奖等，指导学生参与国家级大学生创新创业训练计划 6 项、省新苗计划各 6 项、国家级和省级化工设计竞赛等 10 余项，学生综合素质有明显的提高。学生以第一作者在 SCI、EI 和核心期刊上发表高水平论文 20 余篇，参与申报国家发明专利 7 项，其中授权专利 3 项；获得国际大学生数学建模大赛一等奖、全国大学生化工设计竞赛一等奖、浙江省挑战杯二等奖等 17 项。学生对专业的认知度、就业率、考研率均有较明显的提高。近五年来，考研录取率从 2.63％增加到了 15.45％，就业率高于 95％，为镇海炼化、宁波万华等企业输送了大量的化工人才，服务于地方经济发展，多名毕业生年薪已超 20 万。

然而，人才培养永无止境。如何围绕以学生能力培养为中心、以专业认证为目标，加强专业建设，提升人才培养质量，仍然任重道远。

参考文献

[1] 李志义.解析工程教育专业认证的学生中心理念[J].中国高等教育,2014(21):19-22.

[2] 董泽芳.高校人才培养模式的概念界定与要素解析[J].大学教育科学,2012,133(3):30-36.

[3] 刘健,邹晓平.怎样构建"卓越"的知识结构[J].中国大学教学,2017(1):61-65.

[4] 周红坊,朱正伟,李茂国.工程教育认证的发展与创新及其对我国工程教育的启示——2016年工程教育认证国际研讨会综述[J].中国大学教学,2017(1):88-95.

[5] 段滇宁,陈洪博.应用型本科院校教学体系探索与研究[J].高教学刊,2016(23):180-181.

◎"引企入校"共建校内实训基地运作机制优化研究

——以跨境电商实战运营中心为例

李　蓉①

摘　要:近几年高校在积极探索为学生搭建校内外实训基地平台的过程中,已逐渐发现校企共建的校外实训基地存在非常大的不确定性和不可控性,究其原因是受到双方利益不均衡、时间不匹配、轮岗不实现、安全不稳定等客观因素制约,导致实训过程成本大且教学实训效果差。目前"引企入校"共建校内实训基地模式受到众捧,本文将以高校跨境电商实战运营中心为例,分析校内实训基地建设困境,提出基地运作机制的优化与创新思路,力求提升复合型跨境电商人才培养质量。

关键词:引企入校;校内实训基地;运作机制

校企共建校内实训基地是指由学校提供场地和日常管理,企业提供设备、技术、项目和师资,校企协同开展实训教学,基地存在双主体特征,有效兼顾教学与生产的双重职能。为激发企业参与高校人才培养的主动性,拓展产教融合的深度和广度,处理好实训教学的实施规范化与生产运作的市场利润化两者间的关系是关键。根据现阶段我国颁布的《关于实施高等学校本科教学质量与教学改革工程的意见》和《关于引导部分地方普通本科高校向应用型转变的指导意见》等政策文件,运用"引企入校"模式,实现学生"学业—就业—创业"和"实

---

① 李蓉,宁波财经学院电子商务学院助理研究员、教务办主任。

验—实训—实习"两个一体化,集实训教学、课程开发、项目运营、师资培养、社会服务于一体的校内实训基地,对培养创新创业应用型人才,提高学校服务区域经济和创新驱动发展有着现实意义。

借鉴国外高校建设经验,一种以企业为主体,提供教学场所、设备和导师的形式,把学生当作员工,由企业师资代为培养,通过生产车间、实验室及相关机构培养一线技能型人才;另一种以学校为主体,利用学校的实验和理论教学环境,仿真现代企业生产经营,使其融入实践教学中来。学员经严格训练和实践培养,毕业前必须通过操作与理论考试,考取国家认定的某些职业资格证书。宁波大红鹰学院在培养复合型跨境电商人才的过程中,在"引企入校"模式下的跨境电商实战运营中心建设方面进行了一系列的改革和探索。

一、"共建·共享"的校内实训基地运作存在问题

通过"引企入校"建设校内实训基地的初衷是依据"共建·共享"基本原则,前期通过洽谈,形成利益分配和权责明细的合作意向,并签订协议;再通过专业人士的建设可行性论证进行设计施工,投入使用,再进行规范化管理。在合作过程中,往往出现规划期对合作单位的精选准入机制不到位;建设期整体规划缺乏前瞻性和延续性;设计期重硬实力轻软实力,存在资源结构矛盾,场地利用率不高;使用期不能满足跨学科、跨专业的综合实训项目开展等诸多问题。

以"学校主导"的校内实训基地可以较好地落实专业教学计划,但存在着生产真实训练不够、运行成本较高等问题;以"企业主导"的校内实训基地可以有效降低生产性实训运行成本,使学生体验到真实的生产过程,但学校教学属性被大大弱化。有学校已经出现生产与实训相互干扰,专业教师和企业导师相互抵触等情况,这其实就是教学实训项目的单一与企业真实生产的灵活、学校教学计划性与企业市场多变性的冲突问题。种种迹象表明,地方高校的校内实训基地运行机制已经存在严重的偏离和滞后现状,亟须探讨基地的运作机制优化和长效持续发展的途径。

二、"双轨·双导"的校内实训基地建设价值分析

(一)解决创新创业、应用实战的复合型人才培养的战略问题

校内实训基地能在一定程度上弥补校外实训基地受生产制约大、轮岗机会少、岗位工序单一等不足,满足学生创新社团活动、学科竞赛备战、实验数据校验、毕业设计等需求,对培养学生操作应用能力、实战演练能力、创新创业能力及职业素养等综合能力具有十分重要的作用。

(二)解决课程建设,研发教材和项目运营案例的建设问题

按照专业核心和综合应用能力设定若干组主干课程,校企互融共建项目案例库和反映行业需求、理论与实践高度融合的特色教材,使企业生产一线的高管、技术能手参与课程开发、走进基地。在集中实践和综合实验等项目中,借助校企共建校内实训基地进行项目设计、设置和实施,从而实现行业企业100%参与应用型课程建设。

(三)解决学校学生"就业难"和企业"用工荒"的失调问题

以企业真实工作场景,营造浓厚企业文化,入驻企业带产品、带项目、带师资进校园,师生则提前对企业产品、企业文化及运作管理模式循序渐进地,实现产教研协同合作,实现"学业、就业、创业"和"实验、实训、实战"2个一体化,解决"就业难"与"用工荒"之间失调的问题。

(四)解决高校教师"双师双能"转型和企业导师的短缺问题

高校教师在兼顾教学任务的同时,再利用寒暑假下企业锻炼,这种时间短、成本高的挂职方式,企业和教师意愿性都不强,而且工作融入度不高。如果借助全真的校内实训环境,通过互培共事的方式培养师资,可真正实现教学相长,共同组建应用型教学团队,助推教师开展实践教学研究和课程、教材开发。

三、"双营·双赢"的校内实训基地运作创新思路

以宁波大红鹰学院跨境电商实战运营中心为例,基地申报建设是基于地

方、行业、企业对跨境电商复合型人才的紧缺需要为基础,再结合中国电子商务研究中心发布的人才需求数据开展基地建设调研。从报告数据及调研结果看,企业对目前跨境电商专业学生的评价及比重分别是:缺乏解决实际问题能力(81.9％),跨境电商专业基础不牢固(53.0％),知识面单一(51.3％),视野不够宽(49.7％)等;企业看重的是有一定技巧和实战经验的中级人才(68.4％),远高于具备丰富经验的高级人才(17.8％)、会基础操作及入门知识的低级人才(13.8％)。通过"引企入校"模式开办的校内实训基地,能培养学生对跨境电商业务问题的判断分析能力和电子商务运营实操能力。

(一)基地运作管理体系创新

1.管理体系主体权重

择优遴选知名的跨境电商企业,学校从专业建设核心竞争力和服务地方经济发展考虑提供硬件,而合作企业则从社会知名度和项目利润成本考虑提供软件,洽谈双方利润分配,把基地看作经营实体,承担校内实训任务,拓展对外经营途径,妥善解决社会效益和经济效益的双重问题。

2.管理体系权责明确

确定校企双方权责,制订严格规范科学的管理制度,配备专人专岗管理。遵循校企一体化基地建设的"设备生产化、环境真实化、教师技师化、学生员工化、管理企业化、运作市场化"的原则。

(二)基地运作功能机制创新

1.实训教学模式改革

"双导师制"的授课模式实施过程中,兼顾人才培养目标规格的一致性、课程教学实施的规范性、学生接受知识的科学性和课程考核比例的权重性,确保学生获得丰富的理论知识,然后在企业导师的指导下实践,将理论结构转化为实践运用,通过项目化教学模式,培养学生创新思维,实现"教、学、做"的三位一体。

2.实训内容融通交叉

基地的总体规划要充分考虑对全校各专业群的辐射融通作用,根据不同专业的教学特点和实训内容关联度,进行职业岗位群综合实训项目设计,使得基地建设适用专业范围广、项目内容互通性强,从而提高基地应用率,实现资源最大化利用价值,实现"人才培养、技能竞赛、社会培训、技术服务、科技研发、产品生产"的六位一体。

3.实训场景为真实职场

以就业为导向的校内实训基地,要凸显职业性特征,通过模拟企业真实的工作环境、注入企业文化,营造职场氛围,使学生有如临职场的体验感。设计职业仿真实训时,要关注实训内容与岗位相符、与职业标准对接,实现"仿真、模拟、实战"的三位一体。

4.师资培养和社会培训

发挥专业教师的特长,使基地成为专业教师实践锻炼的场所。尤其是在缺乏大量专业技能指导教师的情况下,校内实训基地的技术员工参与到实训指导中,形成了一支实力雄厚的师资队伍,实现"双师、双能"的二位一体。

(三)基地效能拓展机制创新

1."内塑"层面——提升内涵建设目标

坚持以提升专业群综合竞争力为目标的建设思路,大力拓宽校内实训基地的实验项目类型、业务范围及服务群体,从而在跨学院、跨学科、跨专业的全校范围内,实现其示范辐射和资源共用效果。

2."外延"层面——实现社会服务价值

坚持以服务地方产业发展需求为宗旨的建设思路,为地方、政府、行业及企业输送人才。通过基地的对外培训,积极加大实训基地的对外宣传,提升学校的知名度和美誉度。实现实训基地师资培养和社会培训目的,提供社会热门的职业培训,提高学校和企业的知名度,增强社会服务功能,增加基地经济效益。

(四)基地运作长效机制——可持续性发展

校内实训基地必须具备生产性功能,只有这样才能吸引行业企业把产品、项目引入校内生产、加工和运营;具备更新性功能,定期更新软、硬件设施,行业企业才会将员工岗前培训、专项业务提升、行业论坛交流研讨活动引入学校;具备技术服务和人力资源供应的支撑功能,行业企业才会与学校共同开展课题研究、教材开发、项目运营与师资协同培养等服务。

通过对校企共建的校内实训基地,在运作管理机制、运作功能机制、构建管理体系、效能拓展机制、运作长效机制等方面进行创新改革。

四、结　语

地方高校大力拓宽合作培养路径,将产教融合、校企合作作为人才培养机制创新的主要路径,坚持多途径、多类型、多平台协同育人。积极鼓励专业群与产业领先企业开展稳定可持续性的校企合作。

依据以"能力本位"为理论的能力建设要求,以"资源整合"为理论的资源优化要求,以"区域发展"为理论的经济发展要求,采用"引企入校"模式,改革以"市场导向、合理定位、资源共享、功能互补"的校内实训基地运作机制,主动适应地方经济发展,提升高校跨境电商复合型人才培养质量,势在必行。

参考文献

[1] 陈高锋,史诺. 教学工厂型校内生产性实训基地建设探索与研究——以机械加工实训中心为例[J]. 杨凌职业技术学院学报,2016(2).

[2] 蔡智军. 职业院校生产性实训基地运营模式探索——以辽宁农业职业技术学院食品加工类生产性实训基地为例[J]. 辽宁高职学报,2016(6).

[3] 潘俊. 酒店管理专业生产性实训基地的运营研究[J]. 中国职业技术教育,2016(20).

[4] 向成军. 高职院校校内生产性实训的研究与探索[J]. 湖北社会科学,2014(2).

[5] 李仲伟. 基于真实订单的校内生产性实训的探索与实践[J]. 纺织服装教育,2013(5).

◎校企协同育人模式打造零售中高端管理人才

贾学芳[①]

摘　要："十三五"期间，云计算、大数据、物联网等新一代信息技术广泛深入应用，为流通变革奠定了技术基础。以实体店为主导的连锁企业，正面临新零售的挑战。"新零售"时代，零售商业模式对工作岗位、人才素质等都会有新的要求。连锁企业亟须"懂理论、能管理、擅学习"的高素质新零售管理人才。

关键词：校企合作；协同育人；零售管理

宁波财经学院工商管理专业连锁方向六年来先后与沃尔玛、欧尚、屈臣氏、三江等零售企业建立深度合作，面向区域流通业和服务业发展需求，共同制定零售人才培养方案，发挥多基地资源优势，合作共赢，协同培养连锁中高端管理与创业人才。双方已经开展了合作教学、顶岗实习、见习经理培训、竞赛指导、教师锻炼、教材开发、教学改革等多层次合作，受益学生 600 余名。由跨界合作教学到校企递进式、多层次协同育人培养模式改革，目前，已培养了五届毕业生，成长起一批部门经理、店长，缩短中高端人才的成长时间，教师实践能力得到提高。新零售的冲击下，实体零售设立无人小店，或成立 OTO 部门，14 级、15 级学生在新零售部门中能独当一面，推动新零售部门建设，合作共赢的连锁实践基地稳步拓展。

---

①　贾学芳，宁波财经学院讲师。

一、合作方式

通过学校和企业的合作,可以实现资源共享、优势互补,共同发展。学校从2013年与宁波欧尚超市签定校企合作基地协议以来,陆续与宁波诚达百货有限公司、沃尔玛华东百货公司宁波四明中路分店、宁波好又多百货有限公司、宁波屈臣氏三江超市等连锁零售企业签订了校企合作基地协议,合作门店十多家,为学生连锁零售实践能力、管理能力的培养提供了多样的实践和锻炼机会。合作方式主要是以下几种合作模式。

(一)顶岗实习模式

学生前三年在校完成教学计划规定的多数课程后,采用学院推荐或学生自荐、再由企业面试的形式,到连锁企业进行2—6个月的顶岗实习。学校和用人单位共同参与管理,合作教育培养,使学生成为用人单位所需要的合格职业人。

(二)见习经理培训模式

不同的连锁零售企业基地,提供的实习培训不同。欧尚提供见习经理培训,学院采用学生自荐方式,参加企业笔试和面试的学生直接参与企业3—6个月的见习经理培训,6个月后,实习表现合格的学生直接晋升部门经理。

(三)产学研模式

学校发挥专业师资优势,通过教师联系企业、学生到企业实习、实践发现企业存在的问题,帮助连锁零售企业解决相关的难题。

(四)共建校外实习基地

本着"优势互补,互惠互利"的原则,学校在有发展前景又有合作意向的不同业态连锁企业建立校外实习基地,这些基地能培养学生职业素质、实践能力和创业能力,促进专业教师技能提高;同时,一定程度上弥补了连锁企业基层人员流失的问题,也为学生提供了就业岗位,达到"双赢"的效果。

(五)成立专业教学指导委员会

聘请连锁企业专家、企业领导与学校教师共同组建"专业教学指导委员会"。明确专业人才的培养目标,确定专业教学计划的方案,提供市场人才需求信息,根据企业、行业的用工要求及时调整学校的专业计划和实训计划。

二、合作内容与变革

(一)制定专业人才培养方案

邀请相关企业共同分析各专业岗位所需的专业核心能力与职业发展需求,明确人才培养目标、能力与素质要求,共同制定了连锁经营管理方向人才培养方案。

(二)合作教学

"连锁经营原理"课程是专业方向的基础课、起点课,开设于大二下学期。此时学生对连锁经营管理认识较模糊,为了解决这个问题,教师设置连锁企业组织结构与岗位需求调研,将学生分组到不同连锁企业调研,对于有合作协议的基地,教师与连锁企业 HR 提前联系,负责接待学生,完成调研任务,让学生对连锁企业有清晰的认识。

课程改革:"连锁经营原理"课程原为"连锁经营管理",48 课时。通过校级"新平衡学习"课程教学改革,13 级更名为"连锁经营原理",32 课时,增加了课外调研,充分保证学生课外学习时间。

"连锁门店营运管理"课程,教材多与现实相脱节,为了更好地开展教学,校企联合制定教学计划、教学内容、试卷内容。课程由连锁企业团队(门店店长和相应部门主管)与校内教师共同授课,现场教学与课堂教学相结合。宁波沃尔玛承担了 11—16 级 6 届"连锁门店营运管理"课程教学,学生约 500 人。

课程改革:11 级"连锁门店营运管理"课程全部由企业老师教学,我们发现单独的企业现场教学导致理论深度不够,从 12 级开始,课程由企业老师和学校老师共同教学,增加了翻转教学,形成了"产教融合的'连锁门店营运管理'教学案例"。

"连锁经营管理综合实习"课程,结合连锁企业的实习生计划,校企合作基地给学生提供带薪实习。连锁零售基地逐步由沃尔玛3家门店、欧尚1家门店,增加到目前的沃尔玛、欧尚、屈臣氏、三江、永辉等10多家门店。

课程改革:11—13级学生全部参与企业综合实习,实习中发现一个门店要接收20名实习生,企业实习岗位有限,个别学生消极怠工;14级开始,综合实习采用自愿报名的原则,企业和学生双向选择,学生通过企业面试,确定实习企业和实习岗位。通过双向选择,学生实习更顺畅。

(三)学生顶岗实习

合作基地为学生提供课余兼职和寒暑假顶岗实习,这样在综合实习时,学生可以选择另一家连锁企业,了解不同企业文件和管理特点,有比较后更能激发学生思考,培养了学生发现问题、分析问题的能力,从而促使他们探索解决问题的方法。

(四)见习经理培训

校企合作方式其实是不断调整、动态变化的。宁波欧尚为11级工商连锁26名学生提供综合实习轮岗实践与培训机会,12级开始将综合实习与见习经理培训相结合,学生首先要通过欧尚网上笔试,而后参加欧尚三位处长面试,通过者直接参与企业的见习经理培训计划,实习时能直接参与供应商谈判,学生理论与实践能力、管理能力得到快速提升,如果能坚持到6个月并通过企业考核,直接晋升为部门经理。15级实习学生由岗位实习晋升为见习经理,还未毕业晋升为经理。

(五)教师下企业锻炼

基地为工商管理专业多名老师提供锻炼岗位,提高了他们行业的实践能力,丰富了他们教学内容;同时,教师在基地发现问题,思考解决方案。

(六)产学研合作

学生通过连锁企业实践锻炼,发现连锁企业的问题,如:商品损耗、生鲜经营难点、库存管理和商品结构问题等,毕业论文多与连锁企业相结合,论文数据来源可靠。如:工作实际调研,可与企业部门主管访谈得到,有些数据可以直接借鉴企业管理软件后台数据,在论文指导教师指导下,根据企业现状分析其存在的问题,并提出解决对策供合作基地参考。教师通过下企业锻炼发现企业问题,并和企业相关主管共同探讨,为企业解决问题的同时提高了自己科研能力。

三、合作机制

教育行为的动机和目标同企业行为的动机和目标不完全相同,在市场体制环境中,要建立长期的、可持续发展的校企合作关系,关键是使校企双方都有合作的积极性,需要建立校企良好的运行机制。

(一)互惠共赢的驱动机制

构建互惠共赢的驱动机制,促使校企合作可持续发展。校企合作中企业的利益主要体现在:

(1)应对基层员工流失,缓解连锁零售企业的用工荒问题;

(2)学生来源可靠,比社会上招聘的非学历人员素质相对要高,便于管理;

(3)专业理论较扎实、学习能力强,为连锁企业人才储备提供优秀人才;

(4)学生创新思维、策划方案为企业提供了新的活力;

人才培养的质量、企业产学合作的深度,很大程度上取决于所培养人才的质量和学院所具有的科研实力。校企合作中高校的利益主要体现在:

(1)有助于学生的实践能力锻炼、择业观的形成;

(2)提供老师到企业挂职锻炼机会,有助于实践教学能力、科研水平提高;

(3)学生培养的质量要由社会和企业来鉴定;教师的科研成果必须要得到企业的承认才能创造效益。

(二)校企合作的保障机制

学校制定相应的管理制度,基地明确合作协议要求,规范校企合作人才培养、学生实践、教师挂职等方面各自的权利与责任,有针对性地解决实际问题,提高合作效率。学校建立相应制度,如:《学生校外教学(实习)管理规定》《校外实践教学基地建设与管理办法》《教师参加社会、企业实践管理办法》等,规范校企合作。专门建立《学生校外教学(实习)管理制度》《学生校外教学(实习)安全责任》,学生填写校外安全责任书,家长填写校外实习告知书。

建立督查部门,学校进行二级管理。基地合作协议的签定,需经过学院负责校企合作的院长助理审核通过后,再送学校相应部门审核,通过后才能签定;学院领导负责专业基地合作审核、指导,学院教务部门负责初检;学校层面负责基地合作情况督查,并现场到基地进行访谈和检查,保障合作顺利进行。

(三)校企合作的调控机制

建立校企合作的调控机制,确保校企双方有沟通信息、协调关系、督导检查的桥梁和纽带,保障合作顺利进行。建立校企合作管理组织和运行制度,赋予教学内容和教学组织更多的自主性。

规范校外教学(实习)流程:专门制订教学实践计划,学院审核并指导,学院教务配合服务,学生完成实习实践,教师反馈基地合作情况,学校最后督导检查。

联系人负责制:基地联系人有基地教师负责人、学生负责人、基地负责人(一般为HR)。校内负责人要保持学生与基地间的紧密联系,及时沟通信息,协调关系。联系人及时调整合作方案,并负责在学院和校级层面督查时的汇报。

四、合作成效

(一)连锁零售基地建设基本稳定

持续、稳定、合作共赢的连锁零售基地建设基本稳定,连锁零售人才培养模式初见成效。缓解了基地用工荒,提高学生连锁管理能力,避免了学生毕业时求职的迷惘,促进了就业,缩短职位晋升的时间。基地还为物流管理和企业管理方向学生提供实习实践机会。

(二)产学研合作逐步推进

宁波市教科规划优秀课题二等奖1项、省应用型师资教学案例一等奖1项、省教育规划课题1项、市厅级科研1项、应用型教学团队建设1项、教科产创·融合发展——第四届经管人才培养模式创新国际论坛收录文章1篇、教师发表论文3篇,均围绕解决连锁中高端人才培养问题;与企业合作编写《连锁经营综合模拟》应用型本科实验教材;学生毕业论文围绕解决基地问题的占连锁专业总人数的 1/5 以上,如:商品损耗、生鲜经营难点、库存管理、品类管理等,调研访谈就地取材,论文数据来源可靠,有些观点被基地采纳。

(三)学生择业观明确,缩短职位晋升时间

通过 2—3 个月的实习,学生就业观更明确,优秀学生经过 6—12 月的培养很快成长为部门主管,缩短了职位晋升的时间。目前在校企合作基地成长了一批店长、副店长、部门经理。

(四)形成一定的影响力

目前,改革已惠及五届毕业生,学生在连锁企业的优秀表现获得了良好的口碑,吸引其他连锁企业来寻求合作。

五、新一轮改革——面向新零售人才培养路径

六年的教学改革取得了一定的成效,持续、规范、有效、合作共赢的局面已初步形成。但在新零售的冲击下,人才的培养对教学内容和时效提出了新的要求,因此,我们在前期教学改革和实践的基础上进行了新一轮改革:修改培养计划,进行课程整合,增加企业家进课堂讲座,加大实践翻转教学与企业实操。

实施方法:将"连锁企业网点开发与设计""连锁门店运营"内容整合,修改为"连锁经营管理实务";修改"特许经营原理与实务"课程为"连锁与创业";筛选并吸纳更多的企业加入"连锁零售管理人才培养基地",基地由面向连锁方向学生,拓展到网络营销方向学生,再惠及有意从事零售管理行业的学生;吸引企业着眼当前、面向未来,共同探讨培养紧跟行业需求的新零售、智慧零售管理人才的培养路径。如图 1 所示。

已在 2017 级学生中开展教学改革实践,改革还需要在教学实践中不断修正。我们希望通过课程改革,培养新零售人才具备的创新能力、学习能力、人际交往能力、领导能力、控制能力。在这新零售变革的发展时期,培养更多的与时俱进的人才,让更多的中国连锁企业抓住发展机遇,走出国门。

总结:国内贸易流通"十三五"发展规划目标指出,到 2020 年,社会消费品零售总额年均增长 10%左右,批发零售住宿餐饮业年均增长 7.5%左右。再过

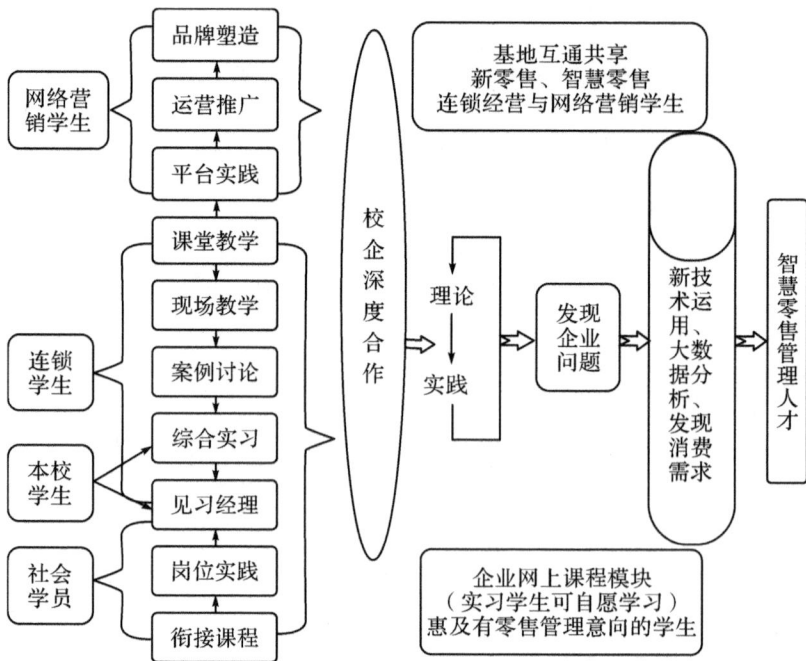

图1 新零售、智慧零售人才培养路径图

3—5年,我们的学生管理能力进一步提高、加盟创业能力逐渐显现,人才的培养与社会需求相接轨,中高端管理能力品牌效应逐渐显现,社会影响力将进一步扩大。

参考文献

[1] 李冠军. 国外胜任力最新研究成果综述[J]. 人力资源管理,2013.

[2] 贾学芳. 跨界合作连锁经营管理人才培养路径探讨[J]. 高教学刊,2016(23):198-200.

[3] 高振,冯国珍,焦玥. 中国实体零售企业运营效率及其影响因素研究——基于随机前沿分析方法[J]. 商业经济与管理,2019(7).

[4] 洪涛. "新零售"与电商未来趋势[J]. 商业经济研究,2017(8):64-70.

◎产教融合、协同育人培养
3D 打印应用型人才

——以宁波财经学院 3D 打印学院为例

陈　祥　李　华　丁胜年　周光宇[①]

摘　要：3D 打印技术是制造业领域具有代表性的颠覆性技术，在制造产业的各个领域，3D 打印技术的发展急需大量应用型人才。为了实现 3D 打印应用技术型人才培养目标，地方院校需要整合各方资源培养人才。"产教融合、协同育人"是实现高校应用型人才培养的重要方式，是把学科建设和人才培养与区域经济发展紧密结合的重要途径。宁波财经学院与 3D 打印知名企业进行合作，践行校企协同育人的理念，创建产教融合平台，建设"双师型"师资队伍，激发了学生学习热情，提高了 3D 打印技术人才培养质量，有效提升了社会服务能力。

关键词：3D 打印；应用型人才；培养模式；产教融合；协同育人

一、引　　言

随着"互联网＋"、云制造、大数据等技术的不断成熟和广泛应用，"中国制造 2025""德国工业 4.0"迅速风靡全球，并推动了工业物联网、云计算、人工智

---

① 陈祥，宁波财经学院讲师、博士；李华，宁波财经学院讲师；丁胜年，宁波财经学院讲师；周光宇，宁波财经学院副教授、副院长。

能、大数据、工业机器人、3D打印等智能制造产业的快速发展。2017年底国务院《关于深化产教融合的若干意见》重磅发布,将产教融合上升为国家层面教育改革和人才培养的战略布局和制度安排。产教融合、协同育人以市场和社会需求为导向,是服务经济、社会发展的需要,有利于人才培养质量提升、教学教育改革及社会经济发展,有利于向社会输送经济产业和社会发展所需要的高素质应用型人才。

目前,随着可持续发展观和环保观的不断深入,我国正面临着经济结构调整优化和产业转型升级的迫切要求,高质量的应用型人才成为经济发展的重要推动力,许多应用型高等院校也开始致力于应用型人才的培养。应用型本科人才培养,既是地方政府的要求,也是学校生存发展之道,已成为绝大多数应用型大学的发展趋势和必然选择。产教融合、协同育人是实现高校应用型人才培养的重要方式,是促进区域经济发展的有效途径,为地方经济、社会发展提供人才和智力支撑。宁波财经学院(以下称"我校")是一所旨在培养高素质应用型人才的本科院校。本文以我校3D打印学院(以下称"我院")为例,针对应用型本科院校产教融合、协同育人的高素质应用型人才的培养模式进行探究与实践。

二、3D打印技术

3D打印技术(3D Printing),又称为增材制造技术,它是以经过智能化设计的3D数字模型文件为基础,运用不同的打印技术、方式使特定的可黏合材料(如塑料丝或粉末、陶瓷粉末、金属粉末、石膏粉末、树脂、碳纤维等),通过分层制造、逐层堆积叠加的方式来构造与数据模型一致的任意复杂的3D实体形状的技术,如图1所示。利用3D打印技术,可以将虚拟的、数字的模型快速还原到实体世界,得到个性化的产品或样机。随着计算机技术以及打印材料的研究进展,3D打印在科研、教育、工程机械、汽车制造、装备制造、轻工、电子信息、航空航天、医学及艺术设计等各领域得到了快速发展及应用。

3D打印机是3D打印的硬件设备,其涵盖了机械、控制、材料、计算机等多门学科技术,内部又包含着高精度机械系统、数控系统、喷射系统和成型环境等。当前科学技术的发展日新月异,各个学科之间的关联性越来越紧密,多学

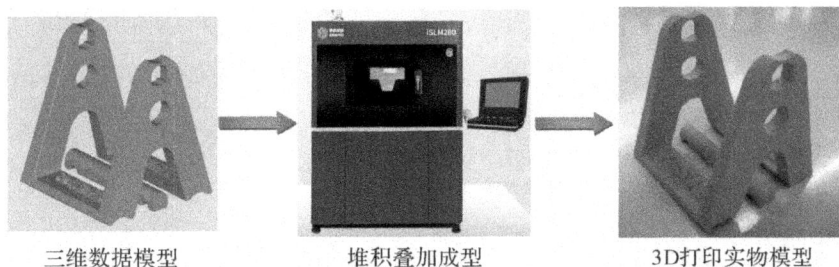

| 三维数据模型 | 堆积叠加成型 | 3D打印实物模型 |

图1　3D打印过程

科交叉成为发展趋势,这不但对学生提出了更高的要求,也对教师提出了更高的知识储备要求。

近年来,3D打印技术发展迅速,已经成为智能制造产业的重要组成部分。3D打印技术的应用前景广阔,市场规模呈几何级增长态势,对很多行业和领域产生了巨大影响,从而推动了制造、生产的颠覆性变革。基于这种社会发展需求,我校成立3D打印学院。实施以"产教融合、协同育人"为导向的应用型人才培养模式创新研究,有着重要的现实意义,将为服务经济社会发展开创一个新局面。

三、"产教融合、协同育人"人才培养模式的意义

产教融合是指产业与高校教育双向积极参与、共建共享和互动融合的过程,其实质内涵是"产""教"共同参与,实现协同育人、合作共赢。同时,又是在双方师资指导下进行的有规划、有目标、有要求的教学活动。因此,产教融合促使学生在教学实践中,带着问题学习、实践、思考,有利于学生知识的构建、技能的掌握、素质的培养。协同育人是合作双方以应用型人才培养为核心目的,在合作系统内共享资源、共建平台的协同效应,实现"产"与"教"的实质、深度融合。产教融合、协同育人是培育高素质应用型人才的重要途径,对提升高校人才培养质量和社会服务能力具有重要的现实意义。

(一)缓解人才供需的结构矛盾

我国高等教育的规模在不断扩大,但应用型人才的供需结构矛盾依旧存在。企业用工难,高校毕业生短期内难以满足企业的实际需要。产教融合、协

同培养让学生学习理论知识的同时,接触企业的实践环节,将理论知识与实践相结合,使学生更好地具备企业所需的技术技能,从而缓解应用型人才的供需矛盾。

(二)激发学习兴趣,提高教学质量

一方面,企业项目的进入,让学生有了真题真做的机会,使课堂教学更加形象、生动,有利于激发学生兴趣,加深学生对理论知识的理解,对培养学生工程实践能力和创新能力具有显著作用。另一方面,企业有形资源的融入,既能保持高校实验室技术与设备的先进性,使学生随时了解前沿技术,也能有效改善高校实验室建设经费不足现象。如3D打印综合实践课程,掌握3D打印正向设计、逆向建模及打印类型选择特别需要企业的真实案例做支撑。

(三)提高教师知识和能力水平

高等学校缺少具备行业背景与实践经历的教师一直是应用型人才培养的瓶颈,特别是在3D打印技术这样的高新技术行业更需应用型人才。在校企协同培养模式中,教师可以下企业,积累实践经验,熟悉3D打印行业的前沿知识,了解新工艺、掌握新技术,在课堂教学中,将理论知识与实践巧妙融合,使教学水平得以较快提升。同时,企业师资的加入可有效缓解应用型本科高校"双师"型教师队伍的数量不足,带动学校教师参与产业(行业)一线的技术研发和应用,提升教师科研整体水平及服务经济社会发展的能力。

四、以"产教融合、协同育人"为导向的应用型人才培养模式的实践

为满足快速增长的3D打印行业应用型人才需求,我院与产业界知名企业代表杭州先临三维科技股份有限公司及南京3D打印技术研究院深度合作,捕捉产业创新发展对人才需求的新变化,从知识、能力、素质的角度进行研究,以"协同创新、共享资源、探索合作、促进共赢"的理念共建特色学院——3D打印学院,以科学的态度、方法、思想和精神,进行了系统的设计、探索和实践,构建基于3D打印技术的高素质应用型人才培养模式。

（一）校企双方共创产教融合平台，构建产教协同机制

学生实践能力的培养不能局限在校园内，更应在企业实际项目中得到实践锻炼，集合多种先进技术的 3D 打印行业更能锻炼学生。为了把 3D 打印技术前沿的技术要点和企业的用人标准融入教学实践中，使学校教学内容与企业生产紧密结合，提升教学效果，我院已多次派遣老师到知名企业——南京 3D 打印研究院、杭州先临三维科技股份有限公司等进行考察、参与培训、实践及学习，从而把握最新的 3D 打印前沿技术及市场信息，为提高育人效果奠定基础。

对于企业而言，他们不仅接收合作院校的学生来公司实习，而且参与人才培养方案制订、相关课程的设置及教材的编写，共建实习基地，设计实践项目，合作开发专业资源库等信息化教学资源，从而有效促进教育链和产业链的有机融合。结合我校培养计划和企业人才需求，我院同南京 3D 打印研究院、杭州先临三维科技股份有限公司共同制订 3D 打印人才的培养方案，系统设置专业课程、岗位课程，科学安排学生专业技能应用训练与岗位实习，合作共建专业实验室等实践平台（如图 2 所示），实现校企合作协同育人。以"资源共享、互利合作"为原则的产教融合、协同育人机制的建立为应用型人才培养提供了机制上的保障。

图 2　多元协同育人平台

（二）教学实践与生产实践相融合

学生对知识的获取主要是"学"会的，而学生能力的培养关键在于"练"。教育活动要与生产实践相结合，按照应用型人才成长和知识认知规律，将专业理论教学融入实践工作环节中。在校企协同培养模式下开展各种实践教学项目，通过创设企业真实工作环境，模仿实际的工作过程，有目的地设定相关实践课程、实验项目、实践活动环节和内容等，通过协同研发中心、校企共建实验室、校

内外实习基地、企业培训中心等各种形式的"多元化"实践平台,引导学生"做中学""做中练",逐渐培养学生的综合知识应用能力、实践动手能力,实现教学过程与生产过程的衔接,最终达到提升学生综合实践能力的目的,形成良好的职业素养。

我院校内实践、实验设备配置齐全,将3D打印实验室及逆向扫描仪(图3a)面向全校学生开放,对开放内容、运行模式进行了合理规划,开设了先进制造技术领域的逆向工程与新兴3D打印技术相结合的开放实验课程,学生可以根据自己的需求运用三维造型软件,如UG NX、Pro/E等,进行逆向建模及设计,将创意变成个性化作品,并完成数字模型的3D打印制作(图3b)。开放实验室的设立,丰富了学生工程实践的原有内容,开阔了学生视野,为学生认识、熟悉和掌握逆向工程与3D打印技术提供了一个真实的实践训练平台,培养了综合知识应用和创新能力,锻炼了实践动手能力。开放实验室经过两个学期的运行,效果良好。

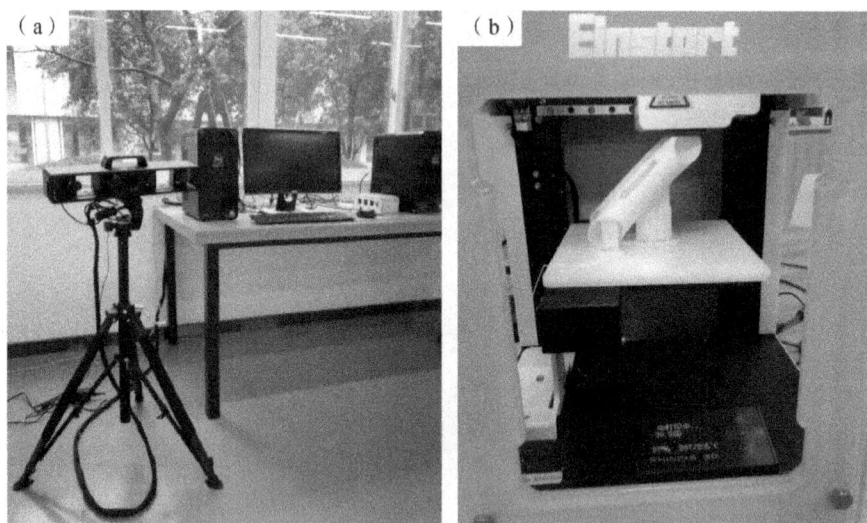

图3　逆向扫描(a)及模型3D打印(b)

为进一步练就学生能力,以企业真实产品研发为基础,开发毕业设计课题、大学生科技创新活动、学科竞赛项目等,鼓励和吸引学生积极参与,提升项目实践能力。例如,对机电产品的内部结构及外形进行建模分析(图4)、机床外形及机构再设计、生活用品的设计开发、汽车外形设计等,并通过3D打印快速得到产品的样机,以提供设计验证与功能验证,检验产品可制造性和可装配性等。

教学、科研实践与生产实践相融合不仅帮企业解决了技术难题,同时促进了学科平台建设,提高了学科建设水平。

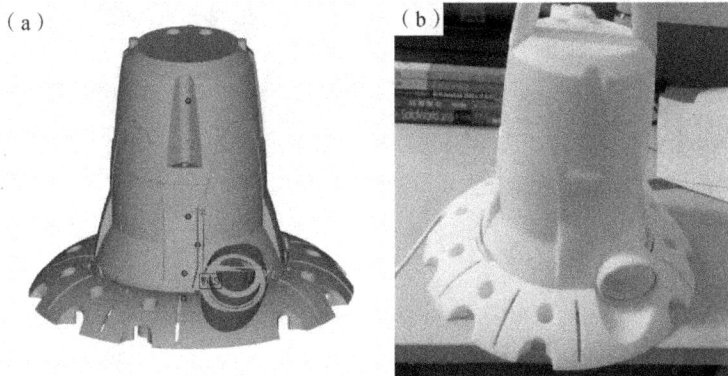

图 4　水泵外壳结构设计(a)和 3D 打印样机(b)

(三)发挥驻校工作室优势

我院建立设计创客中心,提供一定面积的空间,欢迎有一定资质的 3D 打印企业入驻(图 5)。在运行过程中,主要的建设思路是如何发挥工作室的优势,实现校企共建共赢、协同育人的目标。对于我校而言,"引企入教"有以下优势:(1)使企业真实、多元参与学校教育教学实践,促进人才培养思路的创新和优化;(2)充分利用企业的师资和项目资源提升学生实践能力,节省了企业师资的资源建设及聘任费用;(3)得到了实际运行项目,为学生营造真实的 3D 打印工作环境,使学生得到切实的项目实践锻炼。企业配备优秀工程师,提供正在运行的真实项目;学生参与学习项目的前期调研洽谈、方案设计、三维建模、3D 样机打印等各个环节,在实践中学生得到校企双方导师的共同指导,理论知识和实践能力逐步提升,从而强化了 3D 打印理论知识成果,全方面提高项目实操能力,为就业做好了准备。

同时,对于企业而言,入驻学校工作室,也促进了企业的可持续发展。首先,可以借助学校的社会声誉和区位优势提高自身的知名度和软实力,为企业可持续发展提供良好的外部环境;其次,在工作室中可以逐年发现和选用人才,有助于企业人才的储备,为企业发展奠定人力基础。因此,我院建立的驻校工作室实现了校企共创、共赢,推动了双方的互动融合,促进了人才培养和产业需求的衔接,为 3D 打印专业技术人才培育提供了有效的途径。

图 5　驻校工作室

(四)建设"双师型"师资队伍

师资队伍是培养应用型人才的关键要素,是应用型人才培养的保障。在应用型本科高校,教师不仅要具备本专业的相关理论知识和应用技能,还需要熟悉该专业知识在实践中的运用方式,及时了解企业需求的变化,与时俱进。为此,我院注重3D打印"双师型"教师队伍的建设,制订并实施青年教师到3D打印行业或企业的实践计划,鼓励教师在学习3D打印前沿知识的同时,下企业锻炼或者承担企业委托的相关项目研究,了解3D行业生产运作的各个环节,增强项目实践能力,提升服务社会的能力(图6)。此外,我院还邀请3D打印行业中高层技术人员来我校担任专业课程、课程设计及毕业设计指导老师,校企双方导师明确分工、互助合作,配合指导,共同做好3D打印课程建设与学生培养工作。

图 6　知名企业培训、实践及学习

(五)协同育人,提升人才培养质量和社会服务能力

3D打印是高新技术产业,企业具备在相关领域的技术优势,能够提供相关新技术、新设备和新流程等用于应用型人才培养,同时也面临3D打印技术应用型人才需求、持续的技术创新等任务和目标。鼓励从事3D打印技术课程的教师到企业共同承担企业的一些应用型研究课题,协助完成企业的科研攻关和技术创新等,提升教师科技研发等社会服务能力。因此,校企双方人才共享,可充

分发挥学校和企业人才的各自优势,实现"优势互补、互惠共赢"。

在科研服务社会过程中,要努力实现资源的转化与利用,将科研项目转化为教学案例,将社会服务单位拓展为学生实践、实习基地,将 3D 打印技术领域最新的理论、生产工艺与技术融入教学实践,做到教学内容与技术同步更新,推进教学、科研与社会服务等全方位的融合,实现协同育人目标。我院积极承担 3D 打印技术的培训、技术服务和课题研究等任务,最大限度地为企业生产提供力所能及的技术及人才服务。

五、结　语

以"产教融合、协同育人"为导向的应用型人才培养模式,是我国应用型高校教育改革深化的重要举措。本文提出的"产教融合、协同育人"3D 打印技术应用型人才能力培养模式,其落脚点在于要发挥企业和高校各自的优势,对接校企双方各自的需求,切实提高人才培养质量,提升学生的综合实践能力,实现企业和学校的共建、共赢、协同发展。随着 3D 打印技术的快速发展及应用,要根据企业发展和市场变化需求,不断改进、优化人才培养模式,为区域经济和社会发展培养更多、更优秀的 3D 打印应用型人才。

参考文献

[1] 张晨.深化产教融合全面推行校企协同育人[N].中国教育报,2017-12-20.

[2] 李学华,杨玮,王亚飞.产教融合　协同育人　培养信息通信产业的卓越工程人才[J].教育教学论坛,2017,47(11):175-176.

[3] 朱苗绘,林新波,刘东皇.校企协同培养应用型人才的实效性分析——基于江苏理工学院与农夫山泉公司的合作实践[J].现代教育科学,2018,4(4):106-109.

[4] 王园朝,邱化玉.化工类应用型人才产教融合培养模式的构建与实践[J].大学教育,2018(5):1-3.

[5] 郑雷,周海,陈青,等.地方工科院校学科建设模式与应用型人才培养[J].大学教育,2018(6):144-146.

[6] 韩荣雷,孙雪冬.创客时代 3D 打印在高校课程开发的应用研究[J].沈阳师范大学学报(自然科学版),2016,34(1):113-116.

◎利用四种思维推动宁波应用型大学的产教融合

刘春香①

摘　要：应用型大学以培养服务地方经济、具有较强的创新能力和实践能力的应用型人才为目标。产教融合是提升学生能力的有效途径，有利于推动宁波高水平应用型大学建设。本文在概述产教融合内涵的基础上，剖析了宁波应用型大学产教融合的动因，最后提出了从创新思维、融合思维、协同思维和撬动思维四种角度推动宁波应用型大学产教融合的具体思路。

关键词：创新思维；撬动思维；产教融合；高水平应用型大学建设

党的十九大报告明确提出，要贯彻新发展理念，深化产教融合。2019年10月10日，国家发展改革委、教育部等六部门印发的《国家产教融合建设试点实施方案》指出，深化产教融合，促进教育链、人才链与产业链、创新链有机衔接，是推动教育优先发展、人才引领发展、产业创新发展、经济高质量发展相互贯通、相互协同、相互促进的战略性举措。要把深化产教融合改革作为推进人力人才资源供给侧结构性改革的战略性任务，促进教育和产业体系人才、智力、技术、资本、管理等资源要素集聚融合、优势互补，打造支撑高质量发展的新引擎。

当前，我市经济稳增长压力持续加大，根本原因是产业转型升级滞后、新旧动能转换不尽顺畅。因此，我市的应用型大学应瞄准产业转型升级的方向，深化产教融合，促进教育链、人才链与产业链、创新链有机衔接，稳步推进宁波人

---

① 刘春香，宁波财经学院国际经济贸易学院纪委书记、副院长，教授，博士。

力人才资源供给侧结构性改革,为我市经济高质量发展源源不断注入动力活力。

一、产教融合的内涵

"产教融合"并非新提法,与之相关的表述还有"产教结合""产学合作"等。"产教融合"的两大核心要素"产"与"教"一般被认为是"产业"与"教育"。但在"产教融合"的语境下,二者所代表的是以产业和教育为表征的"产业系统"和"教育系统"。产业系统以企业为主体的组织单元,以市场为主导的运行机制,实行以营利为目标的发展策略,崇尚效率优先的行动准则,坚持以创新为动力的改革方式。教育系统是以学校为主体的组织单元,以政府为主导的运行机制,实行以育人为目标的发展策略,崇尚以公平为主导的行动准则,遵循以互动为指导的改革路径。

产教融合是高校,尤其是应用型大学为提高人才培养质量而与行业企业间开展的深度合作。对于产品供给方的高校要考虑如何将教与产进行深度融合,如何将产业系统的需求渗透入教学实践中。产教融合的根本任务是通过创新教育形式、整合教育资源、提高教育质量,达到提高学生岗位技能和实践能力、满足社会需求的目的。同时,产教融合有利于企业的技术革新和生产效率提升,促进企业的快速发展。

由此可见,产教融合是实现校企"双赢"、和谐发展的重要手段和有效途径,是高水平应用型大学教育价值、社会价值和经济价值的集中体现。

二、宁波应用型大学产教融合的动因

(一)宁波应用型大学自身发展面临某些问题

当前,新科技革命加速推进,社会生产力和生产方式迅速革新。宁波的高等教育和职业教育在人才培养、社会服务等方面已经不能完全满足供给侧结构性改革和国家产业转型升级的需求,高等教育服务强国战略的能力需要提升。

以宁波的应用型大学为例,作为人才培养的供给侧,其与产业需求侧在结构、质量、水平上依然没有完全适应,随着新兴产业的发展以及传统产业的转型,急需创新人才支撑。

目前我市部分院校在专业课程设置、课程内容、课程结构等方面仍存在某些缺陷,导致理论教学与企业实践脱轨;课程结构存在课时分配不合理、理论无法联系实践等问题。课程内容没有及时地根据人才终身发展和市场需求及产业升级的需要进行更新,致使大多数学生毕业后学无所用。通过对一些应用型大学的调研,发现小部分专业教材版本陈旧,教材内容偏重理论性知识,实践性教学内容少,纸质教材已不能适应全球教育信息化时代的要求;可供学生课后学习、复习的相关资料少;可供教师教学使用的实习实训教材更少;教材内容与职业能力标准存在差异,教材建设滞后于新产业、新技术、新材料的要求。

此外,教学设备落后、实训基地建设不足、教学载体的教学设备购买年份长设备陈旧、实训基地建设严重不足,是当前我市应用型大学中普遍存在的现象。因此,急需通过产教融合机制来解决宁波应用型大学自身发展存在的问题。

(二)我国进入了创新驱动发展的新阶段

当前,我国进入了创新驱动发展阶段,创新是民族和国家进步发展的不竭动力。经济发展的主要动力从先前依靠资本、资源、劳动力等要素拉动,切换到靠创新来驱动。实施创新驱动发展战略,最关键的三要素是教育、科技和人才,其中人才是实现创新驱动发展的最核心要素,是国力强盛最重要的战略资源。

因此,人才培养成为国家战略,必须把人才培养融入产业链和创新链中,才能完成创新驱动的动力建构,这个动力的建构需要通过产教融合的机制去实现。

(三)技术革命的加速和新技术的集群突破

新一代信息技术、人工智能、大数据、区块链等新技术迅速发展并呈现出集群突破的特征。技术革命改变了整个社会的生产方式和生活方式,从而带来人才需求结构和类型的变化。新技术的集群突破对教育活动本身,如学科专业设置、课程供给方式、教学和学习方式,甚至是教育的时空结构都会带来深刻影响。新技术的快速发展,应用型大学应对这一变革,需要产教融合的机制。

三、利用四种思维推动宁波应用型大学的产教融合

(一)创新思维

产教融合是对传统教育和产业关系的系统改造,需要我们以创新思维,创新体制机制,加强对产教融合新模式的探索。例如,健全多元办学体制,鼓励企业依法参与举办职业教育和高等教育,推进高校混合所有制改革,构建我市高校与行业、龙头企业、中小微企业密切联合的创新生态系统。如"引企入教""引教入企",校企共建"校中厂"或"厂中校";利用现代信息技术共建"虚拟校园";共建共管二级学院、共建专业、共建实验室和实践教育基地,共建研发中心、测试中心、专题企业工作室;联合再造人才培养流程,探索人才培养新模式;可以联合建立政产学研合作发展董事会,共建"创新联盟、科教园区或科教集团、专题智库、产业研究院、可持续发展研究院"等新型育人平台。

要以宁波产业资源集聚优质教育资源,以优质教育资源引领产业资源,教育要与国家战略性新兴产业相融合,建设国家新经济所急需的创新性、交叉性、综合性、实用性的专业和专业集群。围绕宁波产业集群和产业带建设,配置教育资源,部署创新要素,完善资金链,推动创新政策、资源、要素向产教融合集聚,产生集群效应。高校、科教园区和骨干企业可以探索"三方共育、过程共管、成果共享"的政校企合作机制;创新考核评价体系,聘任"研发型教授"或"产业教授"。

此外,要积极推动宁波建设成为产教融合型城市,构建产教融合改革"基本盘"。宁波作为经济发达的东部沿海城市,吸引着越来越多的资源要素,是人口的集中地和产业的集聚地,在浙江经济社会发展中具有重要的带动和辐射作用。深化产教融合、促进改革政策落实,应紧紧抓住宁波这个城市的主平台、主节点,选择具有较强经济产业基础、教育人才资源相对集聚的城市作为试点,发挥先行示范引领作用。一方面,抓好高水平、专业化产教融合实训基地建设。对接科技发展趋势和市场需求,围绕促进产业转型升级,同步规划应用型教育与经济社会发展,推动我市应用型大学的布局调整和专业结构优化,规划建设产教融合园区,推进应用型大学与本地产业、行业、企业发展有效对接,按照统

筹布局规划、校企共建共享的原则,集中力量建设一批高水平、专业化的人才培养基地和技术技能创新平台。另一方面,构建"政产学研用结合"协同创新体系。围绕企业做大做强、产业转型升级的需求,加快构建以企业为主体、市场为导向的产教融合创新平台,通过完善政策和创新机制,引导企业、科研院所和应用型大学开展创新协同攻关,突破重点产业领域关键技术,打通基础研究、应用开发、成果转移和产业化链条。

(二)融合思维

由于高水平应用型大学的产教融合项目建设涉及多元主体,需要整合不同合作主体的软硬件资源,通过跨界融合,构建新的育人平台与机制,以提高应用型人才培养质量。

1.外部融合

从高校的角度来看,有外部融合与内部融合两个维度。首先是外部融合。高校需要主动融入地方、立足地方、根植地方、服务地方,将教育链与区域创新链、人才链和产业链有机对接;要学会借力、借势、借脑,整合政策制度等软资源和不同协同单位的基础设施、资金、设备、人才队伍等资源,构建融合发展平台,共建育人基地,共同改造人才培养流程、以求互惠共赢、融合发展。如宁波的高校与政府、行业企业,建立人才流动机制,实现区域政校行企人才"双向流通";可以联合我市的应用型大学与大中型企业共建"双师型"教师培训基地;通过共同调整优化专业结构、共同制定人才培养方案、共同实施培养过程、共同打造"双师型"师资队伍、共同开展应用性科研、共同促进学生创业就业,实现校企合作在人才培养过程中的全覆盖和全参与,实现校企协同育人。

此外,在外部融合方面,宁波应用型高校一定要依托优势主导产业,推进与重点行业深化产教融合。宁波市政府应该把深化产教融合与实施制造强国战略、振兴实体经济、发展战略性新兴产业有机结合起来,围绕做大做强宁波优势主导产业、特色产业,推进重点行业、重点领域深化产教融合。一是建立紧密对接产业链、服务创新链的学科专业体系。坚持市场导向和需要导向,健全技术技能人才培养结构动态调整机制,面向重点产业发展、创新创业需求,优化学科专业,开展人才培养,推动人才培养供给侧和产业需求侧结构紧密对接,不断提高应用型、专业性人才培养比重。二是搭建产教融合信息服务平台。利用"互联网＋",建立产教融合综合信息服务平台,将政府产业政策、产业技术需要、企业人才需求和职业院校人才供给等信息融合起来,解决"信息不对称"的突出问题,为产教活动有机对接、深度融合开辟新渠道。三是组建产教融合战略联盟。围绕"强链、补链、延链",引导我市应用型大学和企业、行业协会建立产教融合战略联盟,统筹整合行业产业资源,搭建起我市应用型大学与行业企业之间深度合作的桥梁,促进成员信息共享、经验交流,协同解决行业共性问题,全面深化产业与教育融合。

2. 内部融合

内部融合包括理念融合、机制融合和资源融合,需要我市的应用型大学做好顶层设计,统筹规划,整合学校的各种资源形成育人合力,减少不同部门、不同制度相互间不匹配、不支撑的现象。

我市应用型大学的新专业大多是在传统专业基础上建立起来的,两者既有密切的学科联系,也有许多共享的教学、科研和人力资源,应把新专业的建设和传统专业改造提升统筹考虑,以达到整体融合发展的目的。因此,我市的应用型大学应构建规范化的技术课程、实习实训和技能评价标准体系,提升我市应用型大学承担专业技能教学和实习实训能力,推动技术技能人才企业实训制度化。

(三)协同思维

产教融合是一个跨界系统工程,涉及多主体、多层次和多维度的要素,它不是政策措施、外部环境和内部治理的简单集合,而是各类相关要素在新的作用机制下的有序重组。

按照产教融合的要求,现在的校企合作不再是传统意义上的校企合作,不仅体现在人才培养中的校企协同育人,更多的是以学校和企业在办学活动中"你中有我,我中有你"的形式,体现"双主体"和"双向融合"的特征,实现真正意义上的校企合作。从而"以点带面",进一步将产业需求侧和教育供给侧结构要素全方位融合,从而构建学校与政府、企业、行业、社会、协同发展机制。

在这个过程中只有贯彻协同思维,实现同向发力,才能共筑政校行企社协同发展的创新生态,实现教育与产业、与经济社会发展的统筹融合、良性互动。

(四)撬动思维

前已述及产教融合是一项系统工程,涉及多元主体、多种要素的对接与调整。从应用型大学来说,要从学校的办学定位、发展战略、核心竞争力等顶层设计入手,从内部治理结构、学科专业设置、人才培养模式改革、师资队伍优化建设、大学生创新创业等重点领域着手,把项目作为撬动学校的转型发展和全校综合改革的杠杆,以项目建设作为突破学校改革中重点和难点的手段,系统推进产教融合各项措施的落实。

具体来说,一是推进校企协同育人改革。推进我市应用型大学人才培养与企业联盟、与行业联合、同园区联结,在技术技能类专业全面推行现代学徒制和企业新型学徒制,推动形成"1+1>2"的人才培养效应。二是组建产教融合集团。建立产教融合型企业认证制度,支持行业龙头企业和我市应用型大学联合办学,组建实体化运作的产教融合型企业,探索校企共建产教融合科技园、孵化园、众创空间、中试基地,推动我市应用型大学和行业企业形成利益共同体、命运共同体,推动我市应用型大学教育链与产业链的深度合作。三是建立多元化产教融合模式。以提升人才培养质量目标为导向,引导规模以上工业企业参与校企合作比例,支持企业利用资本、技术、知识、设施、设备和管理等要素参与校企合作,促进人力资源开发。同时,全面激活产业链条上下游企业,使之参与产教融合平台建议,实现多元人才一站式输送。

参考文献

[1] 产教融合 改革有了新路径(政策解读),人民网,http://politics.people.com.cn/n1'1012/c1001-31395201.html.

[2] 孙善学.产教融合的理论内涵与实践要点[J].中国职业技术教育,2017(34):90-94.

[3] 张桂梅,张平.高校人才培养与产教融合 2.0 时代[J].黑龙江教育(理论与实践),2019(11):25-27.

[4] 夏明忠.创新理念机制,全面推进学校整体转型发展[A].全国新建本科院校联盟.创新型国家建设中新建本科院校的机遇与使命——全国新建本科院校联席会议暨第十六次工作研讨会学术论文集[C].成都:西南财经大学出版社,2016.

[5] 彭志华.以深化产教融合释放发展新动力[N].广西日报,2019-10-29.

［6］刘媛媛,朴雪涛.基于产教融合的职业教育政策支持系统的建立与研究[J].职教论坛,
　　2015(22):70-74.

［7］谢传会,郑谦,程业炳.应用型本科高校教师实践教学能力提升的思考与实践[J].吉林农
　　业科技学院学报,2017(1):82-84.

［8］邢赛鹏,陈琴弦.应用型本科院校"双师型"教师队伍二元结构模式构建研究——基于"产
　　教融合和校企合作"视角[J].教师教育论坛,2015(9):58-61.

［9］李群英,郑学荣,毛晶.实践教学平台对人才培养模式的探索[J].实验室科学,2015,18
　　(4):215-217.

◎大学生创业意愿影响因素研究

——以浙江省D民办高校为例

晏莉颖[①]

摘　要:在对浙江省D民办高校大学生创业意愿调查数据描述性统计分析的基础上,对创业意愿的影响因素进行 Logistic 回归分析,估计了各因素对创业意愿的影响情况,并对其影响因素进行分析,结果表明性别、家庭经济情况、参加创业讲座的次数、尝试经商、父母创业等因素对创业意愿的影响显著。最后从四个方面提出了提高大学生创业意愿的对策及建议。

关键词:创业意愿;影响因素;Logistic 回归分析

一、引　言

近年来,民办高校得到了长足的发展,毕业生的数量也在稳步增加,同时其就业问题也越来越受到社会各界的关注。民办高校的学生相对于一本生和研究生,就业面比较窄,就业机会较少,自主创业成为民办高校毕业生就业的主要途径。影响大学生是否选择自主创业的因素众多,创业意愿是其中比较重要的一个方面。

在"大众创业、万众创新"的背景下,有关大学生创业的研究增多,专门探究大学生创业意愿影响因素的成果也时有出现。对这些文献进行梳理,可以归纳

---

① 晏莉颖,宁波财经学院讲师。

为这些特点:首先,大学生创业议题成为一个学术热点,在有关大学生创业意愿的众多研究成果中,大部分笼统地研究大学生创业意愿。民办高校大学生创业意愿有其自己的特点,专门以民办高校大学生创业意愿为切入点的研究甚少。其次,在对大学生创业意愿的调查分析的文献中,调查范围基本上局限在某个城市或者一个地区的本科院校,专门针对浙江省民办高校进行调查研究的文献不多见。最后,对民办高校大学生创业多集中于现状分析、大学生创业能力培养和创业教育等方面的研究,且采用的研究方法多为描述性统计分析方法。

正是针对上述不足,本研究从民办高校大学生创业意愿的影响因素入手,了解大学生创业意愿的相关现状,寻求能有效提高当前大学生自主创业成功率的方法。具体以浙江省 D 民办本科院校为例,通过问卷调查,利用二元 *Logistic* 回归分析,探索民办本科院校大学生的创业意愿及其影响因素,为民办学校日后开展创业教育工作以及政府对大学生创业制定扶持政策等提供一定的理论依据。

二、变量的选择与描述性统计分析

笔者于 2017 年 5 月至 2017 年 6 月对浙江省的民办高校经管、理工、艺术、人文等专业的学生采用发放网络问卷的形式进行问卷调查,共收集有效问卷 873 份。样本分布比较均匀,能说明民办高校大学生创业意愿影响因素的实际情况。

(一)变量的选择

本文将是否愿意创业作为被解释变量,解释变量包括个人基本信息、创业准备、社会资本、学校创业教育情况四个一级指标,包括性别、独生子、学习创业课程门数、研读创业资料习惯、以企业家为偶像、父母创业、本校的创业实践基地等 19 个二级指标。各变量的含义、赋值、均值、标准差等见表1。

(二)描述性统计分析

在有效样本中,受调查者各方面情况显示(见表 1):大学生中不愿意创业的占比 27%;女性大学生约占 64%;独生子女大学生约占 49%;浙江省生源大学生约占86%；家庭经济情况一般的大学生占比75%，家庭经济情况富裕的大学生占比1.7%；大二的大学生占比74%，大四的大学生占比2%；没有学习过创业课程的大学生占比70%；听创业讲座少于3次的大学生占比81%；社会兼职的次数少于3次的大学生占比77%；参加创业活动少于3次的大学生占比86%；有研读创业资料习惯的大学生占比20%；以企业家为偶像的大学生占比29%；曾尝试着经商的大学生占比34%；父母创业的大学生占比36%；亲朋创业的大学生占比65%；同学创业的大学生占比47%；大学生所在学院对创业支持的占比78%，反对的占比6%；对本校开展的创业政策和宣传服务活动一点也不了解的大学生占比21%，知道一点的大学生占比68%；对本校的创业实践基地一点也不了解的和知道一点的大学生总和为91%；对本校开展的创业教育课程体系一点也不了解的和知道一点的大学生总和为94%。

表1 解释变量赋值与描述性统计分析

变量类型	变量名称	赋 值	均 值	标准差
被解释变量	创业意愿	0="不愿意"，1="愿意"	0.73	0.444
解释变量	个人基本信息			
	性别	0="女"，1="男"	0.65	0.478
	独生子	0="否"，1="是"	0.51	0.5
	生源地	0="省内"，1="省外"	0.14	0.346
	家庭经济情况	1="贫困"，2="一般"，3="小康"，4="富裕"	2.12	0.664
	所就读的年级	1="大一"，2="大二"，3="大三"，4="大四"	1.29	0.52
	创业准备			
	学习创业课程门数	1="0"，2="1"，3="2"，4="3"，5="≥4"	1.47	0.875
	参加创业讲座次数	1="0"，2="1"，3="2"，4="3"，5="≥4"	2.62	1.368
	参加社会兼职次数	1="0"，2="1"，3="2"，4="3"，5="≥4"	2.57	1.355
	参加创业活动次数	1="0"，2="1"，3="2"，4="3"，5="≥4"	2.23	1.414
	研读创业资料习惯	0="否"，1="是"	0.81	0.396

变量类型	变量名称	赋　　值	均　值	标准差
	以企业家为偶像	0＝"否",1＝"是"	0.72	0.451
	尝试经商	0＝"否",1＝"是"	0.66	0.473
	社会资本			
	父母创业	0＝"否",1＝"是"	0.64	0.481
	亲朋创业	0＝"否",1＝"是"	0.35	0.478
	同学创业	0＝"否",1＝"是"	0.53	0.499
	学校创业教育情况			
	学院对创业的态度	1＝"支持",2＝"不支持也不反对",3＝"反对"	1.38	0.746
	本校开展的创业政策和宣传服务活动	1＝"一点不了解",2＝"知道一点",3＝"了解",4＝"非常了解"	1.91	0.599
	本校的创业实践基地	1＝"一点不了解",2＝"知道一点" 3＝"了解",4＝"非常了解"	1.79	0.615
	本校开展的创业教育课程体系	1＝"一点不了解",2＝"知道一点" 3＝"了解",4＝"非常了解"	1.76	0.575

三、模型的建立与分析

(一)模型构建

在本研究中由于被解释变量"大学生创业意愿"为二分类变量,即分为"不愿意"和"愿意"两类,取值分别为 0、1 两个值。而 *Logistic* 回归模型适用于分析被解释变量为分类型变量的问题,且不仅对解释变量的分布没有要求,也不要求解释变量与被解释变量之间存在线性关系,因此,本研究选择建立二元 *Logistic* 线性回归模型。模型具体如下:

$$\ln\left(\frac{p}{1-p}\right) = \beta_0 + \beta_1 X_1 + \beta_2 X_2 + \cdots + \beta_n X_n$$

其中 p 为被解释变量取 1 时的概率,β_0 是常数项(或称为截距),β_i 是 X_i 所对应的偏回归系数,X_i 表示解释变量,$\frac{p}{1-p}$ 称为优势比,其含义是指在其他解释变量不变的情况下，解释变量 X_i 改变一个单位，$\dfrac{p}{1-p}$ 平均改变 e^{β_i} 个单位[6]。在本研究中 p 为大学生愿意创业的概率，X_i 为大学生创业意愿的影响因素，β_i 是大学生创业意愿影响因素的系数。

(二)大学生创业意愿影响因素分析

以大学生创业意愿为被解释变量，同时纳入 19 个解释变量，运用 SPSS19.0 统计软件对数据进行二元 $Logistic$ 回归分析，估计结果如表 2 所示。表中 B 为解释变量的回归系数，$S.E$ 为回归系数的标准误差，$Wald$ 为检验统计量，Sig 为统计量的显著性水平，在本研究中若 $P(Sig)<0.05$ 时，认为该解释变量在模型中的影响是显著的。

表 2　$Logistic$ 模型参数估计结果

变量类型	变　　量	B	$S.E$	$Wald$	$Sig.$	$Exp(B)$
	常数	0.258	0.376	0.474	0.491	1.295
个人基本信息	性别	0.449	0.139	10.400	0.001	1.567
	独生子	0.360	0.134	7.172	0.007	1.433
	生源地	0.109	0.189	0.335	0.563	1.116
	家庭经济情况	0.325	0.103	9.992	0.002	1.384
	所就读年级	−0.707	0.130	29.559	0.000	0.493
创业准备	学习创业课程门数	−0.122	0.085	2.029	0.154	0.886
	参加创业讲座的次数	0.205	0.059	12.198	0.000	1.228
	参加社会兼职的次数	0.100	0.054	3.456	0.043	1.106
	参加有关创业活动的次数	0.014	0.055	0.064	0.801	1.014
	尝试经商	0.270	0.154	3.061	0.040	1.309
	以企业家为偶像	0.571	0.177	10.445	0.001	1.771
	研读创业资料的习惯	−0.527	0.190	7.691	0.006	0.590
社会资本	父母创业	−0.674	0.152	19.597	0.000	0.510
	亲朋创业	0.778	0.152	26.288	0.000	2.178
	同学创业	0.008	0.141	0.003	0.958	1.008

变量类型	变 量	B	$S.E$	$Wald$	$Sig.$	$Exp(B)$
学校创业 教育情况	学院对创业的态度	−0.242	0.082	8.710	0.003	0.785
	本校开展的创业政策和宣 传服务活动	0.076	0.132	0.334	0.563	1.079
	本校的创业实践基地	−0.101	0.143	0.500	0.479	0.904
	学院建立的创业教育课程 体系	0.199	0.148	1.801	0.035	1.220

1. 个人基本信息对大学生创业意愿的影响

性别、独生子、家庭经济状况、所就读的年级四个变量对大学生创业意愿有显著影响,而生源地对大学生创业意愿影响不显著。男大学生的创业意愿比女大学生高,男大学生大约是女大学生的 1.567 倍,主要是由于受传统观念的影响,习惯于男"主外"、女"主内",女性更愿意选择稳定的工作以便有更多的时间和精力用于"相夫教子"。非独生子女的大学生创业意愿是独生子女大学生的 1.433 倍,可能由于独生子女的家境比较好,生活比较安逸,不愿意去冒险。家庭经济情况对创业意愿有正向影响,经济条件越好的大学生创业意愿越强,可能的原因是创业一般都面临着巨大的风险,家庭经济条件好的大学生承担风险的能力相对比较强。大学生就读的年级与创业意愿呈负相关,说明低年级的大学生创业激情较高,但创业毕竟存在着一定的风险,需要具备多方面的能力。因此,随着年级的增长及对创业问题的深入了解,大学生在创业问题的选择上更加理性。

2. 创业准备对大学生创业意愿的影响

听创业讲座是大学生获得创业知识的有效途径,而创业知识与创业能力有着天然的联系。参加创业讲座的次数、社会兼职的次数、尝试经商、以企业家为偶像与大学生创业意愿正相关,且随着参加创业讲座和社会兼职的次数增加,创业意愿越强烈。社会兼职有助于提高大学生自身的创业兴趣。有过从商经历的大学生创业意愿是没有过从商经历大学生的 1.309 倍,主要是由于有过经商经历的大学生获取了更多的社会信息、积累了社会生存的知识和技能。学习创业课程门数和参加创业活动的次数没有通过显著性检验。大学生研读创业资料的习惯与创业意愿负相关,主要由于大学生自身还没有社会工作经验,只有对创业资料研读得越多,才能对自身的不足了解得更清楚,进而影响到大学生创业意愿的高低。

3.社会环境对大学生创业意愿的影响

父母创业、亲朋创业对大学生创业意愿有显著影响,同学创业对大学生创业意愿没有显著影响。其中父母创业与大学生创业意愿负相关,主要因为父母创业的家庭经济条件比较好,一般不需要大学生自己去奋斗,去重新创业。亲朋创业与大学生创业意愿正相关,且有亲朋创业的大学生创业是没有亲朋创业大学生创业的 2.718 倍。主要由于亲朋是大学生直接接触的人,他们创业能使大学生较早了解创业知识、过程和方法,为大学生提供了宽松的创业环境和便利的商业咨询。

4.学校创业资源对大学生创业意愿的影响

学院创业课程体系对大学生创业意愿的影响显著,且呈正相关。主要由于学院是创业课程体系的设计者,大学生对学院创业课程体系越了解,越能为其后面选课奠定坚实的基础,使大学生可以选择与创业相关的一些课程,获得有关创业的相关知识。学院的态度与大学生创业意愿呈负相关,学院对创业反对程度越大,大学生创业意愿越弱,说明学院的态度在大学生的创业意愿中起着潜移默化的作用。对学校开展的创业政策和宣传服务活动的了解程度与大学生创业意愿呈正相关,但没有通过显著性检验。学校的创业实践基地的了解情况没有通过大学生创业意愿的显著性检验,说明不是大学生创业意愿的显著影响因素。

四、提高大学生创业意愿的对策与建议

通过对大学生创业意愿调查数据的描述性统计分析及回归分析,我们得出了浙江省 D 民办高校大学生创业意愿的主要影响因素,并尝试性地提出提高大学生创业意愿的对策及建议:

(一)培养大学生自主创业意识

意愿,通常指个人对事物所产生的看法或想法,并因此而产生的个人主观性思维,是想要达到某个特定的目标和方向的最初的愿望,并用尽自己的能力去实现。创业意愿是大学生从事创业活动的一种主观愿望。而创业意识是创业开展的主观条件。为此,提高大学生的创业意愿可以通过培养大学生的自主创业意识来实现。培养大学生的自主创业意识可以从以下几个方面入手:第一,加大对大学生的创业宣传,使其在思想上突破传统观念的束缚。第二,让大学生认识到创业是实现自己理想和价值的有效途径,认识到创业的价值与意义,激发大学生的创业激情。第三,不断加强创业方面的教育,对创业成功与失败方面的案例深入剖析,探索规律,丰富大学生自身的知识储备。

(二)优化大学生创业环境

创业环境对大学生创业意愿有着直接的影响,良好的创业环境是大学生创业意愿的催化剂。具体来说主要有以下几个方面:一是政府应积极创造条件,提供政策平台,建立更多的诸如科技园区之类的创业孵化器,为大学生、风险投资人、企业家之间搭建合作与交流的平台。二是开设大学生创业的培训机构、咨询机构等等,对大学生创业进行过程跟踪与指导,帮助大学生解决创业中的问题,促进大学生企业的健康发展。三是地方各级政府部门制定出可操作性强的大学生创业政策,且受上级部门的监督,以保证该创业政策的有效实施。

(三)充分利用各种潜在资源

定期邀请学生的家长、亲朋以及本校毕业生中创业的成功者、企业家等来校做讲座等,让他们把创业的成功经验分享给大学生,激发大学生创业的热情。利用微信公众号为创业者提供交流的平台,使大学生获取更多的外部资源。

(四)开展针对性的创业教育,激发大学生的创业意愿

首先,完善创业课程体系的设置,避免单一模式,应该在大一新生入学前,对其进行创业意愿和创业动机的摸底调查,然后制定出不同的创业教育计划。其次,建设以经验丰富的成功企业家、创业者等作为兼职教师,和以传授系统的创业理论为主的专职教师组成的师资队伍。再次,组织各种形式的创业活动,增加大学生的实践机会,激发创业潜能,提高创业兴趣。成立大学生创业导师团队,对大学生创业的具体操作过程进行系统的、科学的指导。

参考文献

[1] 李俊.大学生创业意愿的调查与分析——以上海1256名大学生为样本[J].现代大学教育,2008(6):96-101.

[2] 禹洪双,张苗,沈晓慧.民办高校大学生创业意向及相关因素的调查[J].学园,2015(2):40-41.

[3] 张品茹.大学生的创业意愿评估[J].技术经济与管理研究,2017(2):51-55.

[4] 陈俊炜,翁浩,何子豪,等.广东培正学院大学生创业现状及对策分析[J].赤峰学院学报(自然科学版),2016,32(15):233-234.

[5] 黄藤,郑春,贾县民.陕西民办高校大学生创业活动行业分布调查分析[J].价值工程,2012,31(8):5-6.

[6] 武松,潘发明,等.SPSS统计分析大全[M].清华大学出版社,2014:261-264.

◎ "技"与"艺"结合在校企一体化服装设计教学中的研究与实践

姚其红[①]

摘　要:服装设计教学校企一体化育人,是指让来自行业企业设计、技术第一线的有丰富的实际工作经验和良好的产业背景的兼职导师,与校方教师团队一起,积极培养服装设计学生"技"和"艺"相结合的能力,使学生不仅有良好的计算机设计软件运用的能力、款式的开发能力,还有能用艺术的审美眼光、艺术的分析和把控面料、色彩、款式造型的能力,而非简单的技术层面的培养。总之,以校企一体化育人为载体,使服装设计专业的学生能成为现今服装企业设计一线需要的高素质技能型专门人才。

关键词:"技"与"艺";校企一体化;服装设计教学

服装是一门时尚产业,随着服装产业的转型升级,对服装设计类人才需求的数量在不断增加。为了进一步推进服装产业的升级和高职教学的改革,促进教学与市场、产业、企业结合,校企互联互动,以实业养专业,以教学促产业,提高人才培养质量,促进学生就业。通过校企双方的深度合作,推进校企一体化育人,使学生在实践中能结合所学专业的知识开展课程的实践活动,提高他们的专业知识和技能。在完成实践的过程中,培养学生的沟通能力、说服能力、组织能力。在接受挑战的过程中,增强学生创业的勇气、信心和能力,将职业道德、人文素养教育贯穿培养全过程。

---

① 姚其红,浙江纺织服装职业技术学院讲师。

一、校企一体化服装设计教学研究的主要思路

(一)校企一体化育人,提高人才培养质量

在服装设计教学中推进校企一体化育人,是建立以职业需求为导向、以实践能力培养为重点,有效提高人才培养质量。以"校企导师制的模式"共同承担教学任务,通过"项目引领、团队教学、导师负责、理实一体",围绕真实的项目,基于工作过程,由浅入深,由简单到复杂,由单一到综合,通过专题研讨、项目教学、工学交替、顶岗实训等丰富多样的教育培养途径进行教学。

(二)以工作过程为导向,深化服装设计项目教学

在服装设计教学校企深度合作过程中,着重研究以企业工作过程为导向,按照市场调研—产品规划—趋势资料收集—款式设计与审稿—批款与选款—坯样制作—批款与选款—搭配与拍摄—企业走秀,完成企业岗位所需的整个设计流程,强化学生服装设计的市场意识、创新意识,提高学生的服装产品设计开发职业综合能力,同时使学生养成善于沟通、团队协作以及良好的责任意识与职业品质,从而形成以项目教学、工作过程为导向的教学模式。

(三)积极打造"技"加"艺"的培养模式

校企一体化育人,让来自行业企业设计、技术第一线的有丰富的实际工作经验和良好的产业背景的兼职导师,与校方教师团队一起,积极培养服装设计学生"技"和"艺"相结合的能力,使学生不仅有良好的计算机设计软件运用的能力、款式的开发能力,而且还有能用艺术的审美眼光、艺术的分析和把控面料、色彩、款式造型的能力,而非简单的技术层面的培养。

二、校企一体化服装设计教学研究和实践情况

根据计划和前期的积累,校企进行调研、讨论,制定实施框架和计划;完成服装企业项目在服装设计教学中可行性计划,制定"技"加"艺"的培养模式实践计划。然后与服装设计课程相结合进行育人实践,并着重在服装设计教学实践中,以"技"加"艺"为培养学生的手段,并取得了一定的成效。

（一）校企合作

对区域较典型或有代表性的企业进行梳理，并进行有效沟通、整合，确定一批深度合作的企业，这是进行探索校企一体化服装设计教学研究与实践的首要工作。

（二）校企一体化育人

通过有效整合校企资源，确定一批深度合作企业，在互利共赢的基础上共同研发专利、共同拓展市场。共同运作项目、共同培养学生、共同分担就业的校企一体化模式为服装设计专业的发展、高素质技能型专门人才的培养提供了坚强的后盾，也为探索校企一体化服装设计教学研究与实践提供了有力的保障。以下是本项目开展以来，学校与这些深度合作的企业展开的一体化服装设计教学内容：

（三）校企一体化服装设计教学实践途径

1. 校企一体化服装设计教学总体设计

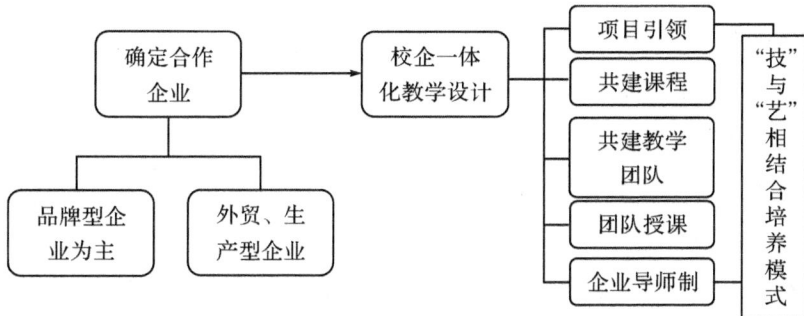

2. 校企一体化服装设计教学实践途径

校企一体化服装设计教学的实践途径主要通过项目引领、校企共建课程、教学团队共同授课和企业导师制。以"技"与"艺"相结合的培养模式，培养能满足现今服装企业设计一线需要的，具有德、智、体、美全面发展和良好的职业道德，具有服装设计领域必备的基础理论知识和专门知识，且有良好的款式设计、产品组合、立体造型的技能，能直接参与企业产品开发和创新的高素质技能型专门人才。

（1）项目引领。

服装设计教学，着重研究校企课程合作以企业真实项目为引领，以企业工作过程为导向，按照市场调研—产品规划—趋势资料收集—款式设计与审稿—批款与选款—坯样制作—批款与选款—搭配与拍摄—企业走秀，完成企业岗位所需的整个设计流程，强化学生服装设计的市场意识、创新意识，提升学生的服装产品设计开发职业综合能力。同时，使学生养成善于沟通、团队协作的良好的责任意识与职业品质，从而形成了以项目教学、工作过程为导向的教学模式。

（2）共建课程。

根据时装产品开发过程和技术要求，构建时装设计师岗位课程，包括"女装设计与制作""电脑服装绘画"两门课程。引入企业服装设计流程、工艺单等技术文件，校企共同制定课程标准。按照企业实际进行课程任务设计，从基础设计到创意设计相结合，循序渐进。

（3）共建教学团队。

校企一体化育人，共建教学团队，让来自行业企业设计、技术第一线的有丰富的实际工作经验和良好的产业背景的兼职导师，与校方教师团队一起，积极培养服装设计学生"技"和"艺"相结合的能力。

（4）团队授课。

共建团队后，由校企两方教师共同授课，将学校教师擅长的理论教学和企业教师丰富的实际工作经验有效地结合起来。

（5）企业导师制。

以"校企导师制的模式"共同承担教学任务，通过"项目引领、团队教学、导师负责、理实一体"，围绕真实的项目，基于工作过程，由浅入深，由简单到复杂，由单一到综合，通过专题研讨、项目教学、工学交替、顶岗实训等进行实施。

（四）校企一体化服装设计教学实践案例

在校企一体化服装设计教学实践中，积极尝试与深度合作的企业积极开展校企一体化育人的实践，让来自行业企业设计、技术第一线的有丰富的实际工作经验和良好的产业背景的兼职导师，与校方教师团队一起，积极培养服装设计学生"技"和"艺"相结合的能力，使学生不仅有良好的计算机设计软件运用的能力、款式的开发能力，还有能用艺术的审美眼光、艺术的分析和把控面料、色彩、款式造型的能力,而非简单的技术层面的培养。

以"女装设计与制作"课程与 Mildtree 女装品牌合作为案例进行分析:

"女装设计与制作"课程与 Mildtree 女装品牌合作,进行产品开发。指导教师和学生根据麦中林企业的设计任务"某年 Mildtree 女装品牌产品开发",进行任务解析,然后对 Mildtree 女装品牌及她的参考品牌进行了充分的调研和分析,制定了某年春夏和秋冬的产品开发方案。在做了这些准备工作后,各组学生进行了大量产品设计,并在指导教师们的不断否定和修改中,最终初步确定每组学生的设计款式。

学生带着设计稿走进企业,由企业设计师进行审稿。学生与企业设计师零距离接触,完全根据企业、市场所需的产品要求确定设计的款式。学生都踊跃地将自己的设计构思和想法与审稿设计师进行沟通,并认真聆听了设计师所指出的设计稿件存在的问题以及修改意见。

利用审稿期间,学生还可以参观企业品牌的设计、品牌推广与营销、陈列等部门,真切感受未来就业岗位,为以后的工作奠定了基础。同时,专业教师们走进企业,可以和企业的设计总监和设计师们商榷和制定下一步课程的可行性实施计划。

图 1　麦中林设计师们给同学们审稿

"女装设计与制作"课程与 Mildtree 企业一体化教学,以教学促产业,提高人才培养质量,促进学生就业。

三、校企一体化服装设计教学的创新点

校企一体化育人,提高人才培养质量。项目建设过程中,建立以职业需求为导向、以实践能力培养为重点,推进校企一体化育人,有效提高人才培养质量。

校企深度合作,以企业真实项目为引领,共建课程、教师团队,组织团队授课,使企业产品设计项目与教学结合,达到双方共赢,形成项目化教学的长效机制。

校企一体化育人,让来自行业企业设计、技术第一线的有丰富的实际工作经验和良好的产业背景的兼职导师,与校方教师团队一起,积极培养服装设计学生"技"和"艺"相结合的能力,使学生既有良好的设计审美能力,又有扎实的专业实践能力。

以评、展、鉴、赛等方式,以企业为主体进行教学成果的考核,并选出其中优秀作品,直接由企业录用转化为产品。

四、项目研究和实践工作中的困难

在进行"技"和"艺"相结合的校企一体化教学中,当前,在密切校企关系,完善课程校外实训基地建设,建立课程校企合作长效机制等方面仍有不足;另外,学校与企业在沟通的时效性上还有待提高。

总之,以校企一体化育人为载体,以工作过程为导向,以"技"加"艺"培养为手段,使服装设计专业的学生在具有德、智、体、美全面发展和良好的职业道德的基础上,既有良好的审美与款式设计能力,又可以根据企业的需求,提高款式设计、产品组合、立体造型的技能,从而成为能直接参与企业产品开发和创新的高素质技能型专门人才。

参考文献

[1] 姚其红.高职院校服装专业教师教学能力分析与提升策略[J].艺术教育,2018(6上):172-173.

[2] 周演汇,万权性,应亮.基于校企合作的项目驱动教学模式研究与实践[J].晋城职业技术学院学报,2013,6(29):16-19.

◎产教融合模式下新时代高职院校科学研究工作的建设思考

王　博①

摘　要：自 2013 年"产教融合"提出以来,高校承担了大部分国家科学研究任务。国家对大学生的创新创造能力提出了更高的要求。新时代高职院校的产教融合不断深化,科研工作也在进一步加强,但相比本科院校依旧薄弱,如何解决高职院校科学研究的问题是现阶段各高职院校所面临的挑战之一。本文结合产教融合的现状,针对高职院校学生科研创新不足、教师科研能力较弱、奖励机制不完善等问题进行多维度探讨,并针对性地提出搭建高职院校和企业的平台等对策,以提高高职院校的科学研究能力。

关键词：产教融合;高职院校;科学研究

一、新时代高职院校"产教融合"的发展现状

"产教融合、校企合作"是党和国家近年来为促进职业教育体制机制改革和人才培养模式改革所反复强调并一贯坚持的原则和制度安排,2013 年党的十八届三中全会上通过的《中共中央关于全面深化改革若干重大问题的决定》最早提出了"产教融合",它首次指出要加快现代职业教育体系建设,深化产教融合、校企合作,培养高素质劳动者和技能型人才。2014 年习近平总书记在关于加快

---

①　王博,浙江医药高等专科学校讲师。

现代职业教育发展的指示中再次强调坚持产教融合,强调要牢牢把握服务发展、促进就业的办学方向,深化体制机制改革,创新各层次各类型职业教育模式,坚持产教融合、校企合作,坚持工学结合、知行合一,引导社会各界特别是行业企业积极支持职业教育,努力建设中国特色职业教育体系。2017年,习近平在党的十九大报告中指出要深化产教融合,完善职业教育和培训体系,深化产教融合、校企合作。产教融合被国家摆在特别突出的战略地位,并不断被赋予新的使命和时代内涵。

自党的十八大以来,我国高校承担了全国60%以上的基础研究和重大科研任务,建设了60%以上的国家重点实验室,获得了60%以上的国家科技三大奖励,其中自然科学奖以及技术发明奖主要来自高校。以2018年度国家科学进步奖为例,在2019年1月8日上午,党和国家领导人为2018年度国家科学技术奖获奖代表颁奖。其中,高校占了很大比例,如表1所示。

表1 全国高职院校在2018年度国家科学技术奖励大会上的获奖情况

奖 项	国家自然科学奖	国家技术发明奖	国家科学技术进步奖
一等奖	1	2	10
二等奖	28	35	106
创新团队奖	—	—	3

2019年7月24日,习近平总书记主持召开中央全面深化改革委员会第九次会议,通过了《国家产教融合建设试点实施方案》,其中就有要深化产教融合,促进教育链、人才链与产业链、创新链有机衔接,从而推动教育优先发展、人才引领发展、产业创新发展、经济高质量发展相互贯通、相互协同、相互促进的战略性举措。

2019年9月29日,西北工业大学副校长何国强出席2019中国·宁波"硬科技＋黑科技"学术高峰论坛暨成果需求双向对接会,提出西工大宁波研究院将多途径营造科技创新环境、多渠道汇聚顶尖人才、多方式推进产教融合,探索实践科技创新、人才培养和成果转化体制机制。2019年9月30日《关于组织开展2019年度宁波市软科学研究计划项目申报工作的通知》提到了有关"产教融合"的项目。在本科院校获得颇丰成果的同时,高职院校也不甘落后,逐渐在科研方面崭露头角。

综上,产教研融合已势不可挡,产教研融合改革也从"破冰期"迈向了"深水期"。尽管如此,高职院校在产教研融合的道路上仍存在着很多问题。

二、产教融合下高职院校科学研究工作存在的问题研究

(一)新时代高职院校学生的创新创造能力不足

高职院校的科研平台和条件等跟本科院校比薄弱很多,高学历的教师比例比本科院校低很多,基本无硕士研究生或者博士研究生的协助,且科研团队发展不成熟,大多高职院校教师都是单打独斗,因此,高职院校教师科研基础相对薄弱,整体科研和创新能力相对较低。

虽然大多高职院校对指导学生有成果的教师进行奖励,奖励的支持力度也比较大,但激励政策依旧不完善,如一方面鼓励学生加入科研团队,另一方面却缺少支持力度,诸如对老师在指导科研所产生的教学工作量兑现报酬不够。同时缺少经费、场地和实验设备等支持。

师资方面,高职院校教师以教学为主,科研为辅。教师的教学工作量较多,可用于科研的时间和精力相对较少。高职院校师生比不平衡,可指导在校大学生做科研的师资少。高职院校学生学制只有2—3年,跟本科的4—5年学制相比时间较短,学生没有足够的时间,也没有较扎实的知识基础跟老师做科研工作。

以上诸多原因导致新时代高职院校学生的创新创造能力不足。

(二)高职院校缺乏创新理论与实践的结合

新时代高校注重理论与实践结合,高职院校开设了多门创新类课程,甚至将创新课作为创新学分纳入学生毕业考核的依据,但学生接受教育面窄,只有极少数学校将其作为专业选修课,全校公选课课次少,且课时量普遍偏少,创新实验与实践教学环节则更匮乏。

同时,高职院校大学生缺少系统的创新理论与实践教育,这导致其对创新课程教学理解不够深入,融入度不够,热情度不高。高职院校教学内容体系性

不强,已有的"创新"课程教学大多偏重于理论的讲授,且内容较偏向于特定领域知识的结合与应用,忽视学生对深层次的创新认知和创造性思维方面的训练,偏离了引领学生树立创造思维的目标。高职院校多采用大班式教育,缺少大学生科研、创新实践基地,这使得教师引导学生进行科研创新实践有困难,学生则缺少更好的学习机会。

培养学生创新创造能力主要以实践为主,许多知识需要靠学生自主学习,但高职院校大学生学习意愿不强烈,缺少发自内心的愿望和目标,使其在科研、创新过程中遇到一些挫折和失败时容易放弃,难以坚持。

(三)我国高职院校的科学研究相对薄弱

科学研究是高职院校重要职能之一,但高职院校普遍面临科研基础薄弱、科研意识不强等问题。虽然高职院校的科研成果近几年逐渐增多,但相对本科院校科研实力依旧薄弱。高职院校被 SCI、EI 收录的论文寥寥,承担省厅、国家级科研项目相比本科院校较少。从第十一届浙江省大学生生命科学竞赛的结果中可以看出,前 100 名参加答辩的学生均来自浙江省各本科院校,无来自高职院校的学生。

三、产教融合下高职院校科学研究工作
问题的解决措施

(一)提高高职院校教师的科研能力

教师的科研能力既是一种实践能力,又是一种创新能力,它决定着一位教师能否开创性地进行教育教学工作,能否高效地完成科学研究工作。学校应给教师提供提升自己科研水平以及科学素养的机会,满足教师的学习需求。因此,学校应定期组织科研基础知识培训讲座,设置院级课题,增加课题实践机会,鼓励并支持学校教师参加省市级和国家级学术成果交流会,宣传学校科研成果和特色,学习他人优势,弥补自身不足。通过树立科研意识、提高教师科研水平等措施提高高职院校教师的科研创新能力和技术服务能力。

在此基础上制定奖励考核制度,提高教师的学习积极性,建立健全科研成

果考评制度,确保学校的工作落到实处。在校园中营造勇于科研的气氛,使更多师生参与进来,激发老师和学生的积极性。同时将教师的个人需求与科研需要相结合,激发高职院校科研工作者的积极性,从而获得最大的经济效益。高职院校应积极开展科学研究,通过科研促进教学,实现产教研有效融合,提高高职院校科研水平和教师的学术能力。教师科研的能力不断提高,可使得他们在今后的项目科研中激发更多学生的积极性,从而提升学生的科研创新能力。

(二)建立奖惩机制,激发高职院校教师和学生的科学研究积极性

赫茨伯格的双因素理论指出:当不具备保健因素时将引起强烈的不满,但具备时并不一定会调动积极性。激励因素的改善能够极大地激发学生的工作热情。为提高学生的科研质量和热情,应当建立起更为合理有效的奖惩制度,从而给学生提供更为广阔的科研空间。鼓励青年教师参与高职院校的科研活动,建立更完善的政策支持,如经费的支持、科研场地的提供、先进实验设备的采购、科研平台的提升等。

同时,高职院校领导应当重视建设和完善院校教研活动的奖惩制度,提供适当的激励措施,从而更加有效地推动高职院校科研的发展。在年终考核的内容中增加科学研究的相关内容,将教研与职称评聘等活动联系起来,鼓励教研人员发表论文以及提高对科学研究的参与度,对教师从事科学研究工作予以激励,从而调动教师从事科学研究的积极性,实现教师的个人需要与院校科研需要相结合的目的。同时,也给高职院校的教育科研带来更多经济效益,增强高职院校的科研实力。

(三)政府搭建企业与高职院校的沟通平台

企业根据自身咨询及技术服务需求,可设立教师驻企工作站,吸引相关专业教师到企业实践或挂职锻炼,如访问工程师、教师暑期下企业挂职锻炼等项目就很好。教师驻企工作站主要是协调企业与学院的合作事项,为教师到企业锻炼、开展横向课题研究、提升教师专业技能提供便利。

政府作为地方的领导力量,有义务为企业和学校搭建校企合作平台,促进校企合作共赢,服务当地经济社会发展。政府为校企双方共同开展项目申报和研究牵线搭桥,并对合作项目进行管理,同时实施企业和学院专业技术人员互聘机制,实现人力资源优化配置。探索企业运营和学院人才培养的新模式,探

索校企合作的新模式,通过常办校企项目对接座谈会、科技成果转化推介会、科研人才会等方式,组织高职院校和相关企业就生产一线难题、技术咨询、流程再造、方案设计等问题进行深入沟通。对双方遇见的瓶颈问题联合进行技术攻关,从而促进国家科学技术更好地发展。

四、总　结

虽然国内高职院校在产教融合不断深化时横向和纵向科研课题有所增多,校企合作的发展也已经取得了较大成就,但仍存在一定问题。因此,校政企三方必须加强合作,加大高职院校科研支持、激励政策执行力度,积极探索和创新,构建可以促进产教融合更深一步发展的途径,从而建立科学的产、教、研融合运行机制。在产教融合不断深化的背景下,加强高职院校的科学研究工作建设和制度完善,不仅能够为院校带来经济和社会价值,提高科技发展能力,更能提升高职院校的影响力。

参考文献

[1] 孙翠香. 新时代的新使命:"产教融合"政策分析[J]. 教育与职业,2018(18):11-17.

[2] 张炜,周翔宇. 新中国成立70年我国高职院校科技创新发展历程与改革成果[J]. 北京教育(高教),2019(10):61-68.

[3] 科技部. 2018年度国家自然科学奖获奖项目目录及简介[Z]. 2019.

[4] 中央政府.《国家产教融合建设试点实施方案》发布[Z]. 2019. www. gov. cn/xinwen/2019-10/10/content_5438186. htm.

[5] 宁波市科技局. 2019中国·宁波"硬科技+黑科技"学术高峰论坛暨成果需求双向对接会[Z]. 2019. http://kjj. ningbo. gov. cn/art/2019/9/30/art_9935_3964081. html

[6] 刘齐宏. 高职院校大学生创新创造类课程教学模式创新与探讨[J]. 课程教育研究,2019(39):209.

[7] 邢坤鹏. 高职院校教育科学研究的现状与措施[J]. 大观,2017(2):179.

[8] 连舒婷. 高职院校科研工作的意义、问题及发展路径[J]. 林区教学,2019(11):55-57.

[9] 田从,贾威. 地方高职院校科研服务经济社会发展策略研究[J]. 青年时代,2019(9):218-219.

◎"大学生职业生涯规划"课程
实践性教学探索

李　杰[①]

摘　要：文章以"大学生职业生涯规划"课程为研究实例，从高职院校开展该课程实践性教学改革的意义出发，讨论目前"大学生职业生涯规划"课程传统教学方式中存在的各种问题，探讨"大学生职业生涯规划"课程实践性教学改革对策。

关键词：大学生职业生涯规划；问题；对策

一、"大学生职业生涯规划"课程实践性教学改革的意义

2007年，教育部办公厅印发的《大学生职业发展与就业指导课程教学要求》（教高厅〔2007〕7号）明确指出：各高职院校要开设"大学生职业生涯规划"课程，并将其作为必修课纳入培养计划。近几年以来，各高职院校基本上都开设了"大学生职业生涯规划"课程，得到学生高度认可和支持。

但许多高校的该课程教学实践中存在着课时量少、学分少、应付了事的现象，部分高校只要求学生完成网络课程的学习，学生无法面对面接受专家和学者的指导和帮助。课程内容陈旧过时、照搬传统的教学模式、教学教法单一，学生参与积极性较低，课程很难对职业生涯起到指导、引导作用。因此，加强本课

---

① 李杰，浙江纺织服装职业技术学院副教授。

程实践性教学探索、构建顺应时代潮流的教学内容、结构体系,采用多维教学方式方法,是当务之急。

(一)生动有趣的职业生涯规划教育可以亡羊补牢,弥补应试教育的不足,唤醒学生的职业生涯规划意识

进入大学前的人生阶段,家庭、学校及本人的唯一短期目标就是考上一个好的大学,填写高考志愿时,由于"两耳不闻窗外事,一心只读圣贤书",对大学专业设置、未来的职业和就业不甚了了,只能盲从家长和中学老师的意见,未来读什么专业、毕业后从事什么职业,90%以上的学生没有思考过;职业生涯规划观念淡薄,绝大部分学生带着一脸茫然踏入大学校门,加上大学宽松的管理氛围,整天感觉到无所事事,失去了方向,不知道自己想做什么、能做什么。绝大多数同学每天除了上课之外不知道该干什么、如何分配课余时间,很少对自己的将来有什么规划。一部分同学抱着"船到桥头自然直"的幻想,更谈不上对个人、家庭、社会的责任。

(二)科学规范的职业生涯规划教育可以唤醒学生去了解自我、科学评价自我和规划自我

社会上存在功利性强的思维,对理想岗位的描述多为"公务员""挣钱多"等,好高骛远、志大才疏在当代大学生中普遍存在。传统课堂教学以理论宣导为主,容易忽视对学生个体差异、性格特征、家庭背景等方面的研究,教学缺乏针对性。

科学规范的职业生涯规划教育有利于激发个人潜能,从而增强个人实力。而一个适合自己的、科学规范的职业生涯规划,在设计上就必须扬长避短,综合兴趣爱好、价值观、人格特征、能力模式、素质等方面的因素进行考虑。大学生处于专业学习和职业探求阶段,具有较强理想性、可塑性。通过职业生涯规划教育,帮助学生认识自己,即了解自己的兴趣是什么、性格是怎样的,判断自己的情绪状态,发现和总结自己的优势、劣势,知道自己愿做什么、能做什么。从而尽早树立科学的职业生涯规划意识,客观地评价自己、提高自己,减少弯路,不走邪路,找到适合自己的职业定位,从而实现人职匹配。

(三)求真务实的职业生涯规划教育可以提升学生的人生需求目标

在高职这样层次的学校,不少同学是抱着"做一天和尚撞一天钟"的心态,

普遍缺乏高层次的需求,在浑浑噩噩中、没有目标和方向地过日子。而高层次需求的满足主要来自生命个体的社会化,高层次需求的实现离不开正确的职业选择与发展。因此,高职院校的大学生更应以职业规划教育作为提升人生目标的切入点,期望通过职业发展上的成就来达到人生需求目标。

二、"大学生职业生涯规划"课程传统教学中存在的问题

(一)教学内容随意,教材五花八门

尽管每所高职院校的培养计划中都设置了统一的课程标准、学时数,出于应付教育行政部门的硬性规定考虑,该课程教材的采用多由任课教师自行决定,导致教学内容由任课教师随意取舍,教学质量参差不齐的后果。且多以一个专业合并成大班教学,教学内容上难以与学生的专业相结合,各种软件、硬件设施不配套,课程定位就是为了短暂提高学校的就业率即以就业为导向。

已出版教材倒是百花齐放,但市面上多数教材倾向于以成功教育作为典范,忽视高职教育应以职业生涯规划为导向的理念,无论从内容到形式都是缺乏指导性大纲,合适的教材少之又少、加之学时少,学分少,教学内容要求与教学学时严重不匹配。

(二)传统的教学方式以理论授课为主,考核模式单一,缺乏创意

"大学生职业生涯规划"属于一门实践性较强的课程,传统的教学方式则偏重理论教学,课堂主要采用的是"老师讲,学生听"的满堂灌教学形式,大班化教学也造成课堂活动难以开展,师生互动或者学生主动参与教学活动比较少见,因此,学生缺乏学习积极性,反馈的教学效果较差。少量的实践环节还停留在帮助学生制作简历、提升面试技巧等方面,部分学校也举办校级的职业规划书制作大赛,但由于学生缺乏实践体验,在制作个人职业规划书时应付了事,大部分同学为了参赛而参赛,几乎没有实地考察调研,往往多数是闭门造车,因此其职业生涯规划书缺乏实际可操作性,无法让学生深入探索自我,课程的教学效果收效甚微。

课程的考核一般是最终以一份大作业作为评分依据,学生往往应付了事,

在网络上复制粘贴一些类似的文章,教师的评分不是看考评文章中学生是否借助课程的专业知识分析自我、评价的能力,而是单看文章字数是否达标。

(三)教师缺乏实践经验,教学内容空洞,师资队伍专业化水平不高

职业生涯规划课程包含心理学、教育学、社会学、管理学等多方面知识,这对任课教师的要求就更高。而目前多数高校职业生涯规划课程的教师大多是辅导员或行政管理人员,绝大多数人员不曾获得相关的职业资格,且任课教师中年轻教师占多数,各自所学专业也是五花八门,他们大部分都是大学一毕业就来高校工作,并非科班出身,职业生涯规划知识欠缺,也缺乏丰富的职业生涯经历,所以职业生涯实践经验更无从谈起,且基本为兼职。由于缺乏专任师资,故教学能力、水平难以保证。另外,辅导员本职日常工作繁杂,虽然比较熟悉学生,有了解学生职业需求的优势,但传统课堂的 45 分钟里面,一直难以摆脱演说家的角色,虽然有时也会加入一些同学们参与的教学环节,但面对复杂众多的学生状况,辅导员无法给予有针对性的指导。

三、"大学生职业生涯规划"课程实践性教学改革对策

实践性课程改革应打破传统的以课堂理论讲授为主的教学模式,教学内容应该紧密结合时代发展形势,了解就业市场上的未来前景,激发学生的学习兴趣和参与热情,改革应侧重于教学内容体系和教学方式转变的层面。

(一)教学内容的选取上要重视学生自我意识的发掘

受到应试教育的影响,大部分学生自我意识缺乏,择校、专业、择业多由家长包办,学生对未来是既清晰又迷茫,随着经济压力、就业压力不断加大,学生可以自我选择的机会越来越少,许多学生甚至一生都不能认识自我价值的存在。加上高职学生的文化知识基础不牢固、底子薄,导致在口头表述问题时语意含混不清,书面表达能力较差;另外,部分同学认为"职业生涯规划"这门课程又是一门与专业无关的课程,学习没有兴趣;多数学生社会交际能力不足,实地调研时更显"幼稚",所以,职业生涯规划课程在内容的选取上要更多更全地发掘学生的自我意识、个性特征、兴趣、爱好、潜能水平,结合专业、职业发展的不

同情况,因势利导,让学生理性分析自我、科学评价自我,不屈从于现实社会的压力,跳出被动的环境。紧密结合当前社会、政治、经济发展形势,关注社会经济结构、就业形势,不脱离实际去完成不可能实现的幻想,将个人职业发展与社会需求紧密结合。

在教材的选择上要贴近高职学生的认知水平、帮助学生关注职业生涯规划的重要意义。传统的教材对职业生涯规划的重要性定位不高,不注重就业能力的培养,偏重于成功案例的宣导,容易造成学生眼高手低、不切实际的后果。

职业是人生的重要组成部分,它影响着个人的事业发展,家庭幸福。它不仅仅单是谋生的手段,还能够给人带来精神满足。它不仅能满足衣食住行等基本需求,也能促进自我价值的实现。合适的教材选用能让学生意识到只有对自己未来的职业进行科学地规划,才能找到一份理想的工作,才不会被社会所淘汰。

(二)教学方式、方法实行多元化、体验式

职业生涯规划课程应朝着体验式教学迈进,大力压缩传统的理论教学,结合学生专业学习和职业发展需求,加强案例教学、小组训练、小组竞赛、分组讨论、角色扮演、主题辩论、云课堂 App 软件教学等多元化的教学模式。互动式的案例分析、讨论,既能提高学生分析问题、解决问题的能力,又能培养学生的语言、书面表达能力,还能强化学生的团队协作意识,达到事半功倍的效果。

尽可能实行小班化教学,将两节课划分解成理论讲述、学生分组活动、集中或分组讨论等环节,提升学生的参与度,变被动学习为主动学习,改变理论教学的枯燥感和抽象感。鼓励学生积极参与各教学环节,一方面能大大增强学生的学习兴趣,学生在课堂放松而不拘谨,让他们能大胆地畅谈自己的想法和感受,教师也能了解学生内心的真实想法;另一方面也能让学生充分展示个性,体验快乐,在快乐中学习、成长。

逐渐实行开放式课堂,将课堂教学与课后实践连接起来,通过职业生涯测评、职业生涯规划大赛提升学生就业技能,举办成功校友访谈、企业调研、区域经济发展情况调查等活动激发学生的学习兴趣,发放创业、就业调查问卷等,引导学生深入社会、企业,提高学生的社会交际能力和社会实践能力,设计完成适合自己的职业生涯规划书。

(三)优化职业生涯规划课程的师资队伍

高素质的师资队伍是职业生涯规划课程改革成功的必要保障,所以,首先,努力提高现有教师的素质,职业生涯规划课程教师应当向专业型发展,实行持证上岗。在现有教师中选拔既有理论基础、又有丰富实践经验的人员进行系统培训,让他们考取相关的职业资格证书。其次,积极引进专业教师,充实师资队伍。第三,利用丰富的社会资源,聘请行业、企业职业经理人、职业规划专家作为兼职教师或客座教授,开展讲座、沙龙等多种形式授课,加深学生对社会、企业的了解程度。对兼职教师也应制定系统的培训计划,提高兼职教师职业规划素养和教学水平。着眼未来,建立一支稳定的、专职兼职结合的职业生涯规划教师队伍是课程改革的关键环节。

(四)关注长远发展,构建职业生涯规划教育咨询体系

在我国,职业生涯规划教育的起点从大学才开始,而发达国家职业生涯规划教育几乎从幼儿就开始了,而我国传统的应试教育忽视儿童天性与倾向的开发研究,对儿童兴趣的培养也停留在熟人家庭之间的攀比盲从上。而科学规范的职业生涯规划教育体系需要社会、家庭和自我的重视和配合,在儿童时期就需要培养、尊重自我意识,那么在大学时期接受的职业生涯规划教育就能事半功倍,就能帮助学生发现潜能、开发潜能,这也是摆在全社会面前的一个重要的课题。

大学期间的职业生涯规划教育不能成为职业生涯规划教育的终点,即便课程结束了或者学生毕业走向社会了,职业生涯规划教育也应持续开展,并伴随到学生的职业生涯结束。随着5G网络技术的发展,要鼓励学生学会使用一些专业的职业生涯规划的工具,这些工具会让学生更加直观地学习。学校可以购买或自己开发一些职业生涯测评软件,设立职业生涯规划网络咨询平台,实现不限时间、场地,教师与学生交流互动,间接地为老师掌握学生最新的心态提供宝贵资料。

因此,有条件的学校可以有效利用网络平台,积极开展大学生职业生涯规划个性化指导,充分重视学生个体差异、性格、心态、情商、智商特征,结合专业特色、职业发展趋势等制定规划辅导方案,开展个别职业生涯咨询辅导,对应届毕业生还可以实行一对几的导师制度。

参考文献

[1] 陈蓝嬿.大数据环境下大学生职业生涯规划课程教学改革探析[J].高教学刊,2018(7): 119-121.

[2] 薛松.大学生职业生涯规划课程教学改革探讨[J].才智,2017(36):138.

[3] 周继荣."大学生职业生涯规划与就业指导"课程建设与改革研究[J].文教资料,2015 (29).

[4] 吕玉兰.大学生职业生涯规划课程现状及改进对策研究[J].浙江海洋学院学报(人文社科版),2011(3):91-94.

[5] 赵伟."职业生涯规划"课程改革研究[J].智富时代,2016(1).

◎实践育人视角下卫生健康类高职院校劳动教育实践模式探索①

陈燕娜　徐嘉玲　张连晶②

摘　要:劳动教育是新时期高校实现立德树人这一根本任务的重要途径。新形势下卫生健康类高职院校的劳动教育应结合自身人才培养方案与办学定位,创新劳动教育实践模式,实现实践育人。针对目前高职院校劳动教育存在的现状,宁波卫生职业技术学院通过探索构建"四三二一"劳动教育实践模式,着力打造四支劳动教育师资队伍,关注三个课堂,整合校内外实践项目,形成两大劳动教育实践品牌,制定一套评价机制以保障劳动教育实践效果,从而实现全员、全过程、全方位育人,为大健康领域培养并输送德智体美劳全面发展的卫生健康服务人才。

关键词:实践育人;卫生健康类高职院校;劳动教育;劳动教育实践模式

新形势下,高职院校积极响应国家号召,陆续将劳动教育列入本校人才培养方案,并积极探索开展劳动教育实践的有效模式,提升学生的劳动素质与实践能力,为学生成长成才打下坚实的实践基础,实现立德树人的根本目标。作为卫生健康类高职院校的学生,他们毕业后将到各个卫生医疗相关岗位成为一名医务工作者,肩负着救死扶伤的光荣使命。这一特殊而又神圣的使命要求他

---

① 本文获2019年全国职业院校首届劳动教育高峰论坛优秀论文二等奖;本文系2019年度宁波卫生职业技术学院劳动教育研究课题"护理专业学生顶岗实习阶段融入劳动教育策略研究"(项目编号:2019LD05)的阶段性研究成果。

② 陈燕娜,宁波卫生职业技术学院讲师、研究生;徐嘉玲,宁波卫生职业技术学院助教;张连晶,宁波卫生职业技术学院。

们不仅需要有扎实的医学护理知识和专业技能,更应具备吃苦耐劳、甘于奉献的劳动品格。因此,卫生健康类高职院校对劳动教育实践模式的探索显得尤为紧迫。

然而,在劳动教育开展的过程中,也暴露出许多问题。针对这一现状,宁波卫生职业技术学院在实践育人体系的指导下,立足校情,对劳动教育实践模式进行了积极探索,试图从学生的实际需要出发,整合校内外优质劳动教育资源,将劳动教育与实践贯穿于每位学生发展的始终,在实践中摸索经验,打造"四三二一"劳动教育实践模式。宁波卫生职业技术学院作为浙江省唯一一所卫生健康类高职院校,它对劳动教育实践模式的探索,对其他卫生健康类高职院校的劳动教育具有一定的借鉴意义与推广价值。

一、劳动教育与实践育人具有内在一致性

(一)劳动教育是高校立德树人的重要途径

2016 年 12 月,习近平总书记在全国高校思想政治工作会议中强调:"我国高等教育肩负着培养德智体美全面发展的社会主义事业建设者和接班人的重大任务,必须坚持正确政治方向。高校立身之本在于立德树人。"2018 年 9 月,习近平总书记在全国教育大会上指出:"要努力构建德智体美劳全面培养的教育体系,形成更高水平的人才培养体系。要在学生中弘扬劳动精神,教育引导学生崇尚劳动、尊重劳动、懂得劳动最光荣、劳动最崇高、劳动最伟大、劳动最美丽的道理,长大后能够辛勤劳动、诚实劳动、创造性劳动。"

从"德智体美"到"德智体美劳",这一变化不仅提升了劳动教育的理论高度,为新时期高校开展劳动教育提供了强有力的理论支撑,还赋予了劳动教育以新的时代内涵与意义,为劳动教育指明了方向和目标,是新时期高校实现立德树人这一根本任务的重要途径。

(二)实践育人是高校立德树人的内在要求

2017 年 12 月,中共教育部党组印发了《高校思想政治工作质量提升工程实施纲要》,提出要充分发挥课程、科研、实践、文化、网络、心理、管理、服务、资助、

组织等方面工作的育人功能,挖掘育人要素,完善育人机制,优化评价激励,强化实施保障,切实构建"十大"育人体系。纲要明确了实践育人的基本任务、主要内容和实施保障,旨在提升高校思想政治工作质量,对高校在立德树人过程中如何充分发挥实践育人功能提出了新的要求。

可见,劳动教育与实践育人具有内在的一致性。劳动教育实践是高校实践育人的具体内容与有效载体,是培养高素质人才的必要条件,也是实践育人的基本手段和有效手段,丰富了实践育人的内涵。

二、劳动教育实践的必要性与重要性

必要性:坚持理论学习与社会实践相统一是大学生成为社会主义事业建设者和接班人的必由之路。劳动教育作为思想政治教育的基本内容,决不能仅仅局限于高校思想政治理论课教学范围内,必须要渗透到各种形式的教育教学活动中。可见,理论与实践的不可分割性,决定了高校在开展劳动教育过程中融入丰富多样的劳动教育实践的必要性。

重要性:新时代劳动教育是将生产劳动与教育课程相结合的一种实践活动,要着重培养受教育者形成以"劳动最光荣、劳动最崇高、劳动最伟大、劳动最美丽"为明确定位的劳动价值观,以"尊重劳动、辛勤劳动、诚实劳动"为思想引领的劳动态度,不断进行创造性劳动,提升科学文化水平和劳动审美水平,最终成长为拥护中国共产党的领导、投身于实现中华民族伟大复兴的新时代劳动者。高校大学生只有在丰富的劳动实践中才能真切体会和培养劳动精神,成为甘于奉献、艰苦奋斗、乐于服务、锐意进取的高质量人才。这也意味着劳动教育实践在高校培养大学生成长成才过程中有着举足轻重的地位及作用。

新时期,卫生健康类高职院校要积极响应国家关于劳动教育的方针政策,扎实推进劳动教育,科学指导学生的劳动教育实践,培养新时代德智体美劳全面发展的健康服务专门人才。

三、高职院校劳动教育实践育人之现状

目前,高职院校的劳动教育实践普遍存在着格局单一、统筹安排与整体推

进乏力、"开展途径仍需要拓展,潜在劳动教育资源仍有待挖掘利用,劳动教育体系还有待建立"等问题。

(一)向内强,向外弱

在校内开展和强调劳动教育实践较多,质量相对较高,而在校外开展的劳动教育实践相对较少,质量得不到保证,未能充分发挥校外实践基地的资源优势,实践过程流于形式的现象较为明显,形成内强外弱的失衡局面。

(二)谈得多,做得少

从学生入学开始,学校就提倡将劳动教育实践渗透到每位学生,并要求开展各种形式的实践活动。但在实际中,劳动教育实践内容单一,且缺乏教师对学生针对性、专业化的指导,导致口号响亮、行动滞后,开展不到位。

(三)重形式,轻实效

"学生劳动价值观养成效果不明显"。某些劳动教育实践内容未能真正从学生的实际需求出发,形式大于内容,导致对学生的吸引力和影响力不足,对学生劳动素质与技能的培养不见明显成效。

(四)分散多,整体少

目前,高职院校现有的劳动教育实践众多途径未能得到科学整合,各项目"各自为战,单打独斗",力量较为分散,未能形成强大的实践育人合力,使其育人效果大打折扣。

(五)项目多,精品少

部分高职院校的"学校劳动教育的内容设计不够精细、内涵挖掘不够深入、实施不够完整、管理考核不够严谨";挖掘劳动教育实践资源的深度不够,劳动教育实践品牌稀缺,学校对现有的传统品牌缺乏创新完善,安于现状,劳动教育实践难以取得突破性进展。

四、卫生健康类高职院校劳动教育实践育人模式之探索

冯刚教授说:"实践育人是一项系统工程,既要协同多个育人主体,还要整合多方面育人内容。"卫生健康类高职院校的劳动教育实践应以实现立德树人

为根本目标,立足自身办学特色展开,整合优质丰富的劳动教育资源,打造全方位育人的劳动教育实践模式。

(一)全员参与,打造一支坚强有力的劳动教育师资队伍

劳动教育的实现需要一批有实践能力的教育者,因此应当加大师资队伍建设,培养一支高素质劳动教育团队,同时发展兼职劳动教师师资力量。宁波卫生职业技术学院的劳动教育师资队伍主要由学校领导干部、学工团队、专业教师、校外兼职教师共同组成,实现全员参与。

1. 学校领导干部

学校领导干部站在全局的角度统筹谋划学校劳动教育的整体布局,制定符合学校专业特色的劳动教育内容与目标,增强其实践深度、理论高度与辐射广度,丰富学校人才培养方案,促进人才培养质量的提升。

2. 学工团队

以辅导员为主的学工团队是一线思想政治教育工作者,他们发挥自身特长,使劳动教育实践成为思想政治教育的有效载体,在心理、生理上关注学生,教育引导学生崇尚劳动、尊重劳动,并能够辛勤劳动、诚实劳动、创造性劳动。

3. 专业教师

学校的专业教师具有深厚的理论功底与丰富的临床工作经验,他们了解最新的行业规范、人才需求、实践标准等,将这些先进理念带入到专业课堂中去,并依靠真才实学为学生的劳动实践开展系统化、专业化的指导,提高学生劳动实践的专业水准、实践能力和自身素质。

4. 校外兼职教师

学校长期聘请多家临床实践合作单位的医生、护士、医疗系统先进工作者、全国劳动模范、道德模范等作为校外优秀导师,带领学生走出校园,走进校外实践基地,拓展劳动教育实践。如学校聘任"全国道德模范"——军医孙茂芳为"仁爱文化导师",分享他50多年来学雷锋、做好事的感人事迹,聘任全国"五一"劳动奖章获得者陈淑芳为"仁爱文化导师",分享她的心路历程。"把传承劳模精神作为校园文化建设的重要组成部分,适时把劳模精神上升为校园文化理念,使劳模、劳模集体成为学校的一个品牌",激励学生认真开展劳动实践,体验劳动的快乐。

（二）全过程覆盖，让劳动教育贯穿每位学生的"拔节孕穗期"

大学生涯是人生宝贵的"拔节孕穗期"。学生在大学一、二年级以在校学习专业理论知识为主，三年级以顶岗实习为主。因此，劳动教育实践在不同阶段应有不同的抓手，开展主题鲜明、内容贴合学生实际需要的劳动实践，实现三类课堂有机联动，并让第三课堂贯穿始终，使学生从入学到毕业，都能得到有层次、有结构、全覆盖的劳动教育与实践，较高质量地实现学校实践育人的目标，培养德智体美劳全面发展的优秀人才。

1. 第一课堂：打破传统，夯实基础，在课堂体验中初步建立劳动意识

（1）打造劳动教育课程。该课程主要针对大一、大二在校学生。"开设'劳动教育概论''劳动价值论'等专门阐述劳动教育以及与学生劳动就业等密切相关的劳动教育类课程，充分发挥理论宣传的作用"，引导学生在校期间要充分利用理论学习机会，打好理论基础。

（2）融合其他课程。卫生健康类的专业必修课程与选修课程、思想政治课程、公共基础课程融合成为劳动教育课程体系的组成部分。任课教师要将劳动教育尽可能多地融入教学环节与活动中，营造劳动氛围，让学生在初步的劳动体验中建立劳动意识。

2. 第二课堂：以文化育人、榜样育人，开展主题鲜明的校园精品文化活动

宁波卫生职业技术学院结合自身办学特点及专业优势，积极创新校园文化品牌。

（1）丰富实践内容，打造品牌讲座——"华美讲堂"。华美讲堂是宁波卫生职业技术学院校级讲堂，旨在聚全校之力，弘扬"仁爱、健康"校训，关注"学生素养、职业精神、技术技能"，培养"仁爱思想、健康理念、人文情怀"，打造以学生为主要对象，以"仁爱·健康·人文"为主题的思想道德教育和人文素质教育品牌讲座。2015 年 12 月 29 日，中央电视台《百家讲坛》栏目主讲者董平教授、山东省莫言研究会副秘书长孙书文、浙江省首位南丁格尔奖章获得者邹瑞芳主任护师、中央电视台国家一级演员六小龄童、里约奥运会冠军石智勇、全国"教书育人"十大楷模姜小鹰教授、"全国道德模范"孙茂芳、周恩来的最后一任秘书纪东少将、第 42 届国际南丁格尔奖获得者王文珍、"全国道德模范"陈淑芳、全国"最

美志愿者"周秀芳等名家大师做客"华美讲堂",留下光辉的足迹、智慧的声音。如今,华美讲堂在宁波逐渐成为具有一定影响力的品牌讲座,让同学们有机会目睹全国道德模范、最美志愿者、护理行业精英、奥运冠军等最美劳动者的风采,鼓舞他们要身体力行,积极投身实践,在思想上崇尚并尊重劳动,在行动上辛勤劳动、创造性劳动,让青春在劳动实践中实现价值。

（2）创新实践形式,积极利用大学生成长实践服务平台——口袋校园（Pocket Uni）。口袋校园的优点促使它成为开展大学生劳动教育实践的有效平台。①整合度高:学校整合内容丰富、主题鲜明的劳动教育实践活动,在口袋校园手机客户端发布,让学生轻松报名参加劳动实践活动,打破时间、空间的约束,提高了组织与监管效率。②互动性强:学生不仅能在平台上发布自己的实践情况,还能与其他同学进行线上交流互动、发布活动感想、分享经验与心得等。③指导效果好:指导教师可在平台上对学生实践的具体环节进行监督管理与指导,还可对完成出色的"实践达人"予以表彰,在学生中树立榜样典型,以点带面促进劳动教育实践的开展。此外,指导教师还可对未能达到预期效果的劳动实践活动进行改进与完善,以提高工作效率,保障实践育人成效。

（3）依托技能比赛、职业生涯规划大赛、创新创业大赛等大赛促进学生劳动价值观形成。组织实践性较强的比赛,可以让学生在实践中提高综合素养,深入了解自身的专业与职业,体会劳动之美、劳动之艰辛与劳动之伟大,形成正确的劳动态度。①技能比赛:定期开展学生专业技能比赛,以赛促教,以赛促学,在技能比拼中评选出优秀技能之星,提升学生的劳动审美水平,鞭笞自己向优秀榜样学习,提升自己的劳动实践能力,更扎实更熟练地掌握专业技能与劳动技巧。②职业生涯规划大赛:个性化指导学生合理规划职业生涯,使其真正了解自身专业、职业与就业,学习劳动政策与法规,在踏实的劳动实践中提高其职业素养,增强自身竞争力,形成正确的劳动价值观。③创新创业大赛:定期开展创新创业大赛,激发学生的创新能力与创业热情,孵化培育出色的初创项目,让学生在创业实践过程中,体会劳动的艰辛与不易,发现劳动的价值,品尝劳动的果实。

3.第三课堂:整合实践资源,打造实践品牌,将劳动价值观内化于心、外化于行

长期以来,宁波卫生职业技术学院与宁波多家医院、养老院、康复中心、医疗企业、中小学、幼儿园、街道社区等单位签订了共建志愿服务基地协议、实践教学基地协议、校企党建合作协议等,对接优质的校外平台,为学生拓展劳动实践基地,让学生立足所学发挥所长,利用节假日等空余时间深入基层一线,投身于劳动实践中,使学生在辛勤劳动、诚实劳动、创造性劳动中得到能力的锻炼与素质的提升。"宁卫号"健康专列志愿服务就是其中一个志愿服务品牌,并已被列入宁波市鄞州区民政局首批入孵公益团队。

2016年年底,学校围绕健康教育、劳动教育,深入社会调研,了解志愿服务对象和社会的需求,整合"老年健康服务(包括空巢老人及失能老人)、青春健康服务、健康美容服务、言语听力障碍健康服务、残障人士健康服务"等,以提高学生的专业素质,使学生在服务社会中成长成才。在此过程中,涌现出一大批优秀志愿者、社会实践先进个人、最美宁卫人、优秀志愿服务集体等,他们用无私的奉献实现人生的价值,用智慧与汗水谱写青春赞歌。

(三)建立双向评价机制

为确保劳动教育的质量,及时反馈劳动教育实践中存在的问题,不断优化劳动教育实践的内容、手段、形式等,要合理利用灵活科学的评价机制来评价劳动教育实践的成效,并确保评价手段科学化、过程化、全面化、专业化。充分利用口袋校园(Pocket Uni)这个大学生成长实践服务平台,建立劳动教育实践双向评价机制,利用大数据定期反馈劳动教育实践的开展情况与存在问题。既要考核学生作为参与者在劳动实践中的劳动态度、劳动积极性、劳动技能等(如图1所示),也要对教育者作为指导者进行评价考核,即对劳动教师的授课能力、专业劳动技能等方面进行评价考核(如图2所示),以促进教育者根据反馈结果不断改进教育方式,从而提高劳动教育的针对性和实效性。

此外,要定期开展实践先进个人与集体的评选,对优秀劳动集体、优秀劳动个人、优秀劳动实践指导老师等进行表彰,并利用学校官方微博、微信公众号等新媒体手段,广泛宣传其优秀事迹,鼓励先进,并以先进带动后进,使劳动实践的育人功能达到最大化。

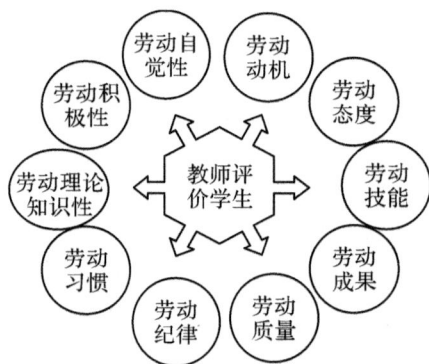

图 1　教师评价学生维度　　　　图 2　学生评价教师维度

五、小　结

劳动教育实践是一个理论与实践相结合的育人工程。卫生健康类高职院校在开展劳动教育与实践育人的过程中,要紧密依托自身的专业特色和资源优势,"坚持理论教育与实践养成相结合,整合各类实践资源,强化项目管理,丰富实践内容,创新实践形式,拓展实践平台,完善支持机制"。劳动教育不是孤立的个体,劳动教育实践也不是凭一己之力、一时兴起便能一劳永逸的。宁波卫生职业技术学院尝试通过"四三二一"劳动教育实践模式,努力实现劳动教育与实践的全员参与、全过程覆盖、全过程推进(如图3所示),因地制宜地将劳动教育有机融入第一、第二、第三课堂,在学生中营造"崇尚劳动、尊重劳动、辛勤劳

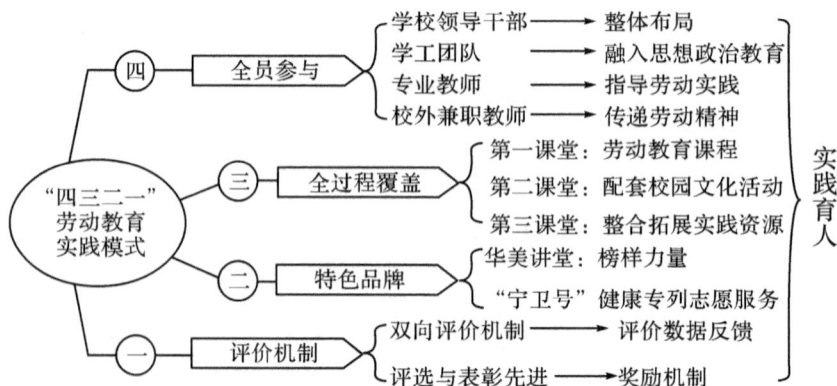

图 3　"四三二一"劳动教育实践模式

动、创造性劳动"的良好氛围,并结合科学有效的评价机制以保证劳动教育实践的育人功能达到最大化,实现高校立德树人的根本任务,培养新时代德智体美劳全面发展的大健康领域服务型专门人才。

参考文献

[1] 习近平.把思想政治工作贯穿教育教学全过程,开创我国高等教育事业发展新局面[N].人民日报,2016-12-09(1).

[2] 习近平.坚持中国特色社会主义教育发展道路,培养德智体美劳全面发展的社会主义建设者和接班人[N].人民日报,2018-09-11(1).

[3] 中共教育部党组.中共教育部党组关于印发《高校思想政治工作质量提升工程实施纲要》的通知[EB/OL].[2017-12-05].http://www.moe.edu.cn/srcsite/A12/s7060/201712/t20171206_320698.html.

[4] 吴学东.劳动教育是大学生圆梦的必修课[J].内蒙古农业大学学报(社会科学版),2016,18(88):36-40.

[5] 武红娟.新时代高校劳动教育的多维探析[J].山西青年职业学院学报,2019,32(2):105-103.

[6] 梁燕,侯兴蜀.新时期高校开展劳动教育的意义与策略[J].北京教育(高教),2019(6):98-101.

[7] 张剑.新时代高职院校劳动教育存在的问题及对策分析[J].辽宁师专学报(社会科学版),2019(2):108-109.

[8] 冯刚.思想政治教育创新发展的四个着力点[J].教学与研究,2017(1):23-29.

[9] 王秀秀.孙茂芳寄语宁卫院学生:不忘初心,放飞青春梦想[EB/OL].[2017-12-06].http://nb.ifeng.com/a/20171206/6209337_0.shtml.

[10] 李应全,高洋.奉献的人生最快乐!全国劳模陈淑芳在甬讲述心路历程[EB/OL].[2018-11-30].https://zj.zjol.com.cn/news.html?id=1086342&appinstall=0.

[11] 封华.以劳模精神推进大学生践行社会主义核心价值观的研究[J].东华大学学报(社会科学版),2015,15(2):84-87.

[12] 高洋.中国当代著名作家叶兆言做客学校华美讲堂:我们这个时代的阅读与写作[EB/OL].[2019-04-17].http://www.nchs.net.cn/a6/0a/c1337a42506/page.htm.

[13] 中国网.宁波卫生职业技术学院"宁卫号"健康专列助力"健康宁波"建设[EB/OL].[2018-01-03].http://www.nchs.net.cn/86/28/c1511a34344/page.htm.